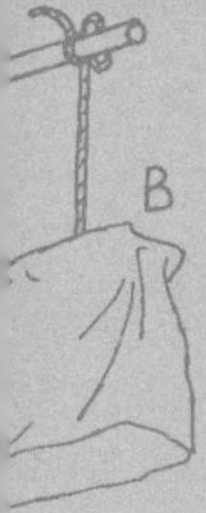
B

Deutschbuch

Sprach- und Lesebuch

7

Herausgegeben von
Heinrich Biermann und Bernd Schurf

unter Beratung von Karlheinz Fingerhut

Erarbeitet von Heinrich Biermann,
Gerd Brenner, Ulrich Campe,
Günther Einecke, Dietrich Erlach,
Karlheinz Fingerhut, Margret Fingerhut,
Cordula Grunow, Rolf Kauffeldt,
Hans-Jürgen Kolvenbach,
Markus Langner, Monika Lenkaitis,
Norbert Pabelick, Bernd Schurf
und
Andrea Wagener

Cornelsen

I N H A L T S V E R Z E I C H N I S

1 Wer bin ich?

2 Freizeit – Berichte und Reportagen schreiben

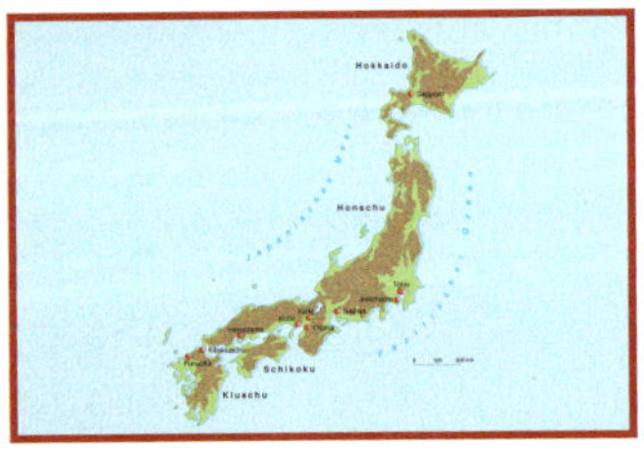

3 Beschreiben und erklären: Japan

4 Gespräche untersuchen – Rollen erproben

I N H A L T S V E R Z E I C H N I S

5 In Diskussionen bestehen

6 Sprachspiele

NACHDENKEN ÜBER SPRACHE

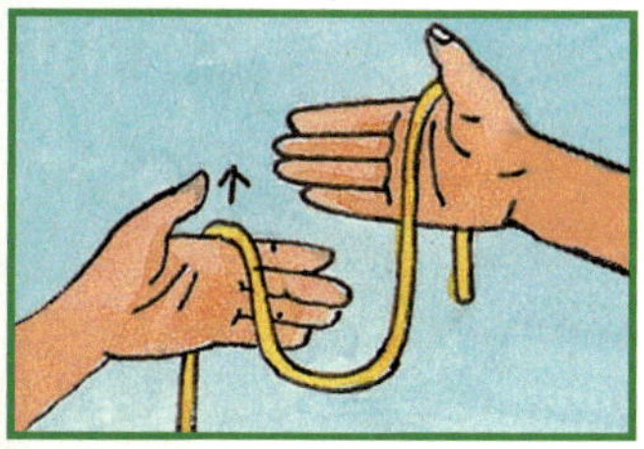

7 Die Handelnden nennen? – Aktiv oder Passiv

8 Experimente mit der Natur – Gliedsätze verwenden

NACHDENKEN ÜBER SPRACHE

9 Schule früher und heute – Mit Rechtschreibschwierigkeiten umgehen

10 Junge Heldinnen und Helden: Geschichten von heute

11 Erzählungen aus alter und neuer Zeit

UMGANG MIT TEXTEN

12 Moritaten und Balladen

UMGANG MIT TEXTEN

13 Reisen: Berichte und Reportagen

14 Kindheit und Jugend im 18. Jahrhundert

15 Jugendtheater: In alte Zeiten segeln

Bei den mit [R] gekennzeichneten Texten haben die Rechteinhaber einer Anpassung an die reformierte Rechtschreibung widersprochen.

Das „Deutschbuch“ auf einen Blick

L E R N B E R E I C H E

- **Sprechen und Schreiben**
- **Nachdenken über Sprache / Rechtschreibung**
- **Umgang mit Texten**

Kapitelaufbau im Dreischritt
(Beispiel: 3 Beschreiben und erklären: Japan)

- Hauptlernbereich
  (3.1 Japanisches aus der Nähe betrachtet)
- Verknüpfung mit einem weiteren Lernbereich
  (3.2 Erzählungen und Gedichte aus Japan)
- Anwenden und Üben des Gelernten
  (3.3 Ein Besuch im Museum)

Der dritte Lernbereich wird situativ durch einzelne Aufgabenstellungen integriert.

Extras

- **Spannende Literaturgeschichte (Kap. 14)**
- **Projekt (Kap. 15)**
- **Orientierungswissen (Anhang)**

1 Wer bin ich?

1.1 Mein Alltags-Ich

Ernst Jandl

my own song (mein eigenes lied)

ich will nicht sein
so wie ihr mich wollt
ich will nicht ihr sein
so wie ihr mich wollt
ich will nicht sein wie ihr
so wie ihr mich wollt
ich will nicht sein wie ihr seid
so wie ihr mich wollt
ich will nicht sein wie ihr sein wollt
so wie ihr mich wollt

nicht wie ihr mich wollt
wie ich sein will will ich sein
nicht wie ihr mich wollt
wie ich bin will ich sein
nicht wie ihr mich wollt
wie *ich* will ich sein
nicht wie ihr mich wollt
ich will *ich* sein
nicht wie ihr mich wollt will ich sein
ich will *sein*

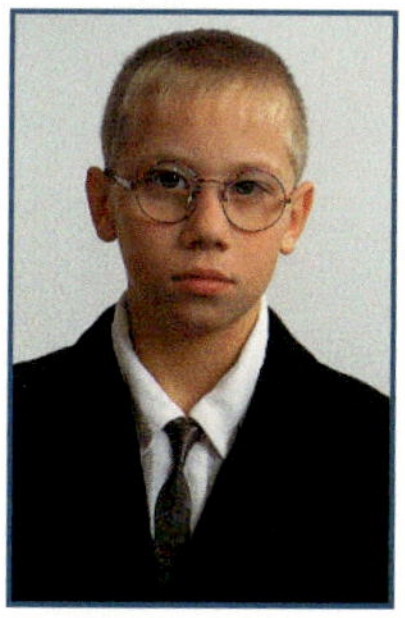

Johann Liegl

– sein –

Manchmal kenn ich mich
ich glaub auch manchmal
so zu sein
wie man mich sieht
mich vielleicht gerade deshalb
so zu benehmen
weil es genau so
von mir erwartet wird
aber manchmal
da ist es
als würde ich mich
gegen meinen eigenen Willen
benehmen
entgegen dem
wie es von mir erwartet wird
und
so komme ich nicht umhin
zu glauben
dass ich anders bin
als ich glaube
und bestimmt anders bin
als andere glauben
womit ich nun
überhaupt nicht mehr weiß
wie ich bin.

1 Vergleicht die beiden Gedichte. Welches spricht euch mehr an?

2 Ordnet dem Gedicht, das euch besser gefällt, eines der Bilder zu. Begründet, warum ihr das Bild ausgewählt habt.

3 a) Überlege, wie du ein Foto gestalten könntest, das typisch für dich ist. Notiere Stichwörter zu Situation/Aktion, Gesichtsausdruck, Kleidung, Licht, Hintergrund usw.
b) Bringt typische Fotos von euch mit in den Unterricht.

4 Schreibe selbst ein kleines Gedicht, bei dem jede zweite Zeile mit *ICH* beginnt.

5 Sucht eine passende Überschrift für die Karikatur.

6 Du siehst sechs Hände. Stell dir vor, du bist die Marionette, an der gezogen wird. Schreibe auf, von wem du dich am meisten beeinflusst siehst, z. B.:

> 1. Hand: Meine Eltern
> 2. Hand: Die Werbung
> 3. Hand: ...
> 4. Hand: ...
> 5. Hand: ...
> 6. Hand: ...

7 Welche Fäden möchtest du am liebsten abschneiden?
Gibt es Fäden, die du auf keinen Fall verlieren möchtest?

Mein Zimmer – Zutritt verboten?

Reiner Kunze

Fünfzehn

Wenn sic Musik hört, vibrieren noch im übernächsten Zimmer die Türfüllungen. […] Auf den Möbeln ihres Zimmers flockt der Staub. Unter ihrem Bett wallt er. Dazwischen liegen Haarklemmen, ein Taschenspiegel, Knautschlacklederreste, Schnellhefter, Apfelstiele, ein Plastikbeutel mit der Aufschrift „Der Duft der großen weiten Welt", angelesene und übereinander gestülpte Bücher (Hesse, Karl May, Hölderlin), Jeans mit in sich gekehrten Hosenbeinen, halb und dreiviertel gewendete Pullover, Strumpfhosen, Nylon und benutzte Taschentücher. (Die Ausläufer dieser Hügellandschaft erstrecken sich bis ins Bad und in die Küche.)
Ich weiß: Sie will sich nicht den Nichtigkeiten des Lebens ausliefern. Sie fürchtet die Einengung des Blicks, des Geistes. Sie fürchtet die Abstumpfung der Seele durch Wiederholung! […] Doch nicht nur, daß ich ab und zu heimlich ihr Zimmer wische, um ihre Mutter vor Herzkrämpfen zu bewahren – ich muß mich auch der Versuchung erwehren, diese Nichtigkeiten ins Blickfeld zu rücken und auf die Ausbildung innerer Zwänge hinzuwirken.
Einmal bin ich dieser Versuchung erlegen.
Sie ekelt sich vor Spinnen. Also sagte ich: „Unter deinem Bett waren zwei Spinnennester."
Ihre mit lila Augentusche nachgedunkelten Lider verschwanden hinter den hervortretenden Augäpfeln, und sie begann „Iix! Ääx! Uh!" zu rufen, so daß ihre Englischlehrerin, wäre sie zugegen gewesen, von so vielen Kehlkopfknacklauten – englisch „glottal stops" – ohnmächtig geworden wäre. „Und warum bauen die ihre Nester gerade bei mir unterm Bett?"
„Dort werden sie nicht oft gestört." Direkter wollte ich nicht werden, und sie ist intelligent.
Am Abend hatte sie ihr inneres Gleichgewicht wiedergewonnen. Im Bett liegend, machte sie einen fast überlegenen Eindruck. Ihre Hausschuhe standen auf dem Klavier. „Die stelle ich jetzt immer dorthin", sagte sie. „Damit keine Spinnen hineinkriechen können." R

1 Äußert euch zu dem Verhältnis zwischen Vater und Tochter.

2 In welchem der Zimmer, die auf den Bildern und in dem Text dargestellt sind, würdet ihr euch am liebsten aufhalten?

3 Im eigenen Zimmer spiegelt sich die Persönlichkeit wider. Trifft das deiner Meinung nach zu?

4 Entwerft euer Traumzimmer: Beschreibt möglichst genau, wie es aussehen und eingerichtet sein sollte. Wer will, kann auch eine Skizze beifügen.

Gegenstände, an denen ich hänge

Im eigenen Zimmer bewahren wir oft Gegenstände auf, die uns fest ans Herz gewachsen sind: Erinnerungsstücke – das erste Stofftier, das man einmal geschenkt bekommen hat; einen Wimpel oder eine Urkunde, die man bei einem Spiel gewonnen hat; ein Souvenir aus dem Urlaub …

1 Welche Gegenstände kommen euch in den Sinn?

2 a) In welchen Situationen haben Erinnerungsstücke für euch eine besondere Bedeutung?
b) Listet verschiedene Funktionen von Erinnerungsstücken auf und ordnet sie.

3 Man findet Stofftiere und Ähnliches auch bei älteren Schülerinnen und Schülern, z. B. in Prüfungssituationen. Was haltet ihr davon?

BRAVO

Wie wichtig ist für dich die Clique?

Während die einen nach dem Motto leben: „Gemeinsam macht alles noch mal so viel Spaß", gehen andere lieber auf Distanz und schätzen die Zweisamkeit. Dieser Test verrät dir, wie viel dir deine Clique wirklich bedeutet!

1 *Das Foto zeigt eine schrille Clique. Würdest du gerne dazugehören?*
a) Nein, die Typen sind mir zu abgedreht.
b) Klar, die haben bestimmt viel Spaß zusammen.
c) Kommt drauf an, was die sonst noch so drauf haben.

2 *Du fühlst dich in der Clique ungerecht behandelt. Wie verhältst du dich?*
a) Ich ärgere mich, lasse mir aber nichts anmerken. Bloß keinen Zoff!
b) Ich stelle die anderen zur Rede und sage, dass ich mich nicht so behandeln lasse.
c) Das kann mir nicht passieren!

3 *Deinen Geburtstag feierst du ...*
a) ... mit der Familie.
b) ... mit einigen guten Freunden.
c) ... mit der Clique.

4 *Du merkst, dass der neue Schüler in deiner Klasse keinen Anschluss findet. Was tust du?*
a) Das ist mir ziemlich egal.
b) Ich versuche mit ihm darüber zu reden.
c) Er muss selbst auf die anderen zugehen!

5 *Du hast für Samstagabend drei Einladungen bekommen. Für welche entscheidest du dich?*
a) Eine Fete mit meinen Freunden
b) Ein „Blind Date"
c) Ein Pizza-Essen mit meinem/r besten Freund/in

6 *Was geht bei euch in der Clique ab?*
a) Nichts Besonderes, meistens tratschen wir nur so rum.
b) Jede Menge Action, aber auch wenn wir nur rumhängen, wird es nie langweilig.
c) Feten und Fun – ganz besonders an den Wochenenden.

7 *Du gewinnst im Preisausschreiben und kannst zwischen drei Preisen wählen. Für welchen entscheidest du dich?*
a) Eine CD deiner Wahl
b) 10 Gratistickets fürs Kino
c) Jahresabonnement für BRAVO

8 *Deine Eltern versprechen, dass du das nächste Urlaubsziel bestimmen darfst, wenn deine Noten besser werden. Welches Ziel wählst du?*
a) Ferien auf der Insel Rhodos, im sonnigen Griechenland
b) Ibiza – wegen der Disko-Szene
c) Keins, ich habe keinen Bock, mit meinen Eltern in Urlaub zu fahren

TESTAUSWERTUNG

Zähle nun die für dich zutreffenden Punkte zusammen. Die Summe führt zum Ergebnis.

Frage	Antwort a	b	c	Frage	Antwort a	b	c
1	0	6	3	5	6	3	0
2	6	3	0	6	0	6	3
3	0	3	6	7	0	6	3
4	0	3	6	8	3	6	0

0–18 Punkte
Du hast panische Angst unter Gruppendruck zu geraten. Deine Freiheit und Unabhängigkeit gehen dir über alles und deshalb wahrst du lieber Distanz. So bist du aber auf dem besten Weg zu einem richtigen Einzelgänger zu werden. Schade, du hast nämlich durchaus die Fähigkeit deine Ideen in einer Clique einzubringen! Vielleicht probierst du es trotzdem mal aus, damit du siehst, wie viel Spaß es machen kann, mit anderen zusammen zu sein!

21–36 Punkte
Die Clique ist für dich wichtig, aber sie bedeutet dir nicht alles. Dir geht es nicht nur um Action und Fun, sondern auch um Beziehungen mit Tiefgang. Meinungsverschiedenheiten weichst du nicht aus. Du hast gelernt zu diskutieren und eigene Entscheidungen zu treffen. Wenn dich etwas total nervt, ziehst du dich zurück und gehst deine eigenen Wege. Schließlich hast du auch noch andere Freunde! Dein bester Kumpel ist dir mindestens genauso wichtig wie die Clique!

39–48 Punkte
Egal, ob's um Kinobesuch, Sport oder Wochenende geht – ohne deine Clique läuft bei dir nichts. Du kannst dir einfach nicht vorstellen etwas ohne deine Clique zu unternehmen. Nur in der Gruppe fühlst du dich geborgen und stark. Sobald du auf dich allein gestellt bist, wirst du unsicher. Du musst lernen eigene Entscheidungen zu treffen und auch mal deine Zeit sinnvoll ohne die Clique nutzen. Pass auf, dass du dich nicht von deinem Freundeskreis abhängig machst! Unternimm mal ganz bewusst etwas allein, damit du vor lauter Anpassung nicht zum Mitläufer wirst.

1 a) Führt den Test in der Klasse durch.
b) Diskutiert darüber, ob der Test euch tatsächlich verrät, wie wichtig euch eure Clique ist.

2 Versucht in Gruppen, ähnliche Tests zu entwerfen.
a) Sammelt Themen, die euch und andere interessieren könnten.
b) Beim Lay-out und bei der Auswertung könnt ihr den Computer zu Hilfe nehmen.

1.2 Ein Romanheld auf dem Weg zu sich selbst

Der Roman von Nigel Hinton, aus dem ihr hier Auszüge findet, spielt im heutigen England und schildert einen abenteuerlichen und schwierigen Lebensabschnitt des dreizehnjährigen Buddy Clark.
Im **Klappentext** des Buches heißt es:

„Buddys Dad ist ein ziemlich verrückter Typ: Rock-'n'-Roll-Fan, immer zu Späßen aufgelegt, wie ein großer Junge – aber leider kein zuverlässiger, verantwortungsbewusster Vater. Er war im Gefängnis und ist jetzt arbeitslos. In der Familie gibt es wenig Geld und viel Streit – und eines Tages zieht Buddys Mutter aus und lässt ihn mit seinem Dad allein. So gut es geht, versuchen die beiden, jeder für sich, mit der Situation klarzukommen – bis Buddy herausfindet, dass sein Vater wieder auf kriminelle Abwege geraten ist. Um ihn zum Aussteigen zu bewegen und seine Eltern wieder zusammen zu bringen, fasst Buddy einen waghalsigen Plan …“

Buddy und seine Freunde Charmian und Julius haben nämlich durch Zufall herausgefunden, dass es in einem halb verfallenen Haus in ihrer Stadt nicht mit rechten Dingen zugeht. Für Buddy ist es eine böse Überraschung, als er feststellen muss, dass das Haus einer Einbrecherbande als Lager dient und auch sein Vater mit der Sache zu tun hat. Der Plan von Buddy und seinen Freunden in Kürze: Mit Hilfe der Polizei die Bande in dem geheimnisvollen Haus dingfest machen, durch geschickte Zeitplanung und ein Ablenkungsmanöver aber dafür sorgen, dass Buddys Vater zu dieser Uhrzeit nicht im Haus ist. Buddy kann seine Mutter – die von alledem nichts ahnt – mit Mühe überreden den Vater genau zu derselben Zeit zu Hause aufzusuchen, um mit ihm ein Versöhnungsgespräch zu führen. So ganz gelingt der Plan jedoch nicht …

1 a) Schaut euch die Porträtskizze auf dem Buchumschlag an.
b) Sammelt eure ersten Eindrücke zur Person Buddys. Achtet dabei vor allem auf den Ausdruck der Augen.

2 Beschreibt umrisshaft den Charakter Buddys, wie er euch nach den Vorinformationen erscheint.

Nigel Hinton

Buddy

Alles wirkte seltsam fremd, als sei er nach langer Abwesenheit wieder auf die Erde zurückgekehrt. Der Himmel war von einer geschlossenen weißen Wolkenschicht bedeckt, aber das Licht blendete ihn mehr, als wenn die Sonne geschienen hätte. Die Läden waren geschlossen, die Straßen schmutzig und hässlich. Die wenigen Menschen, die er traf, sahen ihn kaum an, und er fühlte sich so weit von ihnen entfernt, als wären es gar keine menschlichen Wesen.

Am Anfang seiner Straße wartete er ein bisschen, um festzustellen, ob sich irgendjemand in der Nähe seines Hauses herumtrieb. Nur die üblichen Autos standen am Straßenrand. Trotzdem lief er auf der gegenüberliegenden Seite an dem Haus vorbei, um ganz sicherzugehen, dass sich niemand dort versteckt hielt. Alles schien in Ordnung zu sein. Schnell kehrte er um, den Schlüssel bereithaltend, und öffnete die Eingangstür.

Er lauschte. Nichts. Das Haus roch bereits abgestanden und unbewohnt. Er ging hinauf in sein Zimmer und kippte seine Schulsachen aus der roten Segeltuchtasche. Sehr viel passte nicht hinein, aber er konnte nicht mit einem großen Koffer herumlaufen. Er öffnete seine Schublade und begann, seine Sachen herauszusuchen. Ein paar Hemden, Socken, Unterwäsche und drei dicke Pullover. Er stopfte die Tasche damit voll, aber es hatte nicht alles Platz. Er musste einen der Pullover anziehen und einen zurücklassen. Dann ging er ins Badezimmer und leerte den großen Plastikwäschesack auf den Fußboden aus. Er griff sich ein Handtuch, Seife, Zahnpasta und seine Zahnbürste und lief wieder in sein Zimmer.

Buddy rollte seinen Schlafsack so klein zusammen, wie er konnte, und stopfte ihn zu den Toilettensachen in den Plastiksack. Anschließend ging er wieder hinunter, holte ein Messer und lief in den hinteren Garten. Das Messer war stumpf, und er musste eine ganze Weile säbeln, bis er ein Stück in der richtigen Länge von der Wäscheleine abgeschnitten hatte. Zugleich fiel ihm ein, dass er ein Messer, eine Gabel und einen Löffel brauchte. Er holte die Sachen, als er wieder drinnen war. Auch einen Büchsenöffner – der konnte sehr nützlich sein.

Das Besteck zwängte er seitlich in die Segeltuchtasche, dann begann er den Plastiksack zusammenzurollen. Es dauerte ewig, bis es ihm gelang, aber schließlich war er mit dem Ergebnis zufrieden. Der Sack war wie eine Wurst geformt und an beiden Enden mit der Schnur zusammengebunden. Wenn er mit dem Kopf und einem Arm durchs Seil schlüpfte, lag die Wurst bequem an seinem Rücken. Er warf sich die Segeltuchtasche über die Schulter, sah sich ein letztes Mal in seinem Zimmer um und ging ins Schlafzimmer seines Vaters.

Buddy wusste, dass sein Dad immer etwas Geld in der obersten Schublade des Nachtkästchens aufbewahrte, aber er war überrascht, wie viel es war. Dreiundachtzig Pfund. Damit und mit seinen eigenen elf Pfund konnte er wochenlang auskommen. Er steckte das Geld in seine Hosentasche und lief nach unten. Er öffnete die Eingangstür, um nachzusehen, ob die Polizei vielleicht eingetroffen wäre, während er gepackt hatte, dann rannte er hinaus und die Straße entlang.

Buddy erlebte einen schlimmen Augenblick, als er zur Bushaltestelle kam. Gerade wollte er die Straße überqueren, da fuhr ein Streifenwagen vorbei. Er drehte sich um und tat, als würde er sich ein Schaufenster anschauen. In der Spiegelung der Fensterscheibe sah er einen Polizisten aussteigen und in das Stationshäuschen gehen. Sicher würden sie ihn hier nicht suchen. Schließlich war er kein Krimineller. Dann beobachtete Buddy, wie der Mann ein paar Münzen aus der Tasche holte und sie in den Zigarettenautomat steckte. Er zog ein Päckchen heraus, ging zurück zum Auto und fuhr davon.

Die nächste halbe Stunde verbrachte Buddy mit der Überlegung, wohin er fahren sollte. Er studierte die große Landkarte und wählte zwei mögliche Orte im Waldgebiet. Doch als er die Fahrpläne durchsah, entdeckte er, dass sonntags an keinen der beiden Orte Busse fuhren.

Schließlich musste er sich für einen Bus entscheiden, der nach West Axle fuhr. Das war genau in entgegengesetzter Richtung zum Wald, aber auf der Landkarte waren große Grünflächen eingezeichnet. Es spielte überhaupt kei-

ne Rolle, wohin er fuhr, solange es weit genug von der Stadt entfernt war. Hauptsache, er fand eine alte Scheune. Dort würde er bleiben, bis er sich entschieden hatte, was er tun wollte.

Der Bus fuhr erst um drei Uhr zwanzig, er musste also noch eine ganze Stunde totschlagen. Er ging in die Snack-Bar und kaufte sich zwei Semmeln, etwas Schokolade und eine Tasse Tee. Er setzte sich absichtlich an den Ecktisch, an dem er mit seiner Mum gesessen hatte, knabberte an einer Semmel herum, verspürte aber keinen großen Hunger. In der Tat fühlte er sich nur ausgelaugt und leer. Es war, als sei er seit seinem langen Schlaf ohne jegliche Gefühlsregungen. Er tat wichtige und ungewöhnliche Dinge, aber das geschah alles wie aus der Entfernung, ohne sein Leben wirklich zu berühren.

Er sah den Stuhl an, auf dem seine Mum gesessen hatte. An jenem Abend war alles nur Geschwätz gewesen. Sie hatte eine Menge gesagt, aber als es darauf ankam, etwas zu tun, wirklich zu versuchen, mit seinem Dad zu reden und alles wieder ins Lot zu bringen, hatte sie kaum etwas unternommen.

Genau um drei Uhr zwanzig kam der Bus aus der Garage und fuhr die Haltestelle an. Buddy nahm sein Zeug und folgte einer Anzahl anderer Leute aus der Snack-Bar hinaus in den Bus. Er stieg oben hinauf und setzte sich ganz vorn hin.

Die Fahrt dauerte schrecklich lange, und er starrte durchs Fenster auf die langweiligen Häuser und Gärten. Nur wenige Menschen waren unterwegs, die Welt wirkte grau, halb tot und weit, weit weg. Bis sie aufs offene Land hinauskamen, begann es schon dunkel zu werden. Die Sonne war hinter riesigen schwarzen Wolken untergegangen, die aus dem Südwesten heranzogen. Viel Zeit hatte er nicht, um sich einen Unterschlupf für die Nacht zu suchen, und es sah aus, als würde es anfangen zu regnen.

Endlich kam der Bus an eine Straßenkreuzung, und Buddy entdeckte ein Schild mit der Aufschrift „West Axle, 4 Meilen“. Zu seiner Überraschung bog der Bus nach links von der Hauptstraße ab und fuhr in die andere Richtung. Er kletterte die Treppe hinunter und fragte den Schaffner nach dem Grund.

„So ist die Route“, sagte der Mann. „Wir fahren zuerst über Ramsett und Dryford. West Axle erreichen wir erst in fünfundvierzig Minuten.“

Fünfundvierzig Minuten – bis dahin war es dunkel. Er sah auf die vorbeiziehende Landschaft. Hier war es ebenso gut wie anderswo.

„Können Sie mich bitte bei der nächsten Haltestelle hinauslassen?“

Ein paar Minuten später stand Buddy am Straßenrand und sah den Bus in der Ferne verschwinden. Abgesehen von dem hölzernen

Bushäuschen gab es hier nichts als offene Felder und auf der rechten Seite eine Baumgruppe. Die Einsamkeit ängstigte ihn. In der Stadt hatte er es für eine ausgezeichnete Idee gehalten, von den Straßenlaternen, den Häusern und dem Verkehr wegzukommen, aber diese stille öde Landschaft machte ihm Angst. Viel besser war es, sich in der Nähe von Menschen aufzuhalten. Bestimmt gab es hier in der Umgebung ein Bauernhaus, wo er sich in einer Scheune verstecken, gleichzeitig aber sicher sein konnte, dass er nicht allein war.

Er begann in die Richtung zu gehen, in die der Bus gefahren war. Das Tageslicht schwand rasch, der Wind brachte ein paar Regentropfen mit. Buddy begann zu joggen. Der Strick, der die Plastikwurst auf seinem Rücken festhielt, war zu eng und schnitt ihm in die Brust, aber er hatte keine Zeit, stehen zu bleiben und ihn zu lockern. Die Segeltuchtasche rutschte ihm dauernd von der Schulter, also nahm er sie herunter und hielt sie mit beiden Armen fest, während er rannte. Vor ihm machte die Straße eine Biegung. Er lief darauf zu in der Hoffnung, dort irgendein Zeichen von Leben zu entdecken. Da war nichts. So weit er sehen konnte, erstreckte sich die Straße in dunkle Leere.

Die reine Verzweiflung trieb ihn zum Weitergehen. Der Schaffner hatte die Namen von zwei Dörfern erwähnt, die mussten irgendwo an dieser Straße liegen. Als er endlich weit rechts einen Lichtschimmer sah, hüpfte sein Herz. Doch die Straße schien ihn davon wegzuführen. Sollte er versuchen, quer über die Wiesen dorthin zu gelangen? Er hatte sich schon fast dazu entschlossen, als er eine Lücke in der Hecke sah und einen Pfad, der direkt auf das Licht zulief.

Der Weg war schlammig und übersät von tiefen Löchern und Wurzeln, aber Buddy kämpfte sich weiter und sah das Licht immer näher kommen. Der Regen prasselte auf den Boden, und es begann in Strömen zu gießen. Da hatte er ja Glück gehabt – noch ein paar Minuten und er würde Schutz finden in einem der Gebäude, die sich aus der Dunkelheit herauslösten. Dann hörte er vor sich ein Knurren. Er blieb stehen.

Wieder das Knurren, dann bellte wütend ein Hund. Ein zweiter Hund fiel ein, zuerst weiter entfernt, mit der Zeit aber immer näher. Im Halbdunkel sah Buddy zwei riesige Tiere mitten auf dem Weg stehen. Sie näherten sich ihm langsam, böse bellend und knurrend.

In einem der Häuser ging eine Tür auf, und ein Mann rief etwas. Buddy drehte sich um und rannte. Der Regen klatschte ihm ins Gesicht, er stolperte und rutschte auf dem unebenen Boden, aber der Gedanke an die Hunde hetzte ihn weiter, bis er die Straße wieder erreicht hatte.

Selbst dann ging er noch schnell. So konnte er nicht weitermachen, herumrennen und nach einem Bauernhof suchen. Es gab nur eines, er musste den langen Weg zurückgehen bis dahin, wo er den Bus verlassen hatte. Wenigstens war es in dem Bushäuschen trocken, und die Wahrscheinlichkeit war sehr gering, dass es in dieser Nacht noch jemand benützen würde.
Bis er dort ankam, war Buddy völlig durchnässt. Er ließ sein Gepäck in eine Ecke fallen und stand fröstelnd an der Rückwand. Draußen war es stockfinster, und das einzige Geräusch kam vom Regen, der auf das Dach trommelte. Das Frösteln wurde stärker, und er wusste, er sollte das nasse Zeug eigentlich ausziehen. Doch es gab keine Möglichkeit, irgendwo anders hinzugehen, er musste sich damit abfinden, die Nacht hier zu verbringen.
Er rollte den Plastiksack auf und legte den Schlafsack obendrauf. Seine Kleider klebten an ihm, und er zog sie aus und schlüpfte in den Schlafsack, nur mit einem T-Shirt und seiner Unterhose bekleidet. Ihm war so kalt, dass es ihm gleichgültig war, wie lächerlich die ganze Sache war. Nach und nach wurde ihm wärmer, das Frösteln ließ nach.
Zwei Autos fuhren im Verlauf des langen Abends vorüber. Jedes Mal blendeten ihn die Scheinwerfer, und er war davon überzeugt, gesehen zu werden. Aber die Autos rauschten vorbei, ohne ihre Fahrt auch nur zu verlangsamen. Die übrige Zeit lag er in vollkommener Finsternis, die Segeltuchtasche als Kissen unter dem Kopf. Er aß ein Stück Schokolade. Doch obgleich er wusste, dass er sie brauchte, um warm zu werden, konnte er sie kaum hinunterschlucken. Ein- oder zweimal döste er ein, aber die Kälte und die Härte des Bodens weckten ihn jedes Mal wieder auf.
Über lange Zeitspannen verlor er jedes Gefühl dafür, wo er sich befand. Sein Körper wurde taub, seine Augen starrten in die vollkommene Schwärze. Nur das Geräusch des Regens sagte ihm, dass die Welt noch existierte. Plötzlich fuhr er kerzengerade aus dem Schlaf hoch. Kleine kalte Füße waren soeben über sein Gesicht gelaufen. Er spürte, wie etwas auf seinen Schlafsack fiel und dann davonrannte. Auch wenn es vermutlich nur eine Maus war, zerrte der

Schreck an seinen Nerven. Alles Mögliche konnte hier im Dunkeln sein, Ratten, Wiesel, Spinnen. Ein Fuchs konnte nur ein paar Zentimeter von seinem Gesicht entfernt seine Zähne blecken, und er würde ihn nicht einmal sehen. Er kroch ganz tief in den Schlafsack hinein und zog sich die Enden über den Kopf. Dabei merkte er, wie sehr er fror, und das unkontrollierte Schaudern begann von neuem.
Er schlief unruhig, tauchte immer wieder nach Luft schnappend auf und schlüpfte erneut in den Schlafsack zurück. Allmählich ließ der Regen nach und hörte endlich ganz auf, obwohl er noch lange Zeit danach vom Dach tropfte. Als Buddy endlich erkannte, dass der Himmel heller wurde, entspannte er sich.
Ein Brummen weckte ihn, er öffnete die Augen gerade rechtzeitig, um die riesigen Räder eines Traktors nur wenige Zentimeter vom Eingang des Unterstandes entfernt vorbeirollen zu sehen. Als das Brummen verebbte, setzte er sich auf. Seine steifen Glieder schmerzten. Grauer Nebel verbarg die andere Straßenseite, die Luft war kühl und feucht, aber es war Tag. Fünf Minuten später war er angezogen und zum Gehen bereit. Er hatte ein trockenes Hemd und einen Pullover angezogen, doch seine Jeans waren noch immer klatschnass und klebten eiskalt an seinen Beinen. Sogar das Geld in der Gesäßtasche war feucht. Auch seine Schuhe waren nass und gaben diese Nässe bereits an die trockenen Socken ab, die er angezogen hatte.

Er stopfte den Schlafsack in den Plastiksack und machte sich nicht die Mühe, ihn ordentlich zusammenzurollen oder gar zuzubinden. Er schlang sich die Segeltuchtasche über die Schulter und verließ steifbeinig den Unterstand. Seine nassen Kleider lagen als kleines Häufchen in der Ecke.

Rasch ging er auf die Straße zu und spürte, wie allmählich wieder Leben in seinen tauben Körper kam. Der Gedanke, wild auf dem Land zu leben, war irrsinnig gewesen, das sah er nun ein. Viel besser war es, in der Stadt zu bleiben, die er sein ganzes Leben lang kannte. Da gab es eine Menge Orte, an denen er sich verstecken konnte, und besonders einen, an dem niemand nach ihm suchen würde.

Als er an der Straßenkreuzung stand und darauf wartete, von einem Auto in die Stadt mitgenommen zu werden, wurde ihm klar, welcher Tag heute war. Montag. Sein Geburtstag. Er war vierzehn Jahre alt geworden.

Gestern hatte er überstürzt gehandelt und viele falsche Entscheidungen getroffen, diesmal wollte er umsichtiger planen. Buddy ging in einen Supermarkt und suchte Lebensmittel aus, die lange Zeit vorhalten würden. Außerdem besorgte er sich so notwendige Dinge wie Streichhölzer, Kerzen und Klopapier. In einem anderen Geschäft kaufte er einen kleinen Campingkocher, eine Reserveflasche Campinggas und eine kleine Pfanne. Als Letztes nahm er etwas Klebeband, für den Fall, dass er ein Fenster aufbrechen musste, um in das Haus zu gelangen.

Er war ein bisschen in Sorge, dass jemand ihn in der Stadt sehen könnte, doch der einzig wirklich gefährliche Augenblick kam, als er sich dem Haus näherte. Wenn Mrs. Solomon ihn zufällig vom Fenster aus erblickte, bestand die Möglichkeit, dass sie zu irgendjemand etwas darüber sagte. Aber dieses Risiko musste er eingehen. Er rannte den schmalen Weg an Nummer 56 vorbei und hielt sich dabei so dicht an der Mauer wie möglich. Er bog um die Ecke und spähte zu Mrs. Solomons Seitenfenster hinauf. Es war leer, und er war sicher, nicht gesehen worden zu sein.

Wie erwartet war die Hintertür von Nummer 56 versperrt und das kleine Fenster geschlossen. Gewiss war die Polizei nach Freitagabend noch einmal zurückgekommen um festzustellen, ob sich weitere gestohlene Dinge im Haus befanden. Und sie hatte dafür gesorgt, dass nach ihrem Aufbruch alles abgeschlossen wurde.

Buddy fand ein paar Ziegelsteine im Garten und schichtete sie so auf, dass er das Fenster erreichen konnte. Er riss Streifen vom Klebeband ab und bedeckte damit die ganze Fensterscheibe. Dann nahm er einen Stein und schlug damit fest gegen die Scheibe. Das Glas zersplitterte, machte aber kaum Lärm. Vorsichtig schälte er das Klebeband ab und bekam den Großteil des Glases damit zu fassen. Er langte hinein und entriegelte das Fenster. Dann stieß er es auf und versuchte hinaufzuklettern. Er brauchte alle Kraft dazu, aber schließlich gelang es, und er sprang hinunter in die Speisekammer.

Bis er draußen aufgeräumt und all seine Sachen ins Hausinnere gebracht hatte, war er erschöpft. Seine Jeans waren immer noch feucht, deshalb zog er sie aus und hängte sie in eine Ecke. Dann schlüpfte er in den Schlafsack und legte sich auf das Feldbett.

Es war seltsam, auf dem Bett des Ungeheuers[1] zu liegen. Buddy zog seinen Pullover aus und faltete ihn so zusammen, dass sein Kopf die Leinenbespannung nicht berührte. Das Ungeheuer war nicht schmutzig, aber es war eigenartig, und vielleicht war diese Eigenart ansteckend wie eine Krankheit. Er wollte nicht wie das Ungeheuer enden. Und doch war er hier, wohnte in dessen Zimmer und schlief auf dessen Bett.

1 **„Ungeheuer“:** der geistesgestörte Besitzer des Hauses

Er versuchte sich einzureden, dass es nicht für lange sei, aber das half nicht viel. Er hoffte, er würde frohgemuter werden, wenn er erst eine wirklich sichere Bleibe gefunden hatte. Doch obwohl er hier besser aufgehoben war als im Bushäuschen, fühlte er sich noch immer niedergeschlagen und wie abgestorben. Wie lange konnte er auf diese Weise durchhalten? Früher oder später würde ihn jemand finden, wo immer er sich aufhielt. Dann würde man ihn in ein Heim stecken. Möglicherweise ließ man ihn zur Schule gehen, aber das war noch schlimmer. Er konnte sich gut vorstellen, was einige der Kinder dort sagen und tun würden. Lieber alles andere, als das über sich ergehen zu lassen! Jedes Mal endeten seine Überlegungen mit dem gleichen Problem – was konnte er tun, wohin konnte er gehen? Die Fragen drehten sich ihm im Kopf herum, bis er einschlief.

Als er erwachte, war es vollkommen dunkel. Er glaubte, wieder in dem Bushäuschen zu sein. Dann fiel ihm auf, dass er das Geräusch des Regens nicht hörte, und er erinnerte sich, wo er war. Die Dunkelheit jagte ihm Angst ein, und er tastete im Zimmer umher, bis er die Streichhölzer fand. Das Licht einer Kerze reichte nicht aus, um die Schatten aus den Ecken zu vertreiben, deshalb zündete er noch zwei weitere an. Seine Uhr zeigte ein Uhr zwanzig, und er schloss daraus, dass es früher Dienstagmorgen sein musste. Seit Freitag hatte er so viel Zeit schlafend oder im Halbschlaf verbracht, dass es ihn nicht gewundert hätte, wenn er einen ganzen Tag übersprungen hätte. Vielleicht war jetzt schon Mittwoch. Die Zeit spielte keine Rolle mehr. Er hatte nichts zu tun und brauchte nirgendwohin zu gehen.

Auch regelmäßige Mahlzeiten spielten keine Rolle mehr, also beschloss er, jetzt etwas zu essen. Er zündete den Kocher an und wärmte eine Büchse Eintopf. Er setzte sich auf die Bettkante und begann aus der Pfanne zu essen. Noch war es bei ihm nicht so schlimm wie bei dem Ungeheuer, das seine Mahlzeiten kalt, direkt aus der Büchse aß. Charmian war das aufgefallen, als sie das erste Mal hier waren. Charmian und Julius – was machten die beiden wohl jetzt? Schlafen natürlich. Sie führten ein ordentliches Leben, sie nahmen nicht mitten in der Nacht ihre Mahlzeiten ein. Und was war mit dem Ungeheuer? Es war durch Buddys Schuld irgendwo im Gefängnis. Und nicht nur das Ungeheuer, auch sein Dad.

Seit Freitagabend hatte Buddy sich nicht gestattet, jeweils mehr als ein paar Sekunden an seinen Dad zu denken. Jetzt hielt ihn nichts mehr davon ab. Er versuchte zu vergessen, aber jeder einzelne Augenblick des Abends war in sein Gedächtnis eingegraben. Der Blick seines Vaters, als der Sohn ihm gesagt hatte, dass er die Polizei gerufen hatte. Die ruhige Art, mit der er in das Polizeiauto gestiegen war. Wie er seinen Arm um die Schultern des Ungeheuers gelegt hatte.

Buddy stand auf und stellte die Pfanne in den alten steinernen Ausguss. Er hatte nur ein paar Mund voll gegessen, aber er war nicht mehr hungrig. Bis jetzt hatte er nichts weiter getan, als sich selbst bemitleidet und sich Sorgen darüber gemacht, was mit ihm geschehen würde. Aber was war mit seinem Dad? Im Gefängnis zu sein war schlimmer als in einem Heim zu leben – in einem Heim gab es keine Gitter und versperrte Türen. Ein schreckliches Bild zuckte durch seinen Kopf – sein Dad allein in einer Zelle, durch ein vergittertes Fenster den Himmel betrachtend. – Er blies die Kerzen aus und warf sich aufs Bett. Er wollte nichts als schlafen. Schlafen und vergessen. Das musste es sein, weshalb die Menschen sich umbrachten: um zu vergessen. Es war ganz offensichtlich, doch noch nie zuvor hatte er es so klar erkannt. Zum Beispiel der Mann, dem dieses Haus gehört hatte. Nachdem er seine Frau getötet hatte, wollte er nur noch vergessen, aber Schlaf war nicht genug für ihn gewesen. Er hatte sich erhängt, um ganz sicherzugehen, dass er niemals mehr aufwachen und sich erinnern müsste.

Buddy fürchtete sich im Dunkeln, doch er wollte keine Kerze anzünden. Die Angst bewahrte ihn davor, an andere Dinge zu denken. Das Haus war voller Geräusche, Knarren, Rascheln und Trappeln. Er lag angespannt und regungslos, lauschte auf jeden Laut, bis er sie allmählich alle kannte. Sie schreckten ihn noch immer, wenn sie plötzlich kamen, nach einer langen Dauer der Stille, aber es waren nur Geräusche. Sie ertönten auch, wenn er nicht da war. Die Geräusche wussten nicht, dass er da war. Das Zimmer wusste nicht, dass er da war. Das Bett, auf dem er lag, wusste nicht, dass er darauf lag. Im Grunde war er selbst nicht einmal sicher, dass er darauf lag. Sein Körper lag auf dem Bett, aber plötzlich war ihm klar, dass sein Körper nicht er war. Die Menschen sahen seinen Körper an und sagten: „Das ist Buddy Clark." Doch in Wirklichkeit war sein Körper nichts weiter als ein Gemälde, das er einmal in einem Film gesehen hatte. Das Gemälde stellte das Gesicht eines Mannes dar, doch an Stelle der Augen hatte es kleine Klappen. Jemand hinter dem Bild hatte die Klappen geöffnet und hindurchgesehen. Genau wie der echte Buddy Clark jetzt winzig und irgendwo tief in seinem Körper versteckt durch die Löcher hinausspähte, die die Menschen Augen nannten.

Lichtstreifen fielen durch die Holzbalken, mit denen die Fenster vernagelt waren. Er sah ihnen zu, wie sie langsam mit dem vergehenden Tag an Wänden und Decke entlangwanderten, bis die Nacht den Raum wieder erfüllte.

3 Vergleicht euren Eindruck nach der Lektüre des Romanausschnitts mit den ersten Überlegungen zum Umschlagbild und zum Klappentext (S. 14). Haltet Abweichungen und Übereinstimmungen fest.

4 a) Sucht Textstellen heraus, an denen sich Buddy Gedanken über sich selbst macht, und besprecht, in welcher Lage sich Buddy befindet.
b) Versetzt euch in Buddy hinein und schreibt seine Gedanken und Gefühle in der Ich-Form auf.

5 Fertigt Bilder oder eine Collage zu dem Romanausschnitt an. Dazu könnt ihr Fotos aus Zeitschriften ausschneiden, die zum Thema passen.

6 a) Schreibt einen inneren Dialog, den Buddy mit seinem Vater oder seiner Mutter führen könnte.
b) Wie könnte das Leben Buddys weitergehen? Verfasst ein eigenes Kapitel.
c) Lest euch eure Texte vor und diskutiert, ob sie in Inhalt und sprachlichem Ausdruck zur Vorlage passen.

7 a) An einer Stelle im Roman entdeckt Buddy an einem Kiosk, dass inzwischen die Zeitungen über ihn berichten: „Der Fall Buddy Clark". Verfasst einen entsprechenden Zeitungsbericht.
Tipp: Denkt daran, woher und von wem der Reporter seine Informationen bekommen haben könnte (Schulfreunde, Lehrer, Nachbarn, Polizei, die Mutter Buddys usw.).
b) Was muss bei einem Zeitungsbericht beachtet werden? Erstellt eine Liste wichtiger Kriterien.
c) Helft euch gegenseitig bei der Überarbeitung eurer Texte (siehe S. 284).

8 Kannst du dir eine Situation vorstellen, in der du ebenfalls von zu Hause fortlaufen würdest? Würdest du dich wie Buddy verhalten? Schreibe eine Geschichte.

1.3 Selbstbeschreibungen: Sich in Texten spiegeln

Hier komm ich!
Beginnen wir mit dem Schönsten in meinem Leben: Das ist zur Zeit die Musik und mein Schlagzeug. Gleich danach kommen meine Freunde, mit denen ich meine Freizeit am Nachmittag und am Wochenende verbringe. Irgendwo dazwischen gibt es auch noch Eltern, die ab und zu mit ihren guten Ratschlägen nerven, aber trotzdem für ihr Alter noch ganz o.k. sind. Außerdem sind sie ganz nützlich, wenn über meinem Portmonee der große Pleitegeier kreist. Manchmal wundert es mich, wie sie es mit mir schon fast 14 Jahre aushalten. Aber ich denke, Eltern sind zäh. So weit, so gut.
Das Leben könnte so schön sein, gäbe es da nicht so eine lästige Einrichtung, die sich Schule nennt. Es beginnt schon damit, dass sie mir erheblich die Nacht verkürzt. Der Wecker ist zur Zeit mein ärgster Feind: ein Feind neben meinem Bett. Jeden Morgen dasselbe Chaos. Auch Eltern können sich daran gewöhnen. Lägen nicht stets nasse Handtücher und schmutzige Socken in der Ecke, hinge keine Zahnpasta am Spiegel, ich glaube, meiner Mutter würde etwas fehlen. Nach einem wehmütigen Blick auf das so lecker zubereitete Frühstück, zu dem ich wieder keine Zeit mehr habe, eile ich zur Haltestelle. Dort treffe ich auf die ersten Leidensgenossen. Ein neuer Tag, ein neuer Kampf. Um 13.30 Uhr ist alles überstanden. Nun meldet sich mein Magen. Wehe dir, Mutter, es gibt keine Spaghetti! Meine schlimmsten Befürchtungen bestätigen sich, als ich die Tür aufschließe und es riecht nach Gemüse.
Nach einem kurzen Nickerchen erkläre ich mich dazu bereit, meine Hausaufgaben zu machen. Ich könnte mir nichts Schöneres vorstellen. Gott sei Dank ist heute Montag und ich kann beim Schlagzeugunterricht meine Aggressionen wegtrommeln. Danach fühle ich mich wie neugeboren!

Patrick

Wer bin ich?
Ja, wer bin ich eigentlich? Ich heiße Leonie, bin klein, habe kurze dunkelblonde Haare und graublaue Augen. Aber viele Leute heißen Leonie, sind klein und haben die gleiche Haarfarbe, aber die sind nicht ich. Ich bin ich in mir drin und keiner ist wie ich. Manche würden sagen, ich sei die Pubertät in Person oder die Verrückte mit dem grauen Hut aus der 7 b. Aber das alles bin ich nicht wirklich, das ist nur die Verpackung. Wer bin ich dann? Wenn ich morgens in den Spiegel sehe, gucken mir vielleicht ein paar Pickel entgegen oder zwei völlig übermüdete Augen mit schwarzen Rändern darunter, außerdem ein paar zerzauste Haarsträhnen! Aber auch das ist nur eine Fassade. Eine Freundin sagte zu mir: Sei du selbst, der Rest findet sich schon. Aber das ist leicht gesagt. Früher war es viel einfacher. Über meine damalige Naivität lache ich heute. Ich glaubte noch an die heile Welt und schwärmte für David Hasselhoff. Jetzt weiß ich, dass ich nie wie irgendjemand anderes sein kann.
Auch ich bin nicht immer so, wie ich sein möchte, denn manchmal, zum Beispiel wenn ich wütend bin, bricht ein anderes, schlechteres Ich hervor. Doch auch die schlechten Eigenschaften gehören zu mir, zu meinem ganzen Ich, das niemand ändern kann. Vielleicht kann mich jemand dazu zwingen, mir die Haare rot zu färben, aber er kann mein „inneres Ich" nicht erreichen; nicht, wenn ich es nicht will.
Ich bin ein Mensch. So könnte man die Frage „Wer bin ich?" beantworten. Aber bin ich nicht mehr als ein Mensch unter Millionen? Manchmal bin ich eitel – eine meiner kleinen schlechten Eigenschaften – und dann denke ich, vielleicht bist du doch etwas Besonderes.
Wie kann man wohl noch auf die Frage „Wer bin ich?" antworten? Auf diese Frage muss jeder seine eigene Antwort finden, glaube ich zumindest.
Vielleicht denkt ihr jetzt: Die spinnt; aber ich kann nur antworten: Ich bin ich, so wie ich bin, und keiner kann mich ändern!

Leonie

1 Könnt ihr euch Leonie und Patrick vorstellen? Was würdet ihr noch gern über die beiden erfahren?

2 a) Notiert Gedanken und Empfindungen, die ihr mit dem Wort „Spiegel" verbindet.
b) Kann eine Selbstbeschreibung wie die von Leonie oder Patrick ein „Spiegel" sein? Begründet eure Meinung.

3 a) Verfasse ein Porträt von dir, so wie es Leonie und Patrick gemacht haben.
b) Überprüfe die Rechtschreibung und Zeichensetzung in deinem Text mit Hilfe der Checkliste auf S. 155.

Christine Nöstlinger

Ein wildes, wütendes Kind – Ich über mich

Christine Nöstlinger ist eine bekannte österreichische Jugendbuchautorin.

Als ich das Licht der Welt erblickte, war ich vier Kilo und dreizehn Deka[1] schwer und hatte schwarze Haare auf dem Kopf. Laut Aussagen meiner Mutter war ich ein *schönes Kind,* was angeblich davon kam, dass ich gut drei Wochen zu lange im Bauch meiner Mutter geblieben war. Ich kam also schon als ziemlich erwachsener Säugling, ohne Knitterfalten und übliches zwergisches Baby-Outfit, ins Erdenleben. Ein wildes, wütendes Kind war ich angeblich auch. Aber meine Mutter ist noch heute sehr stolz darauf, dass sie mir das *abgewöhnt* hat. Aber wie Mütter so sind, regt sie sich heute auf, dass ich mir *von allen Leuten zu viel gefallen lasse,* und rät mir an, öfter wütend zu werden.

Im Kindergarten hatte ich es gut, weil meine Mutter die Kindergärtnerin war. Das brachte mir viel Ansehen bei den anderen Kindern. Bei meiner Mutter nicht. Sie bemäkelte damals immer, dass ich mich stets zu den *Schlimmen* und zu den *Verlausten* hingezogen fühlte. Dauernd wollte sie mir *brave Freunde* vermitteln, aber die mochte ich nicht.

In der Schule hatte ich darunter zu leiden, dass meine große Schwester *Schulbeste* war und die Lehrer deshalb von mir ähnliche Leistungen erwarteten. Im Laufe von acht Gymnasialjahren sahen sie aber doch ein, dass sie mit dieser Erwartung einem großen Irrtum unterlegen waren. Aber sitzen geblieben bin ich nie. Damals war das nämlich noch eine Schande. Und außerdem hätte ich dann ein Jahr länger in die Schule gehen müssen, und davor hat mir so gegraust, dass ich lieber ein bisschen gelernt habe.

Später wollte ich Malerin werden. Doch als ich dann auf die Akademie ging, um das Malen richtig zu erlernen, habe ich gemerkt, dass nie eine richtige *große* Malerin aus mir werden wird, weil mein Talent nur mittelmäßig war. Da habe ich einen großen Schreck bekommen und geheiratet und zwei Kinder bekommen. Den Schreck habe ich jetzt nicht mehr, aber die Kinder habe ich immer noch. Sie sind schon ziemlich erwachsen.

Auf die Idee, Kinderbücher zu schreiben, bin ich

1 **Deka**, österreichisch für: 10 Gramm

überhaupt nie gekommen. Ich wollte, weil mir zu Hause mit den zwei Kindern so langweilig war, ein Kinderbuch malen. Dazu habe ich aber eine Geschichte gebraucht. Die habe ich mir erfunden und aufgeschrieben. Und wie dann das Kinderbuch fertig war, hat den Leuten meine Geschichte besser gefallen als meine Bilder. Da habe ich mir gedacht: Na schön! Dann male ich halt nicht! Dann schreibe ich eben! Und das tue ich nun seit vielen Jahren schon. Meistens schreibe ich sieben Tage in der Woche von früh bis spät, aber manchmal mag ich nicht, dann stricke ich Pullover und schaue mir dabei ganz dumme Sachen im Fernsehen an. Und damit ich mir keine Vorwürfe machen muss, so dumme Sachen angeschaut zu haben, schreibe ich dann in einer Zeitung darüber eine Fernsehkritik.

Vor Spinnen habe ich Angst. Schlangen und Mäuse mag ich. Beim Essen bin ich besonders heikel. Viele Sachen schmecken mir nicht.

Früher wollte ich nur in der Stadt wohnen. Jetzt gefällt es mir auf dem Land besser. Ich grabe auch gern in der Erde herum und pflanze und jäte und zupfe Unkraut. Viel Erfolg habe ich damit aber nicht. Die Wühlmäuse fressen mir die Tulpenzwiebeln weg und die Raupen den Kohl und das Kraut.

Ich möchte noch gern etwas lernen. Tischlern möchte ich können. Einen Sessel und ein Bett und einen Tisch möchte ich mir machen. Und viel lieber würde ich in einem Land leben, in dem es immer warm ist. Ich friere nämlich dauernd. Sportlich bin ich überhaupt nicht. Auf Ski, in Eislaufschuhe bringt mich keiner. Auch jeden Tennisschläger lasse ich angewidert aus der Hand fallen. Unmusikalisch bin ich auch. Dabei würde ich schrecklich gern schön singen können. Es würde mir sogar schon reichen, wenn ich hässlich und falsch singen könnte. Aber sooft ich es probiere, sagt jemand zu mir: „Bitte, hör auf, das ist ja nicht auszuhalten!"

Unglücklich bin ich nur selten. Das wundert mich manchmal. Sonst fällt mir zu mir nichts mehr ein.

4 Vergleicht den Text Christine Nöstlingers mit den Selbstdarstellungen Leonies und Patricks (S. 22). Berücksichtigt dabei besonders, aus welcher Perspektive erzählt wird.

5 Sucht Textstellen heraus, die euch reizen, sie mit eigenen Gefühlen und Gedanken auszugestalten. Von der Art des Textes, den ihr schreiben wollt, hängt auch eure Arbeitsweise ab: Dialoge lassen sich leichter in Kleingruppen, Tagebuchnotizen eher in Einzelarbeit anfertigen.

2 Freizeit – Berichte und Reportagen schreiben

2.1 Von der Freizeit berichten

1 a) Berichtet einander von euren Wochenenderlebnissen.
b) Was ist typisch, was ist außergewöhnlich gewesen?

2 Beschreibt euer Traumwochenende.

3 Erinnert ihr euch an Zeiten, in denen eure Wochenenden ganz anders verliefen?

Der Reitunfall

Reitunfall
Der 13-jährige Christian S. erlitt gestern beim Ausreiten auf dem Gelände des Reitstalls Becker eine Gehirnerschütterung. Der Junge ritt mit seiner Schwester am Gutshof vorbei, während auf einem der Balkone die Geranien gegossen wurden. Dabei löste sich eine verrottete Halterung, ein Topf stürzte hinab und traf den 13-Jährigen am Kopf. Christian S. sackte in sich zusammen, seine Schwester fasste geistesgegenwärtig sein Pferd am Zügel. Der Notarzt stellte eine Gehirnerschütterung fest.

1 Vergleicht die Bildergeschichte mit dem Text. Wie unterscheidet sich der Informationsgehalt?

2 a) Untersucht den Stil des Textes: Wo findet ihr Satzreihen, wo Satzgefüge? Wie viele Adjektive kommen vor? In welchem Tempus ist der Text verfasst?
b) Begründet mit Hilfe eurer Ergebnisse, für wen und zu welchen Zwecken der Text geschrieben sein könnte.

3 Bildet zur Durchführung eines **Rollenspiels** vier Gruppen: eine Gruppe von vier bis fünf Spielerinnen und Spielern und drei Gruppen, die das Gespräch der Spieler/innen beobachten.
- Ein Spieler oder eine Spielerin der Spielergruppe stellt sich vor, den Unfall miterlebt zu haben, und will am nächsten Morgen in der Schule davon berichten.
- Die erste Beobachtergruppe achtet besonders auf den Satzbau und den Tempusgebrauch: Perfekt oder Präteritum? Vollständige oder unvollständige Sätze?
- Die zweite Beobachtergruppe notiert, wie bei den Gesprächspartnern das Interesse geweckt wird und wie die anderen reagieren: Wie sprechen sie sich an? Unterbrechen sie sich? Welche Gesten werden gemacht?
- Die dritte Beobachtergruppe stellt fest, wie ausführlich von dem Ereignis berichtet wird.
- Nach dem Rollenspiel notieren die Beobachtergruppen ihre Ergebnisse und stellen sie anschließend der Klasse vor.

Liebe Anja!
Ich muss dir unbedingt berichten, was gestern bei uns passiert ist. Also, Christian, mein Bruder, und ich waren gestern im Reitstall Elisenhof. Nachdem wir unsere Pferde gestriegelt und die Boxen gesäubert hatten, wollten wir ausreiten. Da sehe ich, wie Christian aufsitzen will – ohne Kappe! Du kannst dir vorstellen, wie ich geschimpft habe. Herr Becker ermahnt uns immer wieder: „Nie ohne Kappe!"
Christian setzte sie dann widerwillig auf. Wir ritten gerade am Gutshof vorbei, da...

4 a) Schreibt den Brief zu Ende.
b) Vergleicht den Brief mit dem Gespräch des Rollenspiels und tragt die Ergebnisse in eine Tabelle ein.

	Wie ist der Satzbau gestaltet?	Welche Tempora werden vor allem benutzt?	Wie wird das Interesse geweckt?	Wie reagieren Hörer/Leser?
Gespräch	zum Teil unvollständige Sätze ...	...	Gesten ...	...
Brief	...	meistens Präteritum ...	...	keine direkte Reaktion möglich ...

c) Fasst zusammen, wodurch sich schriftliches und mündliches Berichten unterscheiden.

Je nachdem, in welcher Situation berichtet wird, verändert sich das Ergebnis. Texte, die knapp informieren sollen, z. B. Unfallberichte für die Versicherung, enthalten nur das Wesentliche. Sie beantworten die so genannten W-Fragen: Wer? Was? Wo? Wann? Wie? Warum? Welche Folgen? Außerdem sind sie betont sachlich verfasst.
Texte, die persönlich an einen Zuhörer oder Leser gerichtet sind, können auch Gedanken, Gefühle und spannungssteigernde Ausdrücke enthalten. Sie geben nicht nur Informationen über das Geschehen wieder, sondern auch die Einschätzung und Reaktion desjenigen, der berichtet.

5 Verfasse über ein selbst gewähltes Erlebnis
a) einen knapp informierenden Text und
b) einen persönlichen Brief, der über das Erlebnis berichtet.
Überlege dir jeweils vorher, an wen die Texte gerichtet sind (Adressaten) und wozu sie geschrieben werden (Zweck/Absicht).

Die Statistik sagt …

alltag

alltagalltagalltagalltagalltagalltagalltagalltagallt
agalltagalltagalltagalltagalltagalltagalltagalltagall
tagalltagalltagalltagalltagalltagalltagalltagalltagal
ltagalltagalltagalltagalltagalltagalltagalltagalltagall
tagalltagalltagbesondereseereignisalltagalltagall
tagalltagalltagalltagalltagalltagalltagalltagalltagal
ltagalltagalltagalltagalltagalltagalltagalltagalltaga
lltagalltagalltagalltagalltagalltagalltagalltagallta
galltagalltagalltagalltagalltagalltagalltagalltaggallt

1 Kannst du diese Zeilen deuten?

2 Verfasse ein kurzes Gedicht zum Thema „Alltag“.

Der Klasse 7 c fiel in einem Gespräch auf, dass es große Unterschiede in der Freizeitgestaltung gibt. Die Schülerinnen und Schüler wollten es genau wissen: Sie führten eine Woche lang ein Freizeittagebuch. Dazu schrieben sie täglich auf, wie viele Stunden Freizeit sie hatten und was sie in dieser Zeit getan haben.
Guidos Liste vom Montag sieht so aus:

14.00 - 15.00 Uhr	Mittagessen (Spaghetti Bolognese und Mamas unnachahmlicher Tomatensalat – ein Gedicht!)
15.00 - 17.00 Uhr	Fußballtraining (immer nur Kopfbälle, mir brummte der Schädel)
17.00 - 17.45 Uhr	Computer (Spiele und Ausprobieren eines neuen Programms)
17.45 - 18.15 Uhr	Hausaufgaben (Mathe und Bio, jeder Lehrer denkt, dass wir nur für sein Fach Hausaufgaben machen)
18.15 - 18.50 Uhr	Abendessen (heute kalte Küche)
18.50 - 19.30 Uhr	Lesen (neues Buch angefangen: „Der gelbe Vogel" von Myron Levoy)
19.30 - 21.30 Uhr	Fernsehen (natürlich, meine Eltern mussten um acht auf die Tagesschau umschalten)
21.30 - 21.49 Uhr	Erzählen (das alte Thema: Wohin im Sommer?)
21.50 Uhr	Schlafengehen (und vorher diese Liste schreiben)

3 Ist alles, was Guido aufzählt, in deinen Augen Freizeit? Wo würdest du anders entscheiden?

4 Erstelle eine eigene Freizeitliste von einem Wochenende.

Die Schülerinnen und Schüler der Klasse 7c haben eine Woche lang gesammelt, was sie in ihrer freien Zeit getan haben. Dabei stellte sich heraus, dass sie sich zuerst einmal einigen mussten, was alles in den Bereich der Freizeit gehört und wie man es zusammenfassen kann.
Danach haben sie ausgezählt, wie viele Stunden Freizeit alle Schüler der ganzen Klasse in einer Woche zur Verfügung hatten und wie viele davon auf die einzelnen Bereiche entfielen.
Das Ergebnis wurde in zwei Diagrammen dargestellt, in einem **Torten-** und einem **Säulendiagramm.**

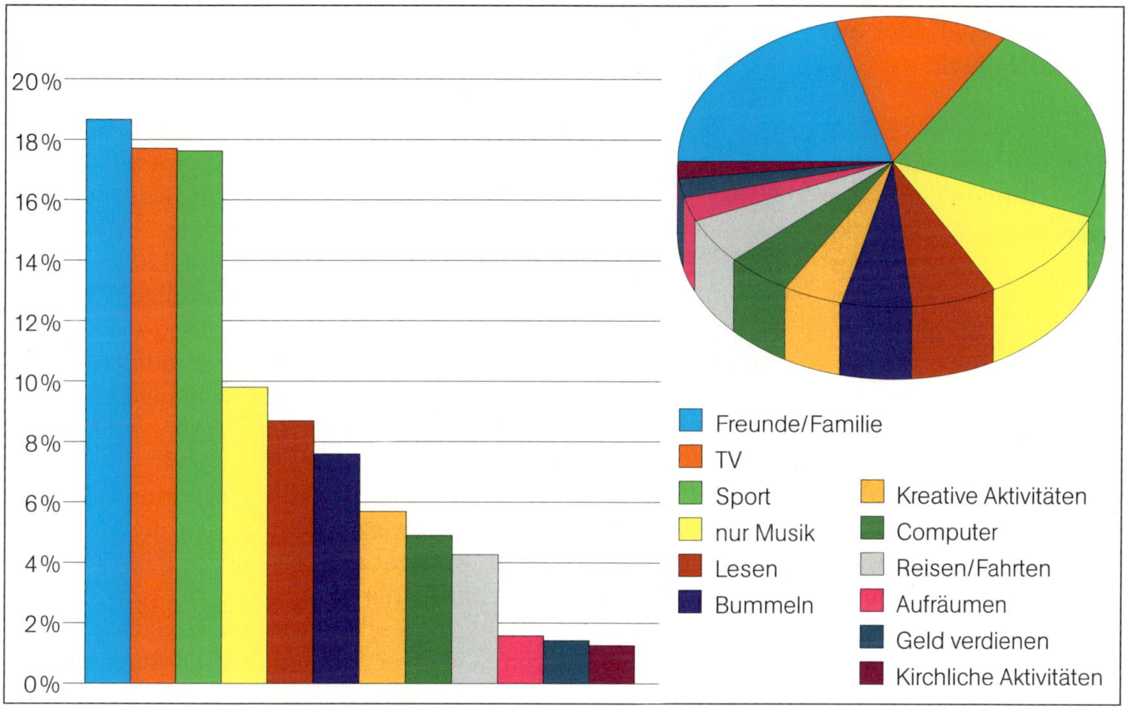

5 Schaut euch die beiden Diagramme zur Freizeitgestaltung genau an. Was leistet das Tortendiagramm im Unterschied zum Säulendiagramm?

6 Diskutiert das Untersuchungsergebnis der Klasse 7 c. Vergleicht es mit euren eigenen Vorstellungen, wie Jugendliche ihre freie Zeit gestalten.

7 a) Erstellt eine Freizeitstatistik eurer Klasse, vielleicht über ein Wochenende. Sieht sie ähnlich oder anders aus?
b) Wertet eure Statistik in einem zusammenhängenden Bericht aus.

Um zu genauen Aussagen über das Verhalten von Menschen zu gelangen, ist es oft notwendig, alltägliche Tatsachen zu sammeln. Dies ist eine Vorarbeit für berichtende Texte, die weniger das Auffällige oder Besondere in den Mittelpunkt stellen, sondern eher das Durchschnittliche. Viele Erkenntnisse über das Verhalten von Menschen sind auf diese Weise zu Stande gekommen.

8 Sucht Problemstellungen, in denen ein Sammeln von Informationen über alltägliche Gewohnheiten wichtige und sinnvolle Ergebnisse bringen kann. Denkt dabei an Berichte, in denen entscheidend ist, was viele Menschen täglich tun: Verkehr, Energiewirtschaft, Abfallbeseitigung ...

2.2 Freizeitreportagen untersuchen

Abenteuer

Stell dich der Angst

„House Running“ nennt sich ein neuer waghalsiger Freizeitspaß, der aus den USA kommt.

Auf dem Dach eines 65 Meter hohen Plattenbaus in Berlin-Mitte warten drei junge Menschen. Mal kichern sie nervös, mal versinken sie halbminutenlang in entschlossenem Schweigen.
Zwar hat Sicherheitsmann Thomas Lunze, 25, ihnen Mut zugesprochen – aber ist es wirklich völlig gefahrlos, das Hochhaus wie Spiderman herunterzulaufen?
Techniker Lunze spricht in sein Walkie-Talkie: „Jetzt kommt der Achim.“ Nun gibt's kein Zurück mehr. Am Rücken per Alpinistenseil festgezurrt, das Gesicht gen Abgrund („face your fear“, lautet das Motto, „stell dich der Angst“), läuft Achim die Hauswand hinunter.
Als nächste ist „die Susanne“ dran. Nur Jörg verzichtet am Ende doch auf den versprochenen „Mega-thrill“ und trollt sich verschämt. „Die Verweigerungsrate bei uns ist wesentlich niedriger als beim Bungeespringen“, behauptet Betreuer Lunze.

Lunze wacht über die Freunde des jüngsten aus den USA importierten Freizeitspaßes, der unter dem Namen „House Running“ firmiert. Seit einiger Zeit ergänzt die aberwitzige Mut-Erprobung auch in Deutschland die Palette der Action-Sportarten.
Derzeit wird sie in der Nähe des Berliner Alexanderplatzes, am 120 Meter hohen Henninger-Turm in Frankfurt und am 70 Meter hohen Sheraton-Tower in München angeboten. In Berlin kostet der Nervenkitzel 35, in Frankfurt und München 45 Euro.
Der Stuntman und Extremsportunternehmer Jochen Schweizer, 38, hat sich die Warenzeichen „Bungee“ und „House Running“ gesichert und macht als Lizenzgeber in ganz Europa prächtige Geschäfte. Schweizer selbst spricht von „kreativer Kommunikation durch spektakuläre Events“.
House Running sei eigentlich „pille palle“, meint dagegen eine junge Frau in Berlin. Den Kunden Achim, der stolz ist über den überstandenen Tapferkeitstest, stört das nicht. Er bezahlt einen weiteren Wand-Abgang und kauft sich dann ein T-Shirt mit der Aufschrift „I did it“.

1 Diskutiert, ob ihr selbst ein Haus „herunterlaufen“ würdet. Begründet eure Entscheidung.

2 Der Journalist hat seine Reportage in einer bestimmten Weise geordnet. Wo berichtet er über ein Einzelbeispiel, wo über allgemeine Hintergründe, wo wird kommentiert?

3 Einige Stellen des Textes setzt der Autor in Anführungszeichen. Sie geben an, dass er etwas zitiert, also so wiedergibt, wie es andere gesagt haben.
a) Beschreibt, wie diese Stellen auf euch wirken.
b) Vergleicht eure Eindrücke und überlegt gemeinsam, was der Autor damit erreichen möchte.

4 a) Versetzt euch in Achims oder Susannes Situation vor dem Abstieg und schreibt ihre Gedanken auf.
b) Versetzt euch in die Lage eines Verweigerers/einer Verweigerin und verfasst eine Tagebuchnotiz.

Glitschige Sache

Weltrekord: 81 Kilometer Dauerrutschen

Mit einer fröhlich-feuchten Aktion schaffte das Zweibrücker Jugendrotkreuz einen Eintrag im Guinness-Buch der Weltrekorde.

„Einundzwanzig. Zweiundzwanzig. Dreiundzwanzig – Peng." Die Pistole funktionierte zwar nicht so, wie sie sollte, aber das Startkommando für den Weltrekordversuch im Dauerrutschen war gegeben. Neun Jungen stürmten die Treppe zur Rutschbahn des Zweibrücker Hallenbades hinauf, um einen neuen Rekord aufzustellen.
24 Stunden später war es dann so weit: Sie hatten es geschafft! 1014 – in Worten: eintausendvierzehn – Runden hatten die Jungen hinter sich. Das bedeutete 81,12 Kilometer in Rückenlage zu rutschen und 20 560 Stufen zu erklimmen. Unter Applaus knallten die Sektkorken, und begleitet von „We are the Champions" fielen sich die Weltrekordler müde, aber überglücklich in die Arme.
Entstanden war die Idee schon im Januar, während einer Gruppenstunde im Hallenbad. Natürlich waren alle begeistert – zumal der letzte Weltrekordversuch des JRK Zweibrücken, ein Rotes Kreuz aus 15 000 Cola-Kisten zu errichten, gescheitert war.
Im Februar begann dann das Konditions- und Ausdauertraining mit Radfahren, Dauerlauf und „Wachbleiben". Beim Testrutschen über 12,5 Stunden im April hatten die Jungen schon ihr Stehvermögen bewiesen.
Um ins Guinness-Buch der Rekorde zu kommen, müssen bestimmte Bedingungen erfüllt werden: Die Teilnehmer müssen gemeinsam starten, gemeinsame Pausen einlegen und eine festgelegte Reihenfolge einhalten. Alle müssen durchhalten; fällt auch nur einer aus, ist der Rekordversuch gescheitert. Den Jugendlichen stehen pro Stunde fünf Minuten Pause zu, die aber „gesammelt" werden können, um größere Pausen einlegen zu können.
Um die neun Weltrekordler herum wuselte ein ganzes Team von Helfern in rotweißen „Jugendrotkreuz Zweibrücken"-T-Shirts. In jeder Pause wurden die Wasserratten auf Herz- und Lungenfunktion, Blutdruck und Kreislauf sowie Verletzungen (Abschürfungen durch die Rutschbahn) geprüft.
Nachmittags hatten die Jungen ziemlich zu kämpfen, als es in der Röhre schätzungsweise 50 Grad heiß war, und auch nachts, zwischen drei und fünf Uhr, gab es einen Durchhänger. Das Hallenbad hatte am Wochenende rund um die Uhr seine Pforten geöffnet, um das Wellenbecken herum gab es Musik und Essen- und Getränkestände.
Der Weltrekord hat weit reichende Auswirkungen: Zum einen taucht das JRK Zweibrücken wieder einmal im Guinness-Buch der Rekorde auf, zum anderen werden von dem Erlös kroatische Kinder unterstützt.
Das Jugendrotkreuz Rheinland-Pfalz hat für das Kindergartenzentrum „Radost" in Kroatien eine Patenschaft übernommen. *Lübbo Roewer*

1 Haltet ihr eine solche Aktion für sinnvoll? Sucht Gründe dafür und dagegen.

2 a) Untersucht, wo der Autor Zeitsprünge einsetzt.
b) Versucht den Text so umzustellen, dass ein „logischer" Zeitablauf entsteht. Welcher Text wirkt besser?

3 a) Vergleicht das vorherrschende Tempus dieser Reportage mit dem der vorhergehenden (S. 30).
b) Setzt jeweils zwei Absätze in das andere Tempus. Beschreibt die Wirkung der verschiedenen Versionen.

Die Spaß-Maschine

Es ist fast ein richtiges Land, und sein Grundgesetz lässt sich in ein Wort fassen: Amüsement. Das ist das „Phantasialand" bei Brühl – eine Attrappenwelt mit beachtlichem Maschinenpark. Und mittendrin schläft sogar eine Märchenprinzessin. Eine Expedition von Ralf Hoppe und Ralf Kreuels (Fotos).

Das „Phantasialand" bei Brühl: 280 000 Quadratmeter, gelegen an der A 553, kurz vor dem Kreuz Bliesheim. Das Areal, das einer Fläche von 38 Fußballplätzen entspricht, ist weiträumig ausgeschildert, umzäunt, bewacht und vollgestopft mit 28 Attraktionen, einer Wildwasserbahn etwa, in der die Besucher sich in Plastik-Baumstämme kauern, wobei die vordersten Plätze die begehrtesten sind, weil es hier am meisten spritzt.

Das „Phantasialand", das ist ferner ein „Monorail-Jet", der, auf Stelzen gebaut, kreuz und quer über das Gelände führt, außerdem ein Brandenburger Tor, das im Maßstab 1:2 die Straße „Alt-Berlin" mit ihrem „Wintergarten"-Nachbau überspannt. Dann, ein Stückchen weiter, paddeln auf einem kleinen Teich zwei Dutzend Wikingerboote im Kreis herum, unterseeisch von einer Kette geführt und von sich befehdenden Karpfen und Enten eskortiert, die nach Butterkeksen und Weißbrotbrocken schnappen. Und sonst?

Man findet außerdem eine Gondelbahn, ein Berliner Dampf-Pferdekarussell, ein Space- und ein Galaxy-Center sowie auch einen Western Saloon, ein China Town, ein mexikanisches Bergarbeiterdorf, einen Saurierpark; dazu vier Restaurants: „Petit Paris", „Alt Berlin", „Hacienda de Mexico" und „China Town". Mittendrin zahllose Snack-Buden. Acht Toiletten. Zwei davon behindertengerecht. Ein Baby-Wickelraum, ein Briefkasten. Und eine kleine Wechselstube im Western-Stil, mit einem in die Bretterwand der Veranda eingelassenen EC-Geldautomaten.

Versorgt, geschmiert und in Schuss gehalten wird dies kleine Land von 209 festen Mitarbeitern, Schlossern, Schreinern, Lackierern, Industriemechanikern, Air-Brush-Spezialisten, Magazinverwaltern, Elektrikern, Elektronikern, Schneidern, Beleuchtern, Gärtnern, Putzfrauen. Vier Mann sitzen in der EDV, sechzehn Planstellen zählen die Abteilungen Souvenir-Einkauf, Kassenwesen, Parkaufsicht und Telefonzentrale. Vervollständigt wird die Belegschaft durch rund 500 Saisonarbeiter, die meisten aus Afrika, Ägypten und der Türkei – die vorwiegend als Kellner, Einweiser und Küchenhilfen eingesetzt sind.

Und sonst? Und darüber hinaus?

*

Falls es darüber hinaus irgendeinen Sinn gab, einen tiefen Grund, ein schönes Geheimnis, das dem Getriebe innewohnte – dann fühlte der Besucher sich keinesfalls imstande, es zu enträtseln. Seit neun Uhr morgens, mit dem ersten Einlass, hatte er die Attraktionen abgewandert; und mit ihm, vor ihm, neben, über, unter ihm etwa 25 000 andere Besucher. Britische Bus-Tourists auf Europe-Tour. Ein Rockerklub aus Eupen. Punkige Fußballfans aus Holland, die, während sie in den Warteschlangen standen, aufs Kommando in schaurige Ajax-Ajax-Ajax-Amsterdammmmm!-Rufe ausbrachen und Dosenbier in ihre struppigen Köpfe schütteten. Und natürlich Kinder: Die kleineren hielten sich noch ganz steif vor Ergriffenheit – so viele Karussells, so viel Getriebe, und das alles lag vor ihnen für die Ewigkeit eines ganzen Tages!

Die etwas größeren hingegen trappelten los, krähten, schrien, wussten, kannten, organisierten, stellten sich in die Schlangen, tauchten biegsam unter Absperrungen hindurch – zeigten sich überhaupt ganz als die kleinen Manager des Familienausflugs. Ihnen nachstolpernd: stoisch-erschöpfte Väter, taumelnde Omas, rauchende Mütter. Ein Dunst von Frittierfett und kandierten Nüssen hing über allem, über Babyflaschen, Videokameras, Lederkutten, durchquirlt von Flüchen, Gelächter, von Lautsprecherdurchsagen, Quietschen, Knarren, dem Ächzen und Zischen der Karussellhydraulik, und überall sah der Besucher Gesichter, Gesichter – und Warteschlangen, Warteschlangen, Warteschlangen: Das also war das Phantasialand. Eine Vergnügungsfabrik. Ein begehbares Spielzeug.

Der Besucher hatte sich im „mexikanischen Bergarbeiterdorf“ für diesen Tag gestärkt, mit Spiegeleiern, die sich durch Beilage einiger Paprikaschnipsel etwas kühn als „Hacienda-Frühstück“ auswiesen. Dem waren weitere kursorische[1] Proben gefolgt: Cola, Pommes, Zuckerwatte, Bratwurst, Eis am Stiel; schließlich eine diese Komposition vervollständigende Waffel in Größe einer Hutschachtel.

Inzwischen hatte der Besucher sich die Brandstelle der „Colorado Adventure-Achterbahn“ angesehen, sich vor Wildwasser- und Geisterbahn angestellt („Wartezeit von diesem Punkt: 25 Minuten“), er war zweimal Karussell gefahren („Wartezeit von diesem Punkt: 5 Minuten“), hatte die Wasserorgel im „Tanagra-Theater“ über sich ergehen lassen, die Hollywood-Tour („Wartezeit von diesem Punkt: 20 Minuten“) nicht verschmäht und für eine Mark eine Minute lang mit einem Lasergewehr nach Stoffpuppen geschossen, die auf einen Treffer hin als belohnende Pointe eine mechanische Reaktion produzierten. Achteinhalb Stunden. Eine Attraktion nach der anderen. Volles Programm.

Und dennoch hatte er nichts begriffen. Er war ratlos, missmutig. Was brachte, fragte er sich, all diese Leute dazu, stundenlange Anfahrten, Staus, Hitze, Stress in Kauf zu nehmen, 15,50 Euro Eintritt zu entrichten (nur die Kinder unter einem Meter Körpergröße durften umsonst hinein), sich in endlose Warteschlangen zu reihen um schließlich drei Minuten lang in einem Plastikbaumstamm zu hocken? Die Gepresstheit dieser Veranstaltung konnte man den Gesichtern ablesen. Das Programm wirkte wie ein Befehl; und die Anstrengung, dem hektisch-straffen Durchlauf so etwas wie ein Erlebnis – oder sogar Heiterkeit – abzugewinnen, war fast körperlich spürbar.

*

Kurz nach sechs war es jetzt. Der Himmel bewölkte sich. Wegen des Besucherandrangs – Feiertage waren Spitzentage – hatte der Park heute zwei Stunden länger, bis 20 Uhr, geöffnet. Der Besucher trottete zu einer Holzbank, die etwas abseits vom Trubel der Besucherströme stand. Und dann sah er etwas Merkwürdiges.

Nämlich eine Art blinden Fleck. Eine Attraktion, die keine war. Ein Fachwerk-Schloss: Von einem Rosenhag umgeben, hatte es etwa die Abmessungen eines größeren Puppenhauses: Durch die niedrigen Fensterchen konnte man ins Innere spähen. Sobald die Augen sich an das Halbdunkel gewöhnt hatten, erblickte man eine Märchenszene, einen nachgebauten kleinen Thronsaal. Die Puppen in ihren Brokatkostümen lagen dekorativ durcheinander, das Kunsthaar schön gekämmt, die hechtgrauen Augen zur Decke verdreht.

Der Besucher drückte einen Knopf, der unter dem Fensterbrett angebracht war. Eine Lautsprechermusik tutete los, eine gaumige Stimme hob an: „Es waaar einmal eine wunderschöne Prinzessin, die lebte in einem schööönen Schloss …“

Ach! Was folgte, war die Geschichte vom Dornröschen, erzählt in bester und onkelhaftester Märchenplatten-Manier – der Besucher erkannte den träufelnden Professor-Flimmerich-Ton, den Groove der frühen 60er. Das wackelige Märchenhaus war offenbar ein Überbleibsel aus jener Zeit; vielleicht sogar das erste Schräub-

1 **kursorisch:** fortlaufend

chen im Phantasia-Getriebe. Diese kleine Entdeckung war wie der Fund einer Flaschenpost: rührend, fremd, ein bisschen sinnlos.

Schräg dahinter erhoben sich die 90er-Jahre in Gestalt einer goldgleißenden Kuppel. Das „Galaxy" war ein Kinobau der dritten Art, wo auf einer Extremleinwand ein Sciencefiction-Abenteuer explodierte, ein simuliertes Surfing durch eine Blade-Runner-Welt, während die Kinosessel dazu rüttelten und rappelten. 15 Millionen Euro hatte die Anlage gekostet, die bislang teuerste Investition im Phantasialand. Doch der Aufwand schien sich gelohnt zu haben. Das Galaxy war von Kids umlagert, über riesige Lautsprecher wurde die Tonspur nach außen übertragen, eine Endlosschleife, untermischt vom Johlen der durchgeschleusten Besucher, der „Space Traveller".

Das Märchenhäuslein hingegen lag verlassen und vergessen; instinktsicher schnürten die Kids daran vorbei, den simulierten Sensationen entgegen. Und doch, dachte der Besucher, während das Märlein weiterleierte und es zu nieseln begann, und doch steht es noch da.

*

„Natürlich steht es da!", sagt der Mann. „Was haben Sie gedacht? – Der Märchenpark ist für uns ganz wichtig, ist sozusagen die Seele vom Ganzen!" Der Mann ist Gottlieb Löffelhardt: ein alerter[2] 62-Jähriger, dem das rote Sakko und die schwarz-weiß gewürfelte Hose einen Stich ins Zirkushafte geben. Löffelhardt empfängt den Besucher in seinem saalgroßen Büro. An der Wand hängt eine auffällige Schnitzarbeit, ein chinesisches Stück, über das ihr Besitzer auch gleich die Anekdote ihrer Erwerbung erzählen muss, „dass die mich nur Zehntausend gekostet hat, aber dafür gab's auch ne Menge Trouble, warum?, nämlich weil ein Amerikaner in China dieselbe gesehen hatte und dafür Vierzigtausend hingelegt, tja, und das hatten die Chinesen natürlich spitzgekriegt..." Und so weiter. Löffelhardt, Sohn eines Steilwandfahrers und einer Kunstreiterin, Berliner von Geburt und Temperament, ist jahrelang als Schausteller von Rummelplatz zu Rummelplatz

getingelt. Gemeinsam mit seinem Jugendfreund Richard Schmidt hat Löffelhardt dann Ende der 60er-Jahre das Phantasialand aus dem Nichts gestampft – „das war alles nur wilde Müllkippe, dahinten standen die Reste einer ehemaligen Stuhlfabrik ..." Er ist stolz, jovial[3], gerissen, hinter seiner Verquatschtheit steht ein Wille; der Prototyp des Selfmade-Mannes.

Dabei vergisst Gottlieb Löffelhardt nie, den Part seines Kompagnons herauszustreichen. Tatsächlich muss der sieben Jahre ältere und stiller veranlagte Richard Schmidt, der unlängst seine Anteile an Löffelhardt verkauft hat, der künstlerische Geist im Duo gewesen sein. In den 50er-Jahren schon, ein neues Medium namens Fernsehen wagt gerade seine ersten Schritte, gestaltet Schmidt Marionettenshows für das eben installierte ZDF. Diese verfilmten Marionetten-Kinotops haben etwas von der rührenden Langeweile der ersten TV-Tage; und Richard Schmidt, der träumende Pionier, sinnt und schnitzt, entwirft und zieht die Fäden.

„Aber irgendwann tat's mir Leid, dass meine Figuren nach jeder Produktion weggeschmissen wurden", erzählt Schmidt, „und da kam der Löffelhardt mit dem Vorschlag, doch so einen Märchenpark nach Tivoli[4]-Vorbild zu machen ..."

So werden 1967 Schmidts Puppen kurzerhand zu Märchenszenen umdekoriert: die ersten Freizeit-Statuen im „Phantasialand". „Wir hatten keinen blassen Schimmer, wohin es mit uns geht", sagt Löffelhardt, „wir haben einfach nur gemacht, wie besessen." 400 000 Besucher kommen im ersten Jahr. Damit ist das Unternehmen ein kommerzieller Erfolg. Schmidt und Löffelhardt trinken eine Flasche Schampus und über-

2 **alert**: munter

3 **jovial:** herablassend freundlich

4 **Tivoli:** Vergnügungspark in Kopenhagen

legen sich neue, noch zugkräftigere Attraktionen. Eine Spirale kommt in Gang.
„Wahrscheinlich“, sagt Schmidt, „war unsere Mischung einfach wichtig – er war der moderne Geschäftsmann, der die neuen, tollen Karussells einkaufte und auch aufs Geld achtete – und ich durfte nach Herzenslust erfinden.“

*

Die Mischung macht's: nicht nur in Brühl. Was die beiden Phantasia-Väter Schmidt und Löffelhardt in seltener Eindeutigkeit verkörpern, den Märchen-Onkel und den Galaxy-Investor, ist typisch für die Entstehungsgeschichte so vieler deutscher Freizeitparks. Es ist eine Mixtur aus dem stolperigen Charme der 60er-Jahre und dem Höher-schneller-größer-Bombast der siebziger und achtziger, ergänzt durch die computergesteuerten Simulations-Spiele unserer Dekade[5].
Denn im Unterschied zu den Reißbrett-Ländern Walt Disneys mit ihrem *straighten* Konzept, ihrem radikalen Triumph über die Realität und der In-Dienst-Stellung der Fantasie für den *american way of life* – im Unterschied zu Disneys cleanen Welten also klebt an den deutschen Freizeitparks immer noch ein bisschen Märchenpark, ein bisschen Rummel-Schmuddel. „In unseren Parks schlagen sich eben die Wunschträume ihrer Besitzer nieder“, sagt Heinz Rico Scherrieb, Geschäftsführer des Verbandes deutscher Freizeitunternehmer. Der Park als Spiegelbild der Psyche seines Eigentümers: „Da fantasiert der Chef noch selbst“, wunderte sich die Frankfurter Allgemeine Zeitung.
Freilich geraten die Freizeitparks zunehmend unter Angebots-Druck; nicht erst seit der Pariser Disney-Premiere. Die Kleinen müssen schließen, die Großen können wachsen – und zwar nicht mit leisen Einfällen, sondern nur mit zugkräftigen Sensationen.
45 Freizeitparks gibt es in Deutschland, rund 20 Millionen Freizeitpark-Besucher zählte der Verband im vergangenen Jahr, ungefähr kommt auf zwei Erwachsene ein Kind. Die Branchenriesen, der Europapark in Rust, der Heidepark im niedersächsischen Soltau und eben das Phantasialand, empfingen zusammen über sechs Millionen zahlende Gäste. Weitere 14 Millionen Besucher verteilten sich auf die kleinen Parks.
Und die Besucherzahlen steigen. „Bis zum Brand im April hatten wir in diesem Jahr 20 Prozent mehr Gäste“, sagt Gottfried Löffelhardt. „Im Mai waren es wegen des schlechten Wetters zehn Prozent weniger, und dennoch stehen wir so gut und gesund da wie nie – Freizeitparks sind nach wie vor im Aufwind.“ Die Gründe dafür findet Scherrieb: „Seit zwei, drei Jahren hat sich die Familien-Situation verändert. Immer häufiger geben die Kids den Ausschlag für gemeinsame Ausflüge – die suchen aus, checken, organisieren, und der Papa braucht nur noch zu blechen“, sagt Scherrieb. Oder die lieben Kleinen verfielen gar auf eine seniorenbewusste Variante innerfamiliären Sponsorings: „Da wird dann auch mal gerne die Oma mitgenommen, die darf den Eintritt spenden und freut sich, weil sie weiß, was sie dem Enkel Gutes tun kann, und der Papa übernimmt die Fahrt. Tja, und geplant wird alles von der Mafia der Kinder! Sicher, den Erwachsenen muss es auch Spaß machen …“

*

Spaß muss sein: ein deutscher Satz. Die Betonung liegt auf *muss*. Amüsement in Deutschland gerät nicht selten zur Disziplin. So richtig ausgelassen, fröhlich – um nicht zu sagen: glücklich – wirken die Besucherscharen bei alldem nicht. Das Vergnügen wird eher absolviert als genossen. „Vor allem im Norden“, sagt Scherrieb, „hat man den Eindruck, dass die Leute ihren Eintritt regelrecht abarbeiten.“ Ist das Vergnügen? Ist das Spaß? Oder sogar Glück?
Dass die Besucher das Spiel freilich mitmachen, dass zwischen dem bemühten Aufgebot der Freizeitparks und den Gästen eine Art stilles Abkommen besteht, sich diesen Tag nicht verderben zu lassen – das lässt die Kassen klingeln, hält die Spaß-Maschinerie am Laufen.

5 **Dekade**: Jahrzehnt

1 Fasst die Erfahrungen, die der Journalist im Freizeitpark „Phantasialand“ macht, mit eigenen Worten zusammen.

2 Der Journalist hat seine Reportage in sechs Abschnitte eingeteilt. Im ersten Abschnitt zählt er zum Beispiel auf, was alles zum Freizeitpark „Phantasialand“ gehört.
a) Findet zusammenfassende Überschriften für die anderen Abschnitte.
b) Was fällt euch beim Übergang vom 3. zum 4. Abschnitt auf?

3 Sucht Stellen heraus, an denen der Journalist eine Wertung vornimmt.
Welche sprachlichen Mittel benutzt er dafür?

4 Sucht Gründe für die ungewöhnliche Verwendung des Punkts in der Reportage (z.B. Z. 37–39, 66/67, 93/94 usw.)

5 Stellt euch vor, ihr wärt Redakteurin oder Redakteur einer Tageszeitung, die diese Reportage drucken möchte. Ihr möchtet sie allerdings mit zusätzlichen Fotos illustrieren. Beschreibt eure Bildauswahl und gebt die Stellen an, an denen ihr die Fotos einfügen würdet.

6 a) Habt ihr Erfahrungen mit Freizeitparks? Berichtet darüber.
b) Berichtet im Stil der Reportage über den Besuch einer Freizeiteinrichtung:
- Stellt zuerst Erlebnisse und Beobachtungen dar.
- Bewertet das Angebot dieser Einrichtung.

Eine Reportage verfassen

Beobachtungsbogen für Reportagen

	gut gelöst	mittelmäßig gelöst	schlecht gelöst
Kann der Leser das Beschriebene miterleben?			
Erfährt der Leser etwas über die Hintergründe?			
...			

1 Erstellt einen „Beobachtungsbogen für Reportagen“, indem ihr sammelt, was eurer Meinung nach zu einer guten Reportage gehört. Als Grundlage könnt ihr die oben abgedruckten Texte (S. 30–35) wählen oder weitere Reportagen aus Zeitungen und Zeitschriften heranziehen.

2 Verfasst eine eigene Reportage über ein Ereignis oder eine Freizeitaktivität, z.B. über eine ausgefallene Sportart, eine besondere Veranstaltung, den Besuch einer Ausstellung ...
a) Schreibt eine Erstfassung.
b) Tauscht eure Reportagen aus und bewertet sie mit dem Beobachtungsbogen. Besprecht eure Ergebnisse und macht gegenseitig Verbesserungsvorschläge.
c) Arbeitet die Verbesserungsvorschläge ein, verbessert Rechtschreibung und Zeichensetzung mit Hilfe der Checkliste auf S. 155 und stellt eure Reportage der Klasse vor (im Vortrag, als Teil einer Wandzeitung, als Bandaufnahme ...).

2.3 Freizeitempfehlungen entwerfen

Thomas Wolgast

Jugendliche in der Freizeit „voll gestresst“

Umfrage: 29 % machen Verwandtenbesuche „mit Wut im Bauch“ – Rücksicht nicht angesagt

Hamburg – Immer mehr Jugendliche verfallen einem gesellschaftsfeindlichen „Ego-Trip“. Verpflichtungen und Rücksichtnahmen lösen bei ihnen sofort „Stress-Symptome“ aus, wenn sie mit Zwang verbunden sind. Spitzenreiter nach einer Umfrage des BAT-Freizeitforschungsinstitutes: Verwandtenbesuche, an denen 29 % nur „mit Wut im Bauch“ teilnehmen.
Dazu fügt sich, dass jeder zweite Jugendliche in Deutschland in Rage gerät, wenn er in seiner Freizeit gestört wird oder den eigenen Freizeitaktivitäten nicht nachgehen kann, weil er „auf andere Rücksicht nehmen muss“. Die Forscher hatten 2 600 junge Leute im Alter von 14 bis 19 Jahren interviewt.
Viele der Teenies sind „voll gestresst“ und haben das Gefühl, dass ihnen die Zeit davonläuft. Je mehr Freizeit sie zur Verfügung haben und je vielfältiger die Konsumangebote sind, desto stärker wachsen ihre persönlichen Wünsche. Dabei nimmt sich nahezu ein Drittel der Jugendlichen (28 Prozent) zu viel vor und wird dann ein Opfer der eigenen Ansprüche: Die innere Unruhe und Unzufriedenheit mit sich selbst „muss raus“, zumeist in Form von Aggressionen gegenüber der eigenen Familie, im Streit mit anderen oder beim Sport. In der Stress-Skala nimmt die dauerhafte Musikberieselung mit nur sechs Prozent, die sich gestört fühlen, den letzten Rang ein. 16 Prozent immerhin gaben an, dass sie stundenlanges Fernsehen aggressiv mache.

1 Kennt ihr die Gefühle, von denen hier berichtet wird? Nennt einige Beispiele aus eurer Erfahrung.

2 Diskutiert über die Aussage, die Jugendlichen verfielen einem „gesellschaftsfeindlichen ‚Ego-Trip‘“ (Z. 4/5).

Eine Freizeitbroschüre für Jugendliche erstellen

Um für Jugendliche in eurem Alter eine Broschüre zu erstellen, die Erfahrungen mit den verschiedenen Möglichkeiten einer sinnvollen Freizeitgestaltung in eurem Ort zusammenfasst, müsst ihr eure Vorgehensweise genau planen:

1 **Sammeln und Sichten**

Wenn ihr Wochenendberichte zu eurem Freizeitverhalten verfasst habt (S. 29), verfügt ihr bereits über eine gute Grundlage. Aber es gibt sicher noch eine ganze Reihe von weiteren Möglichkeiten, wie man seine freie Zeit gemeinsam mit anderen verbringen kann.

* Schreibt in Kleingruppen (4–5 Personen) euch bekannte Möglichkeiten der Freizeitgestaltung auf einen großen Bogen Papier. Gebt dazu noch keine Kommentare, sondern lasst alles zu, was den einzelnen Gruppenteilnehmern einfällt.
* Tragt eure Erfahrungen an der Tafel zusammen. Dabei solltet ihr Mehrfachnennungen notieren; sie weisen auf sehr bekannte oder beliebte Möglichkeiten hin, die sicher nicht übergangen werden können.

2 **Auswahl der Themen**

Überlegt gemeinsam, welche Möglichkeiten der Freizeitgestaltung ihr vorstellen wollt. Dazu ist es wichtig, dass ihr euch über folgende Fragen einigt:

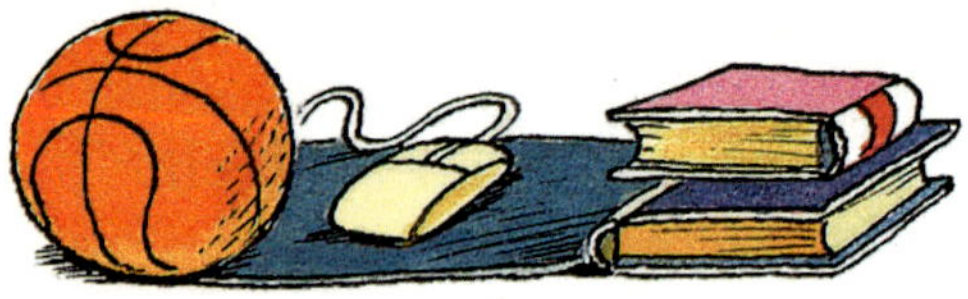

- Wie viele Freizeitaktivitäten wollt ihr vorstellen?
- Wie viele Personen sollen ein Thema bearbeiten?
- Wie viele Seiten soll eure Broschüre umfassen?
- Welche Freizeitaktivitäten kann man zusammenfassen? (Sind ähnliche Themen aufgelistet? Kann man unter einem Oberthema über mehrere Themen berichten?)
- Welche Freizeitaktivitäten sind zu speziell, z. B., weil sie zu teuer sind, weil man bestimmte Voraussetzungen benötigt ...?

Bedenkt, dass es besser ist, einige Freizeitaktivitäten genauer vorzustellen, statt viele nur oberflächlich. Allerdings ist es auch wichtig, nicht über zu wenige Möglichkeiten zu berichten, da ja für möglichst viele etwas dabei sein sollte.

3 **Reportagen schreiben**

Jetzt geht's an die Arbeit. Bildet Reporterteams, die sich jeweils für ein Thema verpflichten. Sie sollen recherchieren (Informationen sammeln) und eine Reportage schreiben.
Es hat sich bewährt, ein Zeitlimit zu setzen, beispielsweise eine Woche. Dann sollten die Berichte in einer ersten „Rohform" vorliegen.

4 **Redaktion: Textüberarbeitung durch Schreibkonferenzen**

Nobody is perfect. Bildet eine kleine Redaktion, der die Texte der Teams vorgelesen werden. Besprecht die Reportagen:

- Sind sie inhaltlich zutreffend?
- Sind sie verständlich geschrieben?
- Ist die Form lesbar?
- Findet ihr Rechtschreibfehler (siehe S. 155)?
- Diskutiert Änderungsvorschläge.

5 **Lay-out**

„Lay-out" ist ein Fachbegriff aus der Zeitungsbranche, der die Seitengestaltung einer Zeitschrift oder Zeitung bezeichnet. Überlegt gemeinsam, wie eure Broschüre gestaltet sein, welches „Gesicht" sie haben soll.

- Sollen die Texte in Spalten oder über die ganze Seite geschrieben sein?
- Wollt ihr Bilder einfügen?
- Soll jedes Thema eine eigene Seite haben?
- Wohin soll das Inhaltsverzeichnis?
- Wie wird das Titelblatt gestaltet?
- Habt ihr die Möglichkeit, Computer mit Textverarbeitungsprogrammen einzusetzen?

6 **Schreiben, zusammenlegen und drucken**

Nun müssen die einzelnen Teams – oder ein zentrales „Schreibteam" – die Reportagen als Druckvorlagen schreiben, die Bilder und die Nummerierung müssen eingefügt werden. Schließlich kopiert ihr die Seiten in der „Auflage" (Anzahl), in der die Freizeitbroschüre erscheinen soll.

3 Beschreiben und erklären: Japan

3.1 Japanisches aus der Nähe betrachtet

Carlottas Vater bekommt Geschäftsbesuch aus Japan.
Herr Watanabe wird seine Tochter Tomoko mitbringen.
Carlotta sucht Informationen über Japan zusammen,
um gut auf den Besuch vorbereitet zu sein.
Bisher weiß sie nur, dass ihr Walkman, das Auto ihrer Mutter
und die Videokamera ihres großen Bruders aus Japan stammen.

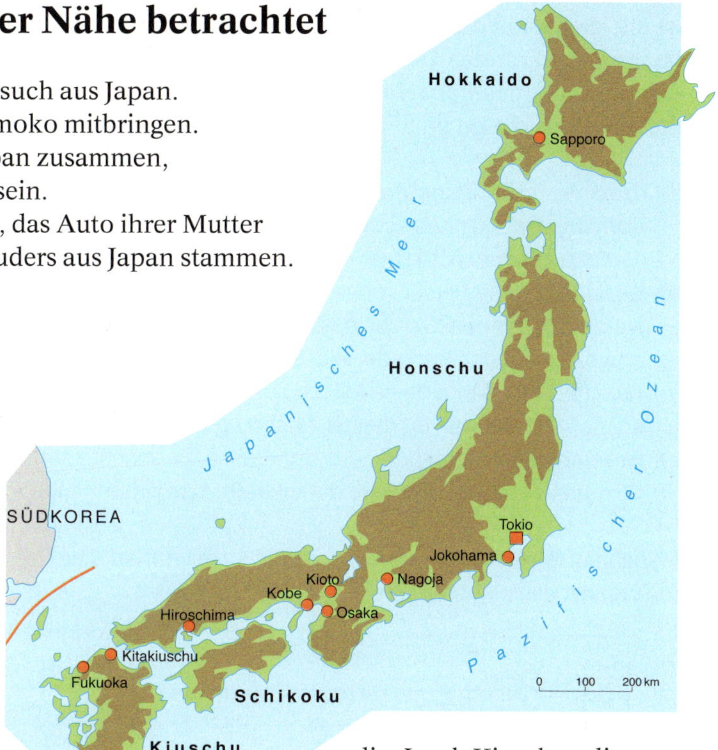

Michel Vigoureux/Damien Chavant

Japan heute

Japan, Nippon (■), ist ein 372 000 km² großes Inselreich vor der Ostküste Asiens. Es besteht aus vier großen und mehr als ■ kleinen Inseln mit ■ Einwohnern. Auf Hokkaido, der ■ Insel herrscht sibirisches ■. Der Winter dauert hier sechs Monate und der Sommer ist angenehm, aber relativ ■ (kaum 20°C). Auf der ■ Honschu findet sich der Übergang von den kalten zu den warmen Regionen. Sie bildet einen weiten ■ mit einer maximalen Breite von 250 km. Sie ist die wirtschaftlich am weitesten entwickelte ■ des Landes, besonders in dem Gebiet zwischen der Hauptstadt ■ (der größten Stadt der Welt) und Hiroschima. Die kleinste der vier Hauptinseln, ■, grenzt das Binnenmeer, das „Mittelmeer Japans", gegen den ■ ab. Hier liegen die ■ für Frachtschiffe, Öltanker und Fähren. Weiter ■ liegt schließlich die Insel Kiuschu, die nur durch eine Meerenge von 200 km von ■ getrennt ist. Der Sommer dauert hier fünf bis sechs Monate, und das warme Klima lässt Bambus, ■ und Kampferbäume gedeihen. ■ liegt genau auf der Route der Taifune, die gegen Sommerende das Land heimsuchen und jedes Jahr zahlreiche ■ fordern. Die ■ Inseln liegen in einem Bereich, wo sich die Pazifische Platte unter den Rand der ■ schiebt. Erdbeben und ■ begleiten diese Bewegungen.

1 a) Schreibt den Text ab und füllt die Lücken mit den passenden Wörtern:

Schifffahrtsrouten Tokio Südkorea Pazifischen Ozean Bogen Insel japanischen Opfer
Schikoku 3000 Palmen kühl Klima Vulkanausbrüche Hauptinsel Kiuschu 125 Millionen
im Süden das Land des Sonnenaufgangs nördlichsten Eurasischen Platte

b) Prüft die Angaben mit Hilfe eines Atlasses.

Auf die Beobachtung kommt's an: Personen beschreiben

Tomoko hat Carlotta schon einen Brief mit einem Familienfoto geschickt. Sie zeigt es ihren Freundinnen und erklärt: „Tomoko ist die Kleine mit den schwarzen Haaren, dem runden Gesicht und dem freundlichen Lächeln. Sie hat die karierten Hosen an.“

1 a) Woran kann es liegen, dass es Carlottas Freundinnen schwer fällt, Tomoko auf dem Foto zu erkennen?
b) Beschreibe eine Person, ohne den Namen zu nennen. Sie sollte nicht anwesend, aber allen in der Klasse bekannt sein. Wenn deine Mitschüler schnell erraten, wen du meinst, hast du gut beschrieben.
c) Beschreibe nun jemanden aus der Klasse. Beobachte zunächst genau, notiere wichtige Merkmale in Stichpunkten und formuliere dann einen zusammenhängenden Text.

2 Manchmal fehlen die treffenden Ausdrücke, mit denen man Personen genau beschreiben kann.
a) Ergänzt die folgende Tabelle:

Figur	schlank, ...
Kleidung	lässig, ...
Gesichtsausdruck	verkniffen, ...
Gesichtsform	länglich, ...
Haare	gelockt, ...
Augen	leuchtend, ...
Nase	stupsig, ...
Mund	schmal, ...
...	...

b) Tauscht eure Beschreibungen von Mitschülern aus und überarbeitet sie mit Hilfe der Tabelle. Beachtet bei der Verbesserung folgende Tipps:

- Ordnet eure Beobachtungen. Eine Person kann z. B. von oben nach unten beschrieben werden.
- Ersetzt zu allgemeine Bezeichnungen wie „klein“, „groß“, „dick“, „dünn“ durch genauere Ausdrücke.
- Vermeidet Wiederholungen.
- Verwendet nicht zu oft die Verben „haben“ und „sein“.
- Setzt durchgängig die Tempusform **Präsens** ein.

3 Stellt euch vor, ihr lernt Tomokos Großvater kennen und möchtet euren Freunden eine möglichst genaue Vorstellung von ihm vermitteln.

a) Betrachtet das Foto genau. Formuliert euren ersten Eindruck. Beschreibt dann den alten Mann.
b) Was erfahrt ihr über die Gedanken und Gefühle eines Menschen durch dessen Mimik (Gesichtsausdruck)?

Die **Situation,** in der ihr beschreibt, entscheidet, welche Angaben zur Person gemacht werden und welcher Schreibstil jeweils angemessen ist. Denkt z.B. an folgende Schreib- oder Sprechsituationen:

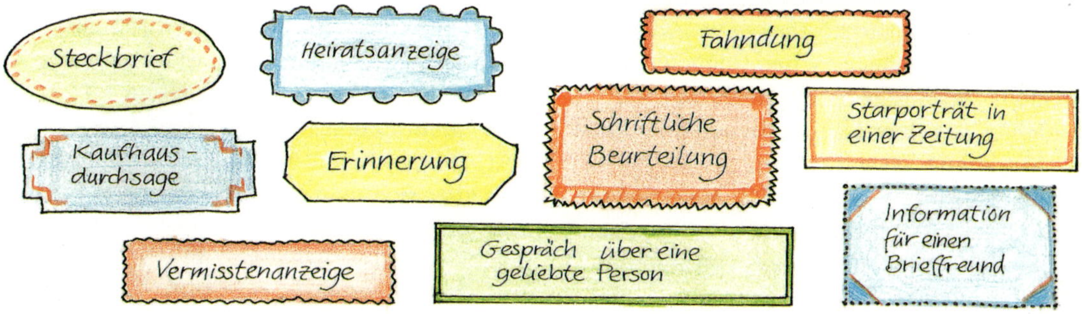

4 a) Sucht euch in Kleingruppen eine Situation heraus, mit der ihr euch näher befassen wollt.
b) Für die Personenbeschreibung sind folgende Gesichtspunkte von Bedeutung: äußere Erscheinung, Eigenschaften, Verhaltensweisen. Welche Gesichtspunkte sind für die von euch gewählte Situation besonders wichtig?
c) Schreibt einen Text, der zu eurer Situation passt, und tragt ihn der Klasse vor.

Oba Minako

Die Schwestern

Meine Mutter hatte in der Tat eine für Japan seltene Physiognomie[1] von europäischem Einschlag mit einem zu hohen Nasenrücken, dünnen Lippen und einem markanten Kinn, dazu weit geöffnete Augen unter einer hohen Stirn, die leicht schielten. Außerdem hatte sie naturkrause Locken zu einer Zeit, da sich die Frauen noch traditionell japanisch frisierten, und ihre fast durchsichtige, bläulich-weiß schimmernde Haut erregte Aufsehen.
Deshalb wurde sie seit ihrer Kindheit oft mit

1 **Physiognomie**: Gesichtszüge

„Ausländer, Ausländer“ geneckt und das war es, worunter sie am meisten litt. Ihrem Vater, der ein Gesicht von ähnlich fremdländischem Zuschnitt hatte, soll sie dies übel genommen haben. […]

Die älteste Schwester meiner Mutter scheint eine wortkarge, aber stolze Frau gewesen zu sein, doch von der zweiten sagte man, sie sei optimistisch gewesen und habe ein freundliches Wesen gehabt.

Nun waren diese beiden älteren Schwestern zwar von sehr gegensätzlichem Charakter, aber sie galten beide als ausgesprochen schön, und so wuchs meine Mutter ihren eigenen Worten nach schon von frühester Kindheit an mit der traurigen Überzeugung auf, sie selbst sei das hässlichste Mädchen der Welt.

„Stell dir vor, Takiko hat mich vor den Spiegel gesetzt und mich damit getröstet: Ich sollte die Oberlippe lang ziehen und die Lippen spitzen, dann würde meine Nase nicht so hervorstehen.“

Es sieht ganz so aus, als habe Großvaters Vorliebe für das „Moderne“ in diesem Milieu[2] ihre Wurzeln, und dazu passte, dass er wegen seines Aussehens und seiner Erscheinung auch noch scherzhaft „Ausländer“ genannt wurde.

Die damals auf dem Lande noch sehr seltene neue Mode griff etwa zur Zeit, als Mutter erwachsen wurde, in der Stadt schlagartig um sich, und so gibt es nach ihrer Hochzeit mit Vater Fotos, auf denen sie wie ein so genanntes *moga*, ein „modern girl“, gekleidet ist.

Dieser allgemeine Wandel der Moden brachte es wohl mit sich, dass Mutter, die immer über den Vergleich mit ihren Schwestern geklagt hatte, nun Möglichkeiten fand, ihre Individualität auszudrücken.

Aber als ich jung war, hatte ich selbst oft, wenn meine Schwester von meinen Freunden hübsch genannt wurde, das Gefühl, dass ich selbst eben nicht hübsch sei, und betrübt, wie ich über mein Aussehen war, kann ich auch meine Mutter mit ihrer Klage über den Vergleich mit den Schwestern gut verstehen. […]

„Meine beiden Schwestern standen irgendwie immer in Konkurrenz, und Takiko hat mich sogar gefragt: Wer ist hübscher, ich oder Matsue? Ich kam mir vor wie der Spiegel der Stiefmutter von Schneewittchen, aber ich antwortete immer: Das ist Geschmackssache. […]

Matsue, die Älteste, war ganz und gar japanisch, und mit ihrer Marumage-Frisur[3] sah sie einfach bildschön aus. Wenn sie zu uns zu Besuch kam, dann fanden die Männer aus der Nachbarschaft immer irgendeinen Vorwand, um in ihre Nähe zu kommen. Deine Großmutter stöhnte oft: ‚Kaum ist Matsue da, ist das hier ein reines Taubenhaus. Mir reicht's!‘ – Damals benutzte man Rikschas[4], und daher wusste man sofort, wenn jemand Besuch hatte. Großmutter stöhnte zwar immer, aber gleichzeitig war ihr das Ganze doch gar nicht so unangenehm.

Und Takiko hat ständig mit der ältesten Schwester gewetteifert und gab sich enorme Mühe mit dem eigenen Aussehen. Selbst im Winter stand sie immer um sechs Uhr auf, machte ihre Schultern frei und schminkte sich. Weil sie noch Schülerin war, durfte sie sich nicht pudern und Rouge benutzen, aber sie cremte sich gründlich ein, flocht sorgfältig ihren Zopf, machte die Augen vor dem Spiegel auf und zu, kämmte ihre Brauen und Wimpern und ölte die Wimpern ein, damit sie feucht aussahen, und schließlich lächelte sie ihr Gesicht im Spiegel an. Ich hab ihr immer von hinten dabei zugesehen. Und dann hab ich mir gedacht: Sie will ganz anders sein als die Schwester. Denn sie hat genau das Gegenteil gemacht, und sie hat auch in ihrer Kleidung alle Farben strikt gemieden, die Matsue mochte.

Kikukawa Eizan:
Am Spiegeltisch (1812)

2 **Milieu:** Umgebung

3 **Marumage-Frisur:** traditionelle japanische Steckfrisur

4 **Rikscha:** zweirädriger Wagen zur Personenbeförderung, der von einem Menschen gezogen wird

Aber mit der Schwester war es im Grunde genommen genauso, und unsere Mutter sagte immer: ‚Matsue ist gemein. Sie leiht ihrer Schwester nicht mal einen Kimono. Die arme Takiko! Verglichen mit Matsue hat sie ja kaum etwas Vernünftiges anzuziehen!‘ “

5 Wenn eine Person beschrieben wird, fließt immer auch die **Perspektive** (Sichtweise) des Beschreibenden mit ein. Seine Beziehung zu der Person entscheidet, wie sie dargestellt wird.
a) Beschreibt, wie sich die drei Schwestern untereinander sehen.
b) Wieso empfand sich die Mutter als „das hässlichste Mädchen der Welt“?
c) Ist Schönheit Geschmackssache?

6 Die Mutter unterscheidet sich durch ihre modische Aufmachung von ihren älteren, traditionell gekleideten Schwestern. Diskutiert, wodurch sich eure Modetrends von dem Kleidungsstil eurer Geschwister oder Eltern unterscheiden.

Zur Sache bitte: Gegenstände beschreiben – Funktionen erklären

Tanikawa Shuntaro

Unmögliche Annäherung

Es besitzt häufig Zylinderform, die zwar eine Grundfläche, aber keine Deckfläche hat. Es ist eine aufrecht stehende Vertiefung. Es ist ein gegen das Zentrum der Schwerkraft hin abgeschlossener, begrenzter Hohlraum. Es kann eine bestimmte Menge Flüssigkeit im Bereich der Erdanziehung in sich aufnehmen und zusammenhalten, ohne sie zerrinnen zu lassen. Wenn sein Innenraum nur von Luft erfüllt ist, nennen wir es leer. Aber auch in diesem Fall lässt das Licht seine Umrisse deutlich aufscheinen. […]
Wenn man mit dem Finger dranschnipst, vibriert es und wird zur Klangquelle. […]
Man stellt es auf den Esstisch, man ergreift es mit der Hand. Nicht selten entgleitet es der Hand und fällt hinunter. Man kann es in der Tat auch sehr leicht absichtlich zerbrechen. Und indem es sich in Splitter verwandelt, birgt es die Möglichkeit in sich, zur Mordwaffe zu werden. […]
Es ist ein bestimmtes Gerät, das vor allem dazu dient, den Durst zu löschen, und das somit keine höhere Funktion erfüllt als die beiden Handflächen, die man äußerstenfalls zusammenlegt und zur Höhlung formt. […]
Wir benennen es, weisen mit einer bestimmten Lautfolge darauf hin, als wäre das völlig selbstverständlich. Aber was es in Wahrheit ist – darüber weiß wohl niemand mit letzter Sicherheit Bescheid.

1 a) Was für ein Gegenstand wird hier beschrieben?
b) An welchen Stellen wird erklärt, wozu der Gegenstand dient?
c) Wo wird gesagt, wie der Gegenstand aussieht?

2 Beschreibe einen ähnlich einfachen Gegenstand, z. B. einen Regenschirm oder einen Füller, möglichst genau, ohne ihn zu benennen. Deine Mitschüler/innen sollen nicht so leicht auf die Lösung kommen.

3 Ein Spiel für Leute mit Erinnerungsvermögen: Schickt jemanden hinaus und „entwendet“ ihm oder ihr einen Gegenstand. Nun soll der „Bestohlene“ das Vermisste möglichst genau aus der Erinnerung beschreiben.

Der Fotoapparat

Tomoko hat während einer Stadtbesichtigung ihren Fotoapparat unterwegs liegen lassen. Am nächsten Tag fragt sie im Fundbüro nach:

„Mein Fotoapparat ist eine dunkelblaue Minolta, die an einigen Stellen schon etwas abgeschabt ist. Sie besteht aus einem Kameragehäuse, das innen schwarz ist und kein Licht durchlässt. Durch eine Öffnung an der Vorderseite kommt das Licht hinein. Hier wird mit einem Schraubgewinde das Objektiv vor die Kamera gesetzt. Es bündelt das einfallende Licht und sorgt für die Schärfe des Bildes, welche man durch Drehen eines Ringes einstellt. Auch die Entfernung wird am Objektiv eingestellt. Meine Kamera ist mit einem Teleobjektiv ausgestattet. Dieses ist ein System aus Linsen, das ferne Gegenstände wie ein Fernrohr vergrößert. Im Inneren der Kamera nimmt der Film das Bild auf. Die Kameraöffnung muss zwischen jedem Bild verschlossen werden, damit die Bilder nacheinander auf den Film kommen und sich nicht überschneiden. Dafür sorgt der Verschluss, der geöffnet wird, wenn ein Foto gemacht werden soll. Dies geschieht durch Druck auf den Auslöser oben rechts auf dem Gehäuse. Je länger der Verschluss geöffnet ist, desto länger wird der Film belichtet. Der eingebaute Belichtungsmesser zeigt das ins Objektiv eintretende Licht an. Die Größe der Öffnung wird durch die Blende im Objektiv gesteuert; je größer die Blendenöffnung, desto stärker die Belichtung des Films. Durch den Sucher, ein Guckfenster links auf der Rückseite, wähle ich durch Hin- und Herbewegen des Fotoapparates den Ausschnitt, den ich auf dem Foto haben will. Im Sucher gibt mir ein Zeiger auch die notwendige Übereinstimmung von Blendenöffnung und Belichtungszeit an. Über einen Filmtransporthebel bewege ich den Film, der im Innern auf einer Spule sitzt, um ein Bild weiter. Durch ein Sichtfenster sehe ich das Bildzählwerk. Wenn der Film voll ist, wird er durch einen Drehknopf zurückgespult. Auf der Klappe, hinter der der Film eingelegt wird, klebt ein Abziehbild von Daisy Duck. Der Fotoapparat hat einen schwarz-blau gestreiften Trageriemen und befindet sich in einer dunkelblauen Fototasche aus Kunststoff. Auf der Innenseite des Deckels steht mein Name.“

4 a) Schreibt die Aussagen Tomokos heraus, die es der Leiterin des Fundbüros ermöglichen, die Kamera wiederzuerkennen.
b) Sucht Zusammensetzungen aus Nomen, die Bestandteile des Fotoapparats bezeichnen.
c) Welche Aussagen erklären, wie ein Fotoapparat funktioniert?

5 a) Bringt Gebrauchsanweisungen für technische Geräte mit und untersucht, wie die Verfasser vorgehen.
b) Beschreibt ausführlich ein technisches Gerät eurer Wahl. Unterscheidet äußere Merkmale wie Farbe, Form und Größe. Erklärt auch die Funktion des Gegenstandes.

Ins Bild gesetzt: Bilder beschreiben

Utagawa Hiroshige: Plötzlicher Schauer über Shono (1834), Holzschnitt (25,5 x 38,2 cm)

1 a) Stelle dir vor, du bist eine der Personen auf dem Bild, die vor dem plötzlichen Wolkenbruch flüchten. Wie sind deine Empfindungen? Notiere, was du fühlst, hörst und siehst.

b) Beschreibe, wie es dem Künstler gelingt, Stimmung und Bewegung festzuhalten. Welche Farben benutzt er? In welche Richtungen verlaufen wichtige Linien im Bild?

Eine Schülerin hat sich Notizen zum Bild von Hiroshige gemacht:

Im Vordergrund verläuft vom linken mittleren Bildrand nach rechts unten ein bläulich grüner Hang. Die Menschen sind spärlich bekleidet. Ihre Wipfel liegen hinter einem dichten Regenschleier. Auch die Dächer der niedrigen Häuser sind einheitlich grau. Die beiden Figuren rechts laufen tief nach vorne gebeugt den Hang hinab. Dahinter erhebt sich ein dichter Bambuswald, dessen Büsche zum Hintergrund hin einen blasseren Grauton annehmen. Einer von ihnen schützt sich mit einem Schirm. Auf dem Landschaftsbild des japanischen Künstlers Utagawa Hiroshige werden flüchtende Menschen im Sturm dargestellt. Rechts im Mittelgrund sind die Dächer einiger Häuser zu erkennen. Die Sträucher rechts vorne, die mit dünnen schwarzen Linien gezeichnet sind, neigen sich ebenfalls nach links. Ihre Hüte und Umhänge sind aus hellgelbem Stroh. Zwei von ihnen tragen eine Sänfte, aus der ein Arm lugt. Der Blick wird auf fünf hellgelb gekleidete Personen gelenkt, die vor einem Regenschauer flüchten. Drei laufen geduckt nach links bergauf. Der 25,5 x 38,2 cm messende Holzschnitt wurde 1834 angefertigt. Am oberen Bildrand bildet ein tiefschwarzer Streifen die dunkle Regenwolke, aus der graue Streifen schräg von rechts oben nach links unten quer über das ganze Bild verlaufen. Sie ducken sich darin vor Wind und Schauer.

2 Verbessert den Text, indem ihr ihn durch Umstellungen klarer ordnet und durch Ergänzungen vervollständigt. Gebt dabei auch euren Eindruck zur Stimmung des Bildes wieder.

3 a) Seht euch das ostasiatische Hängerollbild genau an.
b) Schreibt Möglichkeiten auf, wie man bei einer Beschreibung dieses Gemäldes vorgehen könnte. Besprecht eure Vorschläge.

4 Nicht bei allen Bildern hat man sofort einen Gesamteindruck. Dieses Bild ist in einzelne Bereiche aufgeteilt, die übereinander liegen. Beschreibe einen Weg durch die dargestellte Landschaft so genau, dass andere dir folgen können. Dabei können dir die folgenden Vorschläge helfen:

- Folge dem Weg des Wanderers rechts unten auf der Brücke bis hinauf zu der kleinen Hütte rechts oben.
- Beschreibe den Weg auch, wenn er für kurze Zeit hinter den dichten Kiefern oder Felsen verschwindet.
- Was siehst du auf deiner Wanderung und wem begegnest du?
- Deine Fantasie ist gefragt, wenn du in einer Hütte Halt machst um dich bei grünem Tee auszuruhen.

5 Bringt Bilder mit, die ihr in der Klasse aufhängen könnt. Beschreibt einzelne Bilder und lasst die anderen raten, welches ihr meint.

Yanagisawa Kien:
Landschaft (18. Jahrhundert),
Farben auf Papier,
Hängerolle (137,0 x 31,9 cm)

Wie geht das vor sich? – Vorgänge beschreiben

Frage-Antwort-Puzzle: Selbstverteidigung ohne Waffen

Aus welchen Kampftechniken besteht Judo?

Wer gründete die erste Judoschule?

Wann ist der Kampf beendet?

Die Wettkämpfer sind in Alters- und Gewichtsklassen eingeteilt.

Vor Kampfbeginn erfolgt die Begrüßung des Mattenrichters durch Verbeugen (Rei). Dann berühren sich die Gegner mit einem vorgeschriebenen Griff an den Jacken (Kumi-Kata).

Wie sieht die Kampfstätte aus?

Aus welchen Kampftechniken ist Judo entstanden?

Wann wurde Judo eine olympische Sportart?

Wer leitet den Wettkampf?

In Abwandlung dieser alten Samuraikünste gründete Jigoro Kano im Jahre 1880 in Tokio eine Schule, in der er eine neue Art von Kampfsport lehrte: Das Ju-Do.

Welche Kleidung tragen die Kämpfer?

Was muss ein Judoka können um den Zweikampf zu gewinnen?

Die Kampfstätte ist nicht größer als 10 x 10 m und wird mit festen, jedoch federnden Reisstrohmatten (Tatami) ausgelegt.

Wie beginnt der Kampf?

Kano bringt seinen Schülern Würfe, Halte-, Würge- und Hebelgriffe bei; Schläge, Tritte und Stöße sind verboten.

Wonach sind die Wettkämpfer eingeteilt?

Die Wettkampfsprache ist auch bei uns Japanisch.

Welche Sprache wird bei Wettkämpfen auch in Europa gesprochen?

Der Kampf ist nach Ablauf der Kampfzeit beendet oder wenn ein Kämpfer einen Ippon (10 Punkte) erzielt.

Im Zweikampf versucht jeder, seinen Gegner aus dem Gleichgewicht zu bringen und mit einem der vielen raffinierten Griffe auf den Boden zu werfen. Dies verlangt Selbstbeherrschung und blitzschnelles Reagieren, da Angriff und Verteidigung rasch wechseln.

Die Kämpfer (Judoka) tragen reißfeste Kleidung in weißer Farbe, bestehend aus Jacke (Kimono), dreiviertellanger Hose (Subon) und Gürtel (Obi), dessen Farbe den Rang des Kämpfers kennzeichnet.

Nach der endgültigen Aufnahme ins olympische Programm im Jahre 1972 hat sich Judo schnell verbreitet und ist auch eine Sportart für Mädchen und Frauen geworden.

Der Stand der Samurai entwickelte nicht nur verschiedene Kampftechniken mit Schwertern, Pfeil und Bogen, sondern auch unbewaffnete Verteidigungsmethoden: Schlag-, Hieb-, Stoß-, Wurf- und Hebeltechniken.

Der Wettkampf – Dauer etwa drei Minuten – wird von einem Mattenrichter und zwei Außenrichtern geleitet.

1 a) Schneidet aus einer Kopie die Puzzleteile aus und stellt fest, welche Fragen zu welchen Antworten gehören.
b) Bringt die Antworten in eine sinnvolle Reihenfolge, sodass sich ein zusammenhängender Text ergibt.
c) Tragt eure Texte vor und vergleicht sie.

Der Judogruß

Oberstes Gebot im Judosport ist die Höflichkeit: Vor und nach jedem Unterricht knien die Schüler/innen vor ihrem Lehrer oder ihrer Lehrerin und grüßen gemeinsam. Vor einer Übung grüßt man seinen Partner im Stand. Der Judogruß bedeutet, dass man sich im sportlichen Kampf nicht gewollt Verletzungen zufügt. Das Verbeugen aus dem Stand beim Partnerüben (Ritsu-Rei) wird durch richtiges Verneigen des Oberkörpers nach vorne ausgeführt. Hierbei ist der Kopf leicht nach vorne gestreckt, die Kämpfenden schauen sich in die Augen. Gleichzeitig werden die Handflächen nach unten geführt und auf die Außenseiten der Oberschenkel gelegt. Die Füße sind leicht nach außen gerichtet.

Verbeugung im Stehen

Verbeugung im Sitzen

2 Beschreibt die Verbeugung im Sitzen genau.

3 Könnt ihr euch nun nach Art der Judoka begrüßen?

4 Ein ausgebildeter Judoka sagt: „Die Rolle vorwärts ist eine schwierige Übung."
a) Beschreibe in einzelnen Schritten, wie du diese Übung ausführen würdest, sodass jemand, der dich nicht sieht, die Folge deiner Bewegungen nachmachen könnte.
b) Vergleiche deine Beschreibung mit der folgenden Anleitung aus einem Buch über Judo:

Die Rolle vorwärts

Die Rolle vorwärts ist im Judo immer zu finden. Der Judoka stellt sein rechtes Bein vor; der rechte Arm ist nach vorne abwärts gehalten. Die rechte Hand setzt dann etwa einen halben Meter vor dem rechten Fuß so auf, dass der kleine Finger nach außen zeigt; linke Hand, rechter Fuß und linker Fuß bilden ein Dreieck. Jetzt erfolgt die Rolle vorwärts über den rechten Unterarm, Oberarm, rechte Schulter, linke Hüfte, linker Oberschenkel und Füße.
Kurz vor dem Aufstehen schlägt der gestreckte linke Arm (von Fingerspitzen bis Oberarm) kräftig auf die Matte, fängt die Wucht des Falles ab und gibt den Schwung zum Stand.

5 Vielleicht ist von euch jemand in einem Judoverein und kann eine Wurftechnik genau beschreiben.

6 a) Beschreibt und erklärt andere Sportarten, die ihr betreibt.
b) Schlagt die richtige Schreibweise von Fachbegriffen im Wörterbuch nach.

Adolf Muschg

Sumo

Zur Zeit meiner Ankunft war das Sommerturnier in Osaka im Schwung gewesen, und man hatte in Tokio an keinem Lokal vorbeigehen können, ohne zwei wulstige Kerle vom Bildschirm flimmern zu sehen, die einander geduckt gegenüberstanden, während das spitzmützige Schiedsrichterzwerglein ihnen einen Fächer vor die Nase hielt. Was geschah dann? Gewöhnlich nichts. Die Fleischriesen entspannten sich, wandten sich bedrohlich um und stapften aus dem Ring, um Salz zu streuen. Das wiederholte sich einige Male: Immer wieder kehrten sie in die Mitte zurück und duckten sich, die stabartige Dekoration ihrer Lendenschürze zurückstreichend – bis es, auf ein mir unbekanntes Signal, doch einmal losging. Aber indem es losging, war es meist auch schon vorüber. Viele Kämpfe dauerten nur eine Sekunde oder zwei: Die beiden fassten einander am Schurz, wühlten die Nasen ineinander, und plötzlich brach einer um. Oder einer trug den anderen zum Rand, über den sie dann zusammen kollerten, einer eine Spur später als der andere – darauf kam es an. Dann machte sich der Unterlegene geräuschlos weg. Der Sieger aber, mit ebenfalls gleichgültigem Gesicht, aus dem 17. Jahrhundert stehen gebliebenem Holzschnittgesicht, kauerte auf seiner Ringseite nieder, die fettig hochgetürmte Frauencoiffure[1] etwas verwirrt, und wartete, bis der Schiedsrichterzwerg vorbeikam und ihm auf dem Fächer etwas hinreichte. Dann griff er zu, mit einer merkwürdigen Bewegung, links, rechts, links, und trollte sich […], ohne mit der Wimper zu zucken. Wie ich mich besann, kamen mir andere Szenen und Posen ins Gedächtnis zurück. Etwa das Stampfen vor dem Kampf. Die Riesen sind erschienen; jeder steht auf der Peripherie[2] des Rings. Und dann heben sie beinahe gleichzeitig das Bein, erst das linke, dann das rechte, heben es seitlich auf Kopfhöhe, mit mächtig wiegendem Oberkörper, und stampfen es nieder, die Hand auf den Knierücken gestemmt.

1 **Frauencoiffure:** kunstvolle Frauenfrisur
2 **Peripherie:** Rand

7 a) Woran wird deutlich, dass dem hier zitierten Japanreisenden aus Adolf Muschgs Roman „Im Sommer des Hasen" die Sportart Sumo nicht vertraut ist?

b) Erklärt die Regeln des Sumo-Ringkampfs und beschreibt den Ablauf. Benutzt folgende Informationen:

Durchschnittliches Gewicht: 138 kg; Kampfkleidung: nackt bis auf einen Gürtel (Mawashi), der 9 m lang und 60–70 cm breit ist; bei Turnieren zusätzliches Tragen eines kürzeren Gürtels mit Seidenfransen (Sagari); Nationalsport; 2000 Jahre alt; Sumo-Stadion; Fernsehübertragung; Dauer: etwa 30 Sekunden; Schwergewichtsringer; sechs große Turniere jährlich, z. B. im Januar in Tokio und im März in Osaka; nur Männer; Schnelligkeit, Beweglichkeit; Vorbereitung des Kampfes länger als der Kampf selbst; eine Handvoll Salz wird in den Ring gestreut, religiöser Hintergrund: Salz gilt als reinigende Kraft; Schiedsrichter; 48 verschiedene Griffe, um den Gegner zu werfen, außerdem: Schiebe- und Stoßtechniken; Ziel: Gegner aus dem Ring drängen oder zu Fall bringen; Kampfstätte: ein 4,57 m messender Kreis, durch 20 Reissackschläuche markiert; kraftvolles Aufstampfen mit dem Fuß vor dem Kampf, um „das Böse in den Boden zu treten"; geölter Haarknoten als Schmuck und Schutz vor Verletzungen; Wink des Ringrichters mit seinem Fächer als Zeichen zum ersten Angriff; Überreichen von Sponsorengeldern auf dem Fächer nach Beendigung des Kampfes.

8 Überarbeitet eure Beschreibungen des Sumo-Ringkampfs (S. 49) mit Hilfe der folgenden Tipps:

Der Ringkampf ist ein Vorgang, der sich nach bestimmten Regeln immer wieder ähnlich wiederholt. Ein Leser muss sich den Vorgang vorstellen und ihn unter Umständen – wie den Judogruß – selbst wiederholen können. Deshalb ist es wichtig, die einzelnen Schritte in der richtigen Reihenfolge, genau und vollständig, aber auch knapp und sachlich zu **beschreiben** und zu **erklären**. Die Verwendung von Fachbegriffen ist dabei meist sinnvoll. Tempus ist das **Präsens**, weil es hier das Immer-wieder oder das Zu-jeder-Zeit ausdrückt.

Phasen eines Sumo-Ringkampfs

9 a) Verfasst eine Reportage über den Kampf, dessen Phasen hier abgebildet sind
b) Wenn ihr eure Reportage veröffentlichen wollt, könnt ihr sie anhand der Checkliste auf S. 284 überarbeiten.

Japanisch essen

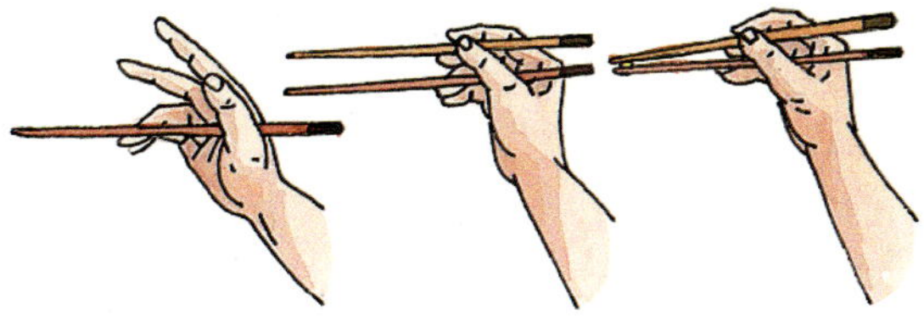

Ein japanisches Menü besteht aus mindestens einer Suppe, drei Gerichten und Reis. Reis wird immer extra gereicht und gehört wie Meeresfrüchte und Gemüse zu den Grundbestandteilen der japanischen Küche. In Japan gilt es als unfein, mit Messer und Gabel zu essen. Japaner benutzen (wie die Chinesen) Essstäbchen, deren korrekte Handhabung gar nicht so einfach ist:

Die Essstäbchen, die oft lackiert sind und spitz zulaufen, liegen auf einer Ablage parallel zur Tischkante und mit der Spitze nach links. Nimm sie mit der linken Hand, lege sie in die rechte (bei Linkshändern umgekehrt), dann umfasse das untere Stäbchen mit Daumen und Ringfinger und das obere mit Zeige-, Mittelfinger und Daumenspitze. Das obere Stäbchen ist das bewegliche, während das untere unter dem Daumen eingeklemmt wird und zwischen dem ersten und zweiten Glied des Ringfingers ruht. Achte darauf, dass du beide Stäbchen gleich lang hältst (Spitzen einmal aufstoßen): Wackle mit dem oberen Stäbchen auf und ab, versuche dann, Brotstückchen zu greifen. Wenn du keine Stäbchen hast und dir nicht schnell selber ein Paar schnitzen willst, kannst du auch Bleistifte oder Pinsel zum Üben benutzen.

10 a) Erklärt einem Japaner oder einer Japanerin, der/die bei uns zu Gast ist, welche Regeln es beim Essen mit Messer und Gabel gibt.

b) Übrigens: Auch bei uns haben sich Tischsitten im Laufe der Zeit verändert. Früher durften z. B. Kartoffeln nicht mit dem Messer zerkleinert werden, heute ist dies erlaubt. Erkundigt euch bei euren Eltern nach früheren und heutigen Tischsitten oder schlagt in einem Buch über Umgangsformen nach.

hijiki no shiraae (Seetang mit Tofu)
– als Vorspeise –

50 g eingeweichter Seetang	Zucker
1 Karotte	Salz
$1/3$ Tofu	Sojasoße
2 EL weißer Sesam	Hühnerbrühe

Karotte in dünne Streifen schneiden. 100 ccm Brühe, 2 EL Zucker und 1 EL Sojasoße mischen, darin Seetang gar kochen. Sesam rösten und mahlen. Tofu in ein trockenes Tuch wickeln, leicht drücken, um Wasser abzusaugen. Tofu, Sesam, 1 TL Zucker, $1/3$ TL Salz und $1/2$ TL Sojasoße mischen, dazu Seetang geben und umrühren.

takokyuuri
(Krakenarme und Gurke)

2 Arme einer Krake	Salz
2 frische kleine Gurken (ungeschält)	dünne Bambusspieße

Die beiden Krakenarme gut waschen und in kleine Würfel schneiden. Gurke mit Salz bestreuen, auf dem Kochbrett leicht drückend hin und her rollen. Beide Enden der Gurke abschneiden, überflüssiges Salz abschütteln und ebenfalls in Würfelchen schneiden. Krakenarme und Gurke abwechselnd auf einen Bambusspieß stecken. 2 Spieße ergeben eine Portion.

11 a) Wie sind die Kochrezepte gegliedert?

b) Verben und adverbiale Bestimmungen sind ein wichtiger Bestandteil von Kochrezepten. Benennt sie.

c) Stellt eine Liste der Abkürzungen in Kochrezepten zusammen, z. B.: *EL = Esslöffel*

d) Schreibt typische Nationalgerichte (deutsche, türkische, italienische etc.) oder eure Lieblingsgerichte aus Kochbüchern heraus und stellt sie euch gegenseitig vor.

3.2 Erzählungen und Gedichte aus Japan

Koizumi Yakumo (Lafcadio Hearn)

Hamaguchi

Seit unvordenklichen Zeiten werden die Küsten Japans in unregelmäßigen, oft sehr langen Zwischenräumen von ungeheuren Überschwemmungen heimgesucht, hervorgerufen durch Erd- oder Seebeben. Sie werden von den Japanern Tsunami genannt. Die Geschichte von Hamaguchi Gohei ist die Geschichte von einer solchen Katastrophe.

Hamaguchi war zu dieser Zeit schon ein alter Mann. In seinem Dorf gehörte er zu den Angesehenen, war jahrelang Muraosa (Bürgermeister) gewesen und hatte sich allgemeiner Beliebtheit erfreut. Die Leute riefen ihn deshalb Ojiisan, was Großvater bedeutet; offiziell wurde er noch immer Choja (Schultheiß) genannt. Er stand den Landleuten mit Rat und Tat bei, streckte ihnen, wenn nötig, Geld vor und bemühte sich, beim Verkauf der Reisernte den besten Preis für die Gemeinde herauszuholen.

Hamaguchis Haus stand am Rand eines kleinen Plateaus[1] mit Ausblick auf eine Bucht. Dieses fast ganz der Reiskultur gewidmete Plateau war auf drei Seiten von bewaldeten Höhen umschlossen. Von seinem Rand senkte sich ein mehr als ein Kilometer langer Abhang, terrassenförmig abgestuft, zum Strand hinab. Vom Meer her gesehen sah er wie eine große grüne Treppe aus, die in der Mitte von einem weißen Zickzackband durchbrochen wurde: einem Bergpfad. Ein Schintotempel[2] und neunzig strohgedeckte Hütten – das eigentliche Dorf – schmiegten sich an die Biegung der Bucht an. Andere Häuschen kletterten zu beiden Seiten des schmalen Steigs empor, der zu Hamaguchis Haus führte.

An einem Herbstabend blickte Hamaguchi auf das Dorf hinunter, wo ein Fest vorbereitet wurde. Denn der Reis war sehr gut geraten, und das wollten die Bauern im Tempelhof mit einem Tanz feiern. Deswegen hatte der Choja an diesem Abend nur seinen Enkel bei sich, den zehnjährigen Tada. Die übrigen Familienmitglieder hatten sich schon ins Dorf begeben. Er hätte sich ihnen gern angeschlossen. Doch er fühlte sich heute besonders matt. Eine lastende Schwüle lag in der Luft, was nach Erfahrung japanischer Bauern zu gewissen Jahreszeiten ein Erdbeben ankündigt. Und wirklich trat noch vor Sonnenuntergang eine Erschütterung ein – nicht stark genug, um jedermann zu beunruhigen, aber Hamaguchi, der in seinem langen Leben viele hundert solcher Erschütterungen miterlebt hatte, schien diese doch anders als die früheren zu sein. Es war ein langsamer, andauernder, gleichsam ziehender Stoß: offenbar das Nachzittern irgendeines schweren Erdbebens in weiter Ferne. Das Haus schwankte mehrmals und krachte. Dann wurde es wieder still.

Als das Beben aufhörte, richteten sich Hamaguchis alte Augen angstvoll auf das Dorf. Dabei wurde er einer ungewöhnlichen Erscheinung draußen auf dem offenen Meer gewahr: Dessen Fläche hatte sich plötzlich verfinstert, und es war, als ob sie sich gegen den Wind, vom Lande weg bewegte. Auch die Dorfbewohner hatten dies bemerkt. Alles lief, sichtlich bestürzt, zum Strand, um die Bewegung des Wasser zu beobachten. Keiner wusste sich einer solchen Ebbe zu erinnern: Nie gesehene Strecken zerwühlter Sandflächen, nie bemerkte algenbedeckte Felsen boten sich dem Blick dar. Von den Leuten drunten am Strand schien keiner zu ahnen, was diese ungeheure Ebbe zu bedeuten habe.

Auch Hamaguchi hatte vordem nie Ähnliches gesehen. Aber er entsann sich alter Geschichten, die er als Kind von seinem Großvater gehört hatte. Er kannte zudem alle Überlieferungen dieser Küste, und so war ihm schnell klar, was mit dem Meer vor sich ging. Sogleich überschlug er in Gedanken, wie viel Zeit man brauchen würde, eine Botschaft ins Dorf hinunter zu schicken. Sicherlich würde es länger dauern zu erzählen, was er dachte, als er zu seinem Entschluss brauchte. Er rief seinen Enkel herbei und sagte: „Tada, schnell! Zünde mir eine Fackel an!"

1 **Plateau:** Hochebene
2 **Schinto:** religiöse Vorstellungen der Japaner

Taimatsu (Kienfackeln[3]) werden an der Küste für Sturmnächte, aber auch für gewisse Schintofeste bereitgehalten. Das Kind entzündete im Nu eine Fackel, und der Alte eilte mit ihr auf seine Felder hinaus, wo Hunderte von Reisgarben standen. Er begann eine nach der anderen in Brand zu setzen, so schnell seine alten Beine ihn tragen konnten. Die ausgetrockneten Halme flammten auf wie Zunder; der zunehmende Seewind fachte die Lohe an und blies die Rauchsäulen landeinwärts. Reihe um Reihe setzte der Alte in Flammen.

Das Kind lief erschrocken hinter seinem Großvater her und rief immer wieder: „Ojiisan, warum tust du das? Warum, Ojiisan, warum?" Aber Hamaguchi nahm sich nicht die Zeit zu Erklärungen. Er dachte nur an die vierhundert Menschen seines Dorfes, die er drunten am Strand in Todesgefahr wusste. Das Kind lief, in Tränen ausbrechend, ins Haus – überzeugt, sein Großvater sei wahnsinnig geworden. Denn Hamaguchi fuhr unbeirrt fort, Garbe um Garbe anzuzünden, das ganze Feld entlang, bis seine ganze Jahresernte in Flammen stand. Dann warf er die Fackel weg und wartete.

Und dann sah er, wie die Dorfleute seinem Ruf gehorchten, sah, wie sie vom Strand durch das Dorf herbeiliefen und den Steig heraufkrabbelten – dicht wie eine Schar Ameisen, aber für seine angstvollen Blicke auch kaum schneller. Die Sonne ging jetzt unter. Der steinübersäte Grund der Bucht, die gelblich gesprenkelte Sandbreite dahinter lagen nackt unter dem goldroten Schein. Und noch immer floh das Meer dem Horizont entgegen …

In Wirklichkeit brauchte Hamaguchi gar nicht lange zu warten, bis der erste Trupp der Hilfsbereiten zur Stelle war. Aber der Choja breitete seine Arme aus und verstellte ihm den Weg: „Lasst brennen, Kinder, lasst brennen! Ich muss das ganze Dorf hier versammelt sehen. Uns allen droht eine große Gefahr …"

Mehr sagte er nicht, zählte nur angespannt die Heraufkommenden. Sie bestürmten den kleinen Tada mit Fragen, da Hamaguchis verschlossenes Gesicht sie stumm zurückwies. „Großvater ist wahnsinnig", schluchzte Tada immer wieder. „Ich fürchte mich vor ihm … Er hat den Reis absichtlich angesteckt. Ich habe gesehen, wie er es tat."

„Ja, das Kind spricht wahr: Ich habe den Reis in Brand gesetzt", rief Hamaguchi plötzlich. „Ich glaube, jetzt sind wohl alle hier oder sie werden gleich hier sein?"

Die Familienväter blickten sich um und stimmten zu: „Ja, es fehlt niemand … Aber wir begreifen nicht."

„Seht", schrie der alte Mann auf, „seht doch!" Er deutete auf das offene Meer hinaus. „Und nun sagt, ob ich wahnsinnig bin!"

Durch das Zwielicht der Dämmerung sahen sie alle am Rande des Horizonts eine lange dünne, nebelhafte Linie – eine schattenhafte Küste, wo nie eine Küste gewesen war. Diese Linie verdichtete sich, wurde breiter, wurde höher – unheimlich schnell. Denn diese lang gestreckte dunkle Linie war das zurückkehrende Meer. „Tsunami", schrie es ringsum gellend durcheinander. Aber der Aufschrei wurde sogleich von einem ungeheuren Dröhnen verschlungen. Die Flutwelle prallte mit solcher Wucht an die Küste, dass alle Höhen erzitterten.

Einen Augenblick lang war nichts zu sehen als eine hoch aufwirbelnde Schaumwolke, die den Abhang hinaufraste, sodass die Menschen droben auf Hamaguchis Feld auseinander stoben. Als sie wieder aufzublicken wagten, sahen sie drunten, wo ihr Dorf gestanden hatte, nur schaumweißes, tobendes Meer, das zurück-

3 **Kien:** harziges Kiefernholz

weichend große Stücke des Landes mitriss, zurückkam – drei-, vier-, fünfmal, bis es, noch immer tosend wie nach einem Taifun, in seinem alten Bett blieb.

Schreckensstumm starrten alle von Hamaguchis Feld auf die Verwüstung drunten, wo zerborstene Felsen, aufgewühlte Sand- und Tangmassen den Platz bedeckten, wo vorher Wohnstätten und Tempel standen. Aber auch die meisten Felder auf den Terrassen am Hang waren verschwunden. Zwei Strohdächer sah man von den Wellen hin und her geschleudert auf dem Meer treiben: Das war alles, was vom Dorf noch zu sehen war.

1 a) Beschreibe den Reisbauern Hamaguchi.
b) Welche ungewöhnlichen Beobachtungen macht Hamaguchi?
c) Erklärt, warum Hamaguchi seine gesamte Reisernte anzündet.

Yukio Mishima

Die Wellen

Während er trockenen Sand von der einen Hand in die andere fließen ließ und, war die Hand leer, unbewusst nach frischem Sand griff, fühlte sich Honda mit Herz und Auge vom Meer gefesselt. […]

Gleich da vor seinen Augen endete das Meer.

Wenn er die Ausläufer der Wellen auf dem Strand betrachtete, begriff er: Hier und jetzt, nach einer langen, einer schier unermesslichen Bemühung, hatten sie schließlich einen kläglichen Tod zu sterben. […]Und dennoch schien es ihm ein sanftes, ein gnädiges Scheitern. Hatten sich die alleräußersten Säume der Wellen, nachdem sich ihre Gefühlsverwirrung augenblicklich gelegt, mit der feuchten, glatten Spiegelfläche des Sands vereinigt und waren im Begriff, sich in einen leichten Schaum zu verwandeln, so wichen die Wellen selbst mit der größeren Menge ihres Wasser zurück ins Meer.

Von weit draußen aus gezählt, wo sich die Wogen mit weißen Schaumkronen zu brechen begannen, spielten in vier, fünf Stadien alle Wellen und immer gleichzeitig die einzelnen Aufgaben durch, hoben sich und gipfelten und fielen zusammen, glätteten sich und rollten zurück.

Jene Brecher rebellierten, hculten tobend auf, wobei sie ihre olivfarbenen, glitschigen Bäuche zeigten; doch allmählich wechselte das Heulen über in ein lautes Klagen und das Klagen in ein Flüstern. Die riesigen weißen Renner wurden zu kleinen weißen Trabern, dann verschwanden die kräftigen Pferdeleiber der Linienkavallerie[1] ganz, und es blieben zuletzt nur noch die wühlenden weißen Hufe am Gestade. Zwei

1 **Kavallerie:** Reitertruppe

Katsushika Hokusai: Die Welle (1831–34), Holzschnitt (26,5 x 38,1 cm)

Wellenzungen, die sich ins Gehege gekommen waren wie zwei unhöflich zur Seite aufgeschlagene Fächer, hatten sich unvermerkt in die Spiegelfläche des Sands hinein aufgelöst; aber auch jetzt noch war das Bild im Spiegel in heftiger Bewegung. In einer scharfen Vertikalen fielen die nächsten weiß brodelnden Wellen mit ihren ausgestreckten Krallen darauf, was eine Spiegelung ergab wie von gleißenden Eiszapfen.

Jenseits der zurückflutenden Wellen, denen, die sich strandwärts wieder und wieder übereinander warfen, war keine einzige mit einem glatten, weißen Rücken. Alle auf einmal und mit dem gleichen Zähneknirschen drängten sie heran. Andererseits, als er seinen Blick über das weite offene Meer schweifen ließ, deuchte es Honda, als wären in Wahrheit auch die gegen den Strand anlaufenden Wellen, die ihm bis jetzt so kraftvoll erschienen, letztlich nur die äußersten dünnen Ausläufer und schwach bis auf den Tod. Weiter und weiter aufs Offene hinaus wurde das Meer dichter und schwerer, nahm das an der Küste so schwache, dünnflüssige Element zu an Konzentration, geriet es unter einen allmählich wachsenden Druck, und endlich am jadefarbenen Horizont war das immer dicker eingekochte Blaugrün des Meeres zu einem festen Kristall geworden. Das Meer gab sich den Anschein von Distanz und Weite; doch eben dieser Kristall war seine eigentliche Natur. Was am Ende so als Folge der vielfach übereinander fallenden dünnen und erregten Wellen blaugrün gerann – das war in Wahrheit das Meer ....

2 Durch welche Vergleiche und Metaphern gelingt es Yukio Mishima, die Bewegung der Wellen besonders lebendig zu beschreiben? Welche Rolle spielen die Adjektive?

3 a) Betrachte das Bild von Hokusai (S. 54) genau und beschreibe, wie der Künstler die Wellen sieht.
b) Wäre das Bild eher als Illustration des Textes „Hamaguchi“ (S. 52–54) oder „Die Wellen“ geeignet?

Das japanische Haiku

Der Kranich schreitet,
Im Sonnenschein sich plusternd,
Das dünne Eis ab.

(Dômei)

Als leises Rieseln
Im Bambus ein Rauschen geht:
Der Schnee des Abends.

(Shiki)

Grad heute Morgen
Fiel leise und ganz heimlich
Das erste Blatt ab.

(Issa)

Glutheiß der Mittag
Und vom Pirol am Bach nun
Auch nicht ein Laut mehr.

(Issa)

4 a) Wie wirken die Haikus auf dich?
b) Erkläre, welche Stimmungen und Eindrücke in den einzelnen Haikus mit wenigen Worten eingefangen sind.
c) Ordnet die Haikus Jahreszeiten zu.

5 Findet heraus, wie ein Haiku aufgebaut ist. Prüft dabei die Anzahl der Verse und der Silben je Verszeile.

6 a) Schreibt selbst Haikus zu eigenen Naturbeobachtungen.
Abgesehen von seiner Begrenzung auf eine bestimmte Silbenzahl kennt das Haiku drei Regeln:

* Ein Haiku soll einen Naturgegenstand erwähnen.
* Es soll sich auf eine einmalige Situation beziehen.
* Dieses Ereignis soll als gegenwärtig dargestellt und nicht als vergangen berichtet werden.

b) Überarbeitet eure Haikus. Einige Tipps:
- Oft ist die ungewöhnliche Stellung einzelner Satzglieder entscheidend für die Stimmung.
- Vielleicht gelingt es manchmal, ohne Verben auszukommen. Wie verändert sich dann die Wirkung?
- Überlegt genau, an welchen Stellen Satzzeichen notwendig sind.

7 Ihr könnt auch mit Haikus spielen. Jemand beginnt mit einem Vers, ein anderer ergänzt. Ein Dritter überlegt sich den Anfang eines neuen Dreizeilers, der sich möglichst sinngemäß an den ersten Haiku anschließt, usw. So entsteht ein „Kurzkettengedicht“.

Torii Kiyomitsu: Spiele im Zimmer (1751–64)

Das Bild zeigt verschiedene Spiele im alten Japan, z. B. ein Kartenspiel mit berühmten Gedichten von hundert Dichtern. Die Kurzgedichte wurden je zur Hälfte auf eine Karte geschrieben. Das Spiel bestand nun darin, zum ersten Teil, der vorgelesen wurde, unter den ausgelegten Karten die dazugehörige Hälfte zu finden.

8 a) Fertigt eine genaue Spielbeschreibung an.
b) Probiert das Kartenspiel mit kurzen Gedichten eurer Wahl aus.

3.3 Ein Besuch im Museum

Eine der Wurzeln des Museums liegt in den Schatz- und Wunderkammern des Mittelalters. Aber erst im 19. Jahrhundert erfand man das Museum, wie wir es heute kennen. Eine Aufgabe des Museums ist es, Gegenstände der Vergangenheit und der Gegenwart zu sammeln, um sie zu bewahren. Im Museum sieht man, dass vieles anders ist, als man es sich dachte. Vor allem aber wird die Fantasie angeregt, sich vergangene Zeiten, fremde Länder und Völker vorzustellen. Ein Museum ist jedoch auch immer ein Ort des Forschens für Wissenschaftler und sonstige Interessierte: Wie haben sich Menschen zu bestimmten Zeiten verhalten? Wie haben sie gewohnt und gearbeitet? Mit welchen künstlerischen Mitteln haben sie z. B. ihre Lebenserfahrungen und religiösen Vorstellungen zum Ausdruck gebracht? Manche Museen haben deshalb auch ein Labor und eine Restaurierungswerkstatt mit modernen Geräten, z. B. einem Rasterelektronenmikroskop oder einem Röntgengerät. In vielen Museen gibt es eine Bibliothek, in der man etwas über das Gesehene nachlesen kann. Manchmal werden zu den Ausstellungen kostenlose Filmvorführungen angeboten. Außerdem gibt es oft Führungen, z. B. durch eine Sonderausstellung.
Tomoko möchte ihrer deutschen Freundin gerne die Kultur und Kunst ihres Landes zeigen. Glücklicherweise gibt es in der Stadt ein ostasiatisches Museum.

Museum für ostasiatische Kunst

1 Vorplatz
2 Eingang
3 Eingangshalle
4 Kasse
5 Museumsladen: Verkauf von Postern, Kunstbänden, Postkarten, Essstäbchen, ostasiatischen Kochbüchern, Japanpapier, Andenken
6 Garderobe
7 Toilette
8 Innengarten: Japanischer Steingarten
9 Treffpunkt für Führungen; Thema einer Führung für Schüler: „Japanische Theatermasken"
10 Eingang in die Ausstellung
11 Museumscafé: Ostasiatische Spezialitäten (z. B. Sushi)
12 Film- und Vortragsraum
13 Sonderausstellung: Japanische Farbholzschnitte der Edo-Zeit (17.–19. Jahrhundert)
14 Dauerausstellung: Ostasiatisches Kunsthandwerk, japanische, chinesische und koreanische Malerei und Skulpturen
15 Labor und Restaurierungswerkstatt: z. B. Restaurieren von Buddha-Figuren
16 Studienräume: Ruhige Arbeitsmöglichkeit für Studierende und Wissenschaftler/innen
17 Bibliothek: Ostasiatische Literatur, Kunst- und Fotobände

1 Plant eine Besichtigung des Museums: Erklärt dabei anhand des Grundrisses, wie das Museum angelegt ist und was ihr alles dort machen wollt.

2 a) Informiert euch, welche Museen es in eurer näheren Umgebung gibt (z. B. Heimatmuseum, Kunstmuseum).
b) Besorgt euch dort Prospekte oder Museumsführer und erkundigt euch nach Sonderausstellungen und Führungen.
c) Bereitet mit diesen Unterlagen einen Museumsbesuch für die Klasse vor.

Die alten und empfindlichen Kunstgegenstände stehen in den Ausstellungsräumen auf Podesten oder in klimatisierten Vitrinen, damit sie geschützt sind. Hinweistafeln geben über den Sinn und Inhalt der Gegenstände Auskunft.

Solche Rüstungen trugen die Ritter im alten Japan. Die Samurai („Dienende") lebten nach strengen Regeln. Dazu zählten insbesondere die Achtung der Vorväter, der Gehorsam gegenüber dem Dienstherrn, die Redlichkeit, Tapferkeit und Achtung vor dem Gegner und schließlich auch das Ehrgefühl.

3 a) Beschreibt die Rüstung so, dass das Aussehen und die Funktion einzelner Teile deutlich werden. Benutzt dabei Begriffe und Fachausdrücke aus dem folgenden Wortspeicher:

Panzer aus Brust- und Rückenteil und geteiltem Rock; Eisenplatten an Schienen (Bewegungsfreiheit); bedrucktes Leder; farbige Seiden; Höhe der Körperrüstung: 64,4 cm; Höhe des Helms: 13 cm; Kämpfer zu Fuß; aneinander gereihte dünne Eisenplättchen; schwarz lackierter, metallbeschlagener Helm (Kabuto); imposante „Hackenformen" (Kuwagata) aus vergoldetem Kupfer; runde Scheibe über der Stirn (Maedate); Nackenschutz (Shikoro); rechts zu schließende Rumpfrüstung (Do); Länge der mächtigen Schulterstücke (Osode): 46,2 cm; zwei die Achselhöhlen bedeckende Scheiben in Ginkgoblatt-Form; achtteiliger Oberschenkelschutz (Kasuzuri); Wappen; Ringe und Seidenschnüre

b) Überarbeitet eure Texte gegenseitig: Achtet auf eine sinnvolle Gliederung, z. B. vom Gesamteindruck zu Einzelaspekten, vom Auffallenden zum Detail oder auch von oben nach unten. Bedenkt, dass Vergleiche und Umschreibungen die Anschaulichkeit erhöhen. Kontrolliert die Rechtschreibung anhand der Checkliste auf S. 155.

4 Menschen aus Ostasien fällt es oft ebenso schwer, Europäerinnen und Europäer zu unterscheiden, wie umgekehrt. Seht euch das Bild von Commander Perry genau an und versucht herauszufinden, was für den japanischen Zeichner das Auffällige an Menschen aus dem Westen gewesen sein mag.

Commander Perry (amerik. Marineoffizier, 1794–1858)

In Japan veranstaltet man gerne Feste, an denen Maskentänze aufgeführt werden. Auch in Pausen von Ringkämpfen oder bei Pferderennen werden diese gezeigt. Eine Maske verhüllt, verfremdet, kann abschrecken oder erheitern. Eine Maske kennzeichnet z. B. den Dämon, der Schrecken, Tod und Krankheiten bringt. Eine Maske kann aber auch bedeuten, dass alles Übel weggescheucht wird, bedrohliche Mächte wie die Dunkelheit, der Winter und der Tod bekämpft werden.

Bato-Maske

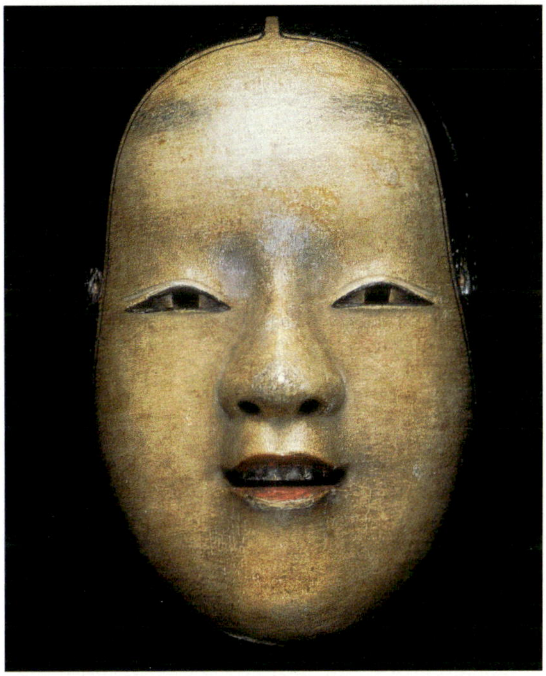

No-Maske

Ein Spezialist für japanische Masken hat sich folgende Notizen zur Bato-Maske gemacht:

rotes, fast rechteckiges Gesicht / angesetzte, aus brauner Schnur verfertigte Kopfhaare, in langen Strähnen herabhängend und beim Tanze fliegend / mächtige hohe Stirn mit weit nach hinten weisenden Wülsten / nach unten blickende Metallaugen mit nach oben weisenden äußeren Winkeln / übergroße kräftige, gebogene Nase / starker Wulst über der Nasenwurzel mit zwei Gruben darin / glatte, volle Wangen / etwas geöffneter Mund, Oberkieferzähne sichtbar / breites Kinn / Ohren in normaler Größe

5 a) Beschreibt die Bato-Maske nach diesen Stichworten. Wenn ihr noch mehr Merkmale entdeckt, könnt ihr sie ergänzen.

b) Sammelt Stichworte zum Aussehen der No-Maske und beschreibt sie.

6 Einige Museen bieten Arbeitskurse an, um Gipsmasken zu basteln. Damit lässt sich ein Maskenspiel anschaulich durchführen.
Ihr könnt aber auch ein gemeinsames Projekt des Deutsch- und Kunstunterrichts planen.
Dazu einige Tipps:

- Kostüme könnt ihr schnell aus Betttüchern zaubern.
- Masken lassen sich nach der unten stehenden Bastelanleitung aus Gipsbinden herstellen.
- Denkt euch zunächst eine Situation aus, in der sich Maskenfiguren begegnen könnten, und erweitert sie dann zu einem neuen Spiel.
- Sucht passende Gelegenheiten im Schulleben, um euer Maskenspiel aufzuführen, z. B. während der großen Pause.

Herstellung von Masken aus Gipsbinden:

- Das Gesicht mit Vaseline einkremen; Watte auf die Augen legen, Frischhaltefolie auf Augenbrauen und Lippen.
- Gipsbindenstücke (6–8 cm breit) in eine Schüssel mit Wasser tauchen, Stück für Stück mehrlagig auf das Gesicht legen und mit den Fingern vorsichtig verschmieren (Nasenlöcher frei lassen).
- Die rasch trockene Maske vorsichtig vom Gesicht nehmen.
- Den Rand beschneiden und vielleicht noch einmal mit feuchten Gipsbinden verstärken.
- Augenlöcher ausschneiden.
- Zum Tragen am linken und rechten Rand in Augenhöhe ein Gummiband befestigen.
- Watte kann auch als Untergrund für Gesichtspartien wie Wangen, hohe Stirn, Kinn oder Nase benutzt werden, indem man sie auf die ersten Gipslagen auflegt und mit Gipsbinden schichtweise abdeckt, sodass die erforderliche Erhebung entsteht.
- Für das Bemalen, z. B. mit Wasserfarben, muss die abgenommene Gipsmaske ganz trocken sein (Dauer 12–18 Stunden).
- Die Maske kann zusätzlich mit Stoffresten, Wolle, Blättern etc. beklebt und besteckt werden.

4 Gespräche untersuchen – Rollen erproben

4.1 Rollen finden – aus der Rolle fallen

In Rollen hineinwachsen

1 a) Diese Fotos wurden von einem Jugendlichen aufgenommen. Beschreibt euren ersten Eindruck.
b) Alle drei abgebildeten Personen sind Jungen. Woran kann man das erkennen?

2 a) Warum scheinen die drei Personen auf den Fotos (S. 61) auf den ersten Blick Vater, Mutter und Kind zu sein?
Achtet darauf,
- wie die Personen gekleidet sind,
- wie sie ihren Körper hergerichtet haben,
- wie die Körperhaltung ist,
- wie sich die drei für das Foto aufgestellt haben.

b) Vergleicht die äußere Erscheinungsform von Sohn und „Eltern". Was fällt euch auf?

3 a) Überlegt, wie der „Junge" auf den Fotos reden könnte:
gebildet – gepflegt – drastisch – flippig – salopp – hochdeutsch – gekünstelt – gewählt – derb – steif – unpersönlich – umgangssprachlich – vornehm – platt – ...

b) Macht Vorschläge, wie die „Eltern" reden könnten.

c) Schreibt Dialoge, in denen der Junge mit den „Eltern" spricht. Macht dabei deutlich, dass sie nicht zueinander passen.

In sozialen Rollen sprechen

Unser Alltag besteht aus verschiedenen Situationen, und in jeder Situation wird ein bestimmtes Verhalten von uns erwartet. Man kann von unterschiedlichen **„Rollen"** sprechen, die wir einnehmen.

1 Schreibt auf, welche Rollen Schülerinnen und Schüler der Klasse 7 in verschiedenen Lebensbereichen zu spielen haben. Übertragt die folgende Tabelle in eure Hefte, füllt sie aus und setzt sie fort.

Rollenübersicht

Rolle der/des ...	Welches Verhalten verlangt diese Rolle?	Wie redet man in dieser Rolle?
Ballettschülerin	...	...
Mitglieds im Fußballverein	...	
Enkelin (bei Oma und Opa)		
Enkels		
Mitglieds einer Freundesclique		
Tochter		
...		

2 Eine Schülerin hat dieses Foto aufgenommen. Schreibt alles auf, was euch beim ersten Anschauen des Fotos einfällt.

3 Schildert, wie ein Mädchen oder ein Junge aus dem Rahmen fällt. Achtet dabei auf Verhalten und Sprache.

a) Es gibt viele Möglichkeiten. Ihr könnt sie aus eurer Rollenübersicht entwickeln (S. 62), indem ihr in der zweiten und dritten Spalte jeweils in eine andere Zeile rutscht. Dadurch kommt es zu einem Verhalten, das nicht zur Rolle passt. Beispielsweise ergibt sich dann:

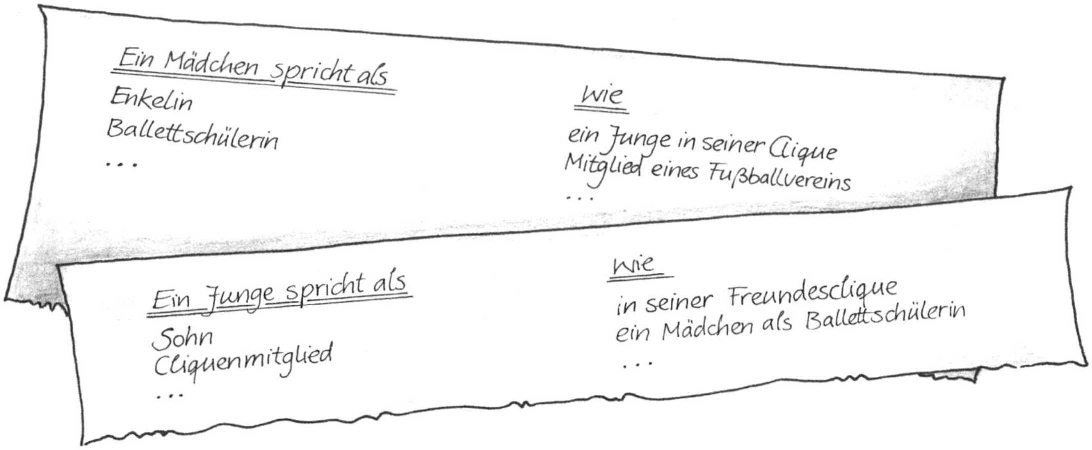

b) Schreibt Szenen dazu. Zunächst bleibt der Junge oder das Mädchen im Rahmen. Er/sie spricht, wie es der Rolle entsprechen würde. Dann fällt er/sie plötzlich aus der Rolle.

4 a) Seid ihr schon einmal – ähnlich wie in euren Texten – aus der Rolle gefallen, indem ihr eine unpassende Sprache gesprochen habt?

b) Wie war die Wirkung auf eure Gesprächspartner?

Karl Valentin und seine Partnerin Liesl Karlstadt in verschiedenen Rollen

Karl Valentin

Im Hutladen

Verkäuferin: Guten Tag, Sie wünschen?

Karl Valentin: Einen Hut

Verkäuferin: Was soll das für ein Hut sein?

Karl Valentin: Einer zum Aufsetzen.

Verkäuferin: Ja, anziehen können Sie niemals einen Hut, den muss man immer aufsetzen.

Karl Valentin: Nein, immer nicht – in der Kirche zum Beispiel kann ich den Hut nicht aufsetzen.

Verkäuferin: In der Kirche nicht – aber Sie gehen doch nicht immer in die Kirche.

Karl Valentin: Nein, nur da und hie.

Verkäuferin: Sie meinen nur hie und da!

Karl Valentin: Ja, ich will einen Hut zum Auf- und Absetzen.

Verkäuferin: Jeden Hut können Sie auf- und absetzen! Wollen Sie einen weichen oder einen steifen Hut?

Karl Valentin: Nein – einen grauen.

Verkäuferin: Ich meine, was für eine Fasson[1]?

Karl Valentin: Eine farblose Fasson.

Verkäuferin: Sie meinen, eine schicke Fasson – wir haben allerlei schicke Fassonen in allen Farben.

Karl Valentin: In allen Farben? – Dann hellgelb!

Verkäuferin: Aber hellgelbe Hüte gibt es nur im Karneval – einen hellgelben Herrenhut können Sie doch nicht tragen.

Karl Valentin: Ich will ihn ja nicht tragen, sondern aufsetzen.

Verkäuferin: Mit einem hellgelben Hut werden Sie ja ausgelacht.

Karl Valentin: Aber Strohhüte sind doch hellgelb.

Verkäuferin: Ach. Sie wollen einen Strohhut?

Karl Valentin: Nein, ein Strohhut ist mir zu feuergefährlich!

Verkäuferin: Asbesthüte gibt es leider noch nicht! – Schöne weiche Filzhüte hätten wir.

Karl Valentin: Die weichen Filzhüte haben den Nachteil, dass man sie nicht hört, wenn sie einem vom Kopf auf den Boden fallen.

Verkäuferin: Na, dann müssen Sie sich eben einen Stahlhelm kaufen, den hört man fallen.

Karl Valentin: Als Zivilist darf ich keinen Stahlhelm tragen.

Verkäuferin: Nun müssen Sie sich aber bald entschließen, was Sie für einen Hut wollen.

Karl Valentin: Einen neuen Hut!

Verkäuferin: Ja, wir haben nur neue.

Karl Valentin: Ich will ja einen neuen.

Verkäuferin: Ja, aber was für einen?

Karl Valentin: Einen Herrenhut!

Verkäuferin: Damenhüte führen wir nicht!

Karl Valentin: Ich will auch keinen Damenhut!

1 **Fasson:** Schnitt

VERKÄUFERIN: Sie sind sehr schwer zu bedienen, ich zeige Ihnen einmal mehrere Hüte!

KARL VALENTIN: Was heißt mehrere, ich will doch nur einen. Ich habe ja auch nur einen Kopf.

VERKÄUFERIN: Nein, zur Auswahl zeige ich Ihnen mehrere.

KARL VALENTIN: Ich will keine Auswahl haben, sondern einen Hut, der mir passt!

5 a) Die Verkäuferin könnte aus der Haut fahren. Wie wird das sprachlich ausgedrückt?
b) Warum fährt sie nicht aus der Haut?

6 An welchen Formulierungen merkt man besonders, dass die Frau die Rolle einer Verkäuferin spielt?

7 a) Schreibt eine Fortsetzung des Dialogs. Der Kunde soll dabei immer mehr verrückt spielen.
b) Schreibt den Dialog so um, dass Valentin die Rolle eines ganz normalen Kunden spielt und die Verkäuferin völlig aus der Rolle fällt.
c) Überprüft Rechtschreibung und Zeichensetzung in euren Dialogen mit Hilfe der Checkliste auf S. 155.

4.2 Rolle und Sprache: Mit dem Gesetz in Konflikt

Susanne Hartmann

Jugendgericht

[Die folgenden Dialoge entstammen einer tatsächlichen Gerichtsverhandlung und zeigen bestimmte Verständigungsschwierigkeiten, die sich aus sozialen Rollen ergeben, besonders deutlich. Aus dem Verhalten der beteiligten Personen lassen sich aber keine Verallgemeinerungen ableiten.]

Die Verhandlung beginnt: Herein treten Jugendrichter, Staatsanwalt, Angeklagter, Jugendgerichtshelferin sowie zwei Zeugen, alle bleiben stehen.

RICHTER: Die Sitzung gegen Hasan Yaldiz wird eröffnet, nehmen Sie Platz.
(Alle setzen sich. Zum Angeklagten geneigt:) Sie sind der Delinquent?

ANGEKLAGTER: Nein, ich bin der Hasan Yaldiz!

RICHTER: Hhmm ... anwesend ist der Angeklagte Yaldiz, die Vertreterin der Jugendgerichtshilfe sowie die geladenen Zeugen. Herr Yaldiz, Sie sind 17 Jahre alt und arbeitslos. Besuchen Sie die Berufsschule?

ANGEKLAGTER: Nö, warum? – Hab ja keinen Beruf!

RICHTER: Sie sollten wissen, dass Sie das trotzdem müssen. Das müssen bei uns hier alle Jugendlichen in Ihrem Alter, auch wenn sie keine Lehrstelle haben!
Vater: Arbeiter bei der Fa. Heinrich & Co.
Mutter: Putzfrau – mmh – wo putzt denn Ihre Mutter?

ANGEKLAGTER: Bei McDonald's.

RICHTER: Bei deeem McDonald's?

ANGEKLAGTER: Ja!

RICHTER: Na ja, dann wollen wir mal sehen. Herr Staatsanwalt, bitte schön.

Der Staatsanwalt erhebt sich und verliest die Anklageschrift.

STAATSANWALT: Jugendgerichtsklage gegen den 17-jährigen Hasan Yaldiz: Der Schüler Yaldiz wird angeklagt, durch mehrere selbstständige Handlungen einen anderen körperlich misshandelt und an der Gesundheit beschädigt zu haben, wobei eine Körperverletzung mittels eines gefährlichen Gegenstandes begangen wurde.

Der Angeklagte geriet mit den Zeugen Meyer und Schmitt während eines Aufenthaltes im McDonald's-Restaurant in Streit. Dem Wortwechsel folgte eine tätliche Auseinandersetzung, wobei der Angeklagte dem Zeugen Meyer zurief: „Dich mach ich fertig!" Dann prügelte er sich mit dem Zeugen, trat ihn und schlug ihm ein Tablett auf den Kopf, sodass dieser eine 2 cm lange Platzwunde an der Stirn erlitt, die genäht werden musste.

– Vergehen strafbar gemäß §§ 223, 223a Strafgesetzbuch, 1, 3 JGG.

Beweismittel: Die Angaben der Zeugen Meyer und Schmitt. [...]

Zu den im Anklagesatz geschilderten Taten kam es, als der Angeklagte die Zeugen auf ihr Essverhalten hin ansprach. Er glaubte, dass diese mutwillig ihre Plätze verschmutzten, und wies sie deshalb zurecht. Als die Zeugen äußerten, er gehöre doch sowieso in ein Getto, wurde der Angeklagte tätlich. Der Angeklagte gibt an, er habe in Notwehr gehandelt.

Der Staatsanwalt setzt sich.

RICHTER: Die Anklage wurde mit Beschluss zur Hauptverhandlung zugelassen. *(Zum Angeklagten gewandt:)* Dann wollen wir mal hören, was Sie dazu zu sagen haben. – Waren Sie eigentlich betrunken?

ANGEKLAGTER: Nein.

RICHTER: Trinken Sie denn sporadisch?

ANGEKLAGTER: Nein, ich trinke Bier.

RICHTER: Warum haben Sie den Zeugen Meyer so roh und brutal behandelt? Er hatte Ihnen doch gar nichts getan?

ANGEKLAGTER: Er hat die Scheiben beschmiert.

RICHTER: Was hat er?

ANGEKLAGTER: Er hat sein Milchshake an die Fensterscheibe geschmiert.

RICHTER: Warum sollte er das tun?

ANGEKLAGTER: Weiß nicht!

RICHTER: Aber Sie mussten sich einmischen und dann direkt auch draufhauen?? Sie fühlen sich wohl als „Rambo" hier – oder wie?

ANGEKLAGTER: Nö – aber der hat mich ja angemacht!

RICHTER: Na, ja, diese Mentalität kennt man ja ... und wieso fühlten Sie sich angemacht?

ANGEKLAGTER: Ich sollte ins KZ, hat der gesagt.

RICHTER: Was ist denn das für ein Blödsinn?

JUGENDGERICHTSHELFERIN: Ich glaube, Herr Vorsitzender, das war der entscheidende Satz, warum der Hasan dann zugeschlagen hat. Er hat mir das ausführlich berichtet. Diese Aussage, er gehöre doch ins KZ, hat ihn verständlicherweise sehr verletzt und wütend gemacht.

RICHTER: So, na ja, aber das gehört jetzt nicht hierher, diese Sache mit dem Getto ... *(Zum Staatsanwalt:)* Haben Sie Fragen?

STAATSANWALT: Keine Fragen.

RICHTER: Wie kam es also zu der schweren Körperverletzung?

ANGEKLAGTER: Der hat mich beleidigt, und da habe ich mich gewehrt.

RICHTER: Was soll das heißen, dass Sie sich nur gewehrt haben? Immerhin haben Sie den Zeugen so zugerichtet, dass er eine Platzwunde hatte, die genäht werden musste. – Wie erklären Sie sich überhaupt diese Verletzung – wenn das nicht kriminell ist !!!

ANGEKLAGTER: Der hat eben ein Milchgesicht, die platzen leichter ...

RICHTER: Ach – so sehen Sie das also ...! ... Herr Staatsanwalt, noch Fragen?

STAATSANWALT: Der hier gegen Sie erhobene Vorwurf, Herr Yaldiz, ist schwerwiegend und kann von uns nur geprüft werden, wenn Sie sich entsprechend einlassen.

ANGEKLAGTER: Ich will mich aber nicht einlassen, ich will aus der Sache raus – und das mit dem Tablett war ich überhaupt nicht.

RICHTER: Dann wollen wir mal die Zeugen hören ... Zeuge Meyer bitte.

Der Zeuge wird hereingerufen, nach seinen Personalien befragt und belehrt, dass er sich durch falsche Aussagen strafbar mache.

RICHTER: Herr Meyer, schildern Sie dem Gericht bitte den Vorfall im McDonald's-Restaurant.

ZEUGE 1: Ja also, ich saß mit meinem Freund, Herrn Schmitt, beim Essen im McDonald's, als der Angeklagte kam und sich an den Nachbartisch setzte. Um ihn herum saßen noch andere Türken. Uns fiel auf, dass er immer herüberstarrte, weil wir Spaß miteinander machten. Als beim Herumalbern mein Milchshake umfiel und etwas an die Fensterscheibe spritzte, kam er wütend an und brüllte, wir sollten uns gefälligst benehmen.

ANGEKLAGTER: Ihr habt ja alles extra an die Scheiben geschmiert – ich hab zweimal gesagt, ihr sollt das lassen – aber ihr habt ja immer weitergemacht und mich ausgelacht.

RICHTER: Mäßigen Sie sich, Angeklagter. Sie sind jetzt nicht an der Reihe ... und weiter.

ZEUGE 1: Wir haben gesagt, er soll uns gefälligst in Ruhe lassen, es geht ihn nichts an, was wir tun. Er rief dann: „Ich mach dich fertig" und stürzte sich auf mich. Nur gut, dass mir mein Freund Schmitt geholfen hat.

RICHTER: Hier wurde gesagt, Sie hätten den Angeklagten beleidigt.

ZEUGE 1: Wieso beleidigt?

RICHTER: Da war doch die Rede von Getto oder so ähnlich ...

ZEUGE 1: Ach so ... jaa ... ach ... mmh, das stimmt wohl.

RICHTER: Was haben Sie denn genau gesagt?

ZEUGE 1: Ich weiß nicht mehr so genau, aber ich glaube schon, es war irgendwas mit Getto, KZ oder so ...

RICHTER: Na ja ... und wie ging es dann weiter?

ZEUGE 1: Plötzlich bekam ich mitten im Getümmel – es war ja dann eine Massenklatsche geworden – Türken gegen Deutsche –, ja also, da bekam ich dann das Tablett auf den Kopf und fiel um. Ich musste ins Krankenhaus zum Nähen. Aber erst war ich noch bei der Polizei und habe den Türken angezeigt.

RICHTER: Kannten Sie den Angeklagten?

ZEUGE 1: Nein, aber ich hatte ihn schon öfter im McDonald's gesehen – und die Bedienung kannte den Namen, wahrscheinlich wegen der Mutter ...

RICHTER: Aber Sie sind ganz sicher, dass es der Hasan war, der Ihnen das Tablett auf den Kopf gehauen hat?

ZEUGE 1: Was heißt sicher, wer soll es denn sonst gewesen sein?

STAATSANWALT: Herr Meyer, das Gericht braucht genaue Angaben von Ihnen als Zeuge. Sie sollen hier die Wahrheit sagen und nichts als die Wahrheit – Vermutungen helfen uns hier wenig –, war es also der Angeklagte, oder war er es nicht?

ZEUGE 1: Ich meine ja. 100 Pro kann ich es auch nicht mehr sagen, weil die Türken sehen doch alle gleich aus ...!

RICHTER: Sie können also nicht mit 100 % Sicherheit sagen, dass es der hier angeklagte Hasan Yaldiz war, der Ihnen das Tablett auf den Kopf gehauen hat.

ZEUGE 1: Nö – absolut nich ...

RICHTER: Danke, wir hören dann den Zeugen Schmitt.

Der Zeuge Meyer begibt sich auf einen Platz im Zuschauerraum, während der Zeuge Schmitt in den Saal gerufen wird.

Er wird ebenfalls vom Richter zu seinen Personalien befragt und belehrt, die Wahrheit zu sagen.

RICHTER: Herr Schmitt, bitte schildern Sie dem Gericht den Vorfall im McDonald's.

ZEUGE 2: Also, der Türke hat meinen Freund verkloppt.

RICHTER: Aus welchem Grund denn?

ZEUGE 2: Na ja, der Udo hat gesagt: Hau doch ab ins KZ – oder so ähnlich ... als der uns angemacht hat ...

RICHTER: Weswegen hat der Sie denn „angemacht"?

ZEUGE 2: Bloß, weil wir ein bisschen Blödsinn gemacht haben mit dem Milchshake, das geht den doch wohl nichts an ... *(grinst)*, der Udo hat nämlich mit seinem Strohhalm ein Bild an die Scheibe gemalt, der ist echt cool ...

RICHTER: Wer hat denn eigentlich mit der Prügelei angefangen?

ZEUGE 2: Erst war's der Türke, dann haben noch andere mitgemacht. Es war 'ne echte Riesenklatsche …

RICHTER: Haben Sie gesehen, wie der Hasan dem Udo das Tablett auf den Kopf gehauen hat?

ZEUGE 2: Ja, ich glaube, der war das …

STAATSANWALT: Sie sollen hier nicht glauben, sondern Aussagen machen, die Sie auch beeiden würden …

ZEUGE 2: Also, beeiden kann ich das nicht, dass der das war, es waren ja auf einmal so viele da …

RICHTER: Sie können also dem Gericht nicht mit absoluter Sicherheit sagen, wer dem Udo das Tablett auf den Kopf gehauen und ihn so schwer verletzt hat?

ZEUGE 2: Nee, genau nicht, aber bestimmt war's der Türke da, die werden doch immer direkt so brutal, mit Messern und so …

RICHTER: Der Zeuge wird entlassen – vielen Dank …

Der Zeuge Schmitt begibt sich ebenfalls auf einen Platz im Zuhörerraum.

RICHTER: Herr Yaldiz, haben Sie noch etwas zu sagen?

ANGEKLAGTER: Ich sage nichts mehr, mir glaubt ja doch keiner.

RICHTER: Wir hören dann die Vertreterin der Jugendgerichtshilfe …

JUGENDGERICHTSHELFERIN: Nach meinen intensiven Gesprächen mit Hasan und auch mit seinen Eltern habe ich mir ein recht gutes Bild von dem Jungen machen können, sodass ich glaube, dass es zu der Schlägerei nur kam, weil der Zeuge Meyer nach den Aussagen von Hasan zu ihm sagte: Alle Türken gehören ins KZ und nicht nach Deutschland!! Diese massive Kränkung hat Hasan so in seinem Ehrgefühl verletzt, dass er tätlich wurde, zumal Hasan auch hier geboren ist und glaubt, dass hier seine Heimat ist. Er war noch nie in der Türkei und spricht auch kaum türkisch. Wir haben es hier mit einem Jugendlichen zu tun, der in einer Konfliktsituation rein emotional reagiert hat, ohne lange zu überlegen. Die Tatsache, dass es zu einer Gruppenschlägerei unter den jungen Leuten kam, ist ein Indiz dafür, dass es den anderen Beteiligten offenbar ähnlich ging. Hasan ist in der Pubertät, die, wie wir wissen, eine intensive psychische Krise ist. Sein Selbstwertgefühl ist wie bei fast allen seinen Altersgenossen noch nicht stabil und erhöhter Störbarkeit ausgeliefert. […]

Darüber hinaus hat Hasan für seine Vorstellung im Sinne der Mutter gehandelt, die sich zu Hause immer wieder darüber beschwert, dass Jugendliche mutwillig Dreck machen, den sie dann für wenig Geld wegmachen muss. Sicher hat Hasan in dieser Situation an seine Mutter gedacht. Er gibt zu, mit der Schlägerei angefangen zu haben, aber das Tablett habe er Udo nicht auf den Kopf gehauen. Ich halte seine Aussage für glaubwürdig. Er sagt auch, er habe in dem entstandenen Tumult nicht sehen können, wer es gewesen sei. Hasan leidet sehr unter Diskriminierungen und geht deshalb nicht mehr in die Berufsschule, da er dort mehrfach beschimpft worden sei. Bei uns ist er bisher strafrechtlich noch nicht bekannt. […]

Ich bewerte die vorliegende Tat als jugendliche Konflikttat und gehe davon aus, dass Hasan von den beiden Zeugen entscheidend provoziert wurde. Übrigens hat er sich während der Schlägerei Prellungen und ein blaues Auge zugezogen. Er hat mir gegenüber immer wieder beteuert, dass er niemals ein Tablett in der Hand gehabt habe. Er sei dann so wie alle abgehauen, als die Polizei auf Anruf des Geschäftsführers angerückt ist. Ich schlage vor, Hasan zu verwarnen.

RICHTER: Danke schön … Herr Staatsanwalt …

STAATSANWALT: Die Beweisaufnahme hat ergeben, dass der Angeklagte eine Schlägerei begonnen hat, die für den Zeugen Meyer mit einer schweren Verletzung endete. Es ist zwar nicht eindeutig zu belegen, dass es der Angeklagte war, der mit dem Tablett geschlagen hat, er ist aber als Verursacher der Situation und somit auch als Mitverantwortlicher zu bestrafen. Ich beantrage, ihn als Jugendlichen wegen Körperverletzung zu zwei Wochen Jugendarrest zu verurteilen.

RICHTER: Danke schön … Ich glaube auch, dass wir dem Hasan für sein rohes Verhalten einen Denkzettel erteilen müssen, damit er sich in Zukunft nicht wieder so aufführt …

Der Jugendrichter verlässt nun für eine kurze Pause den Gerichtssaal und verkündet dann „im Namen des Volkes" das Urteil. Das Urteil in diesem Fall, der sich authentisch 1990 so zugetragen hat, belief sich auf ein halbes Jahr Jugendstrafe zur Bewährung. Hasan wurde für die Dauer von zwei Jahren einem Bewährungshelfer unterstellt.

1 Haltet ihr das Urteil für gerecht? Begründet eure Meinung.

2 a) Welche Bedeutung hat Hasans Sicht der Dinge bei der Verhandlung?
b) Untersucht, wie der Richter mit Hasan und wie mit den anderen Prozessbeteiligten spricht.

Die Gerichtsverhandlung nachspielen

Um genauer zu ergründen, welche Motive die einzelnen Prozessbeteiligten in Susanne Hartmanns „Jugendgericht" haben, könnt ihr die Verhandlung nachspielen.

3 a) Wählt in Gruppen interessante Ausschnitte aus dem Verhandlungsprotokoll aus.
b) Macht euch mit den Sachverhalten, um die es in eurem Ausschnitt geht, noch einmal genau vertraut.
c) Verteilt die Rollen unter euch.

4 a) Überlegt gemeinsam, wie das Gespräch an der von euch gewählten Stelle ablaufen könnte, wenn ihr **eure eigene Sprache** verwenden würdet.
b) Schreibt den veränderten Ablauf auf.
c) Spielt den Ausschnitt in der Klasse vor.

5 Was hat sich an der Sprache des Richters und des Staatsanwalts in eurem Spiel verändert? Arbeitet in einer Tabelle die Unterschiede heraus. Zieht dabei eure Aufzeichnungen zu Rate.

Vom Richter / Staatsanwalt im Text verwendete Formulierung:	Im Rollenspiel verwendete Formulierung:
…	…

Eine Sprache – mehrere Sprachen

Die Personen in der Verhandlung des Jugendgerichts (S. 65–69) sprechen zwar alle deutsch; ihr könnt aber mehrere unterschiedliche Sprechweisen feststellen.

6 Übertragt die folgende Tabelle in euer Heft und füllt sie aus.

	Sprachen in der Sprache		
		Fachsprachen	
	Umgangssprache	Juristensprache	Pädagogensprache
typische Wortwahl	Der hat mich ja angemacht (Z. 83/84) ...	wurde tätlich (Z. 59) ...	massive Kränkung (Z. 257) ...
Satzbau	kurze Sätze: ... unvollständige Sätze: ... oft nur Hauptsätze: ...	...	...

7 a) An welchen Stellen der Verhandlung wird deutlich, dass sich die Prozessbeteiligten nicht richtig verstehen? Stellt die Dialogteile schriftlich zusammen.

Die Prozessbeteiligten reden aneinander vorbei:

1. „Sind Sie der Delinquent?"
   „Nein, ich bin der Hasan Yaldiz!"
2. ...
   ...

b) Erklärt, wieso sich die Beteiligten an diesen Stellen nicht verstehen können.

Auf Vorwürfe reagieren

8 a) Untersucht das Gespräch vor dem Jugendgericht (S. 65–69) genau: Welche Vorwürfe werden in der Verhandlung erhoben? Von wem?

Wer äußert wo einen Vorwurf?	Was hätte Hasan unterlassen oder tun sollen?	Warum? Welche Regeln hätte er beachten sollen?
Die Vertreterin des Jugendamtes in Zeile 262–265 ...	Hasan hätte nicht zuschlagen sollen. ...	Konflikte regelt man nicht mit körperlicher Gewalt. ...

b) Tragt die Ergebnisse eurer Untersuchung in eine Tabelle ein.

9 a) Ergänzt den folgenden Handlungsbaum.

Vorwurf

„Warum haben Sie den Zeugen Meyer so roh und brutal behandelt?"

Was Hasan zu dem Vorwurf sagt:	„Er hat die Scheiben beschmiert."	„Der hat eben ein Milchgesicht."	„Das mit dem Tablett war ich überhaupt nicht."	...
Welche Art von Antwort ist das? ...	...	...	die Tat bestreiten	...
Was Hasan außerdem hätte sagen können:	„Das tut mir leid."	„Meine Mutter hat mir gesagt, dass ich ..."	...	...
Welche Art von Antwort wäre das gewesen?	...	sich entlasten	...	...

b) Erstellt ähnliche Handlungsbäume für andere Vorwürfe.

4.3 Rollen-Spiele: Szenen entwerfen

„Das tun doch alle“ – Diebstahl im Supermarkt

Rolf und Ingo gehen durch den Supermarkt. Rolf hat einen Einkaufszettel: Butter, Joghurt, Fischstäbchen, Brot und Zwiebeln. Ingo schleicht um die Regale mit den Schreibwaren – und greift zu. Zwei Füllfederhalter verschwinden in seinem Parka. Rolf wird blass vor Aufregung. „Bist du verrückt? Wenn wir erwischt werden!“ – „Na und? Ich bin doch erst 13. Da kann mir nichts passieren.“ – „Aber die werden es deiner Mutter erzählen.“ – „Krieg ich eben mal wieder Schimpfe; die steh ich durch.“ – „Aber Ingo, das Zeug gehört dir doch nicht. Du stiehlst, du bist ein Dieb.“ – „Wenn die das Zeug hier so verführerisch auslegen – sind sie selbst schuld.“ – „Das, was du klaust, müssen die anderen mitbezahlen. Zum Beispiel auch meine Mutter.“ – „Jetzt mach ’nen Punkt. Schieb die Karre zur Kasse. Im Übrigen klauen die anderen auch.“ – „Ich nicht. Und ich glaube, die anderen auch nicht.“

Spielsituation 1:

Rolf und Ingo werden an der Kasse festgehalten. Die Kassiererin sagt: „Wartet mal, die Verkäuferin hat gesehen, wie ihr am Schreibwarenregal etwas eingesteckt habt …“

Spielsituation 2:

Rolf erzählt seiner Mutter, was er mit Ingo erlebt hat …

Spielsituation 3:

Am nächsten Morgen erzählt Ingo vor dem Unterricht den Klassenkameraden, wie „kleinlich“ Rolf ist. Er macht sich lustig über Rolf, die Kameraden diskutieren …

1 a) Überlegt euch genau, welches Verhalten man von einer Kassiererin in einem Supermarkt, von einer Mutter und von einer Clique 13-jähriger Jungen erwarten könnte.
b) Spielt dann die Situationen.

2 Gestaltet eine Spielsituation schriftlich aus. Achtet dabei auf typische Redewendungen, die ihr von einer Kassiererin, einer Mutter oder von 13-jährigen Jungen in einer Clique erwarten würdet.

Konfliktgespräche

Mit Hilfe der folgenden Anregungen könnt ihr selbstständig Konfliktgespräche entwickeln und die Rollen der Beteiligten untersuchen.

1 a) Ingo stiehlt im Supermarkt. Nennt andere riskante Dinge, zu denen Jugendliche ab und zu neigen.

- Schwarzfahren
- Rauchen
- ...

b) Überlegt, mit wem Jugendliche wegen solcher Sachverhalte ein Gespräch haben könnten.

Eine jugendliche Schwarzfahrerin mit
- einem Fahrkarten-Kontrolleur
- einer Polizeibeamtin
- ihrer Freundin
- ...

c) Schreibt Rollenkarten für diese Personen.

Rollenkarte für eine Polizeibeamtin

Ihr Ziel wird es sein, dafür zu sorgen, dass ...

Erwartbares Verhalten: ...

Typische Sätze, die sie sagen könnte: ...

Rollenkarte für einen Kontrolleur

Sein Ziel wird es sein, dafür zu sorgen, dass ...

Erwartbares Verhalten: ...

Typische Sätze, die er sagen könnte: ...

d) Legt Situationen fest, in denen diese Personen mit Jugendlichen aufeinander treffen, und spielt sie mit Hilfe der Rollenkarten vor.

2 Schreibe eine der vorgeführten Szenen, die du interessant gefunden hast, möglichst genau auf. Dabei kannst du eine Reihe von Einzelheiten dazuerfinden.

3 Untersuche eine der schriftlich festgehaltenen Szenen.
a) Schreibe in einem Einleitungssatz zunächst auf, um **was** es in der Auseinandersetzung geht und welche **Personen** an dem Gespräch beteiligt sind.
b) Stelle dann die **Ziele** der Personen dar.
c) Untersuche, welche typischen Redewendungen die Personen verwenden.
d) Betrachte die Sprechweise der Beteiligten näher, z. B.
- die Länge der Redebeiträge,
- die Länge der Sätze,
- die Art der Wörter.

4 a) Zeigt Zusammenhänge zwischen der Sprechweise der Personen und ihrer Rolle auf.
b) Beurteilt das Verhalten der Personen.

Typisch Mädchen – typisch Junge?

1 Gibt es **typische Sprüche** von Mädchen und Jungen?
Bildet in der Klasse getrennte Mädchen- und Jungengruppen, um diese Frage zu klären.
a) Die Mädchen sammeln Äußerungen, die ihrer Meinung nach typisch für Jungen sind. Sicherlich habt ihr in letzter Zeit ab und zu mitbekommen, wie sich Jungen unterhalten, wenn sie in der Klasse oder auf dem Schulhof zusammenstehen oder etwas miteinander unternehmen. Stellt ihre „Sprüche" in einer Liste zusammen.
b) Die Jungen stellen eine entsprechende Liste mit Sprüchen von Mädchen zusammen.
c) Jungen und Mädchen lesen sich die Listen vor.
Diskutiert, ob solche Sprüche wirklich häufig verwendet werden. Wenn ja, warum wohl?

2 Führt **Rollen-Tausch-Spiele** durch. In diesen Spielen sollen Jungen die Mädchenrollen spielen und umgekehrt.
a) Jungen und Mädchen entwickeln die Spiele in getrennten Gruppen, indem sie
- einen für ein Mädchen/einen Jungen typischen Gegenstand mitbringen und üben, ihn in typischer Weise bei sich zu tragen;
- üben, sich wie ein Mädchen/ein Junge hinzustellen oder hinzusetzen;
- einen typischen Gesichtsausdruck entwickeln;
- eine Situation festlegen, in der sich Mädchen untereinander/Jungen untereinander treffen;
- überlegen, wie in dem Gespräch die Lautstärke und die Stimmhöhe abwechseln könnten.

b) Jungen und Mädchen führen sich die von ihnen entwickelten Spiele vor.

3 a) Die Mädchen der Klasse erfinden **Fernseh-Werbespots**, in denen ein Junge auftritt. Schriftlich wird festgehalten,
- was der Junge anhat,
- wie er sich bewegen und verhalten soll,
- was der Junge sagt und wie er das tut.

b) Die Jungen der Klasse schreiben auf die gleiche Weise Werbespots, in denen Mädchen auftreten.

4 a) Untersucht in der Werbung verschiedener Medien (Illustrierte, Fernsehen usw.), ob man Jungen- und Mädchenrollen austauschen könnte.
b) Für welche Produkte wird eher mit Jungen, für welche eher mit Mädchen geworben?

5 In Diskussionen bestehen

5.1 Mit Diskussionen Entscheidungen vorbereiten

Handball oder Fußball?

Lehrer: Guten Morgen, Kinder! Heute spielen wir Handball.
Jan: Ich möchte aber lieber Fußball spielen.
Tobias: Ja genau, da habe ich auch mehr Lust zu.
Lehrer: Ich wollte aber heute gerne Handball mit euch spielen.
Florian: Das macht doch gar keinen Spaß.
Lehrer: Kann sein, aber wir haben vor einem Jahr schon mal Fußball gespielt, das können wir nicht noch mal machen.
Tobias: Warum denn nicht, das kann doch nicht so schlimm sein.
Lehrer: Doch, in meinem Lehrplan steht genau, was wir wie oft und wie lange machen dürfen, und Fußball ist jetzt nicht an der Reihe.
Jan: Das würde ich an Ihrer Stelle auch sagen. Hauptsache, Sie sind nicht schuld!
Florian: Genau, ich glaube Ihnen auch nicht, dass so was im Lehrplan steht. Die anderen Siebener-Klassen machen nämlich auch keinen Handball.
Lehrer: Was interessieren mich die anderen, die haben einen ganz anderen Plan. Wenn wir diese und die nächste Stunde Handball spielen, habt ihr es hinter euch. Und in den darauf folgenden Stunden dürft ihr euch aussuchen, was ihr machen wollt. Meinetwegen auch Fußball.
Tobias: Sie wollen uns ja nur vertrösten. Aber das lassen wir nicht mit uns machen.
Jan: Genau, entweder spielen wir jetzt Fußball oder wir streiken.
Lehrer: Etwas Dümmeres fällt euch wohl nicht ein. Noch bin ich der Lehrer und bestimme, was gemacht wird. Bisher bin ich noch mit allen meinen Klassen fertig geworden, und das werde ich mit euch Quengelheinis auch.
Klaus: Meinen Sie? Sie kennen uns ja gar nicht genau.
Lehrer: Jetzt reicht es! Schluss mit dieser unsinnigen Diskussion! Ich bin der Lehrer und ich bestimme, was gemacht wird. Wenn ihr nicht sofort still seid und Handball spielt, bekommt ihr eine dreiseitige Sonderaufgabe.

Corinna Stevens, 7 c

1 „Schluss mit dieser unsinnigen Diskussion!" (Z. 32). War die Diskussion eurer Meinung nach unsinnig?

2 Schüler und Lehrer versuchen ihren Standpunkt in dem Gespräch auf unterschiedliche Weisen durchzusetzen.

a) Stellt ihre Äußerungen in einer Tabelle zusammen.

	Schüler	Lehrer
Argumente (Begründungen)	– ... – ...	– ... – ...
andere Verfahren der sprachlichen Beeinflussung (z. B. Versprechen, Drohung, ...)	– ... – ... – ...	– ... – ... – ...

b) Untersucht die **Argumente** genauer:
- Welche lassen sich leicht widerlegen, welche sind überzeugender?
- Wo wird ein Argument durch ein **Beispiel** gestützt?

3 a) Sammelt Argumente, mit denen der Lehrer und die Schüler ihre Standpunkte besser begründen könnten.

b) Überlegt, welche Argumente ihr durch Beispiele veranschaulichen könnt.

c) Führt die Diskussion im Rollenspiel zu einem befriedigenden Ende.

4 Eure Eltern wollen am Wochenende mit euch zu Verwandten fahren. Ihr wollt lieber zu Hause bleiben und etwas mit euren Freunden oder Freundinnen unternehmen.

a) Verfasst mit eurer Nachbarin/eurem Nachbarn ein Streitgespräch zu dieser Situation.

b) Führt eure Dialoge der Klasse vor. Die Zuhörer/innen notieren sich, wie die Diskutierenden ihre Meinung durchzusetzen versuchen.

c) Besprecht, welche Argumente ihr überzeugend fandet.

Schon wieder aufräumen?

5 Ordnet die Sätze der Familienmitglieder den nebenstehenden Arten sprachlicher Beeinflussung zu. (Manchmal beeinflusst ein Satz auf mehrere Arten.)

6 Ordnet die Sätze der Familie zu einem Gespräch und fügt weitere Aussagen hinzu, die zu den Sprechern und zur Gesprächssituation passen.

7 Welcher Standpunkt überzeugt euch am meisten? Erklärt, warum.

- Belohnungen versprechen
- drohen
- schmeicheln
- andere herabsetzen
- sich selbst aufwerten
- auf die eigene Autorität verweisen
- (verdeckt) an das Mitgefühl der anderen appellieren
- seine Meinung begründen (argumentieren)

Schwierige Entscheidungen

Ihr kennt sicher viele Anlässe, bei denen sprachliche Beeinflussungen eine große Rolle spielen können. Beispiele:

1 Notiert auf einer Wandzeitung oder an der Tafel weitere Situationen dieser Art, die Anlass zu Diskussionen geben können. Sorgt dafür, dass die kurzen Texte keine Rechtschreib- oder Zeichensetzungsfehler aufweisen (siehe Checkliste auf S. 155).

2 Verfasse eine möglichst wirklichkeitsnahe Diskussions-Szene zu einer der genannten Situationen.

3 Tauscht eure Texte aus und untersucht sie nach folgenden Gesichtspunkten:

- Welche Arten sprachlicher Beeinflussung wurden von wem genutzt?
- Passt das Sprachverhalten zu den Personen?
- Welche Person hat sich durchgesetzt? Mit welchen Mitteln?
- Gab es auch Einigungen, die sich aus einem Austausch von Argumenten ergeben haben?
- Welche Argumente waren besonders überzeugend? Woran lag das?

5.2 Tiere in der Werbung: Ein strittiges Thema erschließen und diskutieren

Ein Idol und die Folgen: „Kommissar Rex" heizte den Boom der Filmtiere erst richtig an

Die Qualen der Stars: TV-Tiere im Quotenkampf

Es kreucht und fleucht, miaut und bellt vor deutschen Fernsehkameras. Hamster laufen um die Wette, Springmäuse besiegen den Hindernisparcours. Kühe zeigen Kunstverstand. Ob Rudi Carrell („Rudi's Hundeshow", RTL), Thomas Koschwitz („Hamster-TV", SAT.1) oder Desirée Nosbusch („Natürlich", RTL) – immer mehr Prominente ziehen mit tierischen Helfern in den Quotenkampf. Ein Trend, dem der Mega-Erfolg des Schäferhund-Krimis „Kommissar Rex" (SAT.1) zusätzlichen Nachdruck verlieh.

Hauptsache verschmust: Dem Publikum gefällt's. Das vermenschlichte Tier fasziniert seit jeher den Menschen, besonders wenn es putzig und schmusig daherkommt. Für Tierschützer ein Alptraum. „Der artfremde Einsatz bekommt den Tieren nicht", sagt Susanne Gebel vom Münchner Tierschutzverein. Ihr Hamburger Kollege Wolfgang Poggendorf erklärt warum: „Im Studio ist es heiß, die Dreharbeiten sind mit langen Wartezeiten und Hektik verbunden. Dazu kommt der Transport."

Sterben fürs Fernsehen: Vergangenes Jahr erstickten drei Fasane und zwei Hunde in einem überheizten Lieferwagen – auf dem Weg zum Dreh des Weihnachtsspecials „Daniel, Philipp und das Wunder der Liebe" mit Günter Strack (SAT.1). „Hier müssen Tiere für die Illusion der heilen Welt ihr Leben lassen", kritisiert Poggendorf.

Dressur, warum? TV-Filmer sehen die Dinge kontrovers. Einige, wie der Lübecker Raubtierdompteur Dieter Farell, begründen die Dressur als positive Beschäftigungstherapie („Tiere leiden nicht, weil sie eingesperrt sind, sie leiden unter Langeweile"). Andere Tierfilmer lehnen die Dressur nicht domestizierter Arten, z. B. Raubkatzen, scharf ab. „Dressur hat oft mit Lohn und Strafe zu tun – ein kurzer Weg zu Striemen und Blut", sagt der Dokumentarfilmer Werner Fend.

Wie Recht Fend hat, bewies unlängst die PETA (People for the Ethical Treatment of Animals, Stuttgart). Die internationale Tierrechtsorganisation schleuste einen Mitarbeiter in die berühmte US-Filmtier-Agentur „Tiger's Eye Production" ein. Die mit versteckter Kamera aufgenommenen Bilder beweisen die Qualen der angeketteten und mit Faust- und Stockschlägen malträtierten Kreaturen. Darunter auch der Löwe, der den Disney-Zeichnern von „Lion King" als Studienobjekt diente und in Elton Johns Video zum Titelsong anhob.

Ende eines Idols: Tierheimleiter Poggendorf stößt sich nicht nur am Schicksal der Filmtiere. Der Tierschützer sieht eine riesige Schäferhund-Schwemme auf die Heime zukommen. „Angeregt durch ‚Kommissar Rex' kaufen sich die Leute einen Schäferhund. Wenn sie merken, dass er nicht telefonieren, lesen und klug dreinschauen kann wie Filmidol Rex, bekommt er einen Tritt und landet im Tierheim."

PETA-Sprecherin Silke Berenthal wünscht solchen Serien mehr Zuschauer-Kritik: „Der Zuschauer sollte sich überlegen, ob er Filme mit unfreiwilligen Tierdarstellern überhaupt einschaltet!"

T. Rasmussen

Die dressierte Versuchung – Tiere in der Werbung

Von Harald D. Martenstein; Fotos: Michael Wolf

Unsere Gefühlswelt ist ein zoologischer Garten: Löwen imponieren, Tauben sind friedlich, Spinnen sind eklig, Kühe sanft. Assoziationen, die Werbestrategen für ihre Kampagnen nutzen. Tiere lenken Sympathie und Aufmerksamkeit auf ein noch ergiebigeres Waschpulver, einen noch „schokoladigeren" Schokoriegel, einen noch griffigeren, schnelleren Autoreifen. Und ein edel-weißes Zirkuspferd mit den Schwingen eines Pegasus macht kraftvoll für den Absatz des Brettspiels „Das weiße Einhorn" Männchen. Vierbeinige und geflügelte Models, von Werbefotografen raffiniert in Szene gesetzt, sollen das Tier im Menschen streicheln.

Manchmal trägt Gerd-Friedrich Kunstmann seine Ernährer in einer Tasche mit sich herum. Kuschel, die Baumvogelspinne, und Skorpi, der Riesenskorpion, hocken dann zwischen dem üblichen Geschäftskram in zwei Plastikdosen und suchen Halt auf zusammengeknüllten, angefeuchteten Papiertüchern. Das macht ihnen

nichts aus, erfährt man von Gerd-Friedrich Kunstmann.
Skorpi ist sieben Jahre alt und seit fünf Jahren im Schaugeschäft tätig.
Sein bekanntester Werbeauftritt war ein Spot der Jeansfirma Mustang. Er hatte über eine malerisch verwitterte Hose zu kriechen, die im Wüstensand lag, und sollte dabei möglichst gefährlich aussehen.
Privat gibt sich Skorpi ganz anders, er mag es, wenn sein Gerd-Friedrich ihn streichelt. Und wenn es heißt: „Skorpi, mach mal die Scheren auf", dann tut Skorpi das auch. Es war gar nicht so schwierig, ihm das beizubringen. Zuerst wurden die Scheren mit einem Pinsel ein wenig gereizt: Dazu hat Herr Kunstmann immer wieder jenen einen Satz gesagt. Heute braucht er nur noch den Satz zu sagen. Wer Skorpi für einen Tag engagieren möchte, der muss 300 Euro ausgeben.
„Mein Hund kann zu Hause das Telefon abnehmen!" Mit dieser Behauptung, die für sie historisch werden sollte, hat Ingeborg Romanowski sich vor Jahren bei einer Tieragentur gemeldet. Heute gehört ihr „Ingeborgs Animals", eine der führenden deutschen Tieragenturen, mit Filialen in sechs Städten. Tarzan, der telefonierende Hund, ist inzwischen im „Hotel Paradies" und im „Tatort" aufgetreten. Zu Ingeborgs regelmäßigen Jobs gehört der „Whiskas Kalender", der am meisten verbreitete Kalender Europas. Behauptet jedenfalls Whiskas.
Der Kalender wird in sechswöchiger Arbeit in einem Hamburger Studio fotografiert, jeden zweiten Tag fünf Stunden lang. Zum Team gehören neben dem Fotografen eine Beleuchterin, ein Assistent, der Katzenbesitzer, eine Vertreterin der Firma Whiskas und Ingeborg Romanowski. Dem „Shooting" ist ein ausgiebiges „Casting" vorausgegangen, bei dem bis zu 500 Katzen unter den Gesichtspunkten Schönheit, Nervenstärke und Lenkbarkeit besichtigt worden sind.
Die Natur hat es gefügt, dass junge Katzen einerseits besonders reizend, andererseits besonders leicht zu beeinflussen sind. Das Shooting findet auf einer Plattform statt, die hoch genug ist, dass die Kätzchen nicht auf Fluchtgedanken kommen. Die Fotos, auf denen sie einander Küsschen geben sollen, entstehen mit Hilfe einer Vitaminpaste: Ein bisschen Paste auf die Schnauze, und sie küssen einander. Paste auf die Pfote, und schon putzen sie sich. Neben der Kamera steht Ingeborg und wedelt mit Federn oder Halmen.
Kühe und Schweine sind schwierig, erzählt der Lichtbildner später. Jeder Transport regt sie maßlos auf, vielleicht eine vage Erinnerung an das Schicksal der Fleisch liefernden Artgenossen. Also muss alles vor Ort gedreht werden. Bei Raubtieren sitzt der Fotograf im Käfig. Für einen Papagei sollte der Kunde mit einem Halbtagessatz von 250 Euro rechnen. Katzen gibt es ab 200, Löwen ab mindestens 1000 Euro. […]

Weil die Tiere sich selbst dazu nicht äußern können, bleibt die Frage, ob sie unter Werbeaufnahmen „leiden“, dem Widerstreit menschlicher Ansichten und Interessen überlassen. Vielleicht braucht so ein Tier ja hin und wieder sogar ein bisschen, na, nicht gerade Leid, aber zumindest etwas in dieser Richtung?
Zoo- und Haustiere hätten zu wenig Stress, weniger als in der Natur, behauptet der Animal-Manager. Durch die Werbeauftritte werde deren Leben viel interessanter. Zudem seien die Tiere bei ihren Auftritten nebenbei Werbeträger in eigener Sache.
„Nehmen Sie nur die Delphine“, sagt Kunstmann. „In der Gefangenschaft fühlt der Delphin sich nicht so wohl wie draußen im Meer. Viele sterben. Aber durch diese Filme und Spots ist der Delphin weltweit unglaublich beliebt geworden, also wird er draußen im Meer geschätzt und kann als Art überleben.“ Der Delphin hat halt ein gutes Image, der Dorsch zum Beispiel nicht.

Mit tausend Tricks und buchstäblichen Kniffen halten die Animateure ihre Modelle in Pose und bei Laune: Sanfter Fingerdruck lässt den Hasen die Ohren spitzen, den Dackel hindert er daran, den Schwanz feige einzurollen, und damit die Katze in ein Mauseloch lugt, animiert der Assistent unterm gelöcherten Tisch sie dazu mit einer Feder.

Methoden-Speicher: Informationen aufbereiten

Zitatesammlung

Wenn man Behauptungen von Fachleuten, anerkannten Autoritäten, Spezialistinnen und Spezialisten im richtigen Augenblick zitieren kann, hat man bei Diskussionen gute Karten.

1 a) Schreibt aus den Texten auf S. 79–82 solche Zitate auf Kärtchen. Benutzt dabei für jedes Zitat ein eigenes Kärtchen.
b) Entwickelt ein Benennungs- und Sortiersystem für die Zitatekärtchen, sodass ihr sie in einer Diskussion schnell findet.

Vorderseite

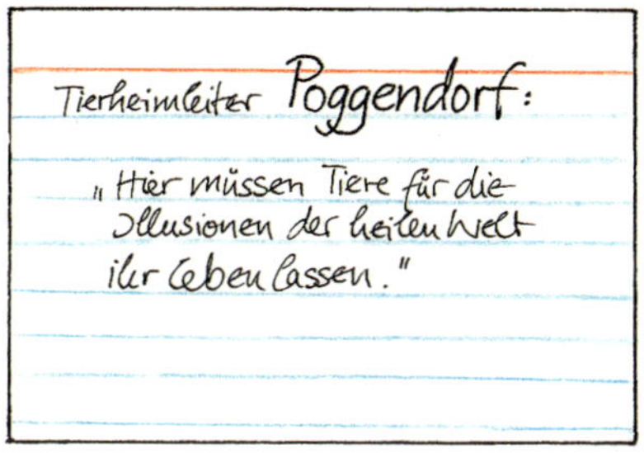

Rückseite

Beispielsammlung

Mit Beispielen kann man ähnliche Wirkungen erzeugen wie mit Zitaten.

2 Schreibt euch eindrucksvolle Beispiele ebenfalls auf Kärtchen und entwickelt ein Benennungs- und Sortiersystem.

Vorderseite

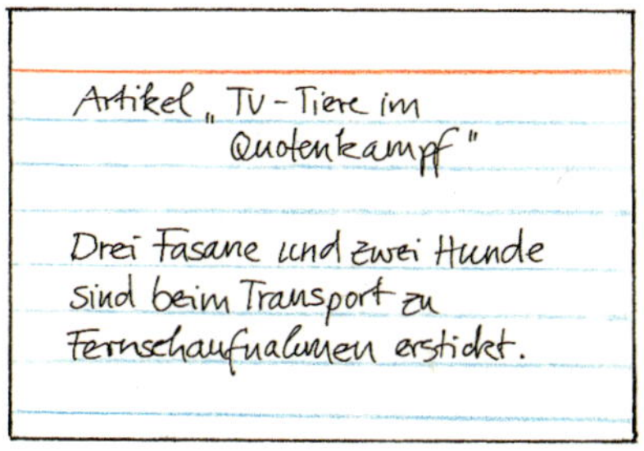

Rückseite

W-Fragen beantworten

Journalisten geben in Nachrichtenartikeln vorab in der fett gedruckten Zusammenfassung alle wichtigen Informationen, indem sie die so genannten W-Fragen beantworten.

3 Die W-Fragen kann man mit Hilfe der Texte auf den Seiten 79–82 mehrfach beantworten. Wie viele wichtige Hauptinformationen ermittelt ihr? Haltet sie auf W-Karten fest.

Info-Cluster

Wenn man sich Informationen in Form eines Clusters anordnet, hat man bei Diskussionen die Argumente auf einen Blick zur Verfügung.

4 Vervollständigt diesen Cluster mit allen wichtigen Fragestellungen, die in den beiden Texten und den Fotos (S. 79–82) aufgeworfen werden, und mit allen Informationen, die gegeben werden.

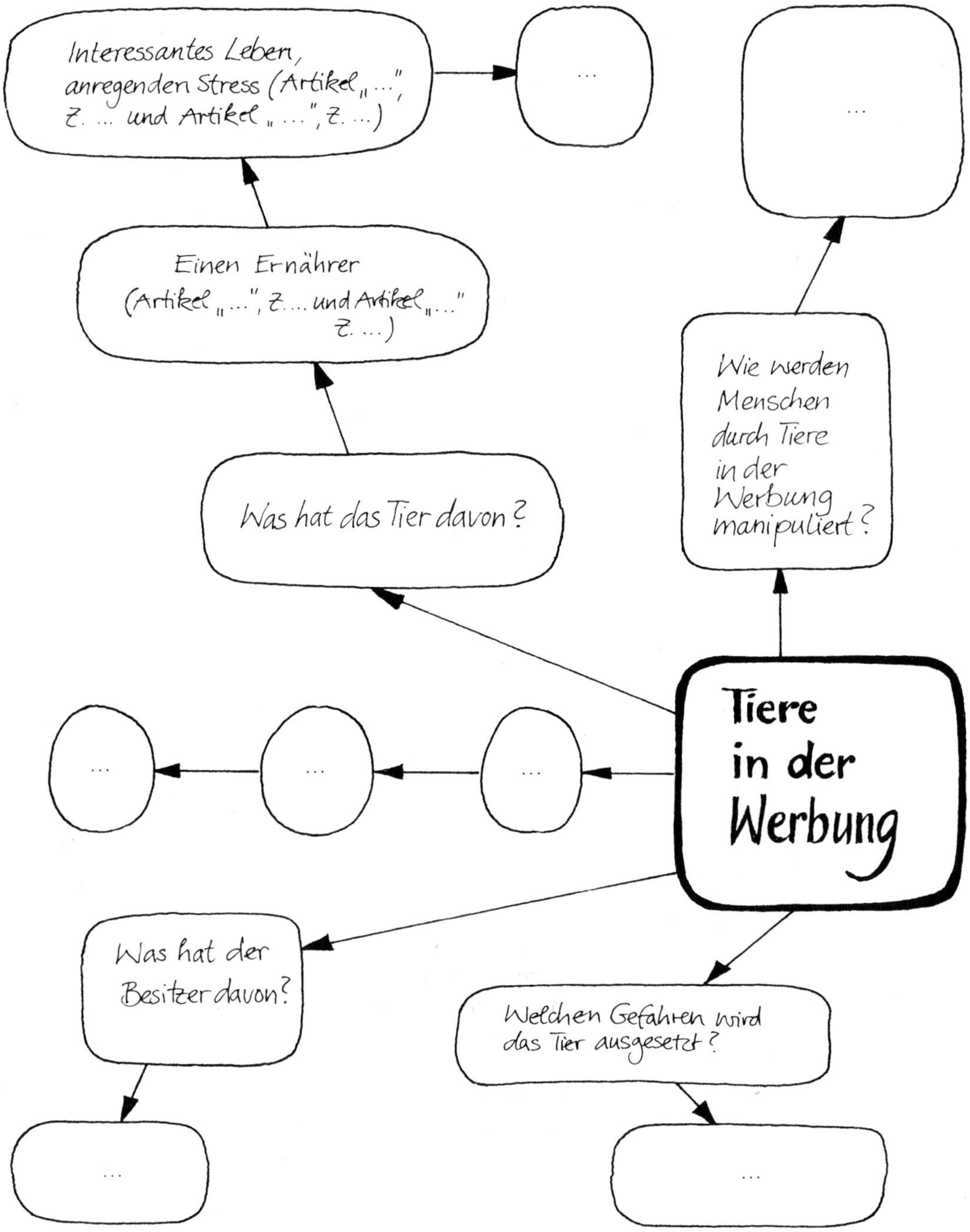

Spielregeln: Standpunkte vertreten

Debatte

Wenn der Ablauf eures Gesprächs genau geregelt sein soll, empfiehlt sich eine Debatte.

1 Bereitet zum Thema *„Sollen Tiere als Werbeträger im Fernsehen auftreten?“* eine Debatte vor:

* Bildet eine PRO- und eine KONTRA-Gruppe. Jede Gruppe hat drei Mitglieder.
* Bestimmt einen Debattenleiter/eine Debattenleiterin.
* Jede Gruppe darf sich zu Hause oder in einer zu vereinbarenden Zeit auf die Debatte vorbereiten. Es dürfen nur Karteikarten und Stichwortzettel benutzt werden.
* Jede Gruppe kann sich während der Vorbereitung von Fachleuten aus der Klasse beraten lassen.
* Die Zuschauer/innen werden unmittelbar vor Beginn der Debatte vom Debattenleiter oder von der Debattenleiterin befragt, wer der Debattenfrage zustimmt oder sie verneint. Das Ergebnis wird an der Tafel festgehalten.

2 Haltet euch während der Debatte an folgende Regeln:

* Der Debattenleiter gibt das Wort an den **Eröffner** der PRO-Gruppe, der höchstens zwei Minuten den vorbereiteten Text vortragen darf und erklärt, warum seine Gruppe die Frage bejaht.
* Der Debattenleiter gibt das Wort an den **Eröffner** der KONTRA-Gruppe, der höchstens zwei Minuten den vorbereiteten Text vortragen darf und erklärt, warum seine Gruppe die Frage verneint.

* Der Debattenleiter gibt das Wort an den **Vermittler** der PRO-Gruppe, der höchstens drei Minuten auf die Vorträge der beiden Vorredner eingeht und die Aussagen des KONTRA-Eröffners zu widerlegen versucht.
* Der Debattenleiter gibt das Wort an den**Vermittler** der KONTRA-Gruppe, der höchstens drei Minuten auf die Vorträge seiner drei Vorredner eingeht und die Aussagen der PRO-Redner zu widerlegen versucht.

* Der Debattenleiter gibt das Wort an den **Appellierer** der PRO-Gruppe, der in höchstens einer Minute für die Meinung seiner Gruppe bei den Zuschauern wirbt.
* Der Debattenleiter gibt das Wort an den **Appellierer** der KONTRA-Gruppe, der in höchstens einer Minute für die Meinung seiner Gruppe bei den Zuschauern wirbt.

* Der Debattenleiter lässt die Zuschauerinnen und Zuschauer nach PRO und KONTRA abstimmen und stellt fest, ob sich die Meinungen geändert haben.

3 Besprecht, welche Argumente zu einem Meinungswechsel geführt haben.

Fishbowl-Diskussion

Wenn euer Gespräch Spielraum für spontane Ideen bieten soll, empfiehlt sich die Fishbowl-Diskussion: Wie in einem Aquarium sitzen die Diskutierenden in der Mitte des Klassenraums und werden von den Mitschülern beobachtet. Wer mitdiskutieren will, kann in das Aquarium steigen.

4 Bereitet zum Thema *„Sollen Tiere als Werbeträger im Fernsehen auftreten?“* eine Fishbowl-Diskussion vor:

- Bildet einen Innenkreis aus sieben Stühlen und einen Außenkreis für alle übrigen Schülerinnen und Schüler.
- Besetzt zwei Stühle im Innenkreis für den PRO-Standpunkt und zwei Stühle für den KONTRA-Standpunkt.
- Ein/e Diskussionsleiter/in wird bestimmt und besetzt den fünften Stuhl.
- Die beiden übrigen Stühle im Innenkreis bleiben unbesetzt und können von den Zuhörerinnen und Zuhörern genutzt werden, die zu einzelnen Aspekten mitdiskutieren wollen.

5 Führt nun eine Fishbowl-Diskussion nach folgenden Regeln durch:

* Die vier Diskutierenden im Innenkreis beginnen ihr Streitgespräch ohne Zeitdruck oder einengende Regeln. Der Diskussionsleiter oder die Leiterin achtet lediglich auf ein faires Gesprächsverhalten.
* Zuhörerinnen oder Zuhörer, die in die Diskussion mit einer Frage oder einer Aussage eingreifen wollen, besetzen je nach Standpunkt einen der freien Stühle. Sobald sie ihren Platz eingenommen haben, haben sie Redevorrecht. Wenn sie ihre Aussagen gemacht oder ihre Fragen gestellt haben, kehren sie in den Außenkreis zurück. Die Diskutierenden im Innenkreis nehmen die neuen Fragen oder Argumente in ihr Gespräch auf. Jeder kann mehrfach auf einen freien Stuhl zurückkehren.
* Wenn die Diskussion eine Weile gedauert hat, kann jeder, der den Eindruck hat, dass keine neuen Gedanken mehr zu erwarten sind, den Antrag stellen, die Diskussion zu beenden.
* Der Diskussionsleiter oder die Leiterin lässt über den Antrag abstimmen.

6 Besprecht, was die Diskussion zur Meinungsbildung beigetragen hat oder warum sie eher unergiebig war.

5.3 Besondere Diskussionsformen einüben

	Jn	Out
Hosen:	Röhrenjeans, breite Hosen/Latchosen	Karottenhosen, Schlaghosen
Musik:	Coolio, Caught in the act	Take that (Trennung), Kelly Familie (Personen und ihr Verhalten)
Jugendzeitschriften:	Popcorn, Mädchen	Bravo
Ferien:	Jugendlager ohne Eltern	Ferien mit Eltern
Moderatoren:	Jürgen von der Lippe Kai Pflaume, Thomas Gottschalk	Linda de Mol
Shows:	Gottschalks Hausparty, Geld oder Liebe	Traumhochzeit
Serien:	Gute Zeiten, schlechte Zeiten; Alle unter einem Dach	Reich und schön
...	...	...

1 Fertigt eine aktuelle In/Out-Liste an.

2 Wählt einen Bereich aus, der unter euch besonders strittig ist, um darüber zu diskutieren (siehe S. 88).

3 Nutzt die folgenden Vorschläge, um Strittiges einmal anders zu diskutieren.

Talkshow

Nehmt eine wirkliche TV-Talkshow als Vorbild und organisiert eine Talkshow zu eurem Thema.
Ihr legt fest, ob die Talkshow Teilnehmer haben darf, die blödeln, seriös und wissenschaftlich reden, verharmlosen, streiten, an tief sitzende Gefühle appellieren, Schleichwerbung betreiben usw.
Ihr könnt in Gruppen auf große Karten schreiben, welche Haltung ihr euch von den Talkshow-Gästen wünscht. Eure Karten werden verdeckt auf den Boden gelegt, gemischt und ausgebreitet. Die Talkshow-Gäste, die das Podium betreten, ziehen eine Karte für ihr Verhalten, verraten aber nicht, welche Karte sie gezogen haben.
Es sollte auch abgesprochen sein, welche Haltung die Talkmasterin/der Talkmaster oder das Talkmaster-Team einnehmen sollte.
Zweimal zwei Schüler/innen beobachten die Talkshow als Zeitungsjournalisten. Sie tragen in der nächsten Stunde ihre schriftliche Zeitungsrezension zur Talkshow vor.

Expertenpodium

Teilt die Klasse in sechs Gruppen ein.
Jede Gruppe bereitet einen Podiumsteilnehmer auf das Expertengespräch vor. Durch Los oder in Absprache wird aus der Gruppe der jeweilige Podiumsteilnehmer ermittelt. Teilnehmer könnten z. B. sein: Podiumsleiterin, Musiker, Plattenproduzentin, Herausgeber einer Musikzeitschrift, Musikkritikerin, Fan; oder aber Modemacher, Verbraucherberaterin, Verkäufer usw.
Zweimal zwei Schüler/innen beobachten das Expertengespräch anhand eines Beobachtungsbogens, den sie zuvor gemeinsam entwickelt haben. Sie tragen in der nächsten Stunde ihre Untersuchungsergebnisse vor.

Kreuzverhör

Bereitet eine Gerichtsverhandlung vor, bei der einmal ein Chefredakteur und dann eine Chefredakteurin einer Jugendzeitschrift des schlechten Geschmacks angeklagt werden. Zwei Ankläger dürfen ihn und dann sie ins Kreuzverhör nehmen. Bildet Gruppen zur Vorbereitung des Richters, der Schöffen, die das Urteil fällen, der zwei Ankläger und des Angeklagten und der Angeklagten. Die Angeklagten müssen auf jede Frage innerhalb von zehn Sekunden antworten, sonst gelten sie als in der gestellten und nicht beantworteten Frage schuldig. Bildet zwei Beobachtergruppen aus je zwei Jungen und zwei Mädchen, die nur die Aufgabe haben zu beobachten, ob die angeklagte Frau von den Anklägern anders behandelt wird als der angeklagte Mann.

4 Bei allen Diskussionen können sich aus einer bewussten Beobachtung der Gesprächsteilnehmer und ihrer Diskussionsweise interessante Erkenntnisse ergeben.
Leitfragen für die Beobachtung könnten sein:

- Welche Arten sprachlicher Beeinflussung werden von wem genutzt?
- Welche Person hat sich durchgesetzt? Mit welchen Mitteln?
- Wann ist es zu Einigungen gekommen? Haben sie sich aus dem Austausch von Argumenten oder aus anderen Gründen ergeben?

6 Sprachspiele

6.1 Kennt ihr *den?* – Sprachwitze

Die Witzparade

Im Alltag erlebt ihr immer wieder Situationen, über die ihr lachen müsst. Jemand stellt sich ungeschickt an und dies wirkt komisch. Vielleicht verwechselt jemand zwei Dinge und erzielt dadurch ungewollt eine komische Wirkung. Ein anderer verspricht sich und macht ein Wortspiel, über das dann alle lachen müssen. Manche dieser Begebenheiten werden noch Jahre später weitererzählt, weil sie einfach so komisch sind ...

1 Welche Witze sind bei euch gerade in? Erzählt sie.

Lieblingswitze einer 7. Klasse

Liegt ein Sportler im Bett. Kommt der Arzt und misst Fieber. Sagt der Arzt: „Oh, Sie haben fast 40 Grad!“ Antwortet der Sportler: „Und bei wie viel Grad ist der Weltrekord?“

Kommen ein Priester und ein Taxifahrer zu Petrus in den Himmel. Sagt Petrus: „Tja, also, der Taxifahrer kann durch, aber du, Priester, musst erst noch ein paar Wochen schmoren.“ Fragt der Priester: „Wieso denn das?“ Daraufhin Petrus: „Tja, bei dir in der Kirche sind die Leute immer eingeschlafen, beim Taxifahrer haben sie gebetet.“

Lehrerin: „Fritzchen, warum legen Hühner Eier?“
Fritzchen: „Wenn sie Eier werfen würden, gingen sie kaputt.“

Zwei Hunde treffen sich. Bellt der eine: „Wau.“
Der andere: „Kikeriki.“
Fragt der erste: „Was ist denn mit dir los?“
„Ja“, sagt der andere, „heutzutage muss man Fremdsprachen können!“

Chefin zum Neuen: „Nehmen Sie einen Besen und kehren Sie erst mal gründlich aus hier!“ – „Erlauben Sie mal, ich komme von der Universität!“ – „Das ist natürlich etwas anderes. Ich zeige Ihnen, wie's gemacht wird.“

2 Führt einen **Witze-Erzähl-Wettbewerb** durch.

a) Bildet Gruppen und schreibt eure Lieblingswitze auf.
b) Überlegt dann, wer welchen Witz in der Klasse erzählen soll.
c) Das Vortragen von Witzen könnt ihr üben. Am besten nehmt ihr euch dazu einen etwas längeren Witz. Folgende Fragen können euch bei der Vorbereitung eures Vortrags helfen:

- Treten im Witz Figuren auf, die sich durch Aussprache, Mimik und Gestik besonders charakterisieren lassen?
- Gibt es im Witz einzelne Wörter, die ihr besonders betonen müsst?
- Auf welche Weise könnt ihr den Witz besonders spannend erzählen?

3 a) Das Wort „Witz“ begegnet uns im Alltag häufiger. Erstellt ein Netz mit Ausdrücken aus der **Wortfamilie** „Witz“:

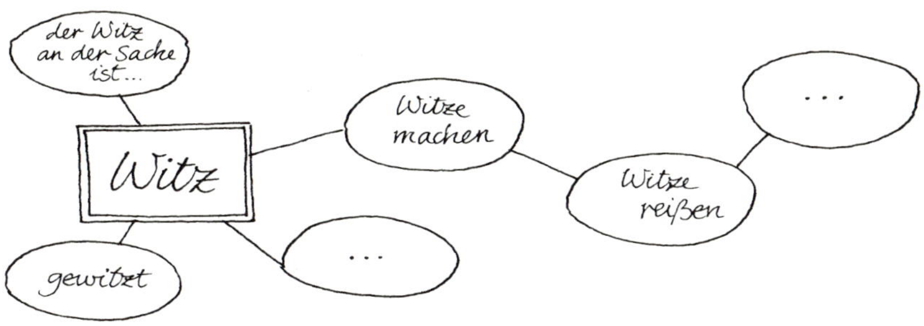

b) Schlagt in einem Lexikon nach, welche Bedeutungen das Wort „Witz“ hat. Hat die ursprüngliche Bedeutung noch etwas damit zu tun, wie wir das Wort „Witz“ heute verwenden?

4 „Darüber macht man keine Witze!“ Betrachtet den Cartoon auf Seite 89 und diskutiert in der Klasse, wann diese Aussage berechtigt ist.

5 a) Es gibt viele Witze über Minderheiten oder über Menschen, die ein Gebrechen haben. Überlegt, wieso Menschen Witze „auf Kosten anderer“ machen.
b) Würdet ihr solche Witze auch den Menschen erzählen, die im Witz selbst vorkommen?

Warum wir lachen

1 Witze sind kleine Sprachkunstwerke. Überlegt gemeinsam, wann ihr einen Witz besonders gelungen findet.

Entscheidend bei jedem Witz ist die **Pointe**. Das könnt ihr schon daran sehen, dass ein Witz nicht mehr witzig ist, wenn jemand die Pointe vorher verrät. „Pointieren“ heißt „auf den Punkt bringen“ oder „zuspitzen“. Mit der Pointe erscheint der ganze Witz in einem anderen Licht. Man kann sich das ungefähr so vorstellen:

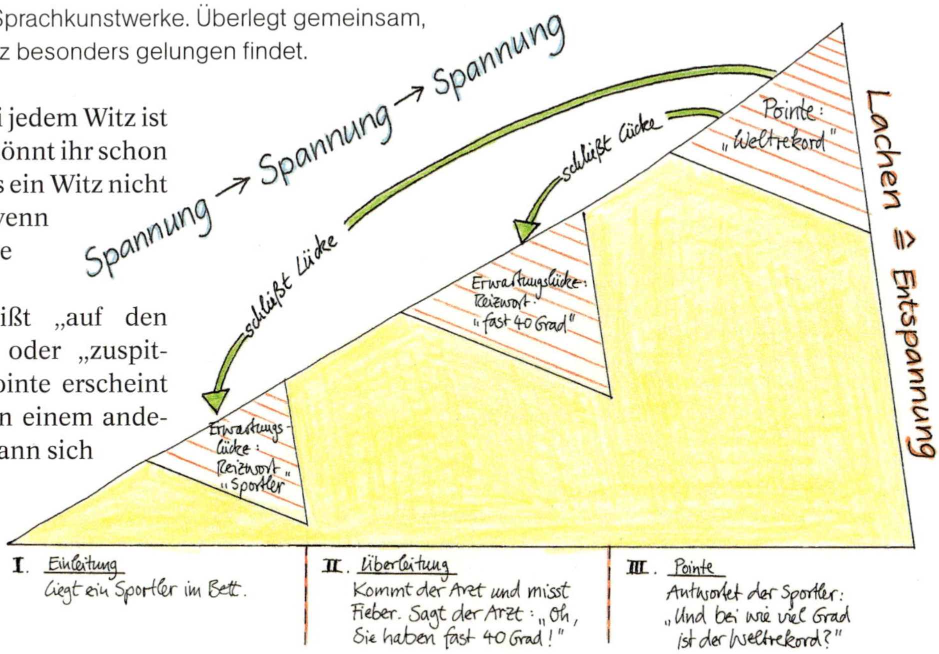

2 a) Sucht euch einen Witz auf S. 90 oder S. 92 aus. Zeichnet das Schema in euer Heft und gliedert den Witz entsprechend.
b) Bei welchen Witzen muss das Schema verändert werden?

F. K. Waechter

Patient: „Warum sollte ich eigentlich die ganze Zeit die Zunge herausstrecken; Sie haben ja gar nicht geschaut!?“
Ärztin: „Ich wollte in Ruhe das Rezept ausschreiben.“

„Frau Meier, Ihr Mann ist von einer Dampfwalze überfahren worden.“
„Ich bin gerade in der Badewanne. Schieben Sie ihn bitte unter der Tür durch.“

Zwei Männer verlassen zu später Stunde das Lokal. Sie sind total betrunken und stützen sich gegenseitig. Sie tasten, der eine den Stock in die Straßenbahnschiene gesteckt, sich langsam vorwärts. Auf diese Weise kommen sie auf das Anschlussgleis der Eisenbahn, stolpern nun auf den Schwellen. Sagt der eine: „Sag mal, in welchem Stock wohnst du denn? Die Treppen nehmen ja kein Ende und das Geländer ist so wahnsinnig niedrig.“

„Wie heißen Sie?“, fragt der schielende Richter den ersten von drei Angeklagten.
„Karl Schulz“, antwortet der zweite.
„Sie habe ich ja nicht gefragt!“, raunzt der Richter ihn an.
„Ich habe ja auch gar nichts gesagt“, brummt der dritte.

Patient zum Psychiater:
„Ich habe Depressionen, Herr Doktor, weil mich alle übersehen.“
„Der Nächste bitte!“

3 F. K. Waechter hat seinen Witz als **Cartoon** gestaltet. Zeichnet einen der übrigen Witze als Cartoon oder denkt euch ganz selbstständig einen Cartoon aus.

4 a) Überlegt gemeinsam, wieso wir über die Situationen in den Witzen lachen.
b) Versucht eure Ergebnisse zu formulieren:
Bei manchen Witzen lachen wir, weil ...

5 Erzählt von einer witzigen Situation, die ihr einmal erlebt habt. Versucht dabei, die Situation wie bei einem Witz zuzuspitzen (zu pointieren).

Mit Bedeutungen spielen

„Herr Ober, die Suppe schmeckt aber komisch." „Warum lachen Sie dann nicht?"

Ein Mann kommt in die Buchhandlung und verlangt Goethes Sämtliche Werke. Die Buchhändlerin fragt: „Welche Ausgabe?" – Der Kunde: „Da haben sie Recht: Welche Ausgabe!" – und geht.

„Sie haben doch gesagt, Herr König, Sie wollten mit uns Schlitten fahren!"

Sie kommt vom Arzt, er fragt: „Was hat der Arzt gesagt?" – „Dreißig Euro." – „Nein, ich meine, was hast du gehabt?" – „Zwanzig Euro." – „Nein, was dir gefehlt hat!" – „Zehn Euro."

Geht ein Deutscher durch Berlin-Kreuzberg und fragt einen Türken: „Wo geht's hier nach Karstadt?" Verbessert der Türke: „Zu Karstadt." Darauf der Deutsche: „Was, schon zu?"

Lehrer: „Wer kann mir sagen, wie lange Krokodile leben?" Schülerin: „Genauso wie kurze."

1 a) Lest euch die Witze durch und schreibt dann einen mit eigenen Worten auf.
b) Vergleicht eure Texte. Achtet darauf, welche Wörter oder Wortgruppen ihr unverändert gelassen habt.
c) Untersucht bei den einzelnen Witzen, um welche Wortarten und Satzteile es sich handelt.

2 a) Untersucht, wie in diesen Sprachwitzen die komische Wirkung zu Stande kommt. Legt dazu Schaubilder an:

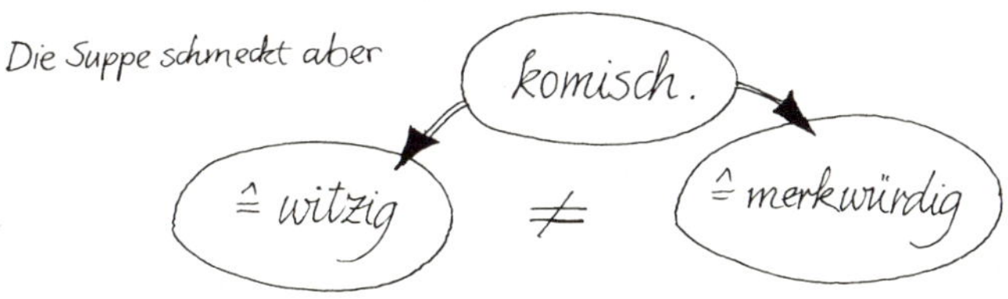

b) Fasst eure Ergebnisse zusammen: *Manche Witze beruhen auf dem Spiel mit ...*

3 Viele Sprachwitze spielen mit Wörtern, die zwar gleich klingen, aber verschiedene Bedeutungen haben. Man nennt sie **Homonyme** (umgangssprachlich auch „Teekesselchen"). Mit solchen Homonymen könnt ihr selber Witze erfinden. Bildet dazu Gruppen.
a) Erklärt zunächst die verschiedenen Bedeutungen der folgenden Wörter: *Strauß, Bank, Schloss, Gericht, Pass.*
b) Sucht weitere Homonyme.
c) In welchen Situationen könnten die Bedeutungen eurer Homonyme verwechselt werden?
d) Schreibt diese Verwechslungssituationen als Witz auf.

4 a) Sammelt weitere Sprachwitze.
b) Welche Witze passen nicht zu euren Definitionen?

6.2 Mit Sprache experimentieren – mehr als Wortspiele

Elke Erb

die schwarzen weiss redenden
die weissen schwarz redenden

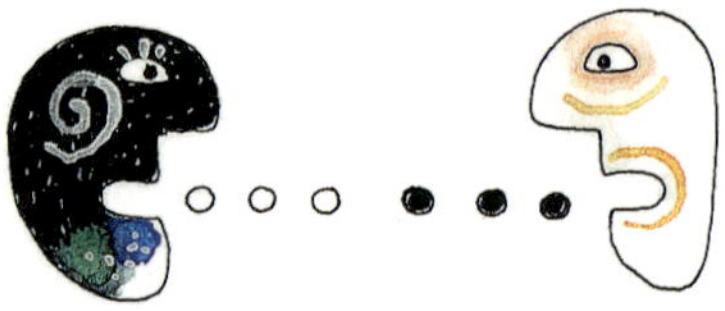

WEISS UND SCHWARZ
SCHWARZ UND WEISS

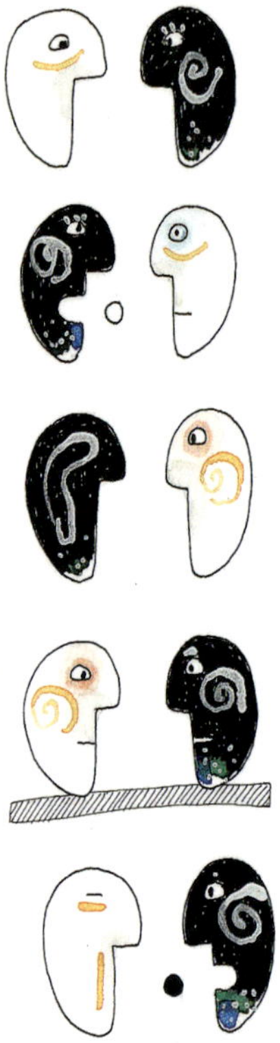

schwarz sagt weiss
weiss sagt weiss nichts
schwarz sagt weiss nichts

schwarz sagt nichts
schwarz sieht: nichts
weiss sieht schwarz

weiss sagt schwarz
weiss sagt schwarz schwarz
schwarz sagt schwarz nichts

weiss sagt schwarz nichts
weiss sagt schwarz weiss
weiss sagt nichts

schwarz sieht weiss
schwarz sagt weiss schwarz
weiss sieht nichts

weiss sagt schwarz was weiss weiss
weiss sagt schwarz was schwarz weiss
schwarz weiss nichts

weiss weiss was schwarz weiss
schwarz sagt weiss was schwarz weiss
schwarz sagt weiss was weiss weiss

weiss weiss nichts
schwarz weiss weiss weiss nichts
weiss weiss schwarz weiss nichts

weiss weiss weiss weiss
schwarz weiss weiss weiss
weiss weiss schwarz schwarz

schwarz weiss schwarz schwarz

weiss weiss schwarz weiss
schwarz weiss weiss schwarz
weiss weiss weiss schwarz

schwarz weiss schwarz weiss

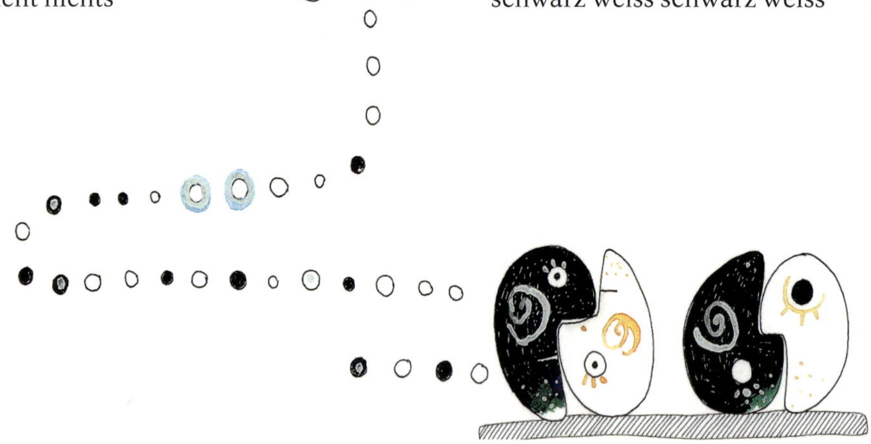

1 a) Mit welchen sprachlichen Mitteln experimentiert Elke Erb in ihrem Gedicht?
b) Erklärt, wieso das Gedicht mit anderen Farben nicht unbedingt funktioniert.

2 Verfasst selbst weitere Strophen. Sammelt vorher Ausdrücke, die mit „schwarz" und „weiß" zu tun haben:
schwarz sehen, weiße Weste ...

Christa Reinig

1 x 1

1 x 1
Das ist meins.
1 x 2
That's my.
1 x 3
Kommt zu zwei.
1 x 4
Gehört mir.
1 x 5
In die Strümpf.
1 x 6
Dass es wächs.
1 x 7
Hiergebliem.
1 x 8
Profit gemacht.
1 x 9
Wieder mein.
1 x 10
H   h
  ä   c
    n   o
      d h
       e
     Dies
      ist
      ein
     Raub
     ü   f
   b   a
 e   l
r   l

Heinz Gappmayr

weiss/weiss

Ernst Jandl

ebbe/flut (1968)

ebbeebbeebbeebbeebbeflut
ebbeebbeebbeebbeebbeebbe
ebbeebbeebbeebbeebbeflut
ebbeebbeebbeebbefluuuuut
ebbeebbeebbefluuuuuuuuut
ebbeebbefluuuuuuuuuuuuut
ebbefluuuuuuuuuuuuuuuuut
fluuuuuuuuuuuuuuuuuuuuut
ebbefluuuuuuuuuuuuuuuuut

Eugen Gomringer

schweigen

schweigen schweigen schweigen
schweigen schweigen schweigen
schweigen   schweigen
schweigen schweigen schweigen
schweigen schweigen schweigen

timm ulrichs

ebbe – flut (1961)

ebbeebbeebbeebbeebbe
ebbeebbeebbeebbe   flut
ebbeebbeebbe   flutflut
ebbeebbe   flutflutflut
ebbe   flutflutflutflut
    flutflutflutflutflut
ebbe   flutflutflutflut
ebbeebbe   flutflutflut
ebbeebbeebbe   flutflut
ebbeebbeebbeebbe   flut
ebbeebbeebbeebbeebbe
ebbeebbeebbeebbe   flut
ebbeebbeebbe   flutflut
ebbeebbe   flutflutflut
ebbe   flutflutflutflut
    flutflutflutflutflut
ebbe   flutflutflutflut
ebbeebbe   flutflutflut
ebbeebbeebbe   flutflut
ebbeebbeebbeebbe   flut
ebbeebbeebbeebbeebbe
ebbeebbeebbeebbe   flut
ebbeebbeebbe   flutflut
ebbeebbe   flutflutflut
ebbe   flutflutflutflut
    flutflutflutflutflut
ebbe   flutflutflutflut
ebbeebbe   flutflutflut
ebbeebbeebbe   flutflut
ebbeebbeebbeebbe   flut
ebbeebbeebbeebbeebbe
ebbeebbeebbeebbe   flut
ebbeebbeebbe   flutflut
ebbeebbe   flutflutflut
ebbe   flutflutflutflut
    flutflutflutflutflut
ebbe   flutflutflutflut
ebbeebbe   flutflutflut
ebbeebbeebbe   flutflut
ebbeebbeebbeebbe   flut
ebbeebbeebbeebbeebbe
ebbeebbeebbeebbe   flut
ebbeebbeebbe   flutflut
ebbeebbe   flutflutflut
ebbe   flutflutflutflut
    flutflutflutflutflut

3 Wieso nennt man diese Gedichte „Konkrete Poesie"?

4 Vergleicht die beiden Ebbe-Flut-Gedichte.

5 Gestaltet „konkrete" Gedichte aus Gegensatzpaaren, z. B.: *Tag – Nacht, schwer – leicht, oben – unten.*

Eugen Gomringer

3 variationen zu „kein fehler im system“

1 kein fehler im system
kein efhler im system
kein ehfler im system
kein ehlfer im system
kein ehlefr im system
kein ehlerf im system
kein ehleri fm system
kein ehleri mf system
kein ehleri ms fystem
kein ehleri ms yfstem
kein ehleri ms ysftem
kein ehleri ms ystfem
kein ehleri ms ystefm
kein ehleri ms ystemf
fkei nehler im system
kfei nehler im system
kefi nehler im system
keif nehler im system
kein fehler im system

2 kein fehler im system
kein fehler imt sysem
kein fehler itm sysem
kein fehler tmi sysem
kein fehler tim sysem
kein fehler mti sysem
kein fehler mit sysem

3 kein system im fehler
kein system mir fehle
keiner fehl im system
keim in systemfehler
sein kystem im fehler
ein fehkler im system
seine kehl im fyrsten
ein symfehler im sekt
kein symmet is fehler
sey festh kleinr mime

Dieter Höss

Workshop

Blstögnuidr
Bölstirdung
Bungstördil
Bingsturdöl
Bilstgödrun
Bidstrungöl
Bildsturöng
Böldstirung
Buldstöring
Buldströngi
Bungströldi
Bingstruldö
Böngstrildu
Bringstuldö

Mirgen im Drotten

Ernst Jandl

perfektion

e
ee
eei
eeio

p
pr
prf
prfk
prfkt
prfktn

ep
eepr
eeiprf
eeioprfk
eeioprfkt
eeioprfktn

pe
pree
prfeei
prfkeeio
prfkteeio
prfktneeio

prfkteneio
prfketneio
prfektneio
prefktneio
perfktneio

perfktenio
perfketnio
perfektnio

perfektino
perfektion

6 Untersucht, wie Gomringer, Jandl und Höss ihre Gedichte aufgebaut haben.

7 Erstellt selbst (wenn möglich am Computer) ähnliche Texte, z. B. zu folgenden Themen: *Alphabet, Erprobung, Reihenfolge, Störenfried, überflüssig.*

Helmut Heißenbüttel

Politische Grammatik

Verfolger verfolgen die Verfolgten. Verfolgte aber werden Verfolger. Und weil Verfolgte Verfolger werden werden aus Verfolgten verfolgende Verfolgte und aus Verfolgern verfolgte Verfolger. Aus verfolgten Verfolgern aber werden wiederum Verfolger (verfolgende verfolgte Verfolger). Und aus verfolgenden Verfolgten werden wiederum Verfolgte (verfolgte verfolgende Verfolgte). Machen Verfolger Verfolgte. Machen verfolgende Verfolgte verfolgte Verfolger. Machen verfolgende verfolgte Verfolger verfolgte verfolgende Verfolgte. Und so ad infinitum[1]. Weder Verfolgte noch Nichtverfolgte verfolgen weder Verfolger noch Verfolgte. Sind weder Verfolger noch Nichtverfolger von Verfolgern wie Verfolgten. Weder Verfolgte noch Nichtverfolgte außerhalb des grammatischen Zirkels verfolgen das Verfolgen. Verfolgen das Verfolgen in Verfolgern wie Verfolgten. In verfolgten Verfolgern wie in verfolgenden Verfolgten. In verfolgenden verfolgten Verfolgern wie in verfolgten verfolgenden Verfolgten. Indem sie das Verfolgen verfolgen verfolgen sie auch das Nichtverfolgen (das Nichtverfolgen des Verfolgens). Weder Verfolgte noch Nichtverfolgte wären so die eigentlichen Verfolger.
[…] Nicht verfolgende Verfolgte und verfolgte Verfolger. Sondern Verfolger und Verfolgte zugleich.

1 **ad infinitum:** bis ins Unendliche

8 a) Fragt in Heißenbüttels Text nach den einzelnen Satzgliedern.
b) Führt die Umstellprobe durch: In welcher Satzgliedstellung scheint euch der Anfang des Textes am eindeutigsten?
c) Setzt alle Subjekte und Objekte in den Singular. Wie verändert sich dadurch der Text?

9 Verfasst ähnliche Texte, z. B. mit *verraten/Verräter, vertrauen/Vertraute, verführen/Verführer …*

6.3 Szenen mit Witz

Wenn ihr eure Lieblingswitze vortragen wollt, solltet ihr es nicht so machen wie das Ehepaar im folgenden Text …

Kurt Tucholsky

Ein Ehepaar erzählt einen Witz

„Herr Panter, wir haben gestern einen so reizenden Witz gehört, den *müssen* wir Ihnen … also den *muß* ich Ihnen erzählen. Mein Mann kannte ihn schon … aber er ist zu reizend. Also passen Sie auf.

Ein Mann, Walter, streu nicht den Tabak auf den Teppich, da! Streust ja den ganzen Tabak auf den Teppich, also ein Mann, nein, ein Wanderer verirrt sich im Gebirge. Also der geht im Gebirge und verirrt sich, in den Alpen. Was? In den Dolomiten, also nicht in den Alpen, ist ja ganz egal. Also er geht da durch die Nacht, und da sieht er ein Licht, und er geht grade auf das Licht zu … laß mich doch erzählen! das gehört dazu! … geht drauf zu, und da ist eine Hütte, da wohnen zwei Bauersleute drin. Ein Bauer und eine Bauersfrau. Der Bauer ist alt, und sie ist jung und hübsch, ja, sie ist jung. Die liegen schon im Bett. Nein, die liegen noch nicht im Bett …“

„Meine Frau kann keine Witze erzählen. Laß mich mal. Du kannst nachher sagen, ob's richtig war. Also nun werde ich Ihnen das mal erzählen. Also, ein Mann wandert durch die Dolomiten und verirrt sich. Da kommt er – du machst einen ganz verwirrt, so ist der Witz gar nicht! Der Witz ist ganz anders. In den Dolomiten, so ist das! In den Dolomiten wohnt ein alter Bauer mit seiner jungen Frau. Und die haben gar nichts mehr zu essen; bis zum nächsten Markttag haben sie bloß noch eine Konservenbüchse mit Rindfleisch. Und die sparen sie sich auf. Und da kommt … wieso? Das ist ganz richtig! Sei mal still … da kommt in der Nacht ein Wandersmann, also da klopft es an die Tür, da steht ein Mann, der hat sich verirrt, und der bittet um Nachtquartier. Nun haben die aber gar kein Quartier, das heißt, sie haben nur ein Bett, da schlafen sie zu zweit drin. Wie? Trude, das ist doch Unsinn … Das kann sehr nett sein!“

„Na, ich könnte das nicht. Immer da einen, der – im Schlaf strampelt …, also ich könnte das nicht!“

„Sollst du ja auch gar nicht. Unterbrich mich nicht immer.“

„Du sagst doch, das wär nett. Ich finde das nicht nett.“

„Also …“

„Walter! Die Asche! Kannst du denn nicht den Aschbecher nehmen?“

„Also … der Wanderer steht da nun in der Hütte, er trieft vor Regen, und er möchte doch da schlafen. Und da sagt ihm der Bauer, er kann ja in dem Bett schlafen, mit der Frau.“

„Nein, so war das nicht. Walter, du erzählst es ganz falsch! Dazwischen, zwischen ihm und der Frau – also der Wanderer in der Mitte!“

„Meinetwegen in der Mitte. Das ist doch ganz egal.“

„Das ist gar nicht egal … der ganze Witz beruht ja darauf.“

„Der Witz beruht doch nicht darauf, wo der Mann schläft!“

„Natürlich beruht er darauf! Wie soll denn Herr Panter den Witz so verstehen … laß mich mal – ich werd ihn mal erzählen! – Also der Mann schläft, verstehen Sie, zwischen dem alten Bauer und seiner Frau. Und draußen gewittert es. Laß mich doch mal!“

„Sie erzählt ihn ganz falsch. Es gewittert erst gar nicht, sondern die schlafen friedlich ein. Plötzlich wacht der Bauer auf und sagt zu seiner Frau – Trude, geh mal ans Telefon, es klingelt. – Nein, also das sagt er natürlich nicht … Der Bauer sagt zu seiner Frau … Wer ist da? Wer ist am Telefon? Sag ihm, er soll später noch mal anrufen – jetzt haben wir keine Zeit! Ja. Nein. Ja. Häng ab! Häng doch ab!“

„Hat er Ihnen den Witz schon zu Ende erzählt? Nein, noch nicht? Na, erzähl doch!“

„Da sagt der Bauer: Ich muß mal raus, nach den Ziegen sehn – mir ist so, als hätten die sich losgemacht, und dann haben wir morgen keine

Milch! Ich will mal sehn, ob die Stalltür auch gut zugeschlossen ist.“

„Walter, entschuldige, wenn ich unterbreche, aber Paul sagt, nachher kann er nicht anrufen, er ruft erst abends an.“

„Gut, abends. Also der Bauer – nehmen Sie doch mal ein bißchen Kaffee! – Also der Bauer geht raus, und kaum ist er rausgegangen, da stupst die junge Frau ...“

„Ganz falsch. Total falsch. Doch nicht das erste Mal! Er geht raus, aber sie stupst erst beim dritten Mal – der Bauer geht nämlich dreimal raus – das fand ich so furchtbar komisch! Laß mich mal! Also der Bauer geht raus, nach der Ziege sehn, und die Ziege ist da; und er kommt wieder rein.“

„Falsch. Er bleibt ganz lange draußen. Inzwischen sagt die junge Frau zu dem Wanderer –“

„Gar nichts sagt sie. Der Bauer kommt rein ...“

„Erst kommt er nicht rein!“

„Also ... der Bauer kommt rein, und wie er eine Weile schläft, da fährt er plötzlich aus dem Schlaf hoch und sagt: Ich muß doch noch mal nach der Ziege sehen – und geht wieder raus.“

„Du hast ja ganz vergessen, zu erzählen, daß der Wanderer furchtbaren Hunger hat!“

„Ja. Der Wanderer hat vorher beim Abendbrot gesagt, er hat so furchtbaren Hunger, und da haben die gesagt, ein bißchen Käse wäre noch da ...“

„Und Milch!“

„Und Milch, und es wär auch noch etwas Fleischkonserve da, aber die könnten sie ihm nicht geben, weil die eben bis zum nächsten Markttag reichen muß. Und dann sind sie zu Bett gegangen.“

„Und wie nun der Bauer draußen ist, da stupst sie den, also da stupst die Frau den Wanderer in die Seite und sagt: Na ...“

„Keine Spur! Aber keine Spur! Walter, das ist doch falsch! Sie sagt doch nicht: Na ...!“

„Natürlich sagt sie: Na ...! Was soll sie denn sagen?“

„Sie sagt: Jetzt wäre so eine Gelegenheit ...“

„Sie sagt im Gegenteil: Na ... und stupst den Wandersmann in die Seite ...“

„Du verdirbst aber wirklich jeden Witz, Walter!“

„Das ist großartig! Ich verderbe jeden Witz? *Du* verdirbst jeden Witz – ich verderbe doch nicht jeden Witz! Da sagt die Frau ...“

„Jetzt laß *mich* mal den Witz erzählen! *Du* verkorkst ja die Pointe ...!“

„Also jetzt mach mich nicht böse, Trude! Wenn ich einen Witz anfange, will ich ihn auch zu Ende erzählen ...“

„Du hast ihn ja gar nicht angefangen ... *ich* habe ihn angefangen!“ – „Das ist ganz egal – jedenfalls will ich die Geschichte zu Ende erzählen; denn du kannst keine Geschichten erzählen, wenigstens nicht richtig!“ – „Und ich erzähle eben meine Geschichten nach meiner Art und nicht nach deiner, und wenn es dir nicht paßt, dann mußt du eben nicht zuhören ...!“ – „Ich will auch gar nicht zuhören ... ich will sie zu Ende erzählen – und zwar so, daß Herr Panter einen Genuß von der Geschichte hat!“ – „Wenn du vielleicht glaubst, daß es ein Genuß ist, dir zuzuhören ...“ – „Trude!“ – „Nun sagen Sie, Herr Panter – ist das auszuhalten! Und so nervös ist er schon die ganze Woche ... ich habe ...“ – „Du bist ...“ – „Deine Unbeherrschtheit ...“ – „Gleich wird sie sagen: Komplexe! Deine Mutter nennt das einfach schlechte Erziehung ...“ – „Meine Kinderstube ...!“ – „Wer hat denn die Sache beim Anwalt rückgängig gemacht? Wer denn? Ich vielleicht? Du! Du hast gebeten, daß die Scheidung nicht ...“ – „Lüge!“ – Bumm: Türgeknall rechts. Bumm: Türgeknall links.

Jetzt sitze ich da mit dem halben Witz.

Was hat der Mann zu der jungen Bauersfrau gesagt? R

1 a) Lest den Text mit verteilten Rollen. Achtet dabei vor allem darauf, dass die beiden Ehepartner sich gegenseitig ins Wort fallen.
b) Die Zuhörer und Zuhörerinnen machen sich Notizen, aus welchen Anlässen das Erzählen des Witzes scheitert.

2 Schreibt den Witz, den das Ehepaar erzählen will, auf.

Karl Valentin

In der Apotheke

KARL VALENTIN: Guten Tag, Herr Apotheker.

LIESL KARLSTADT: Guten Tag, mein Herr, Sie wünschen?

KARL VALENTIN: Ja, das ist schwer zu sagen.

LIESL KARLSTADT: Aha, gewiss ein lateinisches Wort?

KARL VALENTIN: Nein, nein, vergessen hab ich's.

LIESL KARLSTADT: Na ja, da kommen wir schon drauf, haben Sie kein Rezept?

KARL VALENTIN: Nein!

LIESL KARLSTADT: Was fehlt Ihnen denn eigentlich?

KARL VALENTIN: Nun ja, das Rezept fehlt mir.

LIESL KARLSTADT: Nein, ich meine, sind Sie krank?

KARL VALENTIN: Wie kommen Sie denn auf so eine Idee? Schau ich krank aus?

LIESL KARLSTADT: Nein, ich meine, gehört die Medizin für Sie oder für eine andere Person?

KARL VALENTIN: Nein, für mein Kind.

LIESL KARLSTADT: Ach so, für Ihr Kind. Also, das Kind ist krank. Was fehlt denn dem Kind?

KARL VALENTIN: Dem Kind fehlt die Mutter.

LIESL KARLSTADT: Ach, das Kind hat keine Mutter?

KARL VALENTIN: Schon, aber nicht die richtige Mutter.

LIESL KARLSTADT: Ach so, das Kind hat eine Stiefmutter.

KARL VALENTIN: Jaja, leider, die Mutter ist nur stief statt richtig, und deshalb muss sich das Kind erkältet haben.

LIESL KARLSTADT: Hustet das Kind?

KARL VALENTIN: Nein, es schreit nur.

LIESL KARLSTADT: Vielleicht hat es Schmerzen?

KARL VALENTIN: Möglich, aber es ist schwer. Das Kind sagt nicht, wo es ihm wehtut. Die Stiefmutter und ich geben uns die größte Mühe. Heut hab ich zu dem Kind gesagt, wenn du schön sagst, wo es dir wehtut, kriegst du später mal ein schönes Motorrad.

LIESL KARLSTADT: Und?

KARL VALENTIN: Das Kind sagt es nicht, es ist so verstockt.

LIESL KARLSTADT: Wie alt ist denn das Kind?

KARL VALENTIN: Sechs Monate alt.

LIESL KARLSTADT: Na, mit sechs Monaten kann doch ein Kind noch nicht sprechen.

KARL VALENTIN: Das nicht, aber deuten könnte es doch, wo es die Schmerzen hat, wenn schon ein Kind so schreien kann, dann könnt's ja auch deuten, damit man weiß, wo der Krankheitsherd steckt.

LIESL KARLSTADT: Hat's vielleicht die Finger immer im Mund stecken?

KARL VALENTIN: Ja, stimmt!

LIESL KARLSTADT: Dann kriegt es schon die ersten Zähne.

KARL VALENTIN: Von wem?

1 a) An welchen Stellen des Textes habt ihr gelacht?
b) Beschreibt genau, worin an diesen Stellen der Witz besteht.

2 Schreibt die Szene in ähnlicher Weise weiter.

3 Bereitet in Kleingruppen ein szenisches Spiel des Textes vor.

4 a) Sammelt Witze, die mit sprachlichen Mehrdeutigkeiten spielen.
b) Gestaltet aus diesen Witzen eine Szene, die z. B. im Restaurant oder beim Arzt spielen könnte.

7 Die Handelnden nennen? – Aktiv oder Passiv

7.1 Zauberknoten – zwei Perspektiven

Die Projektwoche ist vorbei. Die 7e hatte eine kleine Bühne in ihrer Klasse aufgebaut und führte neben Pantomimen auch kleine Zauberkunststücke vor. Marc, der große Magier, beherrschte einige Knotentricks.

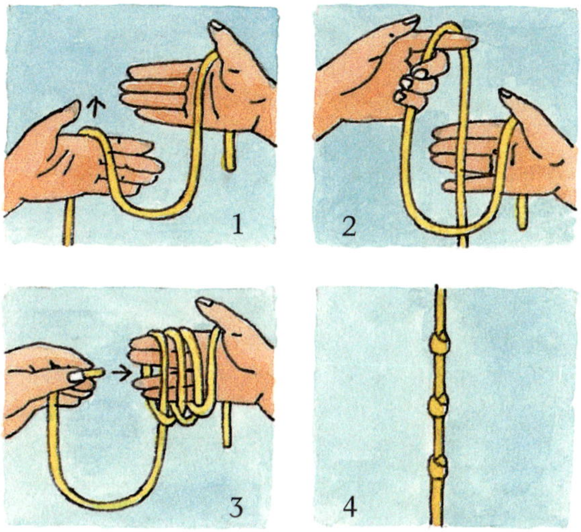

Die Blitzverknotung

Text A

Nina aus der 7 a in der Pause am nächsten Tag: „Gestern war ich bei der 7 e, ihr wisst schon: die Zauberer.
Also, der Marc, was der für Tricks kann! Der hält ein Seil in der Hand. Einige Besucher in der vorderen Reihe prüfen es noch genau: völlig glatt und normal. Dann legt Marc das Seil ein paarmal um den anderen Arm und wirft es in die Luft. Und plötzlich hat es drei Knoten. Ich sag euch, blitzschnell macht der Marc das!
Marla wollte das gleich nachmachen, Fritz auch. Aber keinem ist es gelungen. Die warfen und warfen. Haben wir gelacht!
Aber das war erst der Anfang von Marcs Zauberstückchen.“

Text B

Zubehör: 1 Zauberseil, ca. 1,50 m lang
(auch ein langer, lockerer Schal)
Das eine Seilende wird mit der rechten Hand gehalten. Etwa 30–40 cm unter dem oberen Ende wird das Seil mit der linken Hand gefasst und zu einer Schlaufe verdreht (Abbildung 1 und 2). Die Schlaufe wird auf die rechte Hand gehängt. Dieser Vorgang wird etwa 3–4-mal wiederholt. Das übrig gebliebene Seilende wird nun durch alle Schlaufen durchgesteckt und zwischen den Fingern der rechten Hand eingeklemmt (Abbildung 3). Mit einer Schleuderbewegung wird das Seil in die Luft geworfen und dabei bilden sich Knoten (Abbildung 4). Die Anzahl der Knoten wird durch die Anzahl der Schlaufen bestimmt, die vorher über die rechte Hand gelegt wurden.

1 a) Die beiden Texte stellen den gleichen Zaubertrick ganz unterschiedlich dar. Was will Text A vermitteln, was Text B?
b) Untersucht, worin sich die Texte vor allem unterscheiden.

2 Warum kommt in Text A Marc mehrmals vor, warum nicht in Text B?

3 a) Übt diesen Trick und macht ihn euch gegenseitig vor.
b) Erklärt dem Nachbarn den Trick ohne ins Buch zu schauen.
c) Hört Mitschülern beim Erklären zu. Sprechen sie eher wie in Text A oder wie in Text B?

Handlungen

Text A	*Text B*
„Marc hält ein Seil in der rechten Hand.“	„Ein Seilende wird in der rechten Hand gehalten.“
In manchen Aussagen wird gesagt, wer etwas tut: Die **handelnde Person** wird genannt.	In manchen Aussagen wird nur gesagt, was getan wird: Die **handelnde Person** wird **nicht** genannt.

1 Erklärt, wann man wie in Text A spricht, wann so wie in Text B.

Das, was einer oder eine tut, nennen wir eine **Handlung:** *ein Seil halten*
Die handelnde Person nennen wir auch **Handlungsträger:** *Marc*
Kern der Handlung ist ein **Handlungsverb:** *halten*
Es entsteht ein **Handlungssatz:** *Marc hält ein Seil.*

2 a) Ordnet bei den folgenden Sätzen Handlung und Handlungsträger in einer Tabelle und unterstreicht das Handlungsverb:

Claudia schaltet die Scheinwerfer ein. Claudia öffnet den Vorhang. Sie stellt die Musik leiser. Einige Besucher prüfen das Seil. Marc beherrscht viele Tricks. Er legt das Seil um den anderen Arm. Marc wirft es in die Luft. Er macht das blitzschnell. Marla ahmt das gleich nach.

Handlung	Handlungsträger
die Scheinwerfer einschalten	Claudia
...	...

b) Erfragt für die Handlungssätze die **Satzglieder,** z. B.:
„*Wer* schaltet die Scheinwerfer ein? – Claudia ...“
„*Was* schaltet Claudia ein? – Claudia schaltet *die Scheinwerfer* ein.“

Das Handeln des Handlungsträgers ist meist auf ein Objekt gerichtet.

Handlungsschema: Claudia → schaltet → die Scheinwerfer ein.

Subjekt → Prädikat → Akkusativobjekt

3 a) Zeichnet das Handlungsschema für diese Sätze:
(1) Fritz wirft ein Seil. (2) Das Seil bildet drei Knoten. (3) Marla legt drei Schlaufen. (4) Die Zuschauer beobachten Marla. (5) Die Tricks bereiten den Zuschauern Spaß. (6) Das Licht blendet die Mitspieler.

b) Vergleicht die Sätze: Wer oder was ist Subjekt und bewirkt etwas?

c) Bildet weitere Sätze zur Zaubervorstellung, in denen die Handlungsträger nicht Personen sind, z. B.: *Scheinwerfer (beleuchten), eine Fliege (umkreisen), Klatschen (stören) ...*

Sätze, in denen die Handlungsträger als *Subjekt* des Satzes erscheinen, stehen in der Verbform **Aktiv.** Beispiel:
Claudia **versucht** einen neuen Trick. *Sie* **zeigt** ihn den Mitschülern.

Handlungsträger im grammatischen Sinne können auch Gegenstände oder andere Erscheinungen sein. Beispiel:
Der Ventilator bewegt den Vorhang.

4 Bildet Sätze, in denen Personen oder andere Handlungsträger Subjekt sind und die im Aktiv stehen.
Entnehmt Anregungen dazu diesem Bild von einer Zaubervorstellung.

Vorgänge

Der befreite Ring

Zubehör: Kunststoffring, Zauberschnur,
1 größeres Tuch

Die Zauberschnur und der farbige Kunststoffring werden von den Zuschauern untersucht. Der Ring wird verknotet (Abbildung 1). Er wird nochmals vorgezeigt.
Beide Enden der Schnur werden nun von einem Zuschauer gehalten. Ein Tuch wird vom Zauberer über den eingeknoteten Ring gedeckt und unter dem Tuch wird der Ring blitzschnell von der Schnur befreit. Die beiden Teile können sofort untersucht werden.
Der Trick kommt durch die Art der Verknüpfung zu Stande (Abbildung 1, 2 und 3). Unter dem Tuch muss zuerst die Schlaufe der Schnur gelockert und dann über den Ring gezogen werden. Der Trick muss von jedem gut geübt werden.

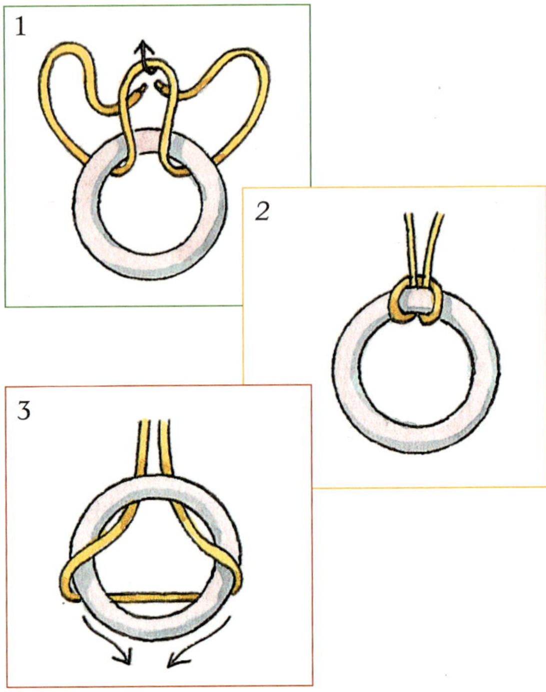

1 a) Wer sind die handelnden Personen in dieser Beschreibung? Untersucht, in welchen Satzgliedern sie genannt werden.
b) Erklärt, warum die handelnden Personen in dem Text nicht im Vordergrund stehen.
c) Bestimmt die Subjekte der ersten drei Sätze und schreibt sie heraus. Was wird von ihnen gesagt?

Sätze, in denen mit dem *Subjekt* des Satzes etwas geschieht, stehen in der Verbform **Passiv.** Beispiel:
Das Tuch **wird hochgehoben.** *Es* **wird** den Mitschülern **gezeigt.**

In Passiv-Sätzen kann auch der Handlungsträger genannt werden, und zwar in Form einer **adverbialen Bestimmung.** Beispiel:
Das Tuch wird **(von Marc)** hochgehalten.

2 Ordnet die Sätze des folgenden Textes in einer Tabelle:

Handlungsträger als Subjekt (Verbform <u>Aktiv</u>)	Vorgang wichtiger als Handlungsträger (Verbform <u>Passiv</u>)
...	...

Fesseln frei

Der Zauberer hat zuvor ein etwa 60 cm langes Seil so um den Henkel der Tasse gelegt, dass sie durch eine Schlinge festgebunden ist (Abb. 1). Die beiden Enden werden von einem Zuschauer oder einer Zuschauerin festgehalten. Der Zauberer deckt ein Tuch darüber. Er greift mit beiden Händen darunter. Dann wird das Tuch abgenommen. Die Tasse wird aus der Fessel befreit. Das weiß nur der Zauberer: Unter dem Tuch wurde von ihm die Schlinge gelockert (Abb. 2). Dann führte er diesen gelockerten Teil des Seiles um die ganze Tasse (Abb. 3). So wurde das Seil von der Tasse gelöst. Der Zuschauer oder die Zuschauerin darf dabei die beiden festgehaltenen Enden nicht strammziehen. Die beiden Seilenden wurden nur zur Kontrolle festgehalten. Alle Zuschauer sahen es: Die Enden wurden beim Lösen nicht mitbenutzt.

3 Übt die Tricks „Der befreite Ring“ und „Fesseln frei“. Welchen findet ihr wirkungsvoller?

Was ist wichtiger: Handlung oder Vorgang?

Wir können die meisten Sachverhalte in den Formen des Aktivs oder des Passivs ausdrücken. Mit der Verwendung von Aktiv oder Passiv betont man ein unterschiedliches Interesse:

	Aktiv	**Passiv**
Beispiele	„Der Zauberer *legt* das Tuch auf den Tisch.“	„Das Tuch *wird* auf den Tisch *gelegt*.“
Formen	Personalform des Verbs („legt“)	Personalform des Verbs „werden“ + Partizip Perfekt des Verbs („gelegt“)
Funktionen	Der Sprecher richtet den Blick auf die handelnden Personen und ihr Tun.	Der Blick wird nur auf den Vorgang gerichtet.

Fesseln fallen

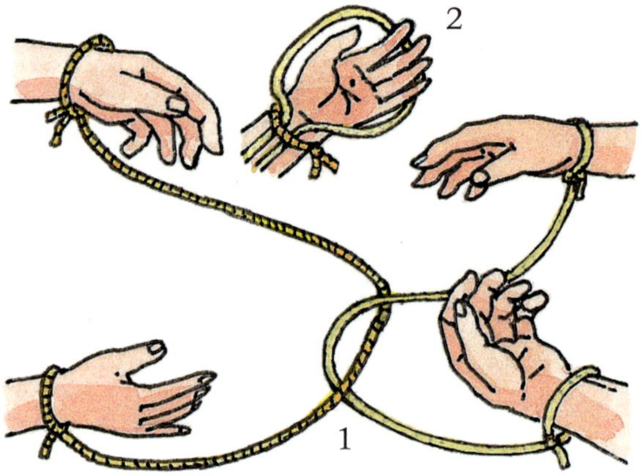

Eine Zuschauerin fesselt den Zauberer und einen anderen Besucher aneinander. Dazu benutzt sie zwei Seile. Sie verknotet das eine Seil mit beiden Enden an den Handgelenken des Zauberers. Den anderen Besucher fesselt sie ebenso mit dem anderen Seil. Dabei führt sie aber das zweite Seil noch zwischen den Armen des Zauberers hindurch (Abb. 1). Dadurch fesselt sie gleichzeitig beide Personen aneinander. Der Zauberer dreht sich dann etwas von den Zuschauern weg. Er macht einige Bewegungen. So befreit er sich aus der Verbindung mit dem anderen Besucher.

Das weiss nur der Zauberer: Er nimmt die Mittelschlinge der Fessel seines Nachbarn (Abb. 2). Er führt sie durch eine der Schlaufen von hinten her um sein Handgelenk und streift sie weiter über seinen Handrücken. So löst er sich aus der Fesselung.

1 Verändert den Text so, dass nur der Vorgang im Mittelpunkt steht und die handelnden Personen zurücktreten. Benutzt also die Form des Passivs.

2 Schreibt zu folgendem Ablaufschema einer Zaubervorführung einen Text, in dem ihr die Handlungsträger hervorhebt, also in der Form des Aktivs. Der Text soll zwei Abschnitte haben.

Armknoten

Zauberer
Zuschauer
ein 1 m langes Seil

1
- ✻ Zuschauer auf die Bühne
- ✻ seine Aufgabe:
  rechte Hand an ein Seilende,
  linke Hand an das andere Seilende
- ✻ Ziel: ein Knoten im Seil, dabei die Enden nicht loslassen
- ✻ Misserfolg des Zuschauers

2
- ✻ Zauberer nun selber:
  Arme über Kreuz verschränken,
  so die Enden greifen (Abb. 1),
  Arme auseinander nehmen
- ✻ Knoten fertig (Abb. 2)
- ✻ Klatschen der Zuschauer

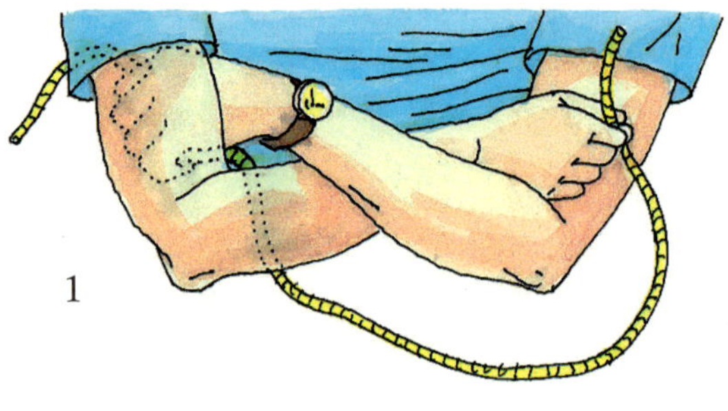

3 Bringt Kordeln oder Seile mit. Je drei Schüler tun sich zusammen. Einer erklärt den Trick „Fesseln fallen" oder „Armknoten", die anderen probieren ihn aus. Übt, bis ihr den Trick vorführen könnt.

Knoten mit nur einer Hand

Der Zauberer nimmt ein etwa 80 cm langes Seil in die rechte Hand.

Ein etwa 80 cm langes Seil wird vom Zauberer in die rechte Hand genommen.

Er legt das Seil zwischen Ring- und Mittelfinger über den Daumen (Abb. 1).

Das Seil wird zwischen Ring- und Mittelfinger über den Daumen gelegt.

Etwa 30 cm lässt er das Seil herunterhängen.

Etwa 30 cm wird das Seil herunterhängen gelassen.

Jetzt dreht der Zauberer ganz schnell die Hand nach innen.

Die Hand wird jetzt ganz schnell nach innen gedreht.

Dabei erfassen Daumen und Zeigefinger das Seilende.

Dabei wird das Seilende von Daumen und Zeigefinger erfasst.

Abbildung 2 zeigt, dass die Schlinge jetzt über dem Handrücken liegt.

Dass die Schlinge jetzt über dem Handrücken liegt, wird in Abbildung 2 gezeigt.

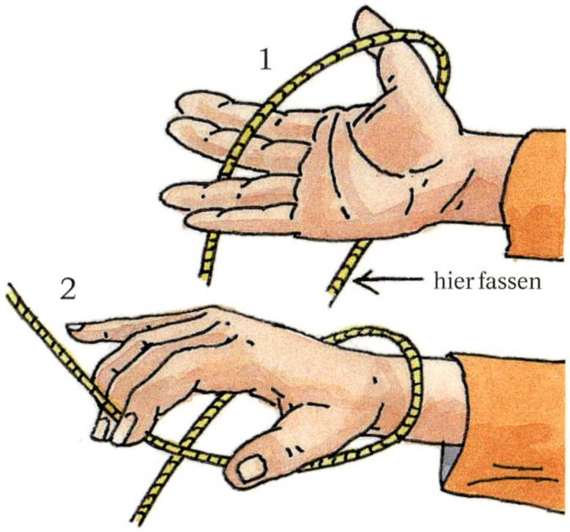

Der Zauberer schüttelt kräftig die Hand, sodass das Seil über den Handrücken hinunterrutscht.

Die Hand wird kräftig geschüttelt, sodass das Seil über den Handrücken hinunterrutscht.

Dabei ergreift er das nach unten hängende Ende und zieht es durch die Schlaufe.

Dabei wird das nach unten hängende Ende ergriffen und durch die Schlaufe gezogen.

Fertig: Das Seil ist verknotet.

4 a) Vergleicht die normal gedruckten Sätze mit den kursiv (schräg) gedruckten. Erklärt den Unterschied.
b) Bestimmt in den ersten beiden Sätzen **Subjekt** und **Akkusativobjekt.**
c) Formuliert euer Ergebnis:
Das Akkusativobjekt des Aktivsatzes wird bei der Umformung ..., das Subjekt des Aktivsatzes...
d) Überprüft euer Ergebnis an weiteren Satzpaaren des Textes. Schreibt die Satzpaare dazu nach folgendem Muster auf:

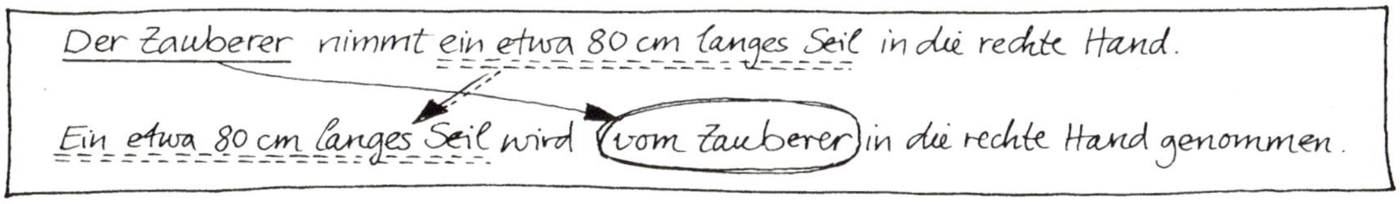

5 a) Der letzte Satz des Textes verwendet das **Zustandspassiv** („Das Seil ist verknotet.") und nicht das **Vorgangspassiv** („Das Seil wird verknotet."). Erklärt den Unterschied in Form und Inhalt.
b) Bildet weitere Beispiele: *Vorstellung (beenden), Bühne (aufräumen) ...*

6 Formuliert eine zusammenhängende Beschreibung des Tricks. Überlegt dabei, wann ihr besser das Aktiv und wann das Passiv verwendet.

7 Wenn ihr selbst „Zauberer" und „Zauberinnen" werden wollt, könnt ihr ein Heft anlegen, in das ihr alle Tricks dieses Kapitels, die euch gefallen, eintragt. Lasst dabei Platz für Tipps, die euch beim Üben oder Vorführen auffallen.

Knoten, die halten sollen

Kreuzknoten

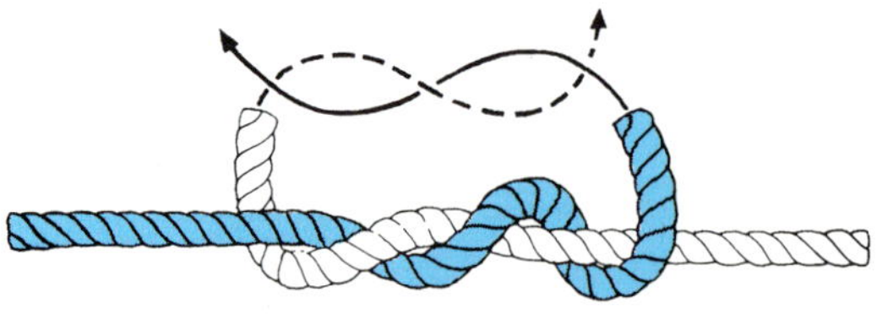

(1)

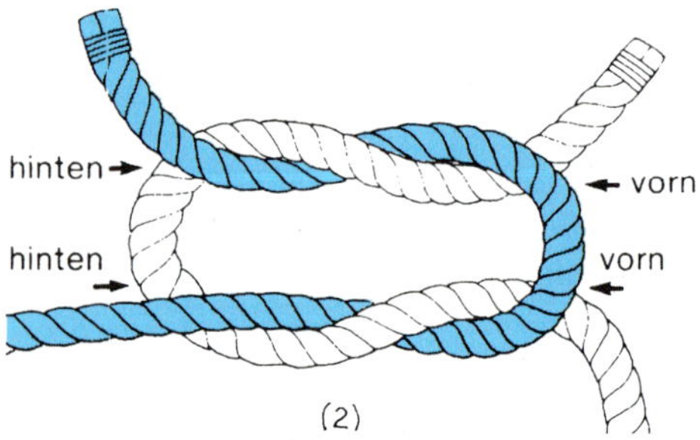

(2)

(3)

Mit dem Kreuzknoten werden zwei gleich starke Seilenden verbunden. Er muss symmetrisch sein, d. h., die beiden Teile eines Seils müssen nebeneinander und auf derselben Seite aus dem Auge des anderen Seils herauskommen.

Slipstek

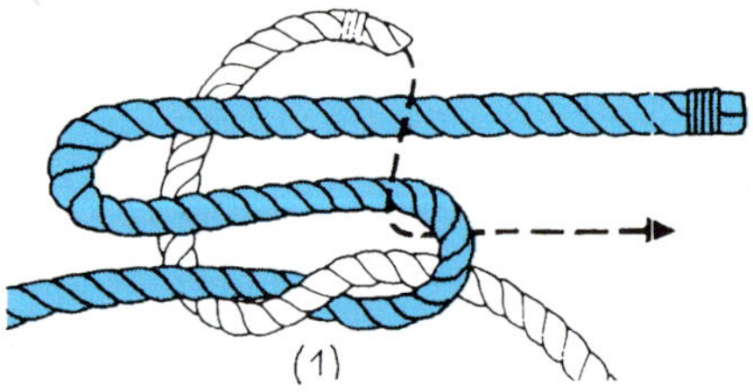

(1)

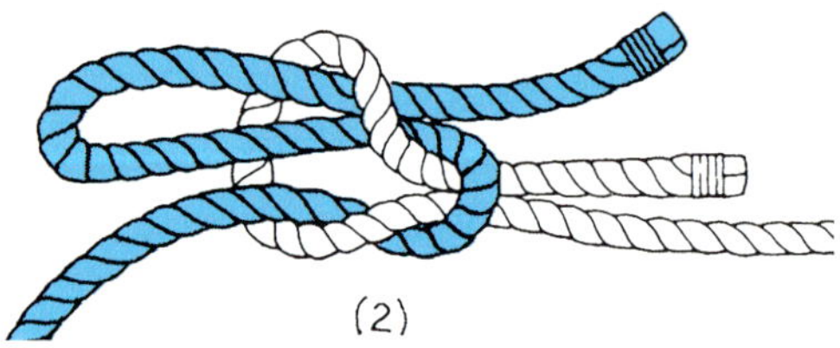

(2)

Der Slipstek wird dort angewandt, wo man durch bloßes Aufreißen das Seil von dem mit ihm befestigten Balken (Stock, Stange etc.) lösen will.

8 Diese Seemannsknoten könnt ihr im Team von drei Mitschülerinnen und Mitschülern üben. Ihr bringt für jedes Team zwei Seile oder Kordeln mit. Ihr übt mit den Händen und mit Worten. Dabei wendet ihr Aktiv und Passiv an. Wählt aus folgenden Varianten:

a) Nur ein Teammitglied schaut im Buch genau nach, wie der Knoten gelegt wird. Es macht den anderen den Knoten mehrere Male vor.
Die beiden anderen schreiben dazu eine **Vorgangsbeschreibung** auf: *„So wird es gemacht ...“*
b) Alle Mitglieder eines Teams üben einen Knoten und schreiben danach für ein anderes Team einen **Handlungsbericht:** *„So haben wir es gemacht ...“*
Ein zweites Team macht dasselbe zu einem anderen Knoten. Nun tauscht man aus und übt nach den Berichten.
c) Teammitglied 1 übt den Knoten nach den Abbildungen. Die anderen dürfen ihm nicht beim Üben zusehen und schauen auch nicht ins Buch. 1 führt den Knoten Teammitglied 2 vor; 3 darf nicht zusehen. 2 schreibt nun für 3 die Vorgangsbeschreibung, wie der Knoten hergestellt wird. 3 stellt den Knoten nach dieser Beschreibung her.
d) Ihr bringt weitere Knotentechniken mit, die ihr kennt: Seglerknoten, Zimmermannsknoten, weitere Zauberknoten etc. Ihr verfasst im Team für die anderen Teams eine Beschreibung. Die anderen üben die Knoten und fertigen Zeichnungen zur Beschreibung an.

7.2 Vorfälle in der Schule – für die Klassenzeitung geschrieben

Passiv aus Informationsmangel

1 Stellt euch vor, ihr solltet von den zwei Vorfällen, die ihr auf den Fotos seht, berichten:
- für die Klassenzeitung,
- für den Klassenlehrer, der wegen einer entstandenen Verletzung ermittelt,
- oder für ein Schadensprotokoll, da Kleidung zerrissen wurde.

Euch liegen aber nur diese zwei Schnappschüsse und sonst keine weiteren Informationen vor.

a) Vor welchen Problemen steht ihr?
b) Wählt unter den drei Berichtarten eine aus und schreibt eine kurze Meldung zu jedem Vorfall.
c) Untersucht, in welchem Bericht ihr mehr Sätze im Aktiv verwendet habt und in welchem eher das Passiv. Erklärt, warum.

Bei der Darstellung eines Vorfalls nennt man meistens die beteiligten Personen.

Tat

Ereignis/Vorgang ← Tat → **beteiligte Personen**: **Täter**, **Opfer**, **Zeugen**

Ereignis/Vorgang	Täter	Opfer	Zeugen
↑ berichten!	↑ nennen?	↑ nennen?	↑ nennen?

2 a) Nennt die Personen, die auf den beiden Fotos als Täter, Opfer oder Zeugen gelten können.
b) In welchen Fällen muss man auf die Nennung von Handlungsträgern zwangsläufig verzichten?
c) Man kann in seinem Text über die Verwendung von Aktiv oder Passiv hinaus durch andere Wörter ebenfalls deutlich machen, wie sicher oder unsicher man informiert ist:
angeblich, vielleicht, wahrscheinlich, vermutlich, ... sicher, bestimmt, mit Sicherheit ...
Fügt solche Wörter an passenden Stellen in eure Berichte zu den beiden Fotos ein.

In der vorigen Nacht wurden zwei Kanaldeckel auf unserem Schulhof entfernt. Sie wurden später im Gebüsch gefunden. Die Täter sollen beobachtet worden sein. Vermutlich waren es Schüler unserer Schule. Eine Schülerin, Anja S., fuhr heute Morgen mit ihrem Fahrrad in einen solchen offenen Kanalschacht und stürzte schwer. Der Krankenwagen wurde gerufen. Die Deckel wurden vom Hausmeister wieder eingesetzt. Es wird dringend davor gewarnt, solche lebensgefährlichen Streiche zu veranstalten. Die Täter haften!

Die Schulleiterin

3 a) Aus welchen Sätzen des Aushangs geht hervor, dass die Schulleiterin die Täter nicht kennt?
b) Bestimmt die sprachlichen Mittel, durch die das deutlich wird.

Passiv aus Informationsmangel

Wenn man die Handlungsträger nicht kennt und also nicht nennen kann, verwendet man meist Formen des Passivs. Beispiel:
Gestern *wurde* die Außenwand der Schule mit Farbe *besprüht.*

Passiv als Informationsriegel

In der 7 a gibt es in der letzten Zeit einige Probleme. Die Klasse wurde mit den Parallelklassen neu aufgeteilt, weil die einen Französisch, die anderen Latein als neue Fremdsprache lernen. Dann gibt es drei Wiederholer, die sich erst neu einfinden müssen. Außerdem benutzt neuerdings eine Wanderklasse aus der 10 den Klassenraum mit. Ganz zu schweigen von den neuen Lehrerinnen und Lehrern und dem Lehrerwechsel zu diesem Schuljahr. Schließlich interessieren sich einige Mädchen fast nur noch für Mitschüler aus dem 9. Jahrgang, nachdem die erste Mittelstufenfete wie ein Blitz eingeschlagen hat. – Die Klassenlehrerin hat nun angeboten: Man kann alle Sorgen anonym aufschreiben, also ohne sich zu erkennen zu geben, und die Zettel dann in einen „Kummerkasten" einwerfen, damit man darüber spricht. Oder: Die Probleme sollten in einer Klassenzeitung aufgegriffen und so in die Diskussion gebracht werden. Die 7 a entscheidet sich für eine Klassenzeitung, den „Papierkorb".

1 a) Sammelt Beobachtungen: Welche Probleme sind für eine 7. Klasse typisch? Welche kommen durch die besonderen Umstände der 7 a noch hinzu?
b) Warum wollte die Lehrerin die Beschwerden in anonymer Form mit dem Kummerkasten aufgreifen?
c) Erörtert die Vorteile und Nachteile der Veröffentlichung von Problemen in einer Klassenzeitung.
d) Bildet Teams, die für die Überarbeitung von Texten für eine Klassenzeitung zuständig sind (siehe Checkliste auf S. 284).

Unser Mathelehrer bevorzugt die Jungen

Jungen werden bevorzugt

Die 7 b versteckte unseren Mülleimer!

Mülleimer wurde wieder versteckt!

Mark vermutet, dass ein Mitschüler aus unserer Klasse gestern beim Sport im Umkleideraum einen Diebstahl begangen hat. Er soll Geld aus Franks Portmonee genommen haben. Als Mark kurz einmal zur Toilette ging, warf er einen Blick in den Umkleideraum und sah gerade noch, wie jemand, es muss wohl Ralf gewesen sein, im Gang verschwand. Nach dem Sport stellte Frank fest, dass ihm 10 Euro fehlten. Er fragte seine Mitschüler und hörte von Marks Beobachtung. Wir hoffen, dass sich der Täter entschuldigt und das Geld zurückgibt!

Gestern wurde während des Sportunterrichts Geld gestohlen. Es war kurz vor Ende der Stunde, als eine unbekannte Person beim Verschwinden gesehen wurde. Sie konnte leider nicht genau identifiziert werden. Vermutlich handelt es sich um einen Mitschüler. Jedenfalls lässt sich das aus verschiedenen Beobachtungen schließen. Es bleibt zu hoffen, dass das Geld zurückgegeben wird. Man muss doch wohl das Eigentum der anderen achten!

Elke zog mal wieder der Jane den Stuhl weg, als diese sich hinsetzen wollte. Jane fiel mit dem Hinterkopf auf die Tischkante hinter ihr und bekam eine dicke Beule. Herr Langer schickte Jane zur Erholung nach Hause.

Jane wurde mal wieder der Stuhl weggezogen, als sie sich gerade hinsetzen wollte. Sie fiel mit dem Hinterkopf auf die Tischkante hinter ihr und bekam eine dicke Beule. Jane wurde zur Erholung nach Hause geschickt.

2 a) Vergleicht jeweils die linke und rechte Fassung der Schlagzeilen und Texte. Was fällt euch auf?
b) Welche Texte informieren mehr, welche weniger?

Bei der Darstellung eines Vorfalls kann man die beteiligten Personen bewusst nennen oder verschweigen: die Verantwortlichen, die Zuständigen, die Urheber, die Anstifter, die Handelnden, die Täter, die Betroffenen, die Opfer, die Zuschauer, die Zeugen, die Unbeteiligten ...
Besonders das Redaktionsteam einer Zeitung muss sorgfältig entscheiden, welche Informationen veröffentlicht werden können, welche nicht.

3 a) Notiert Gründe, aus denen man bei den Problemen der Klasse 7 b auf die Nennung von Personen verzichten könnte.
b) Entscheidet, welche der Texte für eine Veröffentlichung überarbeitet werden müssten.
c) Begründet nach der Überarbeitung eure Entscheidung für Aktiv oder Passiv.

Passiv als Informationsriegel

Wer die Handlungsträger nicht nennen will, kann aus verschiedenen Gründen zu Formen des Passivs greifen, zum Beispiel um
- betroffene Personen zu schützen,
- die verantwortlichen Personen oder Täter zu verschleiern.

4 a) Ergänzt mögliche Gründe für das Verschweigen der Handlungsträger.
b) Erklärt anhand selbst gewählter Beispiele, warum in diesen Fällen das Passiv als Informationsriegel bezeichnet werden kann.

Die Passiv-Aktiv-Probe

	Passivsatz		Umwandlung in einen Aktivsatz
A	Eine brennende Martinsfackel *wurde* gestern von dem Schüler Holger R. durch ein geöffnetes Fenster in den Fahrradkeller *geworfen*.	→	Der Schüler Holger R. *warf* gestern eine brennende Martinsfackel durch ein geöffnetes Fenster in den Fahrradkeller.
B	Gestern *wurde* eine brennende Martinsfackel durch ein geöffnetes Fenster in den Fahrradkeller *geworfen*.	→	? ? ?

5 a) Erklärt, warum man den Passivsatz B nicht in einen Aktivsatz umwandeln kann.
b) Überlegt, wozu man die Passiv-Aktiv-Probe als kritischer Leser gebrauchen kann.
c) Aus welchen Gründen könnte in dem Passivsatz B der Schüler nicht genannt worden sein? Nennt verschiedene Möglichkeiten.

6 Wendet die Passiv-Aktiv-Probe auf die folgenden Sätze an:
(1) Von einem Streit in der 7 b wird berichtet. (2) Karin wurde der neue Füllfederhalter aus dem Mäppchen entwendet. (3) Ulf wurde der Tat verdächtigt. (4) Er wurde von Karin beschuldigt.
(5) Es wurde aber behauptet, dass sie ihn selber verloren hat.
(6) Von Klaus und Anja wurde sie dabei beobachtet, wie sie ihn suchte.

Das Redaktionsteam entscheidet: Wann nennt man die Handlungsträger?

In einer Redaktionssitzung muss geklärt werden:
- Welche Informationen sind Fakten, welche eher Gerüchte?
- Welche beteiligten Personen sind wirklich bekannt?
- Wer sollte tatsächlich genannt werden?
- Welche Personen müssen vor der öffentlichen Darstellung geschützt werden?

Der Klassenbuch-Fall

Zwei Mädchen der Klasse 7 a – Ulrike und Jana – haben am Donnerstag nach der 5. Stunde dem Schüler Klaus Nieber aus der 9b das Klassenbuch der Klasse übergeben. Dieser nahm es nach Schulschluss in seinem Aktenkoffer mit nach Hause.
Am Nachmittag traf er sich mit vier befreundeten Schülerinnen und Schülern aus verschiedenen Klassen um 16.00 Uhr in der Wohnung des Schülers Felix Werners. Klaus brachte das Klassenbuch zu dem Treffen mit.
Bevor das Folgende geschah, verließ Udo Renner die Gruppe.
Im Klassenbuch wurden dann „Bemerkungen" und „Verunstaltungen" von fast allen beteiligten Schülern „eingetragen". Diese Eintragungen sollen so schlimm gewesen sein, dass man sich nicht traute, das Klassenbuch wieder mit in die Schule zu nehmen.
Der Schüler Michael Felder und die Schülerin Sonja Moritz verließen das Zimmer des gastgebenden Schülers und verbrannten das Klassenbuch – vermutlich in dem nahen Stadtwald. Da es nicht vollständig verbrannte, hat Sonja die verbliebenen Reste in eine Mülltonne geworfen. Später haben sich die Schüler getrennt.
Sonja erzählte Ulrike und Jana vom Verschwinden des Klassenbuchs. Daraufhin sollen die beiden Sonja schlimm verprügelt haben. –
Die Klassenlehrerin, Frau Wienand, erfuhr den Vorfall und untersuchte ihn genauer, weil er Konsequenzen haben musste. Die Beteiligten haben sich konsequent geweigert, etwas über die Bemerkungen und Verunstaltungen auszusagen. Sie gaben nur zu, dass sie sich einen Jux hätten machen wollen. Offensichtlich kannten sie nicht die Bedeutung eines Klassenbuchs. Es ist ein Dokument: Es dokumentiert den Unterricht.

1 a) Entscheidet, welche der beteiligten Personen in einer Zeitungsmeldung genannt werden sollen.
b) Schreibt zu dem Vorfall einen Text für die Klassenzeitung. Erfindet auch eine Überschrift.
c) Untersucht an euren Texten, wie ihr geschrieben habt, wenn ihr Personen nicht nennen wolltet.
d) Beratet, welche Konsequenzen der „Klassenbuch-Fall" für die Beteiligten haben müsste.

2 Bildet verschiedene Redaktionsteams und beratet, wie ihr mit folgenden Fällen umgehen wollt. Bearbeitet sie so, dass sie in einer Schülerzeitung erscheinen könnten.

Fall 1: Kriminell

Zwei Schüler der 7a, Horst Kessel und Werner Eyk, haben seit vierzehn Tagen den Schüler Ulli Ströbel aus der 7c erpresst. Sie lauerten ihm wiederholt auf dem Schulweg auf und forderten von ihm zunächst seine Baseballmütze. Dabei drohten sie ihm mit Prügeln, wenn er ihren Wunsch nicht erfüllte. Ulli gab die Mütze her. Einen Tag später standen die beiden wieder vor ihm und verlangten Geld für Zigaretten. Horst Kessel fuchtelte dabei mit einer Kette vor Ulli Ströbel herum. Er musste sein Geld, 8 Euro, abgeben. Ulli will die Täter seinem Klassenlehrer melden.

Fall 2: Ein Streich, oder?

Miriam nahm in der Pause ihrer Nachbarin Barbara das Schreibmäppchen weg und warf es aus dem Fenster. Barbara griff daraufhin zu Miriams Geodreieck und Lineal und zerbrach beides. Die Abfälle lagen noch in der nächsten Stunde, der Englischstunde, auf dem Boden. Barbara kam zu spät in die Stunde, weil sie unter dem Fenster im Gebüsch lange nach ihrem Mäppchen suchte. Die Englischlehrerin, Frau Lange, trug sie deshalb ins Klassenbuch ein. Miriam feixte darüber und tobte vor Vergnügen. Frau Lange verwarnte sie.

Fall 3: Frustriert

Jürgen aus der 7 c hat eine unheimliche Wut. Er hatte eine 6 bekommen und dazu noch einen Rüffel von Herrn Finke, als er darüber aufbrauste. – In der Pause wütete er los. Er spielte Tarzan an der Gardine, kletterte immer wieder an ihr hoch. Die Gardinenschiene riss aus ihrer Befestigung. Die Gardine war an einer Seite eingerissen. Mit der Schiene veranstaltete Klaus schließlich einen Fechtkampf gegen den Kartenständer, bis sie völlig verbogen war.

Fall 4: Rache an Mitschülerin

Die vierzehnjährige Schülerin Karola Wiedbusch, die von ihren Mitschülerinnen ständig verspottet wurde, weil sie kein Kölsch spricht, rächte sich am Donnerstag nach Schulschluss. Sie fiel über die fünfzehnjährige Lisa Binz her, von der sie besonders belästigt wurde, trat und schlug sie derart, dass sie schwer verletzt ins Krankenhaus Holweide gebracht wurde. Dort liegt das Mädchen auf der Intensivstation. Die Vierzehnjährige war nach einem Umzug von Koblenz nach Köln in einer rechtsrheinischen Schule eingeschult worden, wo sie bald das Opfer der Klasse wurde. Sie wurde gehänselt und am Donnerstag auch noch von Lisa in einer Tür eingeklemmt. Nach dem Unterricht stürzte Karola sich auf Lisa. Im Verlauf der folgenden Schlägerei wurde Lisa mehrfach mit dem Kopf gegen den Bordstein gestoßen. Dabei feuerten andere Schüler, darunter Peter Kall, Achim Reichelt und Ursula Bensberg, Karola immer wieder an. Karola und Lisa wurden nicht getrennt. Erst ein Passant hat die Ambulanz alarmiert. Die Mutter der schwer verletzten Lisa hat Strafanzeige gestellt.

Aktiv und Passiv in verschiedenen Zeitstufen

Bei euren Zeitungsberichten habt ihr gemerkt, dass die Aktiv- und Passivformen gleichermaßen in den verschiedenen **Zeitstufen** zu benutzen sind:

	Aktiv Handlungsverb („untersuchen") in der entsprechenden Tempusform	**Passiv** „werden" in der entsprechenden Tempusform + Partizip Perfekt des Handlungsverbs („untersucht")
Präsens	Die Klassenlehrerin *untersucht* den Vorfall.	Der Vorfall *wird* (von der Klassenlehrerin) *untersucht.*
Perfekt	Die Klassenlehrerin *hat* den Vorfall *untersucht.*	Der Vorfall *ist* (von der Klassenlehrerin) *untersucht worden.*
Präteritum	Die Klassenlehrerin *untersuchte* den Vorfall.	Der Vorfall *wurde* (von der Klassenlehrerin) *untersucht.*

1 Schreibt die folgenden Texte (S. 115) um:
- den linken Text zu einem Bericht, der im Passiv-Präteritum steht;
- den rechten Text zu einer Beschwerde im Passiv-Präsens.

Überlegt dabei, ob Namen genannt werden sollen und wie die Handlungsträger dann im Passiv auftreten.

In der 7 d machen Sonja, Nadja und Markus während der kleinen Pausen Kreideschlachten. Sie holen sich Mengen von Kreide aus verschiedenen Nebenräumen zusammen.
Dann bewerfen sie ihre Mitschüler damit.
Sie beschmieren die Tafel völlig mit Strichen.
Sie zertreten dabei die Kreide auf dem Boden.
So beschädigen sie auch den Teppichbelag.
Die nassen Tafellappen werfen sie durch die Gegend. Dadurch beschmutzen sie noch die Fenster und Wände. Schließlich fassen sie noch mit ihren dreckigen Händen Tische und Stühle an. So hinterlassen sie überall ihre Spuren.

Frank und Marcel haben in den Pausen immer wieder die Toiletten mit Papier bis oben hin verstopft. Sie haben damit ihre Mitschüler daran gehindert, auf die Toiletten zu gehen. Sie haben bei Kämpfen mit anderen Mitschülern an zwei Toiletten die Sitzringe abgerissen. Außerdem haben viele Mitschüler auf der Toilette Wasserschlachten veranstaltet. Dazu haben sie kleine Luftballons mit Wasser gefüllt. Ältere Schüler haben auf den Toiletten geraucht. Die Kippen haben sie ins Waschbecken geworfen. Ulli und Manuel haben alles beobachtet. Sie haben aber nicht eingegriffen.

2 a) Überlegt, wie die Leserinnen und Leser einer Klassenzeitung auf die nebenstehende Meldung reagieren würden.
b) Verändert den Text, sodass er klarer wird. Erfindet entsprechende Zusatzinformationen.
c) Schreibt den Text ins Aktiv-Präteritum um.

In Biologie wurden Vögel beobachtet. Ein Kassettenrekorder wurde in den Park mitgenommen. Vogelstimmen wurden auf einer Kassette festgehalten. Dabei wurde das Gerät von der Bank gestoßen. Dieser Vorfall wurde dem Lehrer gemeldet. Es wurde dabei verschwiegen, dass zuvor gebalgt worden war. So wurde für die Reparatur schließlich niemand verantwortlich gemacht.

3 Schreibt verschiedene Texte zu einem der folgenden Bilder. Drei Varianten:
- Ihr richtet bei der Wiedergabe des Vorfalls den Blick auf die handelnden Personen (Namen erfinden).
- Ihr richtet den Blick nur auf den Vorgang selbst.
- Ihr entscheidet, zu welchem Zweck die Texte herangezogen werden sollen und welche Informationen ihr dann jeweils vermitteln wollt, welche nicht.

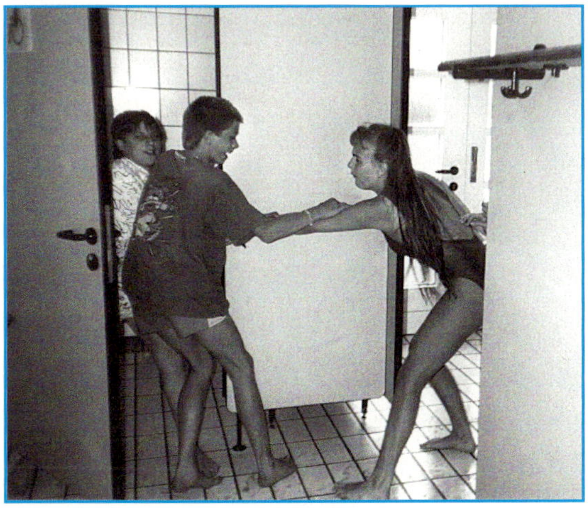

Die „positive Seite“ in der Klassenzeitung

Hilfe für eine ältere Dame – ein Leserbrief

(WP) Unsere Jugend muss doch auch einmal gelobt werden: Am vorigen Freitag war ich mit meinem Fahrrad auf dem Radweg entlang der Erft nach Kerpen unterwegs. In Höhe der Erftbrücke am Klärwerk wurde ich gerade von zwei Mädchen überholt. Da merkte ich, dass ich plötzlich einen Platten im Vorderrad hatte. Ich rief sofort hinter den Mädchen her. Die waren schon hinter einer Biegung verschwunden. So blieb mir nichts übrig als zu schieben. Aber hinter den Büschen in der Biegung wurde ich von den beiden erwartet. Sie stellten das Rad auf den Kopf. Das Ventil wurde untersucht, der Schlauch wurde herausgezogen, aufgepumpt und in der träge fließenden Erft auf ein Loch hin geprüft. Das Loch wurde mit einem Flicken überklebt. Schon war der Schaden repariert und die Mädchen rasten davon. Das ging alles so schnell, dass ich ihnen nicht einmal danken konnte. Mir ist noch nie so schnell geholfen worden.

Der Hausmeister – aus einem Interview

Kurios ist, die frechsten Schüler sind oftmals die hilfsbereitesten Kinder. Letztens haben wir neue Tafeln bekommen. Die alten, schweren Tafeln abbauen, das ging nicht allein. Da habe ich dann ein paar Schüler der 10. Klassen angesprochen: „Na, wie sieht es aus! Könnt ihr morgen mal mithelfen, ganz früh?“ – „Na ja, Herr M., wir fangen doch eigentlich erst um 10 Uhr an.“ – „Passt mal auf, ich mache euch einen Vorschlag: Ihr kommt früh um 7.00 Uhr. Da steht der Kaffee da, frische Semmeln, Butter und Wurst.“ – „Frühstück? Ja, machen wir!“ Da habe ich ihnen erst mal Frühstück gemacht. Dann haben die losgelegt. Vierzehn Tage später kamen genau diese Schüler und fragten: „Herr M., haben Sie am Freitag was vor?“ Ich sage: „Fangt mir nicht schon wieder an. Was habt ihr denn auf dem Kerbholz? Was wollt ihr?“ – „Wir wollen Sie zum Frühstück einladen.“ Da haben die Schüler Semmeln mitgebracht, ich habe den Kaffee gekocht und wir haben wieder zusammen gefrühstückt. So was finde ich herrlich. Man muss auf die Kinder zugehen.

1 Die Redaktion hat recherchiert: Im ersten Text handelt es sich um Frau Lützler (72 Jahre) aus Ahe sowie Sonja Beyer und Jane Nilker aus der 7 a. – Im zweiten Text handelt es sich um Herrn Maier (58 Jahre) sowie Henry, Werner, Udo, Melanie, Carsten und Frank.
Schreibt die Texte zu Berichten für die Klassenzeitung um, in denen die Handlungsträger herausgestellt werden.

2 Verfasst zu den Bildern einen Text mit Beobachtungen über Pausenaktivitäten von Schülern.
Überlegt, für wen ihr den Text schreiben wollt.

3 Überprüft die Rechtschreibung und die Zeichensetzung bei allen Texten für eure Klassenzeitung mit Hilfe der Checkliste auf S. 155.

7.3 Geräte im Haushalt und Fantasieapparate – Übungen zum Passiv

Gebrauchsanleitungen

Den Staubsauger benutzen

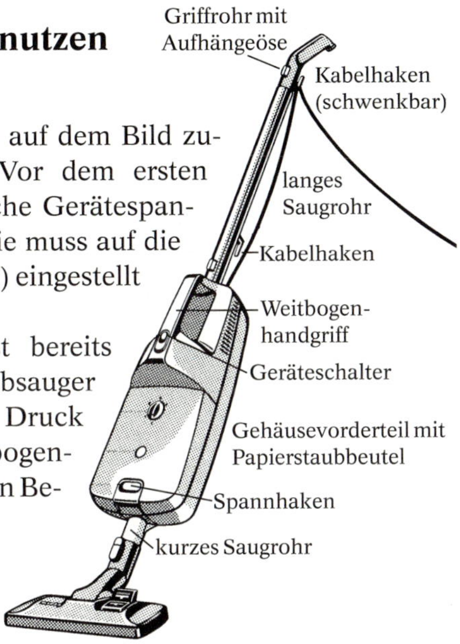

Inbetriebnahme:
Ihr Staubsauger muss wie auf dem Bild zusammengesetzt werden. Vor dem ersten Saugen muss die elektrische Gerätespannung überprüft werden. Sie muss auf die Netzspannung (z. B. 220 V) eingestellt sein.
Ein Papierstaubbeutel ist bereits vom Werk aus in den Staubsauger eingesetzt. Durch einen Druck auf den Schalter im Weitbogengriff wird der Staubsauger in Betrieb genommen.
Nach dem Saugen wird das Anschlusskabel über die Kabelhaken am langen Saugrohr und am Griffrohr aufgewickelt. Zur Aufbewahrung braucht der Staubsauger nicht auseinander genommen zu werden. Er wird einfach in den Besenschrank gestellt oder mit der praktischen Aufhängeöse im Handgriff wie ein Besen aufgehängt.
Das lange und das kurze Saugrohr können mit dem Außengewinde hier leicht ein- und ausgeschraubt werden. Beim Absaugen von Gardinen wird das lange Saugrohr vorne auf das kurze Saugrohr aufgesteckt. Das Griffrohr wird dann direkt auf das Gehäuse aufgeschraubt. Durch einen Druck auf den Schalter im Weitbogengriff wird der Staubsauger ein- oder ausgeschaltet.

Papierfilterwechsel:
Zum Wechseln der Papierfiltertüte löst man den Spannhaken an der Vorderseite des Gehäuses durch Anheben. Das Gehäusevorderteil lässt sich dann mit dem Filterbeutel abnehmen.
Nun den gefüllten Papierbeutel abziehen. Bitte unter die Pappscheibe fassen. Der alte, gefüllte Papierbeutel gehört in die Hausmülltonne.
Der neue Staubbeutel lässt sich einfach wieder auf den Stutzen schieben. Dazu nimmt man den Filter in beide Hände. Die Daumen jeweils in die Beutelfalte legen und die Pappscheibe auf den Stutzen drücken.
Zum Schließen hakt man das Gehäusevorderteil in die zwei Gehäuseschlitze ein und verschließt mit dem Spannhaken. –
Lassen Sie den Papierstaubbeutel nie zu voll werden, sondern wechseln Sie ihn stets rechtzeitig aus, damit Ihr Staubsauger immer mit der ganzen Saugkraft arbeiten kann.
Benutzte Filterbeutel sind nicht wieder verwendbar.

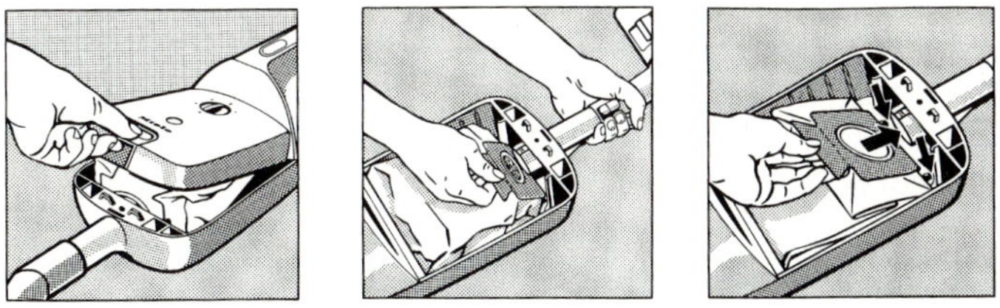

1 a) Die beiden Teile einer Gebrauchsanleitung stellen dar, wie man einen Staubsauger benutzt. In beiden Texten sind die Handlungsträger nicht genannt, ihre Nennung wird aber auf verschiedene Weise vermieden. Untersucht die Texte und erklärt die Unterschiede.
b) Begründet, warum bei dieser Gebrauchsanleitung die Handlungsträger nicht genannt sind.
c) Wer kommt als Handlungsträger in Frage? Wie ist es bei euch zu Hause?

Man kann durch vielerlei Formulierungen die **Passivform umschreiben,** wenn man die Handlungsträger nicht angeben will.

Passiv-Umschreibungen	**mögliche Passivsätze**
– **man-Form:** *Man rührt* zuerst die Farbe.	Die Farbe *wird* zuerst *gerührt.*
– **reflexive Form:** Die Poren im Holz *schließen sich.*	…
– **lassen-Form:** Die Farbe *lässt sich* streifenfrei ziehen.	…
– **Verbform von „sein" + Adjektiv mit Endung -bar:** Die Farbe *ist* sofort *verwendbar.*	…
– **adverbiale Bestimmung:** *Beim Streichen* muss man vorsichtig sein.	…
– **Imperativ-Form:** *Rühren Sie* zuerst die Farbe kräftig um.	…
– **Infinitiv-Form:** Farbe zuerst *umrühren.*	…
– **Sie/du-Aussage-Form:** *Sie rühren* zuerst die Farbe um.	…

2 a) Formuliert die Beispiele zu Passivsätzen um.
b) Stellt aus der Anleitung zum „Papierfilterwechsel" (S. 117) Beispiele für die verschiedenen Umschreibungen des Passivs zusammen.
c) Prüft, an welchen Stellen dieser Anleitung man auch das Passiv verwenden könnte. Wo klingt es umständlich?
d) Formuliert die Anleitung zur „Inbetriebnahme" des Staubsaugers (S. 117) um, indem ihr auf verschiedene Weise das Passiv umschreibt.

3 Bringt Gebrauchsanleitungen von zu Hause mit und untersucht, auf welche Weise die Nennung der Handlungsträger vermieden wird.

Kassettenrekorder

Text A

Einsetzen der Tonband-Kassette: Öffnen Sie das Kassettenfach (1) durch Drücken der Taste (2). Die Kassette schieben Sie, mit der vollen Spule nach links (durch das Fensterchen sichtbar) und der offenen Bandseite voraus, in den Deckel (1) und schließen diesen. Das Gerät ist jetzt betriebsbereit.

Beachten Sie: Beim Einsetzen und Herausnehmen der Kassette darf keine Laufwerk-Taste gedrückt sein!

Anfang und Ende des Tonbands sind an den Spulenkernen befestigt. Am Ende des Bandes stoppen die Spulen. Bei allen Betriebsarten des Kassetten-Laufwerks wird hierdurch die automatische Endabschaltung ausgelöst. Das Autostopp-System ist auch bei schnellem Vor- und Rücklauf wirksam. Am Ende der Kassette braucht die Taste (2) nicht gedrückt zu werden.

Benutzen der zweiten Spur: Wenn das ganze Band abgelaufen ist, kann die Kassette umgedreht und erneut eingesetzt werden. Die gesamte Bandlänge kann nochmals in der zweiten Spur für Aufnahme oder Wiedergabe benutzt werden. Eine Kassette C 60 läuft also 2 x 30 Minuten oder insgesamt 60 Minuten. Die Kassette kann an jeder Stelle, ohne Vor- und Rückspulen, umgedreht werden.

Text B

Einlegen der Ton-Kassette: Nach Betätigung der Taste (2) springt das Kassettenfach auf. Die Starttaste (3) darf dabei nicht gedrückt sein. Die

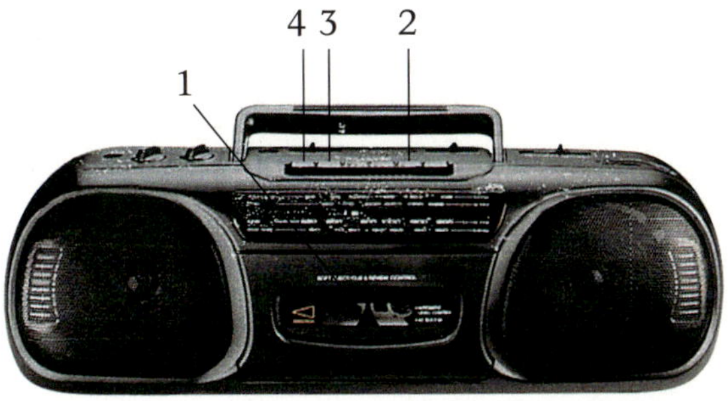

Kassette wird in das Fach hineingeschoben. Danach drücken Sie das Fach hinunter, bis es spürbar einrastet. Zu Beginn befindet sich die volle Spule links. Wenn man die Kassette wechseln will, betätigt man wieder die Taste (2). Man wendet die Kassette und schließt das Kassettenfach wieder. Sie benutzen jetzt die zweite Spur.

Aufnahme: Nach dem Einlegen der Kassette muss die Aufnahmetaste (4) gedrückt werden. Dabei wird gleichzeitig die Starttaste (3) mitgedrückt. Die Aufnahme wird begonnen. Zur Kontrolle der Aufnahme bitte mithören. Durch die Elektronik wird die Aufnahme automatisch geregelt. Nach Beendigung der Aufnahme entnehmen Sie die Kassette dem Kassettenfach.

4 a) Welche der beiden Anleitungen findet ihr sprachlich besser? Begründet euren Eindruck.
b) Legt eine Tabelle an, in die ihr Passivformulierungen und Umschreibungen des Passivs aus den beiden Texten eintragt. Unterscheidet dabei zwischen Vorgangs- und Zustandspassiv.
c) Erklärt Zuhörern, wie man eine Tonaufnahme mit dem Kassettenrekorder durchführt.

Wie funktioniert denn das?

1 a) Macht euch den Mechanismus der drei Apparaturen klar. Gebt den Apparaten einen Namen.
b) Erklärt die Abläufe. Wendet dabei Formen des Passivs und der Passivumschreibungen an.
c) Entwickelt selber Fantasieapparate mit „Kettenreaktionen“.

Hier seht ihr eine Problemlösemaschine für das Problem „Wie kann man einen Elefanten wiegen?“.

2 Entwickelt selbst Problemlösemaschinen.

a) Sammelt in Kleingruppen Probleme, die ihr lösen wollt, z. B.

> Wie kann man einen Hund und eine Katze auseinander halten?
> Wie kann man beim Pfuschen einen Apparat einsetzen?
> Wie kann man das Pfuschen verhindern?
> ...

b) Tragt Ideen für eure Maschinen zusammen und fertigt eine Skizze an.

c) Formuliert Gebrauchsanleitungen für die Maschinen.

8 Experimente mit der Natur – Gliedsätze verwenden

8.1 In einer Versuchsbeschreibung etwas erklären – Adverbialsätze gebrauchen

Beschreiben und erklären

Die Tütenwaage

Nehmt einen leichten Stab (z. B. aus Bambus) von ca. 30 cm Länge. Bindet in der Mitte eine Kordel fest. Bindet rechts und links im gleichen Abstand von der Mitte zwei Fäden von je 15 cm Länge fest. Klebt an beide Fäden eine leichte Tüte, z. B. eine Pergamenttüte für Butterbrote. Die beiden Tüten öffnet ihr unten. Sie müssen an dem Stab gleich hoch, d. h. in der Waage hängen.
Nun stellt ihr vorsichtig unter die hoch gehaltene Waage eine brennende Kerze, und zwar genau unter eine der zwei Tüten. Achtet darauf, dass der Abstand ca. 10 cm beträgt.
(Vorsichtig wegen der Feuergefahr!)

1 Was geschieht? Beschreibt, was ihr seht.

2 Wie kann man sich diesen Vorgang erklären?
a) Führt das Experiment noch einmal vor und stellt Vermutungen an. Haltet eure Beiträge auf Folie oder an der Tafel fest.
b) Welche Erklärung leuchtet euch am meisten ein?
c) Woran kann man sprachlich erkennen, dass ihr **erklärt** und nicht bloß **beschrieben** habt? Unterstreicht die erklärenden Teile in euren Tafelnotizen.

3 Erklärt, warum die Gegenstände für den Versuch so hergerichtet und aufgebaut werden wie oben beschrieben.

Wenn man die Kerze angezündet hat, hält man die Schnur, die in der Mitte des Bambusstabs angebracht ist, fest. Wenn beide Tüten auf gleicher Höhe hängen, geht man mit einer der beiden Tüten etwa 10 cm über die Kerze. Man bewegt die Kerze vorsichtig, damit die Tüte kein Feuer fängt. Plötzlich beginnt die Tüte, die über der Kerze ist, nach oben zu schweben, und die andere Tüte, die nicht über der Kerze ist, geht langsam hinunter.

Daniela

Die Tüte B geht hoch, weil die warme Luft der Kerze leichter ist als kalte Luft. Denn die warme Luft steigt nach oben. Wenn warme Luft in eine der Tüten kommt, drückt die Luft die Tüte nach oben.

Tina

Zuerst befestigen wir die 15 cm langen Fäden an den Seiten eines 30 cm langen Bambusstabes. An diesen zwei Fäden befestigen wir wiederum zwei Papiertüten (gekennzeichnet durch A und B), an jedem Ende eine. Sie sind durch ein Streichholz von unten gehalten. Das Streichholz liegt quer, sodass es nicht durch das Fadenloch in der Tüte heraus kann. Dann binden wir die ca. 10 cm lange Schnur in der Mitte des Stabes fest, sodass wir ihn später wie eine Waage halten können. Nun gehen wir mit der Hand in die Tüten, damit sie bei dem Experiment offen bleiben. Jetzt zünden wir die Kerze an, damit der Versuch beginnt. Wir halten die mittlere Kordel hoch, sodass der Stab waagerecht hängt. Dann halten wir Tüte B 10 cm über die Flamme. Wir können sehen, wie sie steigt. Tüte B ist rechts, und wenn die Flamme darunter gesetzt ist, begibt sich auch der Stab in eine schräge Lage. Bei der Tüte A ist es genauso, nur umgekehrt.

Markus

Die Tüte steigt, wenn die warme Luft unter die Tüte gelangt. Das heißt, die warme Luft, die die Flamme abstrahlt, ist leichter als die kalte Luft und steigt hoch. Da die Tüte über der Flamme steht, wird auch die Tüte mit hochgedrückt. Dieses geschieht bei Tüte B und A in gleicher Weise, wenn man abwechselnd die Kerze unter sie hält.

Ulrike

Weil die Luft in der Papiertüte erhitzt wird, dehnt sie sich aus. Dadurch wird sie dünner und leichter als die sonstige Luft. Da sie jetzt leichter ist, steigt sie nach oben und hebt die Tüte hoch. Die andere Tüte, in der sich schwerere Luft befindet, sinkt nach unten.

Thomas

Die warme Luft, die von der Kerze erwärmt wird, steigt nach oben, weil sie leichter ist als kalte Luft. Diese warme Luft fängt sich in der Papiertüte und will weitersteigen. Wenn sich nach wenigen Sekunden genug warme Luft in der Tüte angesammelt hat, dann fängt diese Tüte an zu steigen. Die eine Tüte fängt an zu steigen, weil die Luft in ihr wärmer und so auch leichter ist. Dadurch fällt die andere Tüte, weil kältere und somit auch schwerere Luft in ihr ist.

Kerstin

Man zündet zuerst eine Kerze an, damit der Versuch überhaupt funktioniert. Man faltet zwei kleine Tüten auseinander. Jetzt hält man den Stab waagerecht oben an der mittleren Schnur fest. Danach halte man Tüte B ca. 10 cm über die brennende Kerze. Man wartet 10 Sekunden. Danach mache man das gleich mit Tüte A.

Jens

4 a) Untersucht, was die Schüler alles zu erklären versuchen. Wo findet ihr zutreffende Erklärungen?

b) Sammelt Beispiele für beschreibende Sätze sowie für erklärende Sätze.

Das Flaschen-Thermometer

Man benötigt: eine durchsichtige Flasche, einen passenden Korken, einen möglichst auch durchsichtigen Trinkhalm, einen Bohrer (Stichel, Pfriem, Ahle), Wasser, Tinte, Klebstoff.

Man nimmt die durchsichtige Flasche, damit alles gut zu beobachten ist. Man gießt Wasser in die Flasche. Das Wasser färbt man mit etwas Tinte ein, sodass es sich gut von dem klaren Glas abhebt. Man durchbohrt nun einen Korken und schiebt einen Trinkhalm so weit durch das Loch, dass er in die Flüssigkeit hineinragt. Man verschließt die Flasche mit dem Korken. Damit keine Luft zwischen dem Korken und der Flaschenöffnung oder dem Trinkhalm entweicht, dichtet man mit Klebstoff ab.

Man legt seine Hand fest an die Flasche. – Das Wasser steigt in dem Trinkhalm hoch und sinkt in der Flasche.

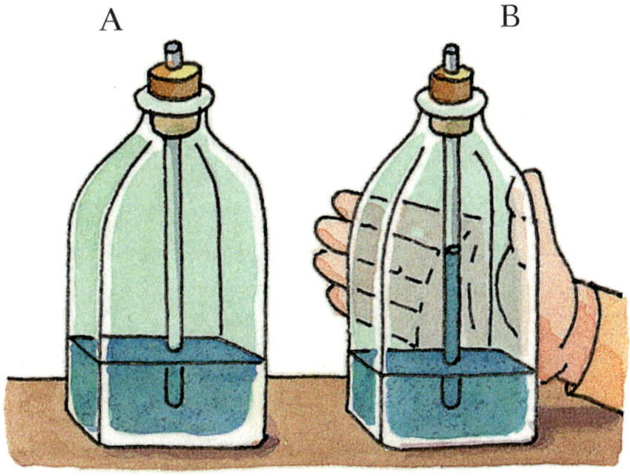

Warum steigt das Wasser in dem Trinkhalm, wenn man die Hand um die Flasche legt?

Wenn man die Hand um die Flasche legt, erwärmt sich die Luft in ihr. Die Flüssigkeit in dem Röhrchen steigt, weil der Wasserspiegel nach unten gedrückt wird. Der Wasserspiegel sinkt, da die erwärmte Luft sich ausdehnt.

5 a) Ihr seht hier zu dem dargestellten Versuch eine Versuchsskizze in zwei Teilen: Beschreibt den Unterschied zwischen Bild A und Bild B.

b) Welchen Hinweis erhaltet ihr durch diesen Versuch zur Erklärung des Tütenversuchs (S. 121)?

6 a) Untersucht den Aufbau der **Versuchsbeschreibung** zum Flaschen-Thermometer. Worüber wird in den einzelnen Abschnitten geschrieben?

b) Notiert in Stichworten, was alles unter den Gliederungspunkten 1–4 bei einem Versuch beschrieben und erklärt werden sollte:

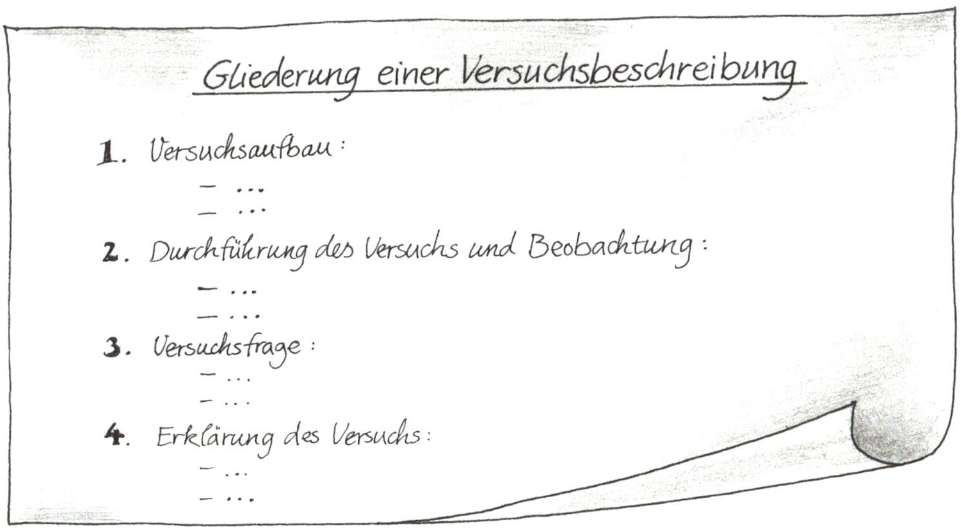

c) Verfasst selbst eine Versuchsbeschreibung zum Experiment „Hochwasser" (S. 124), nachdem ihr es durchgeführt habt.

Mit Satzgefügen beschreiben und erklären

Hochwasser

Stellt eine Kerze in die Mitte einer Glasschale. Gießt Wasser in die Schale, ca. 2 cm hoch. Entzündet die Kerze. Stülpt dann eine Milchflasche sehr langsam über die brennende Kerze.
Man sieht einige Bläschen durch das Wasser aufsteigen, wenn die Flasche in das Wasser eintaucht. Es sind Luftbläschen.
Ein Teil der Luft in der Flasche hat sich erwärmt, sodass sie sich ausdehnt und in den Bläschen entweicht. Die Kerze erlischt nach kurzer Zeit, weil der Sauerstoff in der Luft verbraucht wurde. Das Wasser steigt in der Flasche hoch, weil die Kerze einen Teil der Luft verbraucht hat. In der Flasche entsteht ein Unterdruck, sodass das Wasser in sie hineingesaugt wird. Der größere Außendruck drückt das Wasser in den Flaschenraum, da dort Unterdruck herrscht.

1 a) Unterscheidet **beschreibende** Sätze und **erklärende** Sätze. Nennt je ein Beispiel.
b) Woran erkennt man bei einigen Sätzen, dass sie etwas erklären? Vergleicht:

A		B
Ein Teil der Luft hat sich erwärmt.	→	Ein Teil der Luft hat sich erwärmt, sodass sie sich ausdehnt und in den Bläschen entweicht.
Das Wasser steigt in der Flasche.	→	Das Wasser steigt in der Flasche, weil die Kerze einen Teil der Luft verbraucht hat.

c) Erläutert den Unterschied zwischen den Sätzen unter A und B
- dem Inhalt nach: Welche Art Erklärung wird hinzugefügt?
- der Form des Satzes nach: Was geschieht mit dem Satz?

2 Unterscheidet die Satzarten im Satzgefüge: **Hauptsatz** und **Gliedsatz.**
Sucht einen anderen Beispielsatz und übertragt das Modell in euer Heft:

Satzgefüge → **Hauptsatz** / **Gliedsatz**

	Hauptsatz	**Gliedsatz**
Beispiel	Bläschen steigen hoch,	*weil* Luft *entweicht.*
Signale	Komma	Konjunktion; Personalform des Verbs am Satzende
Funktion	Grundinformation	Zusatzinformation (z. B. genauere Erklärung)

3 Bildet Satzgefüge aus folgenden Sätzen:

(1) *Die Kerze erlischt. Der Sauerstoff in der Luft wurde verbraucht.*
(2) *Man sieht einige Bläschen durch das Wasser aufsteigen. Man stülpt die Flasche langsam über die Kerze.*
(3) *Es fehlt nun ein Teil der Luft in der Flasche. Das Wasser nimmt den freien Raum ein.*
(4) *Man kann das Wasser mit Tinte färben. Man sieht so den Vorgang besser.*

4 a) Untersucht die folgenden Stufenmodelle für Satzgefüge. Worin liegen die Unterschiede?
(HS = Hauptsatz, GS = Gliedsatz)

A	B
Die Flamme erlischt, weil Sauerstoff fehlt.	Weil Sauerstoff fehlt, erlischt die Flamme.
—HS—┐, └ Konjunktion— GS—.	┌— HS—. Konjunktion— GS—┘,

b) Zeichnet entsprechende Stufenmodelle zu den Sätzen aus Aufgabe 3.

Verschiedene Gliedsatztypen zum Erklären nutzen

Zwei Wassergläser haften aneinander

Zünde in einem leeren Wasserglas einen Kerzenstummel an. Lege ein nasses Löschblatt auf das Glas und stülpe ein zweites, gleich großes Glas darauf. Das Löschblatt ist nass, damit ein guter Kontakt zwischen den beiden Gläsern entsteht.
Nach einigen Sekunden ist das Feuer erloschen. Wenn ihr das obere Glas anhebt, bleibt das untere an ihm haften.
Da das Löschpapier luftdurchlässig ist, brennt die Flamme. Wenn der Sauerstoff in beiden Gläsern verbraucht ist, geht die Flamme aus. Ein Teil der Gase ist so erhitzt, dass er sich ausdehnt und aus dem Hohlraum entweicht. Weil sich die Gase nach dem Verlöschen der Flamme wieder abkühlen, entsteht in den Gläsern ein Unterdruck. Der größere Luftdruck von außen presst die Gläser dann zusammen.

1 Zeichnet zu diesem Versuch eine Skizze des Versuchsaufbaus und erklärt ihn.

2 a) Schreibt die folgenden Satzgefüge ab und unterstreicht die Gliedsätze:

A) *Das Löschblatt ist nass, damit ein guter Kontakt zwischen den beiden Gläsern entsteht.*
B) *Wenn der Sauerstoff in beiden Gläsern verbraucht ist, geht die Flamme aus.*
C) *Ein Teil der Gase wird so erhitzt, dass er sich ausdehnt und aus dem Hohlraum entweicht.*
D) *Weil sich die Gase wieder abkühlen, entsteht in den Gläsern ein Unterdruck.*

b) Erläutert in eigenen Worten, welche Art von Erklärung durch den Gliedsatz jeweils gegeben wird.
c) Ordnet den Sätzen A–D die folgenden Funktionen richtig zu: *Grund – Bedingung – Folge – Zweck.*

Typen von Gliedsätzen

(1) **Konditionalsatz:** Wir fragen: Unter welcher **Bedingung** …? Wann …?
„Wenn die Kerze brennt, verbraucht sie Sauerstoff."
Bedingung → Ereignis/Vorgang
Konjunktionen: *wenn, falls, sofern*

(2) **Konsekutivsatz:** Wir fragen: Mit welcher **Folge** …? Mit welcher **Wirkung** …?
„Die Hitze erwärmt die Luft, *sodass sie aus den Gläsern entweicht."*
Handlung/Vorgang → Folge
Konjunktion: *sodass* (auch: *so …, dass …*)

(3) **Kausalsatz:** Wir fragen: Aus welchem **Grund** …? Aus welcher **Ursache** …? Warum …?
„Die Tüte B steigt hoch, *weil die Luft unter ihr erwärmt ist."*
Vorgang/Handlung ← Ursache/Grund
Konjunktionen: *weil, da*

(4) **Finalsatz:** Wir fragen: Mit welcher **Absicht** …? Zu welchem **Zweck** …? Wozu …?
„Sie schließt das Fenster, *damit kein Luftzug die Flamme stört."*
Handlung → Absicht/Zweck
Konjunktion: *damit*

3 a) Erfragt bei den Satzgefügen in dieser Übersicht die Gliedsätze mit den zugehörigen Fragen. Fragt und antwortet jeweils im ganzen Satz.
b) Zeichnet jeweils ein Stufenmodell zu den Sätzen (siehe Aufgabe 4, S. 125).

Wie eine Flamme überspringt

(1) Wenn man ein entzündetes Streichholz nur in die Nähe einer gerade ausgelöschten Flamme bringt, fängt der Docht sofort wieder Feuer. (2) Weil der Docht noch von heißem Gas umgeben ist, beginnt es sofort zu brennen. (3) Die Kerze muss man aber zuvor schon brennen lassen, damit sich überhaupt erst heißes Gas bilden kann. (4) Wenn man den Docht zum ersten Mal anzündet, bringt die Hitze des Streichholzes das Kerzenwachs zum Schmelzen. (5) Das flüssige Wachs steigt im Docht nach oben. (6) Das Feuer erhitzt das flüssige Wachs weiterhin so sehr, dass es sich in ein Gas verwandelt. (7) Dieses Gas verbrennt und deswegen leuchtet die Kerze. (8) Auch wenn die Flamme gelöscht ist, wird noch ein wenig Gas gebildet. (9) Und wenn sich das brennende Streichholz dem Docht nähert, beginnt das Gas zu brennen. (10) Dazu muss die Flamme den Docht noch nicht wirklich berührt haben.

4 a) Notiert die Nummern der Sätze, die Satzgefüge sind.
b) Notiert zu den Nummern der Satzgefüge die Konjunktionen, die den Gliedsatz mit dem Hauptsatz verbinden.
c) Bestimmt, um welche Gliedsatztypen es sich dabei jeweils handelt: Kausalsatz, Konditionalsatz, Konsekutivsatz oder Finalsatz?

5 a) Untersucht den Aufbau der Versuchsbeschreibung „Wie eine Flamme überspringt". An welchen Stellen erscheint sie ungeordnet und unklar?
b) Führt den Versuch durch und verfasst eine bessere Versuchsbeschreibung.

Michael Faraday

Werdegang einer Kerze

Michael Faraday, ein englischer Naturforscher, hielt 1860 in London Vorlesungen für die Jugend über den „Werdegang einer Kerze“. Faraday lebte von 1791 bis 1867. Er hat neben den Kerzenexperimenten vor allem Entdeckungen über den elektrischen Strom gemacht.

Wie brennt denn eine Kerze?

Die Kerze besteht aus einer festen Masse, die bei Hitze flüssig wird. Das kann jeder ausprobieren. Es handelt sich um Bienenwachs, Talg, Stearin oder Paraffin.

Wenn die Kerze brennt, wird die oberste Schicht der festen Kerze gleich unter der Flamme flüssig und senkt sich zu einer hübschen kleinen Schale ein. Durch die Flammenhitze wird die zur Kerze gelangende Luft erwärmt. Weil sie nach oben steigt, wird kalte Luft von außen angesaugt. Die kältere Luft kühlt den Mantel der Kerze ab, sodass der Rand des Schälchens kühler bleibt und weniger einschmilzt als die Mitte. Im Zentrum wirkt die Flamme am meisten ein, da sie unmittelbar am Docht herabzulaufen strebt. Wenn die Luft von allen Seiten gleichmäßig zuströmt, bleibt unser Schälchen vollkommen waagerecht, sodass die darin schwimmende geschmolzene Kerzenmasse ebenfalls waagerecht darin stehen bleiben muss. Ist nun das feste Kerzenwachs durch die Hitze der Flamme geschmolzen, gelangt es nach oben und nährt die

Flamme. Dabei wird die Kerzenmasse allmählich verbraucht. Ihr könnt das sehen, denn die Kerze wird kürzer.

Aber wie gelangt nun die verflüssigte Kerzenmasse nach oben zur Flamme?

Ich kannte einige unordentliche Kinder, die nach dem Abtrocknen der Hände das Handtuch nachlässig über den Rand des gefüllten Waschbeckens hinwarfen. Nach kurzer Zeit hatte das Tuch alles Wasser aus dem Becken auf die Dielen geleitet. Es war zufällig so auf den Rand zu liegen gekommen, dass es wie ein Saugheber funktionierte. Die Fäden des Tuchs wirken wie dünne Röhren, durch die mit einer Saugkraft das Wasser hindurchgezogen wird. Der Strom der Tropfen reißt nicht ab, weil durch die gegenseitige Anziehungskraft der Wasserteilchen weitere Tropfen nachfolgen. – In gleicher Weise nun steigen beim Brennen die geschmolzenen Wachsteilchen aus dem kleinen Schälchen im Docht empor und gelangen in die Spitze. Andere Teilchen wandern infolge ihrer gegenseitigen Anziehung ihnen nach, und die einen nach den anderen werden, wie sie nach und nach in die Flamme eintreten, so von dieser verzehrt.

Was geschieht aber mit dem flüssigen Wachs in der Flamme?

Wir gelangen jetzt zu einem sehr wichtigen Punkt in unserer Betrachtung, ohne dessen eingehende Erörterung ihr nicht im Stande wäret, den Vorgang in der Kerzenflamme vollkommen zu verstehen. Ich meine den gasförmigen Zustand des Brennstoffs. Damit ihr mich recht versteht, will ich euch ein ebenso niedliches wie einfaches Experiment zeigen.

Wenn ihr eine Kerzenflamme vorsichtig ausblast, seht ihr Dämpfe davon emporsteigen. Ihr habt sicherlich schon oft den Dampf einer ausgeblasenen Kerze gerochen. Es ist ein sehr unangenehmer Geruch. Bläst man aber, wie ich sagte, recht vorsichtig aus, so kann man ganz deutlich den Dampf sehen, in welchen sich die feste Masse der Kerze verwandelt hat.

Ich werde jetzt eine dieser Kerzen so ausblasen, dass die Luft ringsherum dabei nicht heftig wird. Und wenn ich nun einen brennenden Span dem Docht auf 2 bis 3 Zoll nähere, so bemerkt ihr einen Feuerschein. Der zuckt durch den Dampf hindurch, sodass er zur Kerze gelangt. Mit all dem muss ich mich beeilen, damit sich der Strom der entzündbaren Substanz nicht verflüchtigt. Das flüssige Wachs ist also in der Hitze der Flamme zu einem Dampf geworden, der leuchtend brennt. Dieser Dampf bleibt kurz in der Nähe der gelöschten Flamme erhalten und lässt sich wieder entzünden. Dabei schlägt die Flamme auf den noch feuchten Docht zurück.

Die Flamme selbst brennt senkrecht nach oben, weil in der Umgebung der Flamme die Luft erhitzt wird und aufsteigt. In diesem Luftstrom wird die Flamme wirklich hinaufgezogen. Wenn ihr die heiße Luft durch Blasen bewegt, ohne unmittelbar auf die Flamme zu blasen, bewegt sich auch die Flamme in eine andere Richtung. Dieser aufsteigende Luftstrom nährt zusammen mit dem Dampf die Flamme.

6 a) Welche naturwissenschaftlichen Fragen verfolgt Faraday? Gebt den Inhalt des Experiments und die Versuchsfragen wieder.
b) Wie geht Faraday in seiner Vorlesung vor? Untersucht den Textaufbau.
c) Grenzt ab, wo Faraday den Versuchsaufbau, den Ablauf, die erstaunliche Auffälligkeit etc. erklärt.

7 a) Gebt Beispiele, wo Faraday Satzgefüge für seine Erklärungen verwendet.
b) Bestimmt die Gliedsätze nach ihrer Art und Funktion.

8 Warum hatte Faraday mit seinen Vorlesungen für die Jugend wohl so großen Erfolg?

Mit Adverbialsätzen ein Experiment erläutern

Das Gas in der Flamme

Beim Rollen eines dünnen Streifens Blech (z. B. Stanniol) über einem runden Bleistift entsteht ein etwa 10 cm langes Röhrchen. Halte es mit einem Ende in die Mitte einer Kerzenflamme, sodass es in den inneren blauen Teil der Flamme eintaucht. Zum Entzünden einer kleinen zweiten Flamme bringst du ein brennendes Streichholz an das andere Röhrchenende. Wie entsteht diese Flamme?

Wegen der Erwärmung der Kerze durch die brennende Flamme wird das Kerzenwachs flüssig. Wie alle festen und flüssigen Brennstoffe entwickelt das Stearin beim weiteren Erhitzen brennbare Gase. Diese sammeln sich im inneren, blauen Teil der Flamme. Durch das Aufsteigen des heißen Gases gelangt es in die äußere Schicht der Flamme und verbrennt dort und an der Spitze zusammen mit dem Sauerstoff der Luft. Wegen unzureichender Verbrennung dieses Gases lassen sich Teile der Stearindämpfe aus der Mitte der Flamme durch das Rohr ableiten.

1 a) Zu welchem Teil aus Faradays Vorlesung (S. 127/128) passt dieses Experiment?
b) Wie wirkt die Versuchsbeschreibung „Das Gas in der Flamme" auf euch? Erläutert euren Eindruck an Beispielen.

2 a) Formt die folgenden Sätze nach dem ersten Beispiel zu Satzgefügen um:

(0) Beim weiteren Erhitzen des flüssigen Wachses entsteht Gas. → Wenn das flüssige Wachs weiter erhitzt wird, entsteht Gas.

(1) Wegen der großen Hitze des Streichholzes entzündet sich die zweite Flamme. → ...

(2) Zum Ableiten des Stearingases wird ein Röhrchen in die Mitte der Flamme gehalten. → ...

(3) Bei ein wenig Windzug steigt der Rauch der Flamme schräg hoch. → ...

(4) Mit dem Einverständnis des Lehrers könnt ihr den Versuch selber machen. → ...

(5) Zur Herstellung eines Röhrchens rollt ihr Stanniolpapier über einen runden Bleistift. → ...

(6) Aus Freude an seiner Wissenschaft veranstaltete Faraday Vorlesungen für die Jugend. → ...

b) Erfragt die Satzglieder, die ihr verändert habt.

Gliedsätze wie z. B. die **Kausalsätze, Konditionalsätze, Konsekutivsätze** oder **Finalsätze** übernehmen die Rolle von adverbialen Bestimmungen. Sie heißen daher auch **Adverbialsätze:**

Bei genauem Hinsehen erkennt ihr eine dünne Rauchfahne.
(adverbiale Bestimmung)

Wenn ihr genau hinseht, erkennt ihr eine dünne Rauchfahne.
(Adverbialsatz)

3 Schreibt die Versuchsbeschreibung „Das Gas in der Flamme“ (S. 128) um, indem ihr Adverbialsätze verwendet, wo es euch sinnvoll erscheint.

8.2 Sachbuchempfehlungen – Inhaltssätze verwenden

In über hundert Beispielen führt der Autor vor, dass du in ganz alltäglichen Dingen, Vorgängen und Erscheinungen, die man sonst kaum beachtet, Geheimnisse aufspüren kannst. Alle Experimente sind zum Nachmachen geeignet.

Es macht Spaß, die unzähligen Geheimnisse der Natur zu untersuchen. Was beispielsweise sagt ein abgenagter Fichtenzapfen über den Fresser aus? In über hundert illustrierten Beispielen wird gezeigt, wie man im Reich der Tiere und Pflanzen interessante Vorgänge entdecken kann.

Über hundert Versuche und Basteleien machen anschaulich klar, wie viele Geheimnisse in der Natur verborgen sind. Es macht einen gespannt, den geheimnisvollen Vorgängen in der Natur auf die Spur zu kommen. Alle Erklärungen findest du in diesem Buch.

1 a) Welches der vorgestellten Bücher könnte euch interessieren? Zu welchen Schulfächern würden sie vielleicht passen?
b) Besprecht, wo man solche kurzen Hinweise zum Inhalt von Büchern findet.

2 Besucht eine Buchhandlung und sammelt Prospekte und Kataloge mit Hinweisen zu Sachbüchern.

3 Bringt naturwissenschaftliche **Sachbücher** von zu Hause oder aus der Bücherei mit und stellt sie vor, z. B. zu: Naturbeobachtung, Naturschutz, Umweltkunde, Sternenkunde, physikalischen oder chemischen Experimenten, Gesteinskunde, Erdkunde, Meereskunde, Tier- und Pflanzenarten, Technik, Baukunst, Computer- und Informationstechnik, Fototechnik, Fahrzeug- und Verkehrstechnik, Erfindungen …

Inhaltssätze in Buchhinweisen

Über hundert Versuche und Basteleien machen anschaulich klar, ...
Es macht einen gespannt, ...
In über hundert illustrierten Beispielen wird gezeigt, ...
In über hundert Beispielen führt der Autor vor, ...

1 a) Was fehlt in diesen Sätzen? Stellt Fragen nach dem Fehlenden.
b) Welche Satzglieder werden sonst mit diesen Fragen erfragt?
c) Sucht die Antworten auf eure Fragen in den drei kurzen Buchhinweisen (S. 130) und erklärt, warum die Sätze ohne die fehlenden Teile ziemlich sinnlos sind.

2 Erfragt zu den Sätzen des folgenden Buchhinweises die Satzglieder. Was ist mit den Subjekten und Objekten geschehen?

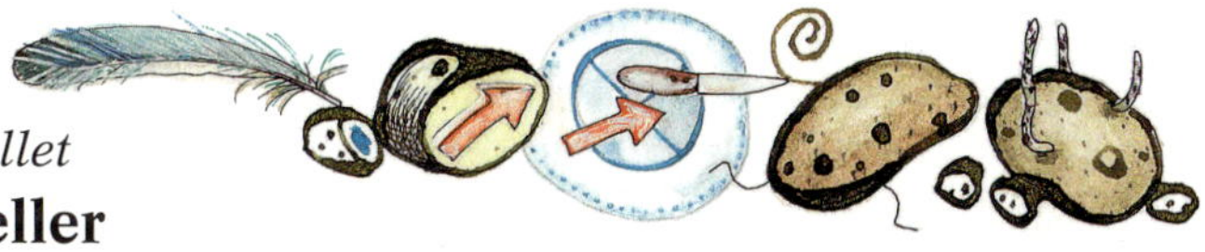

Raphaëlle Brice/Claude und Denise Millet

Kartoffeln wachsen nicht im Keller

Kaum einer weiß, dass wir die Kartoffel dem Wissen der Indianer zu verdanken haben. Das Buch erzählt, wie sie dann zu uns kam. Wie sie zum oft lebensrettenden Volksnahrungsmittel wurde, ist in reich bebilderten Episoden geschildert. Und man lernt, wie man sie anbaut und vor Schädlingen bewahrt. Dass noch immer neue Sorten gezüchtet werden, ist eine überraschende Erkenntnis. Sogar zwei leckere Rezepte zum Nachkochen sind dabei.

3 a) Übertragt den folgenden Satzbaukasten in euer Heft. Ersetzt dabei den Beispielsatz durch passende Sätze aus „Kartoffeln wachsen nicht im Keller“.

Satzglied	Subjekt	Prädikat	Objekt (Akkusativ)
Beispiel 1	Der Autor	zeigt	etwas.
			↓
Beispiel 2	Der Autor	zeigt,	wie viele Geheimnisse es in der Natur gibt.
	Subjekt	Prädikat	Objektsatz
Satzart	Hauptsatz		Gliedsatz

b) Sucht auch für den folgenden Satzbaukasten Beispiele aus „Kartoffeln wachsen nicht im Keller“. Schreibt den Baukasten ebenfalls in euer Heft.

Satzglied	Subjekt	Prädikat	Objekt (Dativ)
Beispiel 1	Etwas	gefällt	dem Leser.
	↓		
Beispiel 2	Dass viel experimentiert wird,	gefällt	dem Leser.
	Subjektsatz	Prädikat	Objekt (Dativ)
Satzart	Gliedsatz	Hauptsatz	

c) Erklärt, woran man erkennen kann, dass Objekt- und Subjektsatz Gliedsätze sind.

Subjektsätze und **Objektsätze** sind **Gliedsätze,** die die Rolle von Subjekt oder Objekt in den Hauptsätzen übernehmen. So entstehen **Satzgefüge.** Beispiel: Ich lese gerade, *dass jedes Jahr ein Sachbuch ausgezeichnet wird.*
Diese Gliedsätze lassen sich auch wie Subjekt oder Objekt erfragen:
„(Wen oder) was lese ich? – …, dass ein Sachbuch ausgezeichnet wird.“

4 a) Überlegt mögliche Gründe, warum man Subjekt- und Objektsätze auch **„Inhaltssätze“** nennt.
b) Ermittelt aus folgenden Buchhinweisen die Satzgefüge mit Inhaltssätzen und bestimmt, ob es sich um Subjekt- oder Objektsätze handelt:

Hans Jürgen Press

Der Natur auf der Spur

Wenn ein Eichhörnchen einen Fichtenzapfen „bearbeitet“, reißt es der Reihe nach die Schuppen ab, um an die darunter liegenden Samen zu gelangen. Die Schuppen an der Spitze der Zapfenspindel lässt es stehen. Man hat beobachtet, dass Wald- und Rötelmäuse dagegen die Fichtenzapfen vollständig abnagen. Die Form der Zapfenspindel verrät also, wer die begehrten Samen verspeist hat.
Den unzähligen Geheimnissen der Natur auf die Spur zu kommen, macht viel Spaß. Besonders gelungen erscheint, dass das eigene Beobachten, Untersuchen und Sammeln zu einem lebendigen Wissen über die Natur führt. In über hundert illustrierten Beispielen zeigt Hans Jürgen Press, wie man im Reich der Tiere und Pflanzen zu allen Jahreszeiten und ohne technischen Aufwand Vorgänge und Zusammenhänge entdecken kann.

5 a) Untersucht in den beiden Buchhinweisen, welche **Verben im Hauptsatz** die Inhaltssätze einführen.
b) Überlegt, was diesen Verben gemeinsam ist. Legt eine Liste an:

beobachten, dass …
verraten, wer …
erscheinen, dass …
…

Russell Stannard

Durch Raum und Zeit mit Onkel Albert

Memory träumt, dass ihrem Onkel Albert beim Nachdenken immer eine Denkblase über dem Kopf erscheint. Wie in einem Comic! Und worüber grübelt Onkel Albert so angestrengt? Nun, er stellt sich vor, wie es wäre, wenn jemand einen Lichtstrahl im All verfolgte … Einmal denkt er, dass ein Raumschiff auftaucht. Memory sieht, wie es sich in der Denkblase nähert. Und ehe sie sich's versieht, merkt sie plötzlich, wie sie mittendrin sitzt. Einem Ausflug ins All steht nichts mehr im Weg. Was dem Mädchen unterwegs widerfährt, wirkt reichlich geheimnisvoll. Ihr fällt seltsam auf, dass sie nicht an den Lichtstrahl herankommt. Warum wird sie so schwer wie der Buckingham-Palast und dünn wie ein Strich? Und sie fragt sich, warum ihre nagelneue Uhr nachgeht. Memory und Onkel Albert suchen eine Antwort auf diese Fragen und finden eine Theorie, die Onkel Albert „Relativitätstheorie“ nennt … Der Leser erfährt auf lustige Art, dass Onkel Albert der große Physiker Albert Einstein ist. – (Lesealter ab 12 Jahre)

Subjekt- und **Objektsätze** geben den Inhalt dessen an, was man weiß, sagt, vermutet, hofft, wünscht, was klar oder unklar ist usw. Deshalb nennt man diese Gliedsätze auch **Inhaltssätze.**

Hans Peter Thiel

Erklär mir das Meer

Das Buch stellt dar, dass nicht erst seit dem letzten Seehundsterben eine der letzten Naturlandschaften Europas akut bedroht ist. Das Watt, der nur bei Flut überspülte Teil des Meeresbodens. Man weiß seit langem, was man an der Nordsee und ihren Küsten hat. Aber man weiß nicht, ob man sich noch lange daran erfreuen kann. Dass dieses Biotop einmalig ist, wird jedem deutlich, der „Erklär mir das Meer“ aufschlägt. Wie bei den anderen Bänden der „Erklär mir“-Reihe des bekannten Sachbuchautors Hans Peter Thiel ist es leicht, die gesuchten Informationen zu finden. Unter dem Schlagwort „Watt“ liest man eine ganze Menge über Marschen, Priele und Salzwiesen. Natürlich erfährt man auch, was das Wattsingen ist. Bei unzähligen kleinen Schlickkrebsen zerreißt bei Ebbe das Wasserhäutchen zwischen den Antennen. Da dies bei Milliarden kleiner Tierchen geschieht, kann man das Geräusch hören. Wer hätte das gewusst?

6 a) Sucht die Inhaltssätze aus dieser Buchvorstellung heraus.
b) Ordnet die Inhaltssätze danach, wie sie gebildet werden: Welche weisen Gemeinsamkeiten auf?

Beispiele	Formen von Inhaltssätzen
(1) Die Forscher sagen, *dass das Meer immer mehr verschmutzt wird.*	dass-Satz
(2) Der Leser fragt sich, *wie sich das wohl auswirkt.*	indirekter Fragesatz
(3) Keiner weiß, *ob rechtzeitig Hilfe erfolgen kann.*	indirekter Fragesatz
(4) Die Forscher erklären, *die Ursache noch nicht zu kennen.*	Infinitivsatz

c) Ordnet die Inhaltssätze aus der Buchvorstellung „Erklär mir das Meer“ den in der Tabelle aufgeführten Formen zu.

7 a) Bildet aus folgenden Sätzen Satzgefüge mit Inhaltssätzen der verschiedenen Formen.
b) Lasst eure Nachbarin oder euren Nachbarn bestimmen, welche Formen von Inhaltssätzen ihr hergestellt habt.

(1) Die Jury entschied 1977. Das Buch „Eskimos“ von Wally Herbert sollte den Sachbuchpreis erhalten.
→ Die Jury entschied 1977, dass das Buch „Eskimos“ von Wally Herbert den Sachbuchpreis erhalten sollte.
(2) Bis dahin wussten nur wenige Leute etwas. Wer war Wally Herbert? → …
(3) Die Jury versuchte etwas. Sie wollte vom Verlag Informationen über den Autor bekommen. → …
(4) Der teilte etwas mit. Herbert war Leiter einer Expedition zum Nordpol. → …
(5) Dabei erfuhr man auch etwas. Er war damals 37 Jahre alt. → …
(6) Man konnte noch nicht wissen. Würde sein Buch über die Eskimos ein Verkaufserfolg werden? → …

Wally Herbert
Eskimos

Aus gründlicher Kenntnis der Welt der Eskimos versteht der englische Verfasser es, ein Bild dieser fernen Welt zu zeichnen. Der Leser erfährt, wie das Leben der Eskimos aussieht. Besonders auffällig ist, dass ihre Sitten und Gebräuche anschaulich, genau und sachlich überzeugend dargestellt werden. Fragen sich immer noch manche vorurteilsvoll, ob Eskimos als primitive Sonderlinge am Rande der Zivilisation leben, so wird ihnen hier verdeutlicht, dass es vielmehr Menschen sind, die unter schwierigsten Bedingungen einen eigenen Lebensstil und eine Kultur entwickelt haben. Dem interessierten Leser geht auf, wie zweckmäßig und naturgemäß sie leben. Besonders sympathisch wirkt, dass die „Menschen im Land des langen Tages“ in ihrer naiven, aggressionslosen Liebenswürdigkeit gezeigt werden. Man würde es sich wünschen, ebenfalls ihre Widerstandskraft und ihr Durchhaltevermögen zu besitzen.

8 Bestimmt die Formen der Inhaltssätze in diesem Buchhinweis.

Leseempfehlungen schreiben

Charlotte Kerner
Lise, Atomphysikerin. Die Lebensgeschichte der Lise Meitner.

– Ausgezeichnet mit dem Deutschen Jugendliteraturpreis 1987 als bestes Jugendsachbuch –

Dieses Sachbuch macht deutlich, wie wichtig die wissenschaftlichen Beiträge einer Frau für die Atomphysik sind. Und es stellt zugleich dar, welche Benachteiligung eine große Wissenschaftlerin erfuhr, weil sie Frau war. Unter den Lebensbeschreibungen in der Jugendliteratur ist das vorliegende Buch eine Entdeckung. Charlotte Kerner gelingt es, durch geschickte Verbindung von Quellenmaterial und Erzählung ein lebendiges Porträt dieser außergewöhnlichen Frau zu zeichnen.
Lise Meitner, 1878 geboren, stammt aus einer großbürgerlichen jüdischen Familie in Österreich. Sie beginnt ein naturwissenschaftliches Studium, für eine Frau in jener Zeit sehr ungewöhnlich. Nach ersten Forschungsarbeiten in Wien geht sie nach Berlin. Es beginnt ihre langjährige Zusammenarbeit mit dem Chemiker Otto Hahn, die nach gut drei Jahrzehnten zur Entdeckung der Kernspaltung führt. Dies geschieht 1938. Aber kurz vorher muss Lise Meitner das berühmte Kaiser-Wilhelm-Institut, ihr Forschungslabor, aus politischen Gründen verlassen. Denn es gibt auch unter den Wissenschaftlern genügend Nazis, die ihr das Leben schwer machen. Doch sie will bis zum letzten Augenblick nicht sehen, dass ihr Verbleiben in Deutschland lebensgefährlich geworden ist. Gerade noch rechtzeitig flieht sie nach Stockholm.
Lise Meitner ist Mitentdeckerin der Kernspaltung. Wesentliche Experimente hat sie noch in Berlin geleistet. Sie berechnet und vermag zu erklären, was Hahn ihr nach überraschenden Versuchsergebnisssen nach Stockholm berichtet. Dennoch gilt sie bis heute nur als „Hahns Mitarbeiterin“, wenn ihr Name neben ihm überhaupt genannt wird. Otto Hahn erhält 1945 allein den Chemie-Nobelpreis für die Uranspaltung. Nach der Katastrophe von Hiroshima und Nagasaki fordert Lise Meitner zwar,

dass die Kernenergie nur friedlich genutzt werden soll. Offenbar glaubt aber auch sie zunächst, die Atombombe habe das Ende des Krieges ermöglicht. Vor allem in Amerika wird sie nach Kriegsende gefeiert. Bis ins hohe Alter hofft sie, dass die Atomenergie nur noch „zum Wohle der Menschheit" genutzt wird.

Gerade in der Aufbereitung der späten Lebensdokumente wird deutlich, dass die Autorin Charlotte Kerner die große Physikerin auch kritisch sieht. Denn heute ist allen klar, welche Katastrophe die militärische Verwendung der Kernenergie in Form der Atombombe war.

Wir meinen, dass das die Lektüre für jugendliche Leser lehrreich macht. Außerdem gefällt uns, wie spannend eine solche Lebensgeschichte sein kann. Das liegt auch daran, dass sich die historischen Ereignisse mit Problemen verbinden, die uns noch heute bedrängen. – Unbedingt empfehlenswert.

1 a) Diskutiert, ob ihr das Buch gern lesen würdet.
b) Untersucht, aus welchen Gründen das Buch empfohlen wird.
c) Kennt ihr andere Gründe, die ein Buch lesenswert machen?

2 a) Wie ist diese Buchempfehlung gegliedert? Teilt sie in Abschnitte ein und begründet eure Einteilung.
b) Wo wird in der Buchempfehlung mit Inhaltssätzen gearbeitet? Wie kommt es dazu?

3 Verfasst selbst eine **Buchempfehlung** zu einem Buch eurer Wahl.
Achtet darauf, wo ihr Inhaltssätze verwendet, z. B.

- im **Einleitungsteil,** wenn ihr einen Überblick über das gesamte Buch gebt:

Das Buch handelt davon, dass …
Das Buch zeigt, wie …
Es geht darum, dass …
Das Buch macht deutlich, warum …

- im **Mittelteil,** wenn ihr den Inhalt des Buchs näher vorstellt ohne zu viel zu verraten:

Man erfährt, wie …
Die Hauptfigur sagt, dass …
Der Leser weiß nicht, wohin …

- im **Schlussteil,** wenn ihr das Buch bewertet:

Ich finde es gut, dass …
Mir gefällt, wie …
Ich weiß nicht, ob …

4 Nehmt einen längeren Text aus diesem Deutschbuch und verfasst dazu eine Leseempfehlung.

8.3 Übungen zu Gliedsätzen – Zeichensetzung

(1) Lise Meitner floh nach Schweden, sodass sie vor den Nazis sicher war.

(2) Sie hielt den Kontakt zu Hahn aufrecht, damit ihre gemeinsame Arbeit fortgesetzt wurde.

(3) In höherem Alter hoffte sie, dass ihre Entdeckung der Atomspaltung der Menschheit nicht weiter schaden würde.

1 Beschreibt die drei Sätze:
- a) Unterscheidet Haupt- und Gliedsätze.
- b) Welche Arten von Gliedsätzen könnt ihr bestimmen?
- c) Formuliert eine **Regel zur Kommasetzung** im Satzgefüge: *Kommas trennen …*

2 a) Untersucht die folgenden Stufenmodelle und erklärt die Unterschiede im Satzgefüge. (HS = Hauptsatz, GS = Gliedsatz)
- b) Verfeinert eure Kommaregel.

Die Flamme erlischt, wenn das Wasser verdunstet.

——HS——┐,
└ Konjunktion —— GS ———.

Wenn das Wasser verdunstet, erlischt die Flamme.

┌———HS——.
Konjunktion—— GS ———┘,

Das Wasser, wenn es stark erhitzt wird, verdampft sehr rasch.

—HS—┐, ┌———HS——.
└ Konjunktion – GS ———┘,

3 Zeichnet Stufenmodelle für die folgenden Satzgefüge:

(1) Weil das Wasser verdunstet, erlischt die Flamme.

(2) Das Wasser verdunstet, sodass die Flamme erlischt.

(3) Das Wasser verdampft sehr rasch, wenn es stark erhitzt wird, und kleine Wassertropfen bilden sich an den Fenstern.

(4) Das Wasser verdunstet, weshalb die Flamme erlischt.

(5) Kleine Wassertropfen bilden sich an den Fenstern, wenn das Wasser so stark erhitzt wird, dass es rasch verdampft.

4 Untersucht und begründet die Kommasetzung in folgendem Text:

Heide Huber

Der geheimnisvolle Römerwagen in Colonia

Die Autorin berichtet, wie dieses Buch entstanden ist: „Eines Tages las ich in der Zeitung die Notiz, dass ein Kölner Museum Kinder zu einem Wettbewerb einlud. Sie sollten den Gegenstand zeichnen, der ihnen im Museum am besten gefiel. Ich erzählte meinem Neffen Harald davon und fragte, was er gezeichnet hätte, wenn wir ins Römisch-Germanische Museum gegangen wären. Ich dachte dabei an den Reisewagen, denn hier bleiben die meisten Besucher am längsten stehen, und wenn die Wärter nicht aufpassen würden, ließen sich ganze Schulklassen in ihm nieder. Aber Harald entschied sich für ‚das bunte Glas mit den grünen Kreisen' – immerhin das kostbarste Stück im ganzen Museum. Da fiel mir ein Buch von dem bekannten Kölner Archäologen Otto Doppelfeld ein, in dem er nicht nur beschrieben hat, wie das Glas hergestellt wurde, sondern auch, wo es gefunden wurde: in der römischen Villa in Köln-Braunsfeld. – Während ich mir überlegte, wie man Kindern und Jugendlichen das alles erklären könnte, kam mir ein anderer Gedanke. Wahrscheinlich würde es Harald auch interessieren, wie die Besitzer des Glases, die Bewohner des Landhauses, gelebt haben. Ich beschloss also, Otto Doppelfelds Buch nicht etwa für junge Menschen ‚zu übersetzen', sondern eine Geschichte sozusagen um das Glas herumzulegen. Ich suchte nach Gegenständen, denen die Bewohner begegnet sein könnten, die für sie wichtig gewesen sein mussten. Die meisten Gegenstände sind heute noch in Köln zu sehen. Aber ich wollte die Gegenstände nicht einfach beschreiben. Ich wollte zeigen, wie Menschen damals mit ihnen gelebt haben und was die Dinge für sie bedeutet haben."

Kommatipp: Infinitivsätze

- Infinitivsätze **müssen** normalerweise **nicht** durch Komma abgetrennt werden.
  Beispiel: Sie forderte uns auf *die Flamme zu entzünden.*
- Ein Komma steht allerdings, wenn auf den Infinitivsatz durch ein **hinweisendes Wort** Bezug genommen wird.
  Beispiel: Wir warteten *darauf, die Flamme erlöschen zu sehen.*
  Wir wünschten *es* sehr, *den Dampf aufsteigen zu sehen.*
- Man **kann** Infinitivsätze auch durch Komma abtrennen, wenn man **Missverständnisse** vermeiden oder die **Gliederung** des Satzes deutlich machen will.
  Beispiel: Sie riet den Mitschülern(,) *genau zuzuschauen.*
  Sie riet(,) *den Mitschülern genau zuzuschauen.*

(1) Lise Meitner erwartete, von ihren Mitarbeitern unterstützt zu werden.
(2) Lise Meitner hoffte, nach Schweden fliehen zu können.
(3) Lise Meitner bot Hahn an, seine Versuchsergebnisse in Schweden zu berechnen.
(4) Lise Meitner wartete darauf, von den männlichen Wissenschaftlern anerkannt zu werden.

5 a) Erklärt anhand der Beispiele, warum Infinitivsätze eine Art der Inhaltssätze sind.
b) In welchen der vier Sätze könnte das Komma entfallen? Begründet eure Entscheidung.

6 a) Untersucht im folgenden Text die Gliedsatzarten. Begründet die Kommasetzung.
b) Stellt für einzelne Satzgefüge die passenden grafischen Stufenmodelle her (s. S. 136).

Hans Peter Thiel/ Marcus Würmli

Abenteuer Technik

(1) „Abenteuer Technik" ist eine spannende Reise durch die Geschichte technischer Neuerungen und Entwicklungen. (2) Auf anschauliche und einprägsame Weise werden komplexe technische Vorgänge erläutert und der Leser gewinnt Einblick in die Funktionsweise neuester technischer Anlagen und Geräte. (3) Keiner kann wohl sagen, dass er schon genug weiß. (4) Hier wird gezeigt, wie man aus Sonne, Wind und Wasser Energie gewinnen kann. (5) Dazu dienen Windkraft- und Solaranlagen sowie modernste Wasserkraftwerke. (6) Der Leser erfährt, wie Ultraschallwellen das Bild eines Babys entstehen lassen, wie man mit Satellitenschüsseln Programme aus fernen Ländern empfangen kann und warum Quarzuhren so genau gehen. (7) Er ist verblüfft, dass das erste Fax schon vor 150 Jahren übermittelt wurde. (8) Wie in den USA ein Fernsehen für Blinde entwickelt wurde, wird vorgeführt. (9) Und es erstaunt, dass die Haupteisenbahnlinien der Welt zusammengesetzt 116-mal die Erde umrunden könnten. – (10) Ob man das alles versteht, fragt man sich. Worterklärungen helfen, auch die schwierigsten Begriffe zu verstehen. (11) Schließlich lernt man auch den Nachschlageteil eines Sachbuchs sinnvoll zu nutzen. (12) Das Buch macht technisch hochkomplizierte Zusammenhänge verständlich und schafft es, das Interesse des Lesers an einem der faszinierendsten Bereiche unseres Alltagslebens zu wecken.

Rechtschreibtipp: dass/das

Oft verwechselt werden die **Konjunktion „dass"** und das **Relativpronomen „das"**. Ihr könnt sie leicht auseinander halten, wenn ihr euch klarmacht:

- **„dass"** leitet einen **Inhaltssatz** ein, den ihr wie ein Objekt oder Subjekt erfragen könnt.

  Beispiel: Ich weiß, *dass das Buch gut ist.* → „(Wen oder) was weiß ich? – Dass das Buch …"

  Dem mit „dass" eingeleiteten Inhaltssatz geht im Hauptsatz meist ein Verb des Sprechens, der geistigen Tätigkeit oder der sinnlichen Wahrnehmung voraus.

  Beispiele: Sie *sagt,* dass sie das Buch gern gelesen hat.
  Er *weist nach,* dass dem Autor Fehler unterlaufen sind.
  Man *hat beobachtet,* dass die meisten Besucher beim römischen Wagen stehen bleiben.

- **„das"** leitet einen **Relativsatz** ein, der sich auf ein Bezugswort im Hauptsatz bezieht. Ihr könnt dieses „das" durch „welches" ersetzen.

  Beispiel: Das Buch, das ich gelesen habe, ist gut. → Das Buch, welches ich …

  Und ihr könnt den Relativsatz mit „Was für ein …?" erfragen.

  Beispiel: Ein Buch, das mir gefällt, empfehle ich weiter.
  → „Was für ein Buch …? – Ein Buch, das mir gefällt …"

(1) *Sie hatte ein neues Buch gelesen, da■ ihr Lieblingsthema behandelte.*
(2) *Sie fand, da■ die Autorin alles verständlich erklärte.*
(3) *Es war aber nicht das Buch, da■ ihr Lehrer empfohlen hatte.*
(4) *Sie war stolz darauf, da■ sie es selbst in der Bücherei entdeckt hatte.*
(5) *Sie dachte, da■ auch ihre Freundin das Buch, da■ ihr so gut gefiel, lesen sollte.*

7 a) Diktiert euch die Sätze gegenseitig.
b) Begründet nach jedem Satz, warum ihr „dass“ oder „das“ geschrieben habt.
c) Kontrolliert zum Schluss gemeinsam eure Sätze, besonders die Kommasetzung.

8 a) **Vorsicht Fehler!** Nennt in folgendem Text alle Stellen, an denen Kommas zu setzen sind.
b) Bestimmt, wo es um „dass-Sätze“ geht.

Urs M. Fiechtner/Sergio Vesely

Erwachen in der neuen Welt. Die Geschichte von Bartolomé de las Casas

Die Gestalt des Dominikanerbischofs las Casas ist für jeden der die beschämende Geschichte der Eroberung Lateinamerikas studiert ein Trost. Die spanischen Eroberer hatten nach der Entdeckung Lateinamerikas begonnen das Land der Ureinwohner zu erobern. Dabei kümmerte es sie nicht da■ viele Indios umkamen. Man erfährt in diesem Buch da■ der spanische Bischof viele Berichte und Eingaben an die spanische Krone gerichtet hat. Mit seinen Appellen an sie und an die goldgierigen und erbarmungslosen Ausbeuter wollte er erreichen da■ man die Verfolgung der Indios unterließ.
Wir wissen aber kaum von etwas da■ ihn zu seiner Verteidigung der Indios geführt hat. Vor allen Dingen ist seine Jugend fast unbekannt. Die Autoren wollen in einer fiktiven Erzählung darstellen wie sich die ungewöhnliche Persönlichkeit von Las Casas entwickelt haben könnte. Sie machen verständlich welche Erlebnisse seinen Protest herausgefordert haben mögen. Es wird deutlich da■ er zu völlig anderen Urteilen und Verhaltensweisen kam als die Menschen seiner Umgebung. In seiner Jugend in Sevilla zeigen sie den Gerechtigkeitssinn und die Zivilcourage die schon der Junge an den Tag legte.
An diesem biografischen Versuch erscheint schließlich noch besonders gelungen da■ ein Sachanhang auf eine weitere Beschäftigung mit dem großen Freund der Indios vorbereitet.

9 a) Führt die folgenden Experimente durch und sucht nach Erklärungen für die auffälligen Vorgänge.
b) Schreibt Versuchsbeschreibungen und verwendet für die Erklärungen die passenden Adverbialsätze.
c) Tauscht eure Hefte mit einem Partner/einer Partnerin aus und **lest Korrektur:**
- Prüft, ob passende Gliedsätze verwendet worden sind. Wenn ihr im Zweifel seid, müssen die Tauschpartner erklären, warum sie eine bestimmte Art von Gliedsatz verwendet haben.
- Prüft die Kommasetzung in den Satzgefügen. Bei Fehlern müssen die Tauschpartner die passende Kommaregel angeben.
- Prüft die Schreibung des „dass“ bei den „dass-Sätzen“.

Luftströme

Attraktive Bälle

Wir kleben zwei Tischtennisbälle an zwei etwa 50 Zentimeter langen Bindfäden fest und hängen sie so an einem Stab auf, dass sie einige Zentimeter voneinander entfernt sind.
Was passiert, wenn wir jetzt zwischen den Bällen hindurchblasen?
Man sollte meinen, sie entfernten sich voneinander.
Doch das Experiment erweist das Gegenteil. Die Bälle bewegen sich aufeinander zu.

Widerstandsfähiges Papier

Lege ein der Länge nach gebogenes Blatt Papier in der Größe einer Postkarte auf den Tisch. Du glaubst sicherlich die Karte leicht umwenden zu können, wenn du kräftig darunter pustest. Probiere es! Wie sehr du dich anstrengst, die Karte hebt sich nicht vom Tisch. Im Gegenteil, sie schmiegt sich fester an.
Daniel Bernoulli, ein Schweizer Wissenschaftler des 18. Jahrhunderts, stellte fest, dass der Druck eines Gases bei zunehmender Geschwindigkeit geringer wird. Der Luftstrom erzeugt unter der Karte einen Unterdruck, sodass der normale Luftdruck von oben die Karte auf die Unterlage presst.

Aerodynamische Flasche

Wenn man bei Wind hinter einer Plakatsäule steht, merkt man, dass sie keinen Windschutz bietet. Ein entzündetes Streichholz verlischt. Ein kleiner Versuch zu Hause bestätigt dir das: Puste kräftig gegen eine Flasche, hinter der eine brennende Kerze steht, und die Flamme geht sofort aus. – Der Luftstrom teilt sich beim Auftreffen auf die Flasche, schmiegt sich an ihre Rundung und vereinigt sich mit kaum verminderter Stärke wieder hinter ihr. Es entstehen Luftwirbel, die die Flamme treffen.
Fertige eine Skizze mit der Wirbelbildung an. Benutze dafür die Erkenntnisse von Bernoulli (siehe „Widerstandsfähiges Papier“).

9 Schule früher und heute – Mit Rechtschreibschwierigkeiten umgehen

9.1 Eine Woche in der Lessing-Schule

Mehr Sicherheit auf dem Schulweg – Groß- und Kleinschreibung

Es macht Spaß, in der 7b der Lessing-Schule zu sein. Die Jungen und Mädchen verstehen sich – meist – prima, sie unternehmen vieles gemeinsam. Darum hat der schwere Unfall von Marc, ihrem Klassenkameraden, erst Aufregung und dann großen Zorn ausgelöst. Man müsste viel mehr für die Sicherheit auf dem Schulweg tun! Bei der Diskussion des Themas hat die Klasse eine überraschend einfache Idee entwickelt, wie die zuständigen Politiker das Problem lösen könnten.

Klasse 7b
Lessing-Schule
ABC-Str. 1-3

45454 Neustadt a.d.R., den 20. Mai 1998

An die Bezirksvertretung von Neustadt-Süd
Schulzestr. 15
45453 Neustadt a.d.R.

Radwege für unseren Schulweg

Sehr geehrte Damen und Herren!

Wir, die 7b der Lessing-Schule, möchten uns heute mit einem dringenden Anliegen an Sie wenden.

Von Neustadt-Stadtwald nach Neustadt-Süd kann man natürlich problemlos Auto fahren. Will man aber auf derselben Strecke Rad fahren, wird es manchmal lebensgefährlich!

Diese schreckliche Erfahrung mussten seit den Osterferien drei Jungen und ein Mädchen unserer Schule machen. Der Letzte, den es traf, ist Marc Meier, einer unserer Klassenkameraden. Er liegt jetzt seit zwei Wochen im Krankenhaus. - Und wann heißt es: Der Nächste, bitte!?

Alle Unfälle wurden von PKWs verursacht, die keinen genügenden Seitenabstand zu den Radfahrern einhielten. Im Nachhinein behaupten dann die Autofahrer, die Jugendlichen auf dem Rad würden sich nicht in Acht nehmen und die halbe Fahrbahn beanspruchen. Das ist wirklich das Letzte!

Wir haben einmal nachgefragt: Jede/r Dritte aus unserer Klasse und jede/r Fünfte von allen, die unsere Schule besuchen, wohnt im Stadtwald und benutzt für den Schulweg regelmäßig das Rad. Im ersten Teil der Strecke, auf der Fürstenstraße, gibt es im Großen und Ganzen wenig Probleme, weil dort ein Stück Fahrradweg existiert (auch wenn der viele Schlaglöcher aufweist!). Gefährlich wird es aber nach der Einmündung in die Baumallee, weil die Autofahrer auf dieser vierspurigen Straße auf Biegen und Brechen zu überholen versuchen, um die Ampeln bei Grün zu erwischen. Manche kümmern sich nicht im Geringsten um uns Radfahrer. Klar, dass wir dabei im Zweifelsfall den Kürzeren ziehen. Wir haben keinen Seitenaufprallschutz!

Darum möchten wir im Folgenden einen Vorschlag zur Steigerung der Verkehrssicherheit für uns Radfahrer machen:

Der Bürgersteig entlang der Baumallee, Richtung Neustadt-Süd, ist ziemlich breit. Könnte man nicht den Bürgersteig durch Farbmarkierung in einen Fußgänger- und einen Radfahrerbereich teilen? Das gäbe in Bezug auf die Fußgänger bestimmt keine Probleme. Im Allgemeinen sind dort wegen der langen Werksmauer von Baum & Co. nur wenige Leute zu Fuß unterwegs. Für uns Radfahrer wäre eine solche eigene Spur, die man in beiden Richtungen befahren könnte, das einzig Richtige um mögliche Zusammenstöße mit PKWs im Voraus auszuschließen. Auf preisgünstige Weise wäre so die Verkehrssituation für alle Beteiligten entschärft.

Darum hoffen wir, dass Sie sich für diese Maßnahme stark machen.

Mit freundlichen Grüßen

Die 7b der Lessing-Schule

1 Diskutiert den Vorschlag der 7b in der Rolle der Bezirksvertreter. Was werden sie dem Rat von Neustadt empfehlen?

2 Der Brief der 7 b enthält eine ganze Reihe von **Nominalisierungen**: Wörter, die im Satz als Nomen gebraucht werden, obwohl sie eigentlich anderen Wortarten angehören.

a) Unterstreicht die Nominalisierungen auf einer Kopie.

b) Erklärt, woran man erkennen kann, dass die nominalisierten Wörter als Nomen gebraucht werden.

c) Legt eine Tabelle an:

Nomen-Signal	Nominalisierung
Artikel	der [L]etzte, ...
(Artikel+) Adjektiv	das einzig [R]ichtige, ...
(Artikel+) Präposition	im [N]achhinein, ...
Pronomen	jede(r) [D]ritte, ...

3 Bilde aus den Wörtern der folgenden Tabelle Redewendungen, die im Deutschen geläufig sind (jedes Wort wird nur einmal verwendet).

sich	im	dem	einzig	Trockenen	ziehen
Gleiches	in	das		Trüben	stehen
	auf	dem		Besten	sitzen
	mit	den		Weite	vergelten
	zum	das		Acht	geben
	im			Argen	suchen
	vor			Nichts	fischen
				Richtige	liegen
				Gleichem	nehmen
				Kürzeren	tun

4 Entwerft das Schreiben, mit dem die Bezirksvertreter nach ihrer Debatte der Klasse 7b antworten. Achtet dabei besonders auf die Schreibung nominalisierter Ausdrücke.

„Was machst du heute Nachmittag?" – Schreibung von Tageszeiten und Wochentagen

In der 7b sind einige Mädchen und Jungen, die im Verein und in der Schulmannschaft erfolgreich Tennis spielen. Stundenlang können sie über ihre Tenniskünste fachsimpeln oder von ihren großen Vorbildern im Tenniszirkus schwärmen. Darum freuen sie sich riesig, als sie ausgewählt werden, bei einem Tennis-Grandprix-Turnier Ballmädchen und -jungen zu sein. Während der Matches hautnah bei den Stars … da kann man noch viel mehr lernen als bei einer Fernsehübertragung mit Zeitlupe!
Nach ihrem Einsatz berichten sie in der Klasse begeistert von den spannenden Spielen. Einer hat auch den Sportteil der Zeitung mitgebracht.

Tobias Blasius

Alle Verlierer sind glücklich – Randnotizen vom Tennisturnier

„Lucky Loser" überall beim Tennis-Grandprix in der Grugahalle in Essen. Nicht nur die gescheiterten Qualifikanten, die diverse Absagen ins Hauptfeld katapultierten, machen als „Glückliche Verlierer" Schlagzeilen.
Auch für Iva Majoli kam es erst dick, bevor sie später wieder strahlen konnte. Der an Nummer eins gesetzten Kroatin war vorgestern Vormittag etwas ins Auge geraten, was durch ständiges Reiben während des Mittags immer schlimmer wurde. In einer Feuerwehr-Aktion wurde Majoli zum Arzt chauffiert. Mit 30 Minuten Verspätung lief sie dann am Nachmittag doch noch zum Match mit der Russin Elena Makarova auf, zog mit 6:4, 6:2 ins Viertelfinale ein – und hatte abends alle Schmerzen vergessen.
Zunächst die kalte Dusche und später einen Grund zur Freude gab es auch für Helena Sukova, die gestern Abend im Achtelfinale an Asa Carlsson scheiterte, dafür aber am heutigen Freitag in Ruhe ihren 31. Geburtstag feiern kann. – Ein „doppelter Lucky Loser" ist die Österreicherin Melanie Schell. Sie rutschte am Mittwochabend freudig für die verletzte, an Nummer acht gesetzte Französin Julie Halard-Decugis ins Hauptfeld. Nach der 6:4, 4:6, 1:6-Niederlage gegen die Belgierin Els Callens war sie gestern Mittag genauso schnell wieder draußen, durfte aber so abends in ihrem Freundeskreis ihren 19. Geburtstag feiern.
Erst „lucky", dann „Loser" waren am Donnerstagnachmittag die Fernsehzuschauer. Das erste Match der Karlsdorferin Anke Huber gegen die Niederländerin Miriam Oremans versprach nach den gerecht verteilten ersten Sätzen endlich Spannung. Doch die ARD hielt sich nachmittags mal wieder strikt an den Programm-Plan und blendete um 17 Uhr aus. Am Ende siegte Anke doch noch mit 6:4, 6:7, 6:4. Nun geht es heute am späten Mittag (14.30 Uhr) gegen Barbara Rittner. Am Ende dieses Spiels wird wohl nur noch die Siegerin, die ins Halbfinale morgen Nachmittag einzieht, „lucky" sein.

1 Der Reporter schreibt über ein Damenturnier. Überarbeitet den Text so, dass überall deutlich wird, dass von Frauen die Rede ist. Diskutiert, warum dies an manchen Stellen besonders schwierig ist.

2 a) Der Artikel enthält einige Zeitangaben. Ordnet sie in die Tabelle ein:

Zeitadverbien	Zeitangaben mit (möglichem) Nomen-Signal
später	(am) Vormittag
vorgestern	…
…	…

b) Formuliert eine **Rechtschreibregelung:**
Bezeichnungen für Tageszeiten werden großgeschrieben, wenn …
Aber: Bezeichnungen für Tageszeiten werden kleingeschrieben, wenn …

3 Verwende bei der Bearbeitung der folgenden Aufgaben möglichst viele Tageszeitangaben:

a) Beschreibe, wie bei dir normale Schultage ablaufen:
Meist stehe ich morgens kurz vor sieben auf ...

b) Berichte, was an den einzelnen Tagen der letzten Woche passiert ist:
Letzte Woche ... beim Tennisturnier/ ... in der Jugendherberge/ ... im Trainingslager/ ... in den Ferien

c) Tauscht untereinander die Hefte aus, um die Rechtschreibung zu überprüfen.
Vergleicht die Schreibung der Zeitangaben in den Texten zum Schulalltag und zur letzten Woche. Kommentiert eure Beobachtungen.

Rolf Dieter Brinkmann

Oh, friedlicher Mittag

mitten in der Stadt, mit den verschiedenen
Mittagessengerüchen im Treppenhaus. Die Fahrräder
stehen im Hausflur, abgeschlossen, neben
dem Kinderwagen, kein Laut ist zu hören.

Die Prospekte sind aus den Briefkästen
genommen und weggeworfen worden. Die Briefkästen
sind leer. Sogar das Fernsehen hat die türkische
Familie abgestellt, deren Küchenfenster

zum Lichtschacht hin aufgeht. Ich höre
Porzellan, Teller und Bestecke, dahinter
liegen Gärten, klar und kühl, in einem blassen
Frühlingslicht. Es sind überall die seltsamen

Erzählungen von einem gewöhnlichen Leben ohne
Schrecken am Mittwoch, genau wie heute. Der Tag
ist, regenhell, verwehte Laute: oh friedlicher
Mittwoch mit Zwiebeln, auf dem Tisch,

mit Tomaten und Salat.
Die Vorhaben und Schindereien sind
zerfallen, und man denkt, wie friedlich
der Mittwoch ist

Wolken über dem Dach, blau, und
Stille in den Zimmern, friedlich und still und
genauso offen wie Porree, wie Petersilie grün ist
und die Erbsen heiß sind.

4 Rolf Dieter Brinkmann (1940–1975) hat viele Gedichte geschrieben, die scheinbar kunstlos Augenblicke aus dem Alltag wiedergeben.
Was unterscheidet das Gedicht von einer bloßen „Momentaufnahme“? Berücksichtigt bei euren Überlegungen die Zeitangaben im Text.

Einen Schüleraustausch vorbereiten – Geografische Namen und Herkunftsbezeichnungen

Schon seit mehreren Jahren gibt es eine Partnerschaft zwischen der Lessing-Schule und einer Schule in Rückmarsdorf, das liegt in der Nähe von Leipzig. Jedes Jahr besuchen sich Jugendliche aus den 7. und den 9. Klassen für zwei Wochen und nehmen dann am Unterricht in der Partnerschule teil. – Die 7 b bereitet sich gerade auf ihre sächsischen Gäste vor und plant ein kleines Projekt zum Thema „Kennt ihr euch in Deutschland aus?“, das während des Austauschs gemeinsam durchgeführt werden soll.

Leipzig – Messe und mehr

Das Handelszentrum: die Leipziger Messe

Es ist kein Zufall, dass sich Leipzig zum Haupthandelszentrum Mitteldeutschlands entwickeln konnte. Seine Lage am Schnittpunkt dreier bedeutender Verkehrsrouten hätte nicht besser sein können: Die Wiener und Prager Fernstraßen nach Hamburg und Lübeck, die Straßen vom Rhein-Main-Gebiet über das hessische Fulda und das thüringische Erfurt nach Krakau oder Danzig und von den großen italienischen Städten über das schwäbische Augsburg und das fränkische Nürnberg trafen hier zusammen.

Im 13. Jahrhundert erließ Markgraf Dietrich von Landsberg ein Schutzprivileg für Kaufleute und das Messeprivileg Kaiser Maximilians von 1507 schaltete die Naumburger und Erfurter Konkurrenz aus. Die Alte Handelsbörse erinnert an die große Handelstradition der Stadt.

Bummeln in Passagen

Die berühmte Mädler-Passage ist ebenso wie die Königshof-Passage und die Messehof-Passage der Stolz der Leipziger. Zwischen Neumarkt, Grimmaischer Straße und Petersstraße durchziehen sie den gesamten Häuserblock und bieten dem kauflustigen Besucher alles, was sein Herz begehrt.

In der Mädler-Passage wird im altehrwürdigen „Auerbachs Keller" Goethes „Faust" in Wort und Bild lebendig.

Leipziger Kaffeeklatsch

Was wäre Leipzig ohne Kaffee?! Lieber verzichten die Leipziger auf ihr „Leipziger Allerlei", als ein Schälchen Kaffee zu entbehren. Das „Haus zum Kaffeebaum" in der Fleischergasse 4, unweit des Marktes, ist die zweitälteste deutsche Kaffeestube. – Nachdem auch August der Starke hier entzückt seinen Kaffee genossen hatte, bekam der Wirt das Privileg eines „sächsischen Hofchocoladiers" verliehen.

Ausflug ins Grüne

Etwa im 18. Jahrhundert kam es in Mode, dass sich betuchte Bürger Landhäuser zulegten, so auch rund um Leipzig in den Dörfern Connewitz, Eutritzsch und Gohlis, die inzwischen längst Stadtteile von Leipzig sind. Besonders reizvoll ist das Gohliser Schlösschen anzusehen, 1756 als Sommersitz für den Leipziger Kaufmann Caspar Richter erbaut.

1 Dieser Textauszug stammt aus einem Reiseführer, der im Jahr der Grenzöffnung der DDR, 1989, veröffentlicht wurde. Informiert euch darüber, wie sich die Messestadt Leipzig seitdem entwickelt hat.

2 a) Der Text enthält viele geografische Eigennamen. Bei der Schreibung der einfachen Namen muss man nur auf die buchstabengetreue Wiedergabe achten. Schreibt die Ortsnamen aus dem letzten Abschnitt (Z. 49–57) heraus und lasst sie von eurer Nachbarin/eurem Nachbarn kontrollieren.

b) Ordnet alle mehrteiligen Namen und alle Herkunftsbezeichnungen in die Tabelle ein:

Mehrteilige Eigennamen		Herkunftsbezeichnungen	
mit Bindestrich	mit Bestandteilen, die keine Nomen sind	Ableitungen auf -er	Ableitungen auf -isch
Rhein-Main-Gebiet	Dietrich von Landsberg	Leipziger	hessisch
...	...	...	...

c) Anhand der Eintragungen in die Tabelle könnt ihr die Schreibung von Eigennamen und Herkunftsbezeichnungen beobachten. Formuliert für jede Spalte eine **Rechtschreibregelung,** die besonders auf die Groß- und Kleinschreibung eingeht.

d) Die Bezeichnung „Grimmaische Straße" erscheint in zwei Spalten, d.h., zwei Rechtschreibregelungen konkurrieren miteinander. Welche ist stärker? Fasst eure Beobachtung in einer Regelung zusammen.

3 In Deutschland gibt es mehrere Bundesländer, die man mit Bindestrich schreibt, weil dort zwei Regionen zu einer politischen Einheit verbunden sind, z. B.: *Schleswig-Holstein ...*

a) Legt eine Liste dieser Bundesländer an und tragt die Namen in eine große Karte der Bundesrepublik ein, die ihr als **Wandzeitung** aufhängen könnt. Vervollständigt anschließend die Eintragung der Bundesländer auf eurer Deutschlandkarte.

b) Wählt in kleinen Gruppen jeweils ein „Bindestrich-Land" aus und erkundet mit Hilfe von Lexika oder Geschichtsbüchern, wann und warum die Zusammenschlüsse stattfanden. Notiert eure Ergebnisse auf Karteikarten, stellt sie euch gegenseitig vor und heftet sie an die Wandzeitung.

4 a) Sucht auf Autokarten Beispiele aus allen Bundesländern für mehrteilige Ortsnamen, die außer Nomen auch andere Wortarten enthalten, z. B.: *Neustadt an der Weinstraße, Rothenburg ob der Tauber...*

b) Beschreibt die genannten Orte kurz, z. B. anhand einer touristischen Attraktion, durch Angabe der geografischen Lage usw. Befestigt eure Ortsbeschreibungen auf der Wandzeitung.

c) Nach welchem Prinzip sind viele der Ortsnamen gebildet?

5 Jede Region Deutschlands hat ihre eigenen kulinarischen Spezialitäten hervorgebracht. Berühmt sind *Frankfurter Würstchen, Teltower Rübchen, Pfälzer Wein ...*

a) Sammelt Herkunftsbezeichnungen solcher „Markenartikel", die auf *-er* enden.

b) Heftet Rezepte oder Abbildungen dieser Produkte an die Wandzeitung.

6 a) Zu den offiziellen Kennzeichen jedes Bundeslandes gehören die Landesfarben, die ihr z. B. an den Fahnen ablesen könnt. Listet die verschiedenen Landesfarben nach folgendem Muster auf:
Die bayerischen Landesfarben sind weiß-blau. Die brandenburgischen ...
Vergewissert euch in Zweifelsfällen im Rechtschreibwörterbuch über die richtige Wortbildung.

b) In welchen Fällen klingen die Adjektive, die zu den Landesnamen gebildet werden, nicht sehr elegant? Welche Formulierung schlagt ihr stattdessen vor?

c) Bastelt Fähnchen mit den Landesfarben für eure Wandzeitung.

Wünsche und Tagträume – Getrennt- und Zusammenschreibung

Die Jungen und Mädchen der Klasse 7b können stundenlange Gespräche führen, auf dem Rückweg von der Schule oder am Telefon ... Oft geht es um die nächste Klassenarbeit oder die letzte Auseinandersetzung mit den Eltern, aber manchmal schweifen die Gedanken auch zu Wünschen und Tagträumen. Dabei entwickeln sie Vorstellungen darüber, was sie von Menschen, Dingen oder Situationen erwarten – besonders dann, wenn sie mit ihrer Umgebung unzufrieden sind.

1 Beschreibt eure eigenen Wunschbilder:

Die Schule sollte ... sein.
Mein Freund/Meine Freundin sollte ... sein.
Die nächsten Ferien sollen ... sein.
Mein späterer Beruf soll ... sein.

Rechtschreibregelung

Wortgruppen mit dem Verb **„sein"** schreibt man immer **getrennt,** z. B. *da sein, vorbei sein ...*

2 a) Bildet Fragen zu euren Wunschbildern mit den Beispielen aus dem Wörterfächer. Probiert dabei verschiedene Tempusformen aus.
b) Unterstreicht in euren Fragen die Wortgruppen mit „sein". Was beobachtet ihr bei der Wortstellung?

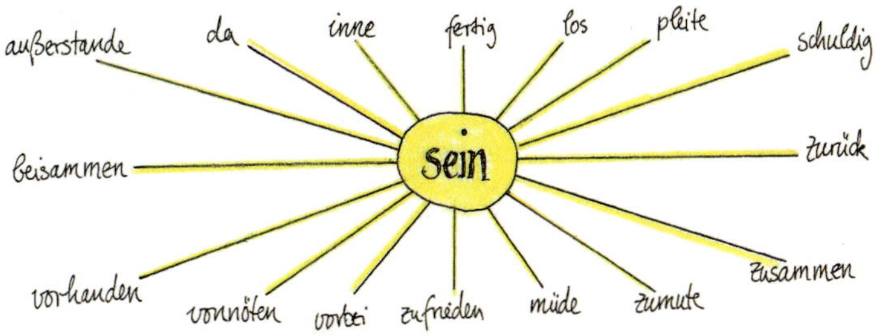

Auch Günter Kunert formuliert in seinem Gedicht „So soll es sein" Hoffnungen: Hoffnungen auf eine Gesellschaft, in der Gedichte nicht dazu (aus-)genutzt werden, Menschen zu beeinflussen oder zu erziehen.

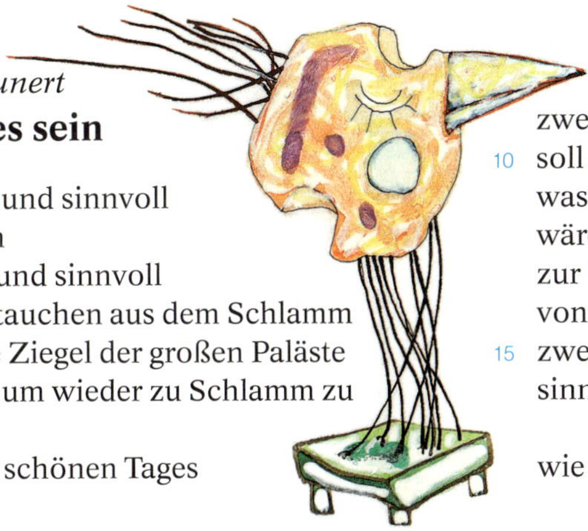

Günter Kunert
So soll es sein

Zwecklos und sinnvoll
soll es sein
zwecklos und sinnvoll
soll es auftauchen aus dem Schlamm
daraus die Ziegel der großen Paläste
entstehen um wieder zu Schlamm zu
zerfallen
eines sehr schönen Tages
zwecklos und sinnvoll
soll es sein
was für ein unziemliches Werk
wäre das
zur Unterdrückung nicht brauchbar
von Unterdrückung nicht widerlegbar
zwecklos also
sinnvoll also

wie das Gedicht

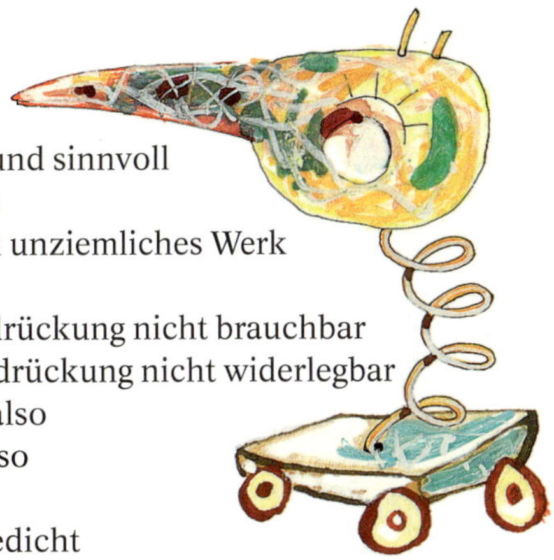

3 a) Kunerts Vorstellungen von einem Gedicht wirken ziemlich widersprüchlich. Diskutiert, ob sich die gewünschten Eigenschaften in einem Gedicht vereinbaren lassen. Kennt ihr Gedichte, die Kunerts Forderungen entsprechen?
b) Wie soll ein Gedicht für dich sein? Schreibe es auf.

Sommerferien zu Hause

Oliver ■ sich. Alle seine Freunde sind im Urlaub – nur er nicht, denn seine Eltern können ihr gerade erst eröffnetes Geschäft nicht allein lassen. Die Familie hat lange ■, aber es lässt sich in diesem Jahr nicht anders ■ . Das sieht Oliver ein, auch wenn er anfangs ■ hat. Also rekelt Oliver sich verdrossen auf der Liege im Garten. Er will ■, um wenigstens auch ein bisschen braun zu werden. Die Sonne brennt ziemlich stark. Er gerät ins Träumen: Die Wiese verschwimmt zum Strandbadufer am See. Seine ganze Clique ist da. Sie planen einen Triathlon: Erst müssen alle bis zur Boje draußen im See ■, zurück jedoch kraulen, dann mit dem Rad den See ■ und zum Abschluss vom Fahrradständer bis zum hintersten Ende der Liegewiese ■. Dem Sieger winkt das größte Eis, das es am Kiosk gibt. Oliver ■ schon lange damit, aber da er gut ■ kann, weiß er, dass das Eis mehr als ein Drittel seines Taschengeldes verschlingen würde. Seinen Anteil an der Siegerprämie, so ■ er messerscharf, kann er sich dagegen locker leisten. Dabei wird er vor allem mit Carsten, seinem besten Freund, um das Eis ■ müssen, aber wenn er beim Schwimmen und beim Radfahren seine Ausdauer ausspielt und beim Laufen durch ein lang gezogenes Finish Carsten im Sprint ■ könnte, müsste es klappen. Olivers Siegesgewissheit wächst: Eigentlich braucht er nur seine Leistungen vom letzten Vereinssportfest zu

■, dann gewinnt er das supergroße Eis! Alle sind startklar. Und – los ins Wasser. Brrr, ist das kalt!
Da hört er jemanden laut lachen. Seine Mutter hat ihn mit einem kräftigen Wasserschwall aus der Gießkanne geweckt. Schade um das Eis. Aber vielleicht kann er seine Mutter ■ ihm ein Eis auszugeben.

4 a) Setze die folgenden Verben so in die Lücken ein, dass ein sinnvoller Text entsteht:
brustschwimmen – handhaben – kopfrechnen – langweilen – liebäugeln – schlussfolgern – sonnenbaden – überlegen – überreden – übertreffen – umfahren – wetteifern – wettrennen – widersprechen – wiederholen

b) Arbeitet zu zweit an einer „Materialprobe“ dieser Wörter: Versucht die Verben ins Präsens, ins Perfekt und ins Präteritum zu setzen, z. B.:
sich langweilen: Oliver langweilt sich – er hat sich gelangweilt – er langweilte sich

c) Vergleicht eure Ergebnisse. Lassen sich diese Formen bei allen Verben bilden? Verändert sich die Reihenfolge der Wortbestandteile in den verschiedenen Zeitstufen?

5

Präposition +	Verb →	Verb	Beispiel
durch	brechen	durchbrechen	eine Regel durchbrechen
durch	queren	...	ein Land ...
durch	schauen	...	jemanden ...
hinter	gehen	...	jemanden ...
hinter	fragen	...	ein Problem ...
hinter	legen	...	ein Pfand ...
über	setzen	...	ein Buch ...
um	gehen	...	eine Absprache ...
unter	stellen	...	jemandem etwas ...
wider	rufen	...	ein Geständnis ...

a) Übertragt die Tabelle in euer Heft und vervollständigt sie. Lest die Ausdrücke laut und markiert bei den Verben die betonten Silben.

b) Im Text über den träumenden Oliver gibt es weitere zusammengesetzte Verben, die nach derselben Betonungsregel ausgesprochen werden. Sucht sie heraus und fügt sie in alphabetischer Reihenfolge in eure Tabelle ein.

c) Schlagt die Verben im Rechtschreibwörterbuch nach. Welche Markierung haben sie alle gemeinsam? Sucht mit Hilfe dieser Markierung noch weitere Beispielwörter für die Liste.

Rechtschreibregelung

Wörter aus verschiedenen Wortarten können mit Verben **untrennbare Zusammensetzungen** bilden. Man erkennt sie daran, dass die Reihenfolge der Wortbestandteile immer unverändert bleibt. Man **schreibt** diese Wörter **stets zusammen,** z. B.: *langweilen, handhaben.*

Dazu gehören auch alle Verben, die mit *durch-, hinter-, über-, um-, unter-, wider-, wieder-* beginnen und **auf dem zweiten Wortbestandteil betont** werden, z. B.: *durchdenken, hinterlassen, übertreiben, umarmen, unternehmen, widersprechen, wiederholen.*

6 a) Erzähle, wovon du an einem langweiligen Ferientag vielleicht tagträumen würdest. Benutze dabei Verben, die untrennbare Zusammensetzungen bilden. Unterstreiche diese Verben in deiner Geschichte.

b) Tauscht eure Hefte aus und testet, ob es sich bei den markierten Verben um untrennbare Zusammensetzungen handelt, indem ihr sie in die verschiedenen Tempusformen setzt.

9.2 Schule war früher anders als heute – die Rechtschreibung auch

Die folgenden Texte geben euch einen Einblick, wie es im Schulleben und im Unterricht früher zugegangen ist. Im Vergleich zur Schule von heute wird euch mancher Unterschied auffallen. Dass die Texte aus vergangenen Zeiten stammen, lässt sich auch an der Rechtschreibung feststellen.
Vorschlag zur Erarbeitung: Ihr könnt zunächst darüber sprechen, wie die Schule in den Texten (S. 149–152) dargestellt wird. Anschließend könnt ihr in Gruppenarbeit die Abweichungen zur heutigen Rechtschreibung untersuchen (Aufgabe 5, S. 153).

Schul-Gesetze, welche denen Kindern in den Teutschen Schulen vorzulesen

Aus der herzoglich württembergischen Schulordnung von 1729

1. Schul-Kinder sollen wohl bedencken, warum sie in die Schule gehen, nehmlich daß sie darinnen frömmer und geschickter erzogen werden.

[…]

7. Ohne erhebliche Ursachen solle keines die Schul versaumen, aber auch zu rechter Zeit und auf die Stunde sich darinnen einfinden, und ordentlich aushalten.
8. In der Schul selbst sollen sie sich angreiffen[1] und das Ihrige fleißig lernen, damit die Zeit wohl angeleget, und alle Faulheit verhütet werde.
9. Gegen ihren Vorgesetzten Lehrern in Kirchen und Schulen, sollen sie ehrerbietig und demüthig seyn, auch ihrer guten Lehre willig und gehorsamlich folgen.
10. Wann sie es verstehen, sollen sie die Zucht und Straffe von ihren Lehrern mit aller Gedult annehmen, und glauben, daß sie es verdiehnt haben auch auf ernstliche Besserung gedencken.
11. Ihre Sachen, Büchlen, Schrifften und anderes sollen sie wohl in Obacht nehmen, und Sorge tragen, daß sie dieselbe nicht verlieren, noch sonsten besudlen oder verderben.
12. Auch wann sie aus der Schule gehen, sollen sie sich bescheidentlich und stille nach Hauß begeben, nicht aber auf den Gassen und Strassen herum springen, schreyen, oder andern Muthwillen treiben.
13. Was ihnen in der Schul zu lernen auffgegeben worden, darauf sollen sie sich zu Hauß fein wohl bereiten, aber auch, wann sie von der Schul nach Hauß gekommen, das gelernte fleißig widerholen.

1 **angreiffen:** anstrengen

14. Alles wilden, wüsten, groben und unbescheidenen Wesens sollen sie sich inn- und ausser der Schul gäntzlich enthalten, dagegen aller Orten ehrbar und höflich seyn.
15. An ihrem Leib und Kleidern sollen sie sich reinlich und ordentlich halten, mit waschen, kämmen und säubern, damit andere nicht von ihnen angestecket werden, oder wenigstens an ihnen Eckel fassen.
16. Wie sie sich insgemein vor allen Sünden, also sollen sie sich insonderheit vor dem Lügen, als dem eigentlichen Werck des Teuffels, hüten, und wann sie etwas Böses gethan, es lieber frey bekennen, als sich auf das Läugnen legen.
17. Sollen sich nur zu den frommen und wohlgearteten Kindern halten, hingegen die Gesellschaft der Bösen, als eine Pest, sorgfältig meiden.
18. Keines soll dem andern nichts zu Leid oder Schaden reden, es nicht lästern, oder bey dem Vorgesetzten aus Boßheit hinein hauen, oder fälschlich angeben.
19. Auch sollen sie einander nicht auslachen, verhöhnen, oder sonsten spöttische, oder auch feindselige, neidische, zornige und rachsuchtige Geberden gegen einander machen.
20. Noch weniger sollen sie einander einigen Ohnnahmen anhängen, keines das andere schelten, schmähen oder ihme etwas böses anwünschen.
21. Am allerwenigsten sollen sie einander schlagen, rauffen, oder auf einigerley Weise Schaden zufügen.
22. Keines solle dem andern das Seinige listiglich abschwätzen, oder durch Fuggern oder Mertzlen[2] an sich bringen, noch mit Gewalt etwas nehmen, sondern es solle ein jedes dem andern das Seinige lassen.
23. Alles gewinnsichtige, ärgerliche und gefährliche Spiel soll ihnen gäntzlich verbotten: sonsten aber zu rechter Zeit eine gemäßigte ordentliche Ergötzung nicht verwehret seyn.
24. Wann ein Kind von dem andern etwas böses siehet oder höret, soll es ein solches seinem Schulmeister anzuzeigen schuldig seyn, widrigen Falls einer gleichen Straffe zu gewarten haben, wie das, so das Böse selbsten gethan.

2 **fuggern oder mertzlen:** handeln

1 Viele dieser Verhaltensmaßregeln erscheinen heute fremd. Liegt das am Inhalt oder an der Sprache, in der die „Gesetze" formuliert sind? Diskutiert darüber und erstellt eine Liste in moderner Ausdrucksweise:

Verhaltensregeln, die heute noch gültig sind	Verhaltensregeln, die ihre Gültigkeit verloren haben
...	...

Ludwig Tieck

Erinnerungen

Ludwig Tieck (1773–1853) war der Älteste von drei Geschwistern, die in Berlin als Kinder eines Seilers aufwuchsen. Weil der Vater das unverkennbare Talent seines Sohnes fördern wollte, meldete er ihn 1782 am Friedrichsgymnasium auf dem Werder an, obwohl er das Schulgeld nur unter Opfern aufbringen konnte. Ludwig Tieck, der später ein berühmter Dichter wurde, hat aus seiner Schulzeit Folgendes erzählt:

Einst war in den Lehrstunden ein schriftlicher Aufruf zum Kampfe gegen die elenden Collegiaten, d. h. gegen die Zöglinge des benachbarten französischen Collège, von Hand zu Hand gegangen. Jeder brave Quintaner[1]

1 **Quintaner:** Schüler der sechsten Klasse des Gymnasiums

wurde darin aufgefordert, sich um vier Uhr Nachmittags, mit einem Rohrstocke bewaffnet, auf dem Lustgarten einzufinden. Die Einstimmenden sollten ihre Namen unterzeichnen. Ludwig glaubte nicht zurück bleiben zu dürfen, auch er war ein braver Quintaner. Wirklich traf man zur bestimmten Stunde auf den Feind. Doch plötzlich nahm die Schlacht eine für beide Heere unerwartete Wendung. Auf dem Lustgarten lagen zahlreiche Quadersteine verstreut, die bearbeitet werden sollten. In diesen Engpässen war man sich kaum begegnet, als höhere Kräfte in den Kampf der Helden eingriffen. Hinter jenen Steinen erhoben sich einige handfeste Steinmetzgesellen, die blindlings zufahrend aus der Schar der Collegiaten Einzelne herausgriffen, und an den Zöpfen mit starker Faust in die Lüfte erhoben. Die Werderschen, so unvermuthet durch ein gigantisches Geschlecht unterstützt, nahmen ihres Vortheils wahr, und hieben auf die zappelnden Collegiaten unter lautem Jubel unbarmherzig ein. Einer der Kämpfer, der Sohn eines Bauraths Moser, hatte diese furchtbaren Bundesgenossen in der Stille angeworben. Ludwig konnte in das allgemeine Siegesgeschrei nicht einstimmen. Nie hatte er braven Quintanern solche Tücke und Hinterlist zugetraut. Voll Entrüstung verließ er sogleich den Kampfplatz und ging nach Hause.
Auch ereilte die Nemesis[2] die Verräther früh genug. Das Actenstück, welches den Beweis der Verschwörung enthielt, war in des Directors Hand gefallen. Untersuchung, strengste Strafe waren zu erwarten. Am nächsten Morgen trat Gedike als Richter in die Classe Quinta, der Pedell[3] hinter ihm mit dem Blitze[4] bewaffnet. Nach

einer donnernden Strafrede wurden die Uebelthäter nach der Reihenfolge ihrer Unterschriften aufgerufen, verhört und die Strafe an ihnen vollzogen. Mit innerstem Zagen sah sich auch Ludwig von den Schwingungen des verhängnißvollen Stockes näher und näher umkreist. Endlich hörte er auch seinen Namen. „Und Er, einfältiger Mensch“, donnerte Gedike ihn an, „der erst seit wenigen Monaten in der Schule ist, hat sich auch zu solchem Unfug verleiten lassen? Schämt Er sich nicht?“ Die handgreiflich drohende Gefahr gab dem bestürzten Knaben einen unerwarteten Muth. Mit angstvoller Entschlossenheit rief er: „Herr Director, ich bitte Sie, hören Sie mich an!“ Wirklich hielt der Richter in seinem Strafgericht inne, und lieh der Vertheidigungsrede ein geneigtes Ohr. Mit altkluger Beredtsamkeit stellte Ludwig dar, wie sich die Sache eigentlich verhalten habe, und schloß mit einer Berufung auf das Zeugniß seiner Mitschüler. Da diese seine Aussage unterstützten, entließ ihn Gedike mit den Worten: „Das ist sein Glück!“ denen sich eine eindringliche Warnung für die Zukunft anschloß.

2 **Nemesis:** Göttin der Gerechtigkeit
3 **Pedell:** Hausmeister
4 **Blitz:** Rohrstock

2 Spielt die Szene zwischen Direktor Gedike und den Schülern nach. Überlegt vorher gemeinsam:
a) Zu Tiecks Zeit gab es in Berlin ähnliche Schulgesetze wie in Württemberg (S. 149/150). Gegen welche Regeln haben die Quintaner beim „Kampfe gegen die elenden Collegiaten“ verstoßen?
b) Welche in den Erinnerungen nur angedeuteten Teile des Verhörs müsst ihr noch aus dem Textzusammenhang erschließen um die Szene darstellen zu können? Denkt an eine angemessene Körperhaltung beim Spielen.
c) Diskutiert, welche Bestrafung der Schüler gerecht wäre.

Erhard Weigel

Die Tätigkeit des Geistes

Die Diskussion darüber, was die Kinder und Jugendlichen in der Schule lernen sollen, ist so alt wie die Schule selbst.
Ende des 17. Jahrhunderts kritisiert der bedeutende Mathematiker Erhard Weigel die zeitgenössischen Lateinschulen und fordert stattdessen eine Realschule, in der die Mathematik eine wichtige Rolle spielen soll. Dazu schreibt er 1689:

Die Tätigkeit des Geistes sag ich/die besteht im Rechnen: Rechnen aber heist/nicht nur mit Ziffern spielen/oder nur mit Symbolen grüblen: sondern Rechnen heist/aus vorgegebenen gewissen Wahrheiten/es seyn Innhalts- oder Zielungs Wahrheiten/ein verlangtes Facit mit Nachdencken forschen. [...]
Denn Gott will haben/daß die Menschen keine Abergläuber/sondern Rechner seyn/und rechenschaftlich alles thun/auch endlich Rechenschaft von allen geben sollen. Derowegen müssen alle Schulen Rechen-Schulen seyn hauptsächlich/und das Sprechen nur als einen Werckzeug treiben.

3 a) Versucht gemeinsam, Weigels Überlegungen in heutiges Deutsch zu übertragen.
b) Überzeugt euch seine Begründung? Nimm in einem Kurzkommentar zu Weigels Position Stellung.

4 Formuliert (in Versen oder in Prosa) zu Pfeffels Fabel zwei Fassungen der Lehre:
a) Welche Lehre ergibt sich, wenn man die Fabel als allgemeine Kritik an menschlichen Schwächen versteht?
b) Welche Lehre ergibt sich, wenn man Pfeffel als Schul-Kritiker liest?

Gottlieb Conrad Pfeffel

Der Papagey

Trotz der intensiven Bemühungen vieler Pädagogen um lebensnahen Unterricht behalten die Lateinschulen ihre Bedeutung. Darauf bezieht sich die folgende Fabel, die Gottlieb Conrad Pfeffel 1808 geschrieben hat.

Ein Papagey, der manches Jahr
Der Lehrling eines Rectors war,
Um welchen Tag für Tag ein Duzend Schüler
saßen,
Die laut im Cicero, Virgil und Cäsar[1] lasen,
Magister[2] Psittacus[3], so hieß ihn sein Patron[4],
Entfloh, des ewigen Studirens müde,
In einen Wald, wo eine Legion
Von Vögeln ihn mit einem Jubelliede
Willkommen hieß. Der Mann in Us[5]
Erwiederte den brüderlichen Gruß
Mit sieben Versen aus der Aeneide[6].
Beim Vater Pan[7]! rief groß und klein,
Freund! wir verstehn dich nicht. Das macht, ich
sprach latein,
Und das verstehn nur wir Gelehrten.
Latein? Erklär uns doch, versetzt ein alter Häh'r,
Den Sinn des Spruches, den wir hörten.
Je nun! es war latein, entgegnet er;
Ich hab es schon gesagt. Das ists nicht, was wir
fragen;
Den Sinn, der aus den Worten spricht,
Den bitten wir dich, uns zu sagen.
Den Sinn? ... Den Sinn? ... Je nun, den weiß
ich nicht.
So stotterte der arme Wicht,
Indeß die Frager ihm mit Hohn den Rücken
kehrten.
Von nun an gab im ganzen Hain[8]
Das Vögelchor den Papageyn
Den Uebernamen[9] der Gelehrten.

1 **Cicero, Virgil und Cäsar:** lateinische Schriftsteller
2 **Magister** (latein.): früher auch im Deutschen gebräuchliche Bezeichnung für Lehrer
3 **Psittacus** (latein.): Papagei
4 **Patron:** Schutzherr, Gönner
5 **Usus** (latein.): Sitte, Gewohnheit
6 **Aeneide:** Werk des lateinischen Dichters Ovid über Aeneas, den Ahnherrn des römischen Volkes
7 **Pan:** griechischer Herden- und Waldgott
8 **Hain:** kleiner (lichter) Wald
9 **Uebername:** Spitzname

5 **Gruppenarbeit:** In den Texten auf S. 149–152 sind euch bestimmt viele **Abweichungen von der heutigen Rechtschreibung** aufgefallen.

a) Teilt die Texte untereinander auf und sammelt Wörter mit veralteter Rechtschreibung in einer Liste.

b) Vergleicht eure Listen und stellt die veränderten Schreibungen in einer tabellarischen Übersicht zusammen:

	damals	heute
s-Laut	daß ...	dass ...
Konsonantenverdopplung	bedencken angreiffen ...	bedenken angreifen ...
Vokaldehnung	nehmlich ...	nämlich ...
Groß-/Kleinschreibung	...	...
...	...	...

c) Für welche Beispiele der heutigen Schreibungen könnt ihr Rechtschreibregelungen angeben?

Deutsche Rechtschreibung im Wandel

Erst in den letzten Jahrzehnten des 19. Jh.s gab es erste Bemühungen, die Unregelmäßigkeiten und Widersprüchlichkeiten in der deutschen Rechtschreibung zu beseitigen. 1863 stellte ein Direktor für sein Gymnasium verbindliche Rechtschreibregeln auf. Es war Konrad Duden, der Gründer der berühmten Wörterbücher, mit denen wir heute noch arbeiten. Seine Regeln fanden so viel Anerkennung, dass er sie 1872 in Buchform veröffentlichte.

Im selben Jahr fand, kurz nach der deutschen Reichsgründung von 1871, eine Schulkonferenz in Dresden statt. Ihr folgte 1876 die erste staatliche Rechtschreibkonferenz in Berlin, an der auch Konrad Duden teilnahm. Dort wurden weitgehende Reformen beschlossen. Aber die Regierungen der Länder waren nicht bereit, so starke Änderungen einzuführen, und so blieb vorerst alles beim Alten.

Da brachten 1879 zuerst Österreich und dann Bayern staatliche Regelbücher heraus. Nun musste Preußen handeln: Der Kultusminister beauftragte einen Sprachwissenschaftler, ein preußisches Regelbuch zu verfassen. Es erschien 1880, im selben Jahr wie Dudens „Vollständiges orthographisches Wörterbuch der deutschen Sprache“. 1901 fand in Berlin die 2. Orthographische Konferenz aller deutschen Bundesstaaten statt, die die einheitliche Rechtschreibung für das ganze damalige Deutsche Reich durchsetzte. Bei dieser Konferenz wurde z.B. beschlossen, „th“ aus allen deutschen

Wörtern zu entfernen („Thal", „Thräne" wurden zu „Tal", „Träne") und das „c" in gebräuchlichen Fremdwörtern durch „z" oder „k" zu ersetzen („Medicin", „Citrone", „Accusativ" wurden zu „Medizin", „Zitrone", „Akkusativ").
Durch Beschluss des Bundesrates von 1902 wurde die so reformierte preußische Rechtschreibung für das ganze Reichsgebiet verbindlich gemacht. Österreich und die Schweiz schlossen sich dieser Entscheidung an.
Seitdem sind ständig neue, zum Teil spitzfindige Regelungen dazugekommen, die die deutsche Rechtschreibung in vielen Bereichen immer unregelmäßiger und hochkompliziert werden ließen. Darum haben seit 1987 Sprachwissenschaftler daran gearbeitet, die deutsche Rechtschreibung so zu reformieren, dass man sie leichter lernen und sicherer beherrschen kann. Seit 1998 gilt die Rechtschreibung, die heute alle Schülerinnen und Schüler lernen.

6 Stellt für eine Wandzeitung die wichtigsten Informationen über die Entwicklung der deutschen Rechtschreibung zusammen.

9.3 Rechtschreibschwächen erkennen und bearbeiten

Wolfgang Amadeus Mozart

Brief an seinen Vater

Mannheim, den 31. Oktober 1777
ich bin heute mit h: Danner beym M: Canabich gewesen. er war ungemein höflich. ich habe ihm etwas auf seinem piano forte[1] gespiellt. (welches sehr gut ist) wir sind miteinander in die Probe gegangen. ich habe geglaubt ich kan das lachen nicht enthalten, wenn man mich den leuten vorgestellet hat. einige, die mich per Renomé[2] gekant haben, waren sehr höflich, und voll achtung. einige aber, die weiter nichts von mir wissen, haben mich gros angesehen, aber auch so gewis lächerlich. sie dencken sich halt, weil ich klein und jung bin, so kann nichts grosses und altes hinter mir stecken; sie werden es aber bald erfahren. Morgen wird mich h: Canabich selbst zum graf savioli, intendant der Musique, führen. Das beste ist daß iezt just des Churfürsten Nammens-tag kommt. Das oratorium[3], welches man Probirt, ist vom händl[4]. ich bin aber nicht blieben. Dann man hat vorher einen Psalm, Magnificat[5], Probirt, vom hiesigen vizekapellmeister, Vogler; und der hat schier eine stund gedaueret. iezt muß ich schliessen, dann ich mus noch meinem baasle schreiben. ich küsse dem Papa die hände. und meine schwesterliche liebste umarme ich kurz und gut. wie es kommt.

1 **piano forte:** Klavier
2 **per renomé:** dem Ruf nach
3 **oratorium:** Musikstück für Chor und Orchester
4 **Georg Friedrich Händel** (1685–1759): Komponist
5 **Psalm Magnificat:** Lobgesang der Mutter Gottes Maria

1 Lest den Brief laut vor.

2 Der Brief steckt voller heute nicht mehr zulässiger Schreibungen.
a) Markiert auf einer Kopie alle Unterschiede zur heutigen Rechtschreibung.
b) Analysiert die Eigenarten von Mozarts Rechtschreibung: In welchen Bereichen zeigen sich besonders häufig Abweichungen zur heutigen Schreibung? Sucht für diese Fallgruppen passende Oberbegriffe, z. B. *Groß- und Kleinschreibung ...*
c) Der Brief soll in einem Jugendsachbuch über Mozarts Leben abgedruckt werden. Damit die heutigen Leser den Text leichter verstehen können, ist es nötig, die Schreibung unseren Regelungen anzupassen. Schreibt den Brief um.

Ihr habt am Mozart-Brief die ersten Schritte zur **Fehlererkennung** gemacht, die ihr auch beim Überarbeiten eurer eigenen Texte durchführen könnt.
Aber mit der Feststellung von Rechtschreibfehlern ist es nicht getan. Wenn ihr beim Schreiben Fehler vermeiden wollt, müsst ihr die Arbeit an euren Rechtschreibschwächen durch **gezielte Übungen** fortsetzen. Dazu könnt ihr die folgende **Checkliste** verwenden:

So berichtige ich meine Rechtschreibfehler	Fehlerzeichen
Das ist ein **Nomen.** → Ein passendes Nomensignal suchen und es zusammen mit dem Nomen aufschreiben.	N
Das ist **kein Nomen.** → Gegensatzpaare bilden, z. B.: *abends – am Abend; richtig – mit Recht.*	~~N~~
Lautprinzip beachten: Beim deutlichen Sprechen hört man oft, wie ein Wort geschrieben wird. → Das Wort langsam und deutlich sprechen und dreimal schreiben.	L-P
Stammprinzip beachten: Den Wortstamm schreibt man in allen Ableitungen gleich. → Das Fehlerwort von einem verwandten Wort ableiten und beide aufschreiben, z. B.: *fällig – fallen;* oder → das Fehlerwort verlängern, z. B.: *Wald – Wälder.*	St-P
Auf die **Wortbausteine** vor und hinter dem Stamm achten (Präfix/Suffix). → Drei weitere Wörter mit demselben Wortbaustein notieren, z. B.: *ent-schuldigen, ent-laden, ent-flechten; folg-lich, freund-lich, süß-lich.*	WB
Dieses **Fremdwort** wird anders geschrieben. → Im Wörterbuch nachschlagen, die Herkunftssprache hinter das Wort schreiben.	F
Hier ist der **s-Laut** falsch geschrieben. → Das Wort aufschreiben und eine Verlängerungsprobe oder ein Parallelbeispiel dazu notieren, z. B.: *Gras – Gräser, Fuß – Füße; außen – draußen*	S
Fehler bei der **Getrennt- und Zusammenschreibung** → Den Ausdruck aufschreiben und ein Parallelbeispiel nennen, z. B.: *beisammen sein, da sein; langweilen, handhaben.*	G-Z
Falsche **Trennung** → Das Wort nach Silben getrennt aufschreiben.	Tr
Auf die **Satzzeichen** achten. → Den ganzen Satz noch einmal abschreiben.	Z

3 Lest die folgende Stellungnahme der Schülerin Lina zum Thema „Ladenschluss".

a) Markiert auf einer Kopie Fehler im Text mit den Fehlerzeichen der Checkliste (S. 155) und führt die Berichtigung durch.

b) Wo liegen Linas Fehlerschwerpunkte?

c) Besprecht, ob ihr die Checkliste ergänzen oder verändern solltet.

Meine Mutter ist berufstätig. Sie schimft stendig darüber, wie rücksichtsloß manche Leute sind. Ich kann ihre Fragen verstehen:
Weshalb müssen Pänsionäre, ältere Hausfrauen, jüngere Hausfrauen mit Kleinkindern, also Persohnen, die den Zeitpunkt ihres einkaufens selbst bestimmen können, die Geschäfte oft noch kurz vor Ladenschluß stürmen?
Meine Mutter hat Wochentags jeweils nur eine Stunde Zeit, das notwendige für uns alle einzukaufen. Gerade diese Feierabendzeit sollte doch zum einkaufen für Berufstätige reserviert bleiben. Es wäre doch das beste wenn sich alle bei der Wahl der Einkaufszeit weniger gedankenlos verhielten.
Noch besser wäre es natürlich, wenn sich die Parteien entlich entschließen könnten, die Ladenschlusszeiten zu lockern, damit dieser ganze Stress überflüssig wird. Die Arbeitszeit der Verkäuferinnen und Verkäufer muß dadurch janicht länger werden. – Jedenfalls würde sich dann in unserer Familie die Stimmung Abends deutlich heben.

Lina

4 a) Nehmt einen kurzen Text aus einem anderen Kapitel des „Deutschbuchs" und führt damit ein **Partnerdiktat** durch.

b) Anschließend korrigiert der Diktierende und vergleicht dabei seine Verbesserung mit dem Originaltext.
Der Diktatschreiber berichtigt seinen Text.

Tipp Wenn ihr diese Form der Korrektur und Berichtigung immer wieder durchführt, bekommt ihr allmählich einen Blick für eure ganz speziellen **Fehlerschwerpunkte.** Sprecht darüber, wie ihr eure **Rechtschreibkartei** dabei als Lernhilfe nutzen könnt.

Im Folgenden (S. 157–160) findet ihr einige Übungen, die sich auf einzelne Fehlergruppen richten.

Groß- und Kleinschreibung

1 a) Bilde zu den folgenden Wörtern durch Anhängen der Suffixe *-heit/-keit/-nis/-schaft/-tum/-ung* Nomen, z. B.: *heiser + keit → Heiserkeit.*

heiter eigen erleben roh wachsen rechnen belohnen ergeben traurig heilig
gemein brauchen eitel wagen ordnen sicher trösten fremd bekannt

b) Was geschieht mit den Infinitiv-Endungen?

2 Ordne den Nomen im folgenden Text sinnvolle Nomensignale zu und bestimme sie:

■ Großen und Ganzen war der Lehrer mit den Leistungen der Klasse zufrieden. Er war sich allerdings darüber ■ Klaren, dass der Eifer nur bis zur nächsten Arbeit anhalten würde. ■ Allgemeinen fiel die Aufmerksamkeit der Klasse nach einer Arbeit für einige Stunden deutlich ab. Da half dann auch ■ Reden und ■ Zetern. Darum dachte er nicht ■ Entferntesten mehr daran, die Klasse ■ Mal zu ermahnen, dafür war ihm die Zeit zu schade – sollten sie doch ihre Erfahrungen selber machen. Wenn dann der nächste Test bei den meisten ■ Gelungenes aufwies, begannen sie fast von selbst wieder zu arbeiten.

Mal in der Nomengruppe	Adverbien mit **-mal**
das erste Mal, zum ersten Mal	erstmals
das letzte Mal, zum letzten Mal	letztmals
viele Male	vielmals
dieses Mal	diesmal
ein einziges Mal	einmal
kein einziges Mal	keinmal
mehrere Male	mehrmals
das achte Mal, zum achten Mal	achtmal
einige Male, etliche Mal	
von Mal zu Mal	

3 a) Erfindet eine Geschichte, in der viele Ausdrücke aus der Tabelle vorkommen. Schreibt diese Ausdrücke dabei in lauter Großbuchstaben.

b) Tauscht danach eure Hefte aus und tragt die gekennzeichneten Wörter mit der richtigen Schreibung ein.

Fremdwörter – fremde Wörter?

Coole Kiste

An der künstlichen Intelligenz von Computern forschen Wissenschaftler seit wenigstens zwei Jahrzehnten. Aber so richtig clever sind die Elektronen-Gehirne bisher noch nicht geworden. Doch nun stehen offenbar erste Erfolge bevor.

Und wo sollen die Denkmaschinen Einzug halten? Britischen Wissenschaftlern schwebt die Küche vor. Genauer: ein Computer-Kühlschrank. Der liest die Strichcodes auf Lebensmittelverpackungen und zeigt in einem Inhaltsverzeichnis an, was da so alles in der Kälte auf den Verzehr wartet.

Die coole Kiste könnte – an die Telefonleitung angeschlossen – im Supermarkt sogar automatisch Nachschub bestellen, wenn Käse oder Wurst zur Neige gehen.

Aber was, wenn der intelligente Kühlschrank mal eben seinen intelligenten Kollegen bei den Nachbarn anruft und beide ihre Inhaltsverzeichnisse austauschen? Aber das ist ja nur logisch: In der schönen, neuen vernetzten Datenwelt braucht der gläserne Bürger natürlich auch einen gläsernen Kühlschrank.

1 a) Schreibt alle Fremdwörter aus dem Zeitungsartikel heraus.
b) Vergleicht eure Listen. Wie erklärt ihr euch die Unterschiede?

2 Bestimmt mit Hilfe eines Rechtschreibwörterbuchs die Herkunft der Fremdwörter und ordnet sie in die Tabelle ein.

Aus dem Englischen	... Lateinischen	... Französischen	... Griechischen
...	...	...	...
...	...	...	...

3 Stellt euch vor: Die „coole Kiste" besteht aus Kühlschrank und Kühltruhe und ihr dürft sie mit „exotischen" Genüssen füllen.
a) Jeder notiert seine persönliche Einkaufsliste, z. B. *Zucchini, Auberginen ...*
Kontrolliert die Schreibung im Wörterbuch oder auf dem Produkt.
b) Tauscht die Listen untereinander aus und bestimmt die Herkunftssprache der Begriffe für die Lebensmittel.

Fremdwörter sind aus fremden Sprachen übernommene Wörter. Meist erkennt man sie bereits an der Aussprache und an der Schreibung, denn sie gehorchen dabei den Regeln ihrer Herkunftssprache.

4 Heute übernehmen wir besonders häufig Wörter aus dem Englischen bzw. Amerikanischen. Sammelt Beispiele und ordnet sie nach Fachgebieten.

5 Warum übernehmen wir fremde Wörter in unsere Sprache? Stellt Gründe zusammen.

Getrennt- und Zusammenschreibung

blind?sein
hungrig?sein
froh?sein
beisammen?sein
zurück?sein
lebendig?sein
unruhig?sein

bekannt?machen
leicht?fallen
schief?liegen
genau?genommen
falsch?schreiben
geheim?halten
allein?stehen

schluss?folgern
hand?haben
brand?marken
wett?eifern
schlaf?wandeln
maß?regeln
weh?klagen

hinter?gehen
um?garnen
wider?sprechen
unter?zeichnen
über?holen
durch?queren
über?reden

fern?sehen
lang?weilen
tot?schlagen
bloß?stellen
hoch?rechnen
voll?enden
lieb?äugeln

kennen?lernen
stehen?bleiben
spazieren?gehen
liegen?bleiben
sitzen?lassen
fallen?lassen
stecken?bleiben

1 Zusammen oder getrennt? Notiere die Wörter in der richtigen Schreibung. Beachte dabei:

Wenn mehrere Wörter zu einem sprachlichen Ausdruck verbunden sind, schreibt man sie normalerweise **getrennt.** Das gilt für:
- Wortgruppen mit **„sein“,**
  z. B.: *da sein, zusammen sein;*
- Wortgruppen aus **mehreren Verben,**
  z. B.: *stehen lassen, sitzen bleiben;*
- die meisten Wortgruppen aus **Nomen und Verb,**
  Adjektiv und Verb,
  Adverb und Verb,
  z. B.: *Klavier spielen,*
  laut singen,
  vorwärts gehen.

Zusammen schreibt man
- **untrennbare Verbzusammensetzungen,** bei denen die Reihenfolge der Bestandteile immer die gleiche ist,
  z. B.: *durchschauen → Ich durchschaue es.*
  lobpreisen → Ich lobpreise.
- Verbindungen von **Adjektiv und Verb,** in denen man das Adjektiv **nicht steigern** kann,
  z. B.: *freisprechen, festsetzen.*

2 a) Suche dir eine Wörtergruppe auf S. 159 oben aus und erzähle eine kleine Geschichte, in der möglichst viele Beispielwörter aus dieser Gruppe vorkommen. Unterstreiche sie anschließend.

b) Macht mit euren Texten ein Wörterdiktat: Dein Diktatpartner schreibt nur die zusammengesetzten Wörter aus dem Übungsmaterial auf.

3 Erfindet fünf Geschichten, in denen folgende Wörter vorkommen:

(1) abbeißen, davonlaufen, hineinfallen, herauskommen, zurückschleichen
(2) aussehen, dabeistehen, dazugehören, fortgehen, hinterherrennen
(3) aufpassen, dazwischenrufen, hinausschieben, unterhalten, vornehmen
(4) entgegenkommen, mitspielen, vorbeifahren, wegnehmen, weitermachen
(5) anlegen, beispringen, nachdenken, umherblicken, zuvorkommen

4 a) Formuliere jeweils das Gegenteil:

kalt sein – heiß sein
drinnen sein ...
frustriert sein ...
langweilig sein ...
da sein ...
wach sein ...
bunt sein ...
laut sein ...

b) Vergleicht eure Ergebnisse. Warum habt ihr bei einigen Ausdrücken nur eine, bei anderen Ausdrücken mehrere Antworten gefunden?

5 Löst die Wörterschlangen auf. Die Sätze geben euch Tipps zum Üben eurer Rechtschreibung.

ÜBUNGMACHTDENMEISTERUNDDIEMEISTERIN:
RECHTSCHREIBENLERNTMANDURCHSCHREIBEN.
ÜBEINKURZENLERNEINHEITEN.
NUTZEVIELEVERSCHIEDENEARBEITSFORMEN.
SCHREIBEORDENTLICHUNDÜBERSICHTLICH.
ÜBEINREGELMÄSSIGENABSTÄNDEN.
SPIELENMACHTSPASS, AUCHSPIELENMITSPRACHE.
ERKENNEDEINEPERSÖNLICHENRECHTSCHREIBSCHWÄCHEN.
HALTEDASRECHTSCHREIBWÖRTERBUCHIMMERGRIFFBEREIT.
AUSFEHLERNKANNSTDULERNEN.

10 Junge Heldinnen und Helden: Geschichten von heute

10.1 Heldengeschichten

Das Foto zeigt eine Szene aus dem Film „Flickflack auf dem Schwebebalken". Corinna will Weltmeisterin werden und zieht deshalb in eine berühmte Sportschule um. In der Filmbeschreibung heißt es: „Das Leben in dem Internat wird zur harten Probe für Corinnas Siegeswillen. Training, bis die Handflächen Blasen zeigen. Und tausend Regeln außerhalb der Sporthalle. Iss nicht zu viel! Geh früh ins Bett!"

1 Könnt ihr Corinna verstehen? Würdet ihr auch so handeln, wenn ihr die Möglichkeit hättet? Begründet eure Meinungen.

2 a) Nennt andere Gelegenheiten, bei denen Mädchen und Jungen heute „groß rauskommen" können.
b) Erstellt eine Liste solcher Gelegenheiten, getrennt für Mädchen und Jungen.
c) Diskutiert das Für und Wider solcher Bewährungssituationen.

Joao Ubaldo Ribeiro

Geraldos Auftritt

Wenn ich unsichtbar wäre, dachte Geraldo, dann würde ich mittags zu ihr fliegen und mit ihr weggehen, wohin sie auch will. Er bekam Gänsehaut, als er darüber nachdachte, was dabei alles geschehen, was sie alles sehen und fühlen könnten. Aber diesmal wurde er wenigstens nicht rot, er spürte nämlich nicht, dass seine Ohren heiß wurden. Na ja, wozu sonst besaß der Mensch Selbstbeherrschung und die eiserne Kraft des magnetischen Willens, wie in Vaters Almanach „Das Gedankengut" zu lesen stand. Wenn man sich zwei Stunden täglich vor einen schwarzen Punkt an der Wand stellte und draufschaute, ohne den Blick abzuwenden, konnte man nach drei Monaten die Welt beherrschen, nur durch den Blick und die Gedanken. Die ganze Welt, sogar rote Ohren. Man brauchte nur in den Spiegel zu schauen und sich zu konzentrieren: Ohren – normal! Und die Ohren wurden nicht mehr heiß. Ich muss den schwarzen Punkt wieder üben, dachte Geraldo, nur die Ausdauer macht den wahren Zauberer aus. [...]

Die Stunde war gleich zu Ende, auch wenn Cicero immer noch Namen persischer Könige, wie Xerxes und Artaxerxes, ins Klassenzimmer schrie. Geraldo beschloss, Xerxes und Artaxerxes aus seinem magischen Wortschatz zu streichen.

„Und Kyros, König der Perser ...", brüllte Cicero. An seinem Hals schwollen die Adern, sein Gesicht war rot angelaufen, und er hatte die Augen geschlossen: Er suchte nach dem richtigen Wort. „Kyros, König der Perser, er, der wusste, welche Furcht und Verehrung die Ägypter für Hunde und Katzen empfanden, marschierte gegen den Pharao, an der Spitze eines Heeres von Hunden und Katzen! Und so, überrannt von einer Horde von Tieren und vernichtet vom militärischen Genius des Kyros, diesem glänzenden Schüler des großen Xenophon, bissen die Ägypter in den Staub der Niederlage!"

„Herr Lehrer", fragte Klein-Fernando, der immer mit hochgezogenen Augenbrauen Fragen stellte und dabei aussah, als könnte er jeden Augenblick in Weinen ausbrechen: „Waren die Menschen, die früher Kriege verloren haben, gezwungen, in den Staub zu beißen? Musste man das? Wie beißt man in den Staub?"

Cicero hielt genau in dem Augenblick inne, als er die ägyptischen Trümmer beschreiben wollte, den Arm halb ausgestreckt und die Hand zu einer Muschel geformt, mit einem Gesichtsausdruck, als sei ihm gerade die Erleuchtung für die nächste gelungene Formulierung gekommen. Die Unterbrechung fand er deshalb gar nicht gut. Er hielt auf halbem Wege inne, holte Luft und warf gleichsam seinen großen Schnurrbart nach hinten, wie man eine Haarsträhne aus der Stirn wirft. Mit einer dramatischen Bewegung seines Körpers drehte er sich zu Klein-Fernando um, seine Rockschöße flatterten und seine Augen glühten vor historischer Beredsamkeit, als er, noch immer außer Atem, brüllte:

„Herr Fernando Borba! Herr Fernando Borba!"

„Ja", sagte Klein-Fernando, dem Heulen nahe.

„Ich habe eine Metapher gebraucht", schmetterte Cicero. „Eine Metapher! In den Staub der Niederlage beißen ist eine Metapher! Weiß jemand, was eine Metapher ist?"

„Eine-rhetorische-Figur-in-der-ein-Wort- oder-Ausdruck-durch- einen- anderen-ersetzt -wird-um -einen-Bezug- zwischen- beiden - herzustellen", feuerte Klein-Fernando, ein paar Schweißperlen auf der Stirn und sichtbar nach Luft schnappend, zurück.

„Sehr gut. Und was ist eine rhetorische Figur?"

„Das habe ich nicht auswendig gelernt", antwortete Klein-Fernando nervös. „Ich habe nur Metapher auswendig gelernt ..."

„Gib ein Beispiel für Metapher!", schrie Cicero, bedrohlich auf Klein-Fernandos Augenbrauen zielend.

„Die Ägypter bissen in den Staub der Niederlage", sagte Klein-Fernando. „Ist doch eine, oder?"

Cicero kreuzte die Arme vor der Brust, hob das Kinn und blickte Klein-Fernando sehr viel länger an, als es sonst seine Art war. Klein-Fernando rutschte auf seinem Stuhl hin und her, schnippte mit den Fingern, plop-plop, an seiner Unterlippe, pustete ein bisschen, versuchte zu lächeln, sah um sich und tat schließlich so, als malte er etwas in sein Heft. Geraldo, der auf der anderen Seite des Raumes saß, richtete einen magnetischen Blick auf Ciceros Bauch, dorthin,

wo ein Knopf fehlte und gekräuselte Härchen hervorkamen. Wenn ich meine Kraft auf seinen Bauch richte, kriegt er Bauchweh, vielleicht sogar Durchfall, dachte Geraldo und konzentrierte sich, indem er in Gedanken die Worte aus dem Buch „Die Macht des persönlichen Magnetismus" hersagte: „In meiner Macht, in meiner Macht, du bist in meiner Macht!"

„Herr Geraldo!", brach Cicero plötzlich los und brachte die alten Säulen im Klassenzimmer zum Beben.

„Herr Geraldo Martins da Conceição!"

„Was?", antwortete Geraldo verärgert, weil der magnetische Blick noch keine Zeit gehabt hatte zu wirken.

„Nicht ‚was', sondern ‚wie bitte'. ‚Was' ist unhöflich. Ein wohlerzogener Mensch fragt ‚wie bitte'."

„Wie bitte?", fragte Geraldo.

„Sehr gut", antwortete Cicero. „Nennen Sie mir bitte ein Beispiel für eine Metapher."

„Die Perser wedelten den Staub des Siegers", sagte Geraldo und merkte sofort, dass er das nicht hätte sagen dürfen.

„Raus!", brüllte Cicero. „Zum Direktor! Unverschämtheit! Frechheit!"

So wurde Geraldo zum ersten Mal aus dem Klassenzimmer gewiesen, um dem alten Terencio im Direktorat gegenüberzutreten. Und vielleicht hat in diesem Augenblick alles angefangen. Als er sich nämlich erhob, um hinauszugehen, und versuchte, dem keuchenden, wütenden Blick Ciceros auszuweichen, verhedderte er sich mit seiner Schultasche und den Heften, obwohl er sich große Mühe gab, so zu tun, als fände er das alles ganz selbstverständlich. Und da, mitten in dem großen Schweigen, das nur von Klein-Fernandos Schniefen unterbrochen wurde, der „Metapher – Metapher – Metapher – Metapher" in sein Heft schrieb und sicher seine Seele hergegeben hätte, wenn er nur nichts mit all dem zu tun gehabt hätte, da also schaute Geraldo nach hinten, zu den Mädchen hin, und von ganz oben auf den Stufen, wo die Stühle standen, sah sie zu ihm herunter. Die anderen Mädchen nicht, denn in solchen Augenblicken versuchen alle wegzusehen, aber sie, sie schaute ihn fest an, und in diesem Blick lag etwas Besonderes. Geraldo wechselte sonst nämlich keine Blicke mit den Mädchen; sie waren einfach etwas anderes als die Menschen, mit denen er sonst zusammen war, Mädchen eben – und was sind schon Mädchen? Aber sie: Sie war vierzehn, wie er, sie wirkte nur viel älter, wie eine Filmschauspielerin sah sie aus – mein Gott, was war bloß geschehen? O Gott, sie war blond und schön und redete mit den anderen, nur nicht mit ihm, denn er konnte sich nicht gut unterhalten und glaubte auch nicht, dass die anderen Jungen und Mädchen sich für das, was er und seine Freunde taten, interessierten, wie zum Beispiel eine Geheimsprache erfinden oder Verständigungskodes oder wissenschaftliche Forschungen betreiben und Eidechsen mit langen Luftgewehren jagen. O Gott, sie war ein fernes Geheimnis. Sie findet mich sicher hübsch, dachte er, was zum Teufel denkt sie bloß. Aber es war unmöglich, dass nicht alle sahen, was sich abspielte. Maria Helena schaute ihn von dort oben an, während er sich erhob, um das Klassenzimmer zu verlassen, wie Cicero befohlen hatte. Ob wirklich keiner etwas merkte? Geraldo setzte ein Gesicht auf wie die Klassenkameraden, die an Ausschlüsse gewöhnt waren, versuchte sich zu geben wie einer, dem nicht mehr viel auf dieser Welt fremd ist, nahm seine Schultasche und ging

zur Tür. Bevor er hinausging, streckte er, er wusste selbst nicht, warum, Cicero die Hand entgegen, der seinerseits ganz verlegen wurde, sie aber dann doch drückte. Wahr ist, dass Geraldo leicht über die Schwelle stolperte, bevor er hinausging, aber er fiel nicht hin und fand sein Gleichgewicht nach vier Stolperschritten wieder. Niemand lachte darüber, nur sie – sie lächelte, ohne die Zähne zu zeigen, ganz vertraulich, und das konnte nur bedeuten, dass es etwas Geheimes zwischen ihnen gab. Geraldo stockte der Atem. Er wollte ihr zulächeln, aber er konnte nicht, und so schaute er sie einfach noch länger an, so lange, wie er noch nie ein Mädchen angeschaut hatte. Er empfand so vieles, was er noch nie gefühlt hatte, alles kam ihm neu vor, angefangen bei den alten Stufen der Treppe, die er jeden Tag hinunterging, wenn die Schule aus war. Alles erschien ihm ganz, ganz anders. Er war nicht mehr derselbe, als er mit den Füßen fest auftrat, den Brustkorb hob, bis er fast benommen war, und, ausgeschlossen vom Unterricht, zum Direktor ging. Vielleicht sollte er oben auf der Treppe noch einmal ein Stück zurückgehen und sich nach ihr umsehen. Ob er eine gute Figur gemacht hatte? Na klar. Und er hielt mitten auf der Treppe kurz an, und plötzlich überkam ihn die Sehnsucht, er fühlte etwas Neues, Unbekanntes und kam sich unendlich verlassen vor; am liebsten würde er jetzt mit dem Direktor von Mann zu Mann sprechen, nicht über Sachen aus der Schule, sondern über das Leben. Obwohl das gar nicht nötig war. Denn jetzt könnte er ja mit ihr sprechen, sie würde alles ganz schnell verstehen, und sie würden Partner, Freunde und Verliebte sein. Sie war im Klassenzimmer geblieben, und er war hinausgeschickt worden. Aber sie waren nicht voneinander getrennt. Denn sie gehörte ihm, und er gehörte ihr, und die ganze Klasse war erleuchtet von dem, was geschehen war. Geraldo wusste immer noch nicht recht, was mit ihm los war, als er an die Tür des Direktionszimmers klopfte, mit Dona Hilda sprach und dann hineinging und seltsam gelassen auf der Bank der Getadelten Platz nahm, wo schon Quincas, ein Sitzenbleiber aus der Vierten, saß.

„Alles in Ordnung, Quincas?“, fragte er, als er sich so selbstverständlich setzte, als hätte er in seinem ganzen Leben nichts anderes getan.

„Tadel im Klassenbuch“, antwortete Quincas. „Und du?“

„Weiß ich nicht, ich weiß nicht“, sagte Geraldo, obwohl er es wusste.

Und da, als wäre das Zimmer nicht das Zimmer, als säße er in einer Rakete von Flash Gordon, fast so, als gäbe es nichts Wichtiges mehr auf dieser Welt, seufzte er auf, lehnte sich an die Rückenlehne der Bank und sah die ganze Welt in einem neuen Licht. Er war hoffnungslos verliebt.

1 An welchen Stellen der Geschichte ist Geraldos Selbstbewusstsein bedroht? Erklärt, wodurch.

2 Stellt in einer Stimmungskurve mit Höhe- und Tiefpunkten dar, wie Geraldo die beschriebene Schulstunde erlebt. Notiert an den Höhe- und Tiefpunkten und an den auf- und absteigenden Linien Ursachen für den Wechsel der Gefühle.

3 Die Charakterisierung einer Figur kann man mit einem **Charakterprofil** vorbereiten.

Charakterprofil für Geraldo

	1	2	3	4	5	6	7	8	
sympathisch									unsympathisch
draufgängerisch									gehemmt
energisch									antriebslos
mutig									feige
nüchtern									verträumt
empfindlich									dickfellig
...									...

a) Findet weitere passende Adjektivpaare für ein Profil, das die Figur des Geraldo kennzeichnen soll, und übertragt die Tabelle mit allen Ergänzungen in euer Heft.

b) Setzt in jede Zeile ein Kreuz. Die Zahl 1 bedeutet, dass ihr euch uneingeschränkt für das charakterisierende Adjektiv auf der linken Seite entschieden habt. Die Zahl 8 bedeutet, dass ihr ganz zum Adjektiv auf der rechten Seite neigt. Wenn ihr euch kaum entscheiden könnt, wählt ihr die Ziffern 4 oder 5.

c) Verbindet die Kreuze mit Linien und vergleicht die Kurven, die entstanden sind. Wo gibt es Gemeinsamkeiten, wo Unterschiede?

d) Gibt es Unterschiede der Bewertung bei Jungen und Mädchen? Woran mag das liegen?

4 Verfasst eine Charakterbeschreibung von Geraldo. Darin verwendet ihr die Adjektive, in deren Nähe ihr ein Kreuz gesetzt habt (Ziffern 1, 2 und 7, 8). Eure Entscheidungen für die charakterisierenden Adjektive solltet ihr begründen, indem ihr auf Ereignisse in der Erzählung verweist.

Monica Zak

Pumas Tochter

Es war drei Jahre her, dass Aschna mit ihrer Familie aus ihrem Dorf im Nordwesten von Guatemala geflohen war. Auch andere Indianerfamilien hatten mit ihnen ihre Häuser verlassen. Im Radio hatte Aschna gehört, dass zweihunderttausend Menschen aus Guatemala nach Mexiko geflohen waren. Es hatte geheißen: „Jetzt ist es noch schlimmer in Guatemala. Man kann sich gar nicht mehr frei bewegen. Läuft man einen Pfad entlang, nachdem es dunkel geworden ist, eröffnet das Militär sofort das Feuer. Und alle männlichen Indianer werden zwangseingezogen zu den Zivilpatrouillen. Die gibt es in jedem Dorf. Sie haben Befehl vom Militär, alle, die nicht zum Dorf gehören, festzunehmen, und alle, die nach der Dunkelheit draußen sind, zu erschießen."

Aschna hatte viel über das, was sie gehört hatte, nachgedacht. Es beunruhigte sie, aber sie hatte sich alles ganz genau überlegt. Sie würde noch

eine Stunde laufen, bis sie aus dem Grenzgebiet, in dem sich viele Soldaten aufhielten, heraus war. Dann würde sie sich verstecken und die Dämmerung abwarten. Tagsüber wollte sie ganz offen auf den Wegen laufen. Das hier war das Gebiet der Chuj-Indianer, und sie war wie die meisten Indianerfrauen angezogen. Außerdem war sie ja nur ein Mädchen, vielleicht würden die Zivilpatrouillen und Soldaten sie gar nicht anhalten.

„Wer keine Papiere dabei hat in Guatemala, hat Pech gehabt", hatten die Flüchtlinge gesagt. „Die ganze Zeit wird man angehalten und muss sich ausweisen. Wer keine Papiere hat, den nennen sie einen Feind." Aschna hatte keine Papiere. Sie waren im Haus liegen geblieben an dem Tag, als ihre Familie fliehen musste.

Im Morgengrauen war Aschnas Stimmung noch gedrückter, und die Augen fielen ihr fast zu. Sie machte sich auf den langen Weg nach Yalan, barfuß und mit federnden Schritten. Der Pfad führte bergauf in das Cuchumatanesgebirge.

Der Gesang eines Vogels ließ sie anhalten und lauschen. Der Vogel verstummte kurz und sang dann wieder. Konnte es ein *guia de leon*[1] sein? Ihr Großvater hatte sie gelehrt, auf die Geräusche der Natur zu achten, die Zeichen zu sehen. Er hatte ihr beigebracht, die verschiedenen Vogelstimmen zu erkennen. Sie erinnerte sich, dass Großvater gesagt hatte: „Hörst du einmal einen *guia de leon,* dann musst du ganz ruhig stehen und lauschen. Hörst du, wie der Vogel von Baum zu Baum fliegt, dann weißt du, dass ein Puma in der Nähe ist, denn der *guia de leon* ist der ständige Begleiter des Pumas." Der kurze, eindringliche Gesang ertönte noch einmal. Nun war der Vogel ganz nahe. Gerade zeigte sich die Sonne über Los Cuchumatanes, und die Berghänge färbten sich orange und rosa. Da entdeckte sie auch den Vogel. Er saß auf einem Baum ganz dicht an einer steilen Felswand. Etwas höher war die Öffnung einer Höhle zu sehen. Dies war nichts Ungewöhnliches in dieser Gegend, überall in den Bergen gab es Höhlen. Die Flüsse verschwanden überraschend in den Felsen und tauchten genauso unverhofft wieder auf. Sie erinnerte sich an die Worte ihres Großvaters: „Hab keine Angst vor Pumas! Ein Puma greift nie einen Menschen an. Und gerade du, Aschna, musst dich gar nicht fürchten. Du bist ja die Tochter des Pumas." Pumas Tochter, so hatte ihr Großvater sie oft im Spaß genannt.

Aschna machte zögernd einen Schritt auf die Höhle zu. Sie hatte nie einen Puma gesehen, fast niemand, den sie kannte, hatte jemals einen Puma gesehen. Pumas waren seltene Tiere in dieser Gegend. Da sie sogar ausgewachsene Schafe, Kälber, Kühe und kleine Stiere rissen, wurden sie von allen, die Vieh besaßen, gehasst, und wer ein Gewehr besaß, versuchte sie zu erschießen.

Die Öffnung der Höhle lag etwas höher, sie konnte nicht hineinschauen und kletterte darum auf einen Stein. Dort auf dem Felsblock vor der Höhle lag der Puma. Er lag ausgestreckt im Morgenlicht, mit geschlossenen Augen, entspannt und schön. Die Sonne schien auf den rotgelben Pelz. Was dann geschah, ging so schnell, dass Aschna es kaum mitbekam. In einem einzigen Augenblick konzentrierter Energie machte der Puma einen Satz und landete auf dem Boden

1 **guia de leon:** Begleitvogel des Pumas

vor dem Stein, auf dem Aschna stand. Er verschwand wie ein rotgelber Blitz mit großen weiten Sprüngen im Nadelwald. Aschna sah den Vogel nachfliegen.

Was bedeutete das, was sie gesehen hatte? Sie wünschte sich, ihren Großvater bei sich zu haben, er hätte es ihr erklären können. Hatte sie einen ganz gewöhnlichen Puma gesehen? Oder war er ein Nagual[2]? Vielleicht ihr Nagual, ihr eigener Schutzgeist. Sie dachte wieder an ihren Großvater. Er gehörte zu den Alten, die noch den uralten Kalender der Maya-Indianer kannten. Er konnte sagen, welches Tier jemandes Nagual war. Nach dem alten Kalender hing es davon ab, wann man geboren war. „Dein Nagual ist der Puma“, hatte er erzählt. „Er wird das gleiche Herz haben wie du. Wenn du ein guter Mensch bist, wird dein Nagual niemandem Schaden bringen. Wenn du ein böses Herz hast, wird dein Nagual genauso werden. Er wird gefährlich und kann viel Unheil anrichten.“

Manche der alten Männer und Frauen in Yalan konnten einem Tier ansehen, ob es ein ganz gewöhnliches Tier oder ein Nagual war, und einige der Alten standen immer in Kontakt mit ihrem Schutzgeist. Großvaters Nagual war eine Eule. Aschna erinnerte sich, dass Großvater immer spürte, wo seine Eule gerade steckte. „Jetzt fängt sie eine Ratte“, sagte er manchmal. „Jetzt sitzt sie auf einem Ceiba-Baum[3] und schläft.“

Wenn der Puma, den sie gesehen hatte, ihr Nagual war, hatte dies etwas zu bedeuten, aber sie selbst war unwissend und konnte es nicht deuten. Sie wusste nicht, ob der Puma gekommen war, sie zu schützen oder um sie zu warnen. Das Einzige, was sie mit Sicherheit wusste, war, dass ihr Leben in Gefahr war. Das Schicksal des Menschen ist immer mit dem seines Nagual eng verknüpft. „Wenn jemand deinen Nagual tötet, wirst du bald danach auch sterben“, hatte Großvater gesagt. Den Kopf voll von diesen Gedanken wanderte Aschna weiter, tiefer ins Gebirge hinein. Der Pfad führte langsam bergauf, die Luft wurde kühler und die Nadelbäume waren dichter. Sie roch den starken Harzgeruch, den sie so gut aus ihrer Kindheit kannte. Sie ging durch einige Chuj-Indianerdörfer. Jedes Mal, wenn sie jemandem begegnete, schaute sie zu Boden und flüsterte: *„Kilkobá.“*

„Kilkobá“, antworteten alle, denn sie gehörten zu ihrem eigenen Volk und sprachen alle chuj.

Niemand hielt sie an.

Niemand bat sie, ihre Papiere zu zeigen.

Manchmal während ihrer Wanderung, die sie immer weiter nach oben führte, meinte sie einen rotgelben Schatten zu ahnen, der sich zwischen den Bäumen neben dem Pfad bewegte. Oder war es nur ihre überreizte Fantasie?

‚Nein‘, dachte sie, ‚es ist bestimmt der Puma.‘ Seltsamerweise beruhigte sie der Gedanke, dass das Tier sich da drinnen im Nadelwald bewegte.

‚Es ist nur, weil ich Pumas Tochter bin‘, dachte sie und lachte.

Aschna lief den ganzen Tag. Je mehr sie sich ihrem Heimatort näherte, umso höher trug sie ihren Kopf. Durch das letzte Dorf ging sie mit hocherhobenem Kopf und schaute den Leuten, denen sie begegnete, in die Augen. Sie atmete schneller, ihre Augen leuchteten, sie lächelte vor sich hin. Bald würde sie zu Hause sein. Bald würde sie Mateo treffen. Und bald würde sie mit ihrer Großmutter am Feuer sitzen und alles erzählen, was passiert war, seitdem sie und ihre Eltern aus dem Dorf hatten fliehen müssen.

2 **Nagual:** Schutzgeist; nach indianischer Vorstellung ständiges Begleittier eines Menschen

3 **Ceiba-Baum:** tropischer Baum mit horizontal wachsenden Seitenästen

1 Stellt euch vor, dass der Jugendroman „Pumas Tochter“ verfilmt werden soll. Sprecht über eine geeignete Hintergrundmusik zu Aschnas Wanderung ins Gebirge. Welche Musik, die ihr kennt, würde zu welcher Textstelle passen?

2 Spielt die von euch ausgesuchten Musikstücke (auszugsweise) vor. Unterbrecht die Einspielung manchmal und lest die entsprechenden Textstellen dazu vor.

3 Erläutert der Klasse, warum die von euch ausgewählte Musik jeweils zu Aschnas Empfindungen passt.

10.2 Heldinnen und Helden des Alltags

Helden oder Stars?

Was macht jemanden zum Helden oder zur Heldin? Als Antwort auf diese Frage hat eine Klasse 7 folgende Stichpunkte notiert:

Ein Held/eine Heldin
- *ist vor eine schwierige Entscheidung gestellt*
- *riskiert etwas, vielleicht sogar das eigene Leben*
- *hat Durchhaltewillen*
- *bewährt sich in großen Gefahren*
- *hat besondere Eigenschaften*
- ...

1 Setzt diese Liste fort.

2 Befragt Erwachsene, welche Heldinnen und Helden ihnen einfallen.
a) Welche der genannten Personen interessieren euch besonders?
b) Informiert euch über diese Helden.
c) Erzählt in euren eigenen Worten, was ihr herausgefunden habt.
d) Besprecht, welche dieser Personen auch ihr als Helden anseht.

3 a) Schreibt für ein Jugendlexikon einen kurzen Artikel zum Stichwort „Helden".
b) Überarbeitet eure Texte mit Hilfe der Checkliste auf S. 284.

4 Unterscheidet die Begriffe „Held" und „Star": Welche der Eigenschaften, die ihr für „Helden" hervorgehoben habt, treffen für einen „Star" nicht unbedingt zu?

5 a) Wen würdet ihr zur Zeit als Star bezeichnen?
b) Stellt eine aktuelle Star-Hitparade zusammen:
- Schreibt die Namen von Einzelpersonen oder Gruppen auf.
- Jeder kann drei Punkte vergeben und auf die genannten Namen verteilen.
- Aus eurer Punktewertung ergibt sich die Rangfolge in der Star-Hitparade.

6 a) Diskutiert anhand der von euch gesammelten Beispiele, was ein Star ist, und haltet die Ergebnisse stichpunktartig fest.

Ein Star
- *hat etwas, das viele andere auch gerne hätten*
- *ist oft im Fernsehen und in Illustrierten zu sehen*

...

b) Schreibt einen kurzen Lexikonartikel zum Stichwort „Star". Überarbeitet auch diese Artikel mit Hilfe der Checkliste auf S. 284.

Helden-Plots

Als die 13-Jährige die Straße überquert, sieht sie Qualm aus einem Haus dringen. Hinter einer Fensterscheibe ist auch ein Feuerschein zu sehen. Vor dem Haus stehen aufgeregte Leute, die schon die Feuerwehr benachrichtigt haben. In der brennenden Wohnung sind zwei Kinder. Zwei Nachbarn entschließen sich, sofort in die Wohnung einzudringen. Sie stürmen die Treppe hoch und treten die Tür ein. Das Mädchen steigt mit den Nachbarn durch den Türrahmen, sieht in einem Zimmer durch den Qualm einen Körper liegen und packt diesen.

Der Junge steht auf dem Bahnsteig. Als der angekündigte Zug näher kommt, sieht er, wie einem kleinen Kind die Puppe auf die Gleise fällt. Es beugt sich zu weit vor und rutscht ab. Der Junge rast nach vorne, ergreift einen Arm des kleinen Kindes und zieht es schnell hoch auf den Bahnsteig.

Ein Mädchen, eine gute Schwimmerin, liegt am Strand. Weit weg im Wasser ist jemand zu sehen. Plötzlich meint das Mädchen, durch das Tosen der Wellen einen Hilferuf zu hören. Zwischen den Wellenbergen sieht sie ab und zu einen winkenden Arm. Ein Rettungsboot, das man losschicken könnte, ist nicht in der Nähe. Es weht ein starker, ablandiger Wind, der es sehr schwer macht, zum Land zurückzuschwimmen. Das Mädchen entschließt sich trotzdem, ins Wasser zu springen.

1 Diskutiert, ob das hier dargestellte Verhalten heldenhaft oder leichtsinnig ist.

2 a) Denkt euch ähnliche Helden-Plots (kurz dargestellte Handlungsverläufe) aus und schreibt sie auf.
b) Wählt einen der Plots und gestaltet ihn zu einer packenden Erzählung aus.

Dilemma-Geschichten

Manchmal gerät man in eine schwierige Situation, in der man sich nur schwer für oder gegen etwas entscheiden kann. Man steckt in einem „Dilemma“ (Wahl zwischen zwei unangenehmen Dingen). Die folgende Dilemma-Geschichte hat Kerstin, eine 13-jährige Schülerin, geschrieben.

Die Clique

Ich war ein paar Jahre jünger als heute und ging zum Spielplatz in unserer Straße. Mir war langweilig. Da niemand dort war, setzte ich mich auf eine Schaukel und malte mit dem Fuß Figuren in den Sand. Nach einiger Zeit hörte ich dann Gequassel; es kam näher. Ich blickte auf und sah einige Jugendliche, die sich an das Klettergerüst fünf Meter neben mir lehnten. Es war eine Clique, zu der ich damals gerne gehört hätte. Ich sah die Mädchen und Jungen eine ganze Weile etwas ängstlich an und hörte zu, was sie erzählten. Nach einiger Zeit drehte sich ein Mädchen aus der Clique zu mir um und rief: „Was glotzt'n so. Komm doch mal rüber!“ Ich war verdutzt, aber auch froh. Also ging ich zu ihnen hinüber. Dabei versuchte ich besonders cool zu wirken. Ich setzte mich zu ihnen auf eine Stange, genau neben das Mädchen, das mich vorhin angesprochen hatte. Plötzlich meinte sie: „Wer bist du? Du siehst ja ganz nett aus. Willste nicht zu uns in die Clique kommen?“ Ich glaubte es kaum. Sie hatten mich gefragt! Ich fühlte, wie vor Freude der Puls hochging. Ich wollte gerade sagen, dass ich natürlich in ihrer Clique mitmachen würde, da giftete ein anderes Mädchen: „Die zu uns? Spinnst wohl, die ist ja noch 'n Baby!“ Und ein Junge aus der Clique meinte: „Sie kann uns ja beweisen, dass sie kein Baby ist.“
Er grinste schelmisch und fuhr fort: „Du gehst zum nächsten Supermarkt und klaust 'ne Tafel Schoko,

klar?" Mir wurde mulmig. Sollte ich das machen? Es war ja schließlich nur eine einzige Tafel Schokolade! Ein halber Euro! Das war doch kein Verbrechen! Oder doch? Immerhin war es Diebstahl! „Na, bist wohl feige, was? Hast wohl die Hosen voll", sagte der Junge. Was sollte ich bloß machen? Ein halber Euro Schaden war für den Supermarkt ja nicht so schlimm. Aber wenn sie mich erwischten und vielleicht auch noch die Polizei riefen? Dann gab es Zoff zu Hause. Aber wenn ich es nicht machte, konnte ich die Clique vergessen und ich galt als Feigling.

1 a) Wie hättet ihr euch in dieser Situation verhalten?
b) Was wisst ihr darüber, wie man in eine Clique kommt? (Vielleicht könnt ihr die Testergebnisse von S. 13 nutzen.)

2 a) Kerstin hat in ihrer Geschichte äußeres und inneres Geschehen dargestellt. In welchen Sätzen werden Empfindungen und Gedanken (inneres Geschehen) besonders deutlich?
b) Beschreibt die Wirkung der Fremdwörter in dem Text, z. B. „Clique", „cool".

3 Schreibt eine Fortsetzung der Geschichte, in der Kerstin das Problem für sich löst.

4 a) Entwickle einen Helden-Plot für eine Dilemma-Geschichte.
b) Schreibe die Geschichte in der Ich-Form auf und stelle dabei ausführlich das innere Geschehen dar. Überprüfe Rechtschreibung und Zeichensetzung deiner Geschichte anhand der Checkliste auf S. 155.

10.3 Ein junger Star im Werbefernsehen

Wolfram Eicke

Blitzlicht (1)

Seitdem Immo als Kinderstar in der Werbebranche gefragt ist, hat er seine Freunde Plümper und Sascha kaum noch gesehen. Eines Morgens stehen sie wieder vor der Tür.

Es klingelte an der Wohnungstür.
Ist das schon der Fahrer?
Ich bin noch gar nicht fertig! Nicht mal die Haare geföhnt, ich stehe im Bademantel am Waschbecken, rubble mit einem Handtuch über den nassen Kopf ... Neben dem Waschbecken liegt meine Uhr. Erst kurz nach neun. Ich atme tief durch. Das kann nicht der Fahrer sein. Zehn Uhr hatten wir verabredet.
Ich komme nämlich ins Fernsehen. Sie wollen mich als Darsteller in einem Werbespot haben. Heute wird gedreht, und ein Fahrer holt mich ab. „Pünktlich um zehn", hatte die Frau in der Agentur gesagt. Ich brauche ja nicht zur Schule, seit gestern haben wir Herbstferien.
Es klingelte zum zweiten Mal.
Ich warf das Handtuch auf die Waschmaschine und ging vom Badezimmer in den Flur. Ich öffnete die Tür –
„Superbonzig! Ey, Alter!"
Plümper und Sascha. Sie standen mit ausgebreiteten Armen und lachenden Gesichtern im Treppenhaus. „Endlich! Kommst du mit an den Kanal?"
„Wie geht's?" Im selben Augenblick kam mir meine Frage dumm vor. Ich freute mich riesig, dass die beiden endlich wieder zurück waren aus ihren Internaten; gerade vor einer Woche hatte ich noch gedacht: Wenn doch erst Herbstferien wären und ich die Zwillinge wiedersehe – aber dann war der Anruf von der Agentur gekommen, tausend Mark gibt's für den Werbespot, und ich hatte Plümper und Sascha tatsächlich vergessen.

„An den Kanal? Meine Haare sind noch nicht trocken“, sagte ich. „Kommt rein!“

„Ist es schon ...“ Meine Mutter kam aus dem Schlafzimmer gestürmt, „ach so, nur deine Freunde. Aber denk daran, dass wir in einer Stunde fahren.“ Sie kehrte zurück zu ihrem Spiegel und schloss die Tür.

„Wo musst du denn hin?“, fragte Sascha, als wir zu meinem Zimmer gingen.

„Zur Schwimmhalle. Wir drehen einen Werbefilm.“ – Plümper warf sich auf mein Bett. „Mittwochs hat die Schwimmhalle doch immer geschlossen!“

„Die Filmleute haben sie für heute gemietet.“

Sascha schaute zu Boden. „Du hast also keine Zeit?“

„Das ist 'n großes Ding! Ich komme ins Fernsehen! Nicht nur als Statist irgendwo im Hintergrund – ich bin der Hauptdarsteller! Die filmen nur mich!“

„Was sollst du denn da sagen?“

„Sagen? Nichts. Ich soll auf den Sprungturm klettern und vom Drei-Meter-Brett springen.“

„Und dann?“

„Und dann?“, äffte ich Plümper nach. Es ärgerte mich, dass er überhaupt nicht zu verstehen schien, wie wichtig die Sache war.

„Ich kriege tausend Mark dafür.“

„Nur fürs Springen?“

„Nein, wenn ich wieder auftauche, stecke ich mir am Beckenrand ein Lutschbonbon in den Mund. Mit unheimlich vielen Vitaminen.“

Plümper lachte. „Und dafür wäschst du dir vorher die Haare? Die werden doch noch nass genug!“

Sascha strich sich eine Locke aus ihrer Stirn. „Wie lange dauert das denn?“

Ich zuckte mit den Schultern. „Kommt drauf an, wie alles klappt.“

„Und heute Nachmittag?“

„Vielleicht sind wir dann noch nicht fertig. Ihr könnt ja mitkommen. Ist bestimmt ganz spannend, wie die das machen fürs Fernsehen.“

Plümper und Sascha sahen sich an. „Unser Wiedersehen hatten wir uns eigentlich anders vorgestellt ...“

„Morgen hab ich Zeit – ach nee, morgen bin ich noch mal in der Werbeagentur ... aber so am späten Nachmittag vielleicht. Oder sonst übermorgen ...“ Ich schob Sascha zu meinem Schreibtischstuhl, sie setzte sich, aber ich blieb stehen.

„Wie ist es denn im Internat?“

Als Antwort zerknüllte Plümper einen Zettel und warf ihn in den Papierkorb.

„Ich föhne mir schnell noch die Haare – inzwischen könnt ihr hier mal reinschauen ...“ Ich griff einen Stapel Zeitschriften vom Regal und legte ihn aufs Bett. „Da sind überall Anzeigen von mir drin. Vielleicht findet ihr mich beim Durchblättern!“ Auch meine letzte Aufnahme, mit Tosch und den Mädchen für das Musikgeschäft, war inzwischen erschienen. In sieben Zeitungen.

„Immo!“

Was waren das für Stimmen?

„Iiiimmmooo!“ Das kam von draußen. Ich spähte aus dem Fenster: Unten vor dem Haus standen zwei Mädchen aus meiner Parallelklasse, Arm in Arm eingehakt, sie schauten nach oben und riefen wieder meinen Namen. Ich winkte kurz und trat vom Fenster zurück.

„Verliebt?“, fragte Sascha.

Ich schüttelte den Kopf. „In die beiden sicher nicht.“

„Kennst du sie?“

„Die sind aus meiner Schule. Seit Tagen kleben sie immer wieder mit Tesafilm Zettel an meinen Fahrradsattel – ‚Immo ist süß‘ und so 'n Zeug steht drauf. Aber sie sind mir egal.“

Das stimmte, auch wenn es mir natürlich schmeichelte, dass Mädchen mir nachliefen. Ich bekam öfter Liebesbriefe, von einer ganzen Reihe von Mädchen. Nur nicht von Sonja ...

Sascha nahm meine Hand und sah mir in die Augen. „Du bist anders geworden.“

„Ach was! Nur weil ich nasse Haare habe ... bin gleich wieder da!“ Ich ging zurück ins Badezimmer.

1 a) Es ärgert Immo, dass Plümper „überhaupt nicht zu verstehen schien, wie wichtig die Sache war“ (Z. 60/61). Versteht Plümper es wirklich nicht?

b) Sascha und Plümper haben Immo anders in Erinnerung. Was vermissen sie wohl an ihm?

2 a) Obwohl er noch jung ist, könnte man Immo schon als „Star“ bezeichnen. Woran erkennt man das?
b) Erfindet kleine Erzählabschnitte, in denen weitere Figuren auftreten und für Immo „schwärmen“.
c) Lest euch eure Ergänzungen vor und entscheidet, an welchen Stellen sie eingefügt werden sollten.

3 a) Sascha schreibt einer Freundin im Internat einen Brief. Darin berichtet sie von dem Besuch bei Immo.
b) Tragt zusammen, was bei einem Brief sprachlich sowie formal zu berücksichtigen ist, und überarbeitet eure Texte. Achtet besonders auf die richtige Schreibung der Anredepronomen.

4 Überlegt, wie diese Geschichte verfilmt werden könnte.
a) Welche Musik würdet ihr diesem Textauszug an verschiedenen Stellen unterlegen?
b) Aus welcher Perspektive (Vogel-, Frosch- oder Frontalperspektive) sollten die einzelnen Szenen aufgenommen werden?
c) Schreibt ein kurzes Filmskript nach folgendem Muster:

Immo – ein Kinderstar in der Werbung

Was zu sehen ist	Gesichtsausdruck der Figuren	Perspektive/Begründung	Musik
Immo beim Fönen	selbstbewusst	Froschperspektive, damit er groß und wichtig erscheint	...
Mädchen vor dem Haus	...	Vogelperspektive, damit sie zu Immo aufblicken	...
...	...	...	...

d) Vielleicht könnt ihr einige Szenen mit einer Videokamera aufnehmen und verschiedene Wirkungen erproben.

Wolfram Eicke

Blitzlicht (2) – Der große Durchbruch

Eine Agentur aus Frankfurt rief an. Meine Mutter überstürzte sich, als sie den Hörer auflegte: „Immo! Das ist der Durchbruch ...“
Eine Firma, die Computerspiele herstellt, wollte eine ganze Serie von Fernsehspots drehen. Jedes Mal mit derselben Hauptperson: mit mir.
„Mindestens zehn Folgen!“, rief meine Mutter. „Und wenn es gut ankommt, vielleicht sogar noch mehr ...“
Mein Kopf schwirrte. Ein Serien-Star! Wie der Cowboy von der Feuerzeugreklame. Du siehst sein Gesicht, und du erkennst ihn wieder. Und Computerspiele! Das Beste, was mir passieren kann. Davon träumt jeder.
Was würde Sonja sagen? Und das Geld!
Es war wie eine Raketenzündung: Ich wurde in den Himmel geschossen. Die Rakete war ich.
Schon ein paar Tage später kam der Testflug: Probeaufnahmen, diesmal mit Mikrofon. Man wollte prüfen, ob meine Stimme taugt.
Ein Mann von der Frankfurter Agentur war extra in unsere Stadt gekommen, um die Aufnahmen zu kontrollieren. Sie fanden in einem Studio statt, wo viele berühmte Filme und Serien gedreht werden.
Ich sollte mit gespreizten Beinen stehen, den kleinen Spielcomputer in der linken Hand, und mit der rechten die Spieltasten bedienen.
Um mich herum viele Frauen und Männer, die ich nicht kannte. Regisseurin, Kameraleute, jemand von der Computerfirma, ein Werbemensch, und alle hatten Notizblöcke und Diktiergeräte in den Händen.
„Wie findest du dieses Spiel?“, rief der Mann

von der Frankfurter Agentur. „Sprich einfach drauflos, wie du immer redest!"

Ich hatte einen Kopfhörer auf, der an die Maschine angeschlossen war. Wenn ich auf dem Bildschirm einen Bösen abschoss, kam eine Klingelmusik.

„Kann ich etwas anderes im Kopfhörer haben?" Ich gab dem Tontechniker meine Kassette von einer wüsten Rockgruppe.

„Okay!"

Mein Kopf donnerte, Gitarren kreischten, auf dem Bildschirm knallte ich eine Kröte mit Zylinder ab. „Superbonzig!", rief ich.

Die Musik stoppte.

„Was hast du gerade gerufen?" Der Mann von der Computerfirma wedelte mit den Armen, er war ganz aufgeregt.

„Ich sagte: superbonzig."

Alle redeten durcheinander, die Regisseurin machte sich Notizen, der Werbemensch rauchte eine Zigarette, er ging mit dem Mann von der Computerfirma im Raum auf und ab.

Dann wurde telefoniert. Schließlich probierten wir zwei verschiedene Fassungen des Werbespots: einmal nach dem Drehbuch, und dann mit meinem Ausruf „superbonzig!". Verschiedene andere Leute sollten auch noch ihr Urteil abgeben. Nach wenigen Stunden war die Entscheidung gefallen.

„Wir stellen die ganze Kampagne um!", schrie der Werbemensch. „Superbonzig ist DAS WORT! Es kommt in jeder Folge ..."

PAFF! Ich war in die Umlaufbahn geschossen. Ich glühte, ich war heiß. Ein Komet in der Galaxis, hell wie ein Blitzlicht, und wer von nun an zu mir hochschaute, sah einen neuen Stern.

Alles ging rasend schnell. Zunächst war geplant gewesen, die Serie im Frühjahr zu starten. Für die Weihnachtszeit lagen andere, schon fertige Werbespots bereit. „Aber diesen Hit müssen wir ins Weihnachtsgeschäft drücken!", rief der Werbemensch. „Wir schmeißen alles um!"

Den ganzen November wurde hektisch gearbeitet. Jedes Wochenende verbrachte ich im Studio. Die Behörde konnte nichts sagen: Es ist erlaubt, dass Kinder bis zu dreißig Tage im Jahr arbeiten, und ich hatte noch eine Menge gut. Alle schufteten rund um die Uhr: Kulissen mussten gebaut werden, Kostüme ausgesucht, jeder Werbespot brauchte ein eigenes Drehbuch, und dann muss noch alles auf die Sekunde genau geschnitten werden. Normalerweise braucht man für einen Werbespot mit allem Drum und Dran mehrere Wochen. Wir schafften sieben fertige Sendungen in achtzehn Tagen – ein Rekord.

Ich hatte mich nie besonders für Computerspiele interessiert. Als die ersten Spots gedreht wurden, bekam ich ein ganzes Gerät mit verschiedenen Disketten umsonst. Ich sollte lernen, damit umzugehen. Und es machte Spaß. Stundenlang saß ich allein auf meinem Bett, tippte auf Tasten, drückte auf Knöpfe, schob an Hebeln und schoss, schoss, schosssssss ...!

Rechtzeitig zum ersten verkaufsoffenen Samstag im Advent prasselten meine Werbespots in die Wohnzimmer des ganzen Landes.

In jedem Spot saß oder stand ich mit einem anderen Spiel dieser Firma, drückte auf Knöpfe, sprang in Trickaufnahme hoch, als ob ich flog, und rief, immer wenn der Firmenname gesungen wurde: „Superbonzig!" Auf zwanzig Fernsehkanälen, mehrmals am Tag: mein Gesicht. Superbonzig! Superbonzig! Superbonzig!

Ein Hit, Millionen sangen mit. Das Weihnachtsgeschäft lief großartig, es wurden mehr Computer und Spieldisketten verkauft als je zuvor.

Im Januar ging es gleich weiter: Wir drehten drei neue Folgen.

Axel hängte sich an mich wie eine Klette, er drängte immer wieder, dass ich ihn endlich mit den wichtigen Leuten bekannt mache. Er wollte auch ein Star werden. Aber wie sollte ich ihm helfen? Tosch hatte geraten: „Keine Konkurrenz zulassen!", und es war genau das, was ich auch vom Chef der Computerfirma hörte, als es um den Markt für Videospiele ging.

„Es hat keinen Zweck“, sagte ich zu Axel, „du müsstest eine ganze Mappe mit Fotos von dir präsentieren. Und das ist teuer – es müssen gute Fotos von einem Profi-Fotografen sein – und selbst dann gibt es keine Garantie, dass sie dich nehmen ...“

„Kein Problem.“ Axel schlug mir die Hand auf die Schulter. „Mein Onkel hat eine gute Kamera, den frag ich mal, ob er mich fotografiert.“

Zwei Wochen später brachte er tatsächlich eine Mappe mit. Dreißig Großaufnahmen, Axel ganz, Axel halb, Axels Kopf, Axels Profil. Ich steckte die Mappe ein und versprach, sie Zoyko zu geben. „Oder vielleicht auch der Agentur oder dem Fernsehregisseur ... mal sehen!“ Ich steckte die Mappe in meine Schultasche und hatte sie sofort vergessen.

Ich flog in einer gläsernen Kugel, wie eine Seifenblase, und von da oben sah alles auf der Welt ganz klein aus. Meine Eltern? Natürlich, wir sehen uns jeden Tag bei den Mahlzeiten, sprechen auch miteinander, aber was sie sagen, erreicht mich nicht.

Schule? Hallo, hier oben bin ich, habe einen Kopfhörer auf und kann euch nicht verstehen, höre aber tolle Musik.

Sogar einen Künstlernamen habe ich jetzt: Jeder nennt mich nur noch „Bonzo“. Ich weiß nicht, wer zuerst auf die Idee kam, aber der Name gefällt mir.

5 a) Beschreibt, wie Immo zum Medienstar gemacht wird.
b) Was findet ihr an Immos Karriere erstrebenswert, was haltet ihr für bedenklich?
c) Kennt ihr ähnliche Karrieren wie die von Immo?

6 Ein Mädchen aus der Klasse 7 sagte zu Immos Geschichte: „Ich finde es interessant, zu welchen Kräften jemand fähig ist, wenn er ein bestimmtes Ziel vor Augen hat.“ Wer hat in dieser Geschichte welche Ziele?

Die Mutter will ...
Die Werbeleute wollen ...
Immo selbst will ...
...

7 Entwickelt für Immo ein Charakterprofil (siehe S. 165).
Mit welchen Adjektiven könnte man Immos Charakter kennzeichnen?

Charakterprofil für Immo

	1	2	3	4	5	6	7	8	
sympathisch									unsympathisch
eingebildet									bescheiden
...									...

8 Verfasst mit Hilfe des Profils eine Beschreibung von Immos Charakter. Bezieht euch dabei auch auf wichtige Textstellen.

11 Erzählungen aus alter und neuer Zeit

11.1 Unterhaltsames Erzählen

Kalendergeschichten

Viel und gern gelesen wurden in früheren Zeiten **Kalendergeschichten.** Wie der Name schon andeutet, waren sie Bestandteil von Kalendern in Buchform, die in vielen Bauern- und Bürgerfamilien die einzige Lektüre neben der Bibel bildeten. Außer der Einteilung der Monate und Wochen (dem eigentlichen Kalendarium) enthielten diese Kalender viele nützliche Angaben und Ratschläge, wie zum Beispiel die Daten der Markttage, Wetterregeln, Kochrezepte, Hinweise auf Heilmittel usw. Zur Unterhaltung, aber auch zur Belehrung über richtiges Verhalten wurden in diese Kalender kurze Geschichten aufgenommen.

1 Tauscht euch über eure Eindrücke von den alten Kalendern aus.

2 Stellt fest, was die Leser von den Kalendern erwarten konnten.

Johann Peter Hebel

Das Mittagessen im Hof

Einer der bekanntesten Verfasser von Kalendergeschichten ist Johann Peter Hebel. Er kommt 1760 in dem Dorf Hausen bei Basel als Kind armer Leute zur Welt. Schon mit 13 Jahren ist der Junge Vollwaise. Der Pfarrer, dem der begabte Hans Peter auffällt, sorgt für eine Schulbildung, die sonst nur Kindern aus wohlhabenden Familien vorbehalten bleibt. Nach dem Besuch des Gymnasiums in Karlsruhe studiert Hebel Theologie an der Universität Erlangen. Er wird zunächst Hauslehrer, später Gymnasialprofessor und Kirchenrat. Außerdem arbeitet er in der Redaktion des „Badischen Landkalenders“ mit, deren Leitung er 1807 übernimmt. Er gestaltet den Kalender jetzt nach seinen Vorstellungen und nennt ihn „Der Rheinländische Hausfreund“. Seine Gedichte und Kalendergeschichten machen Hebel in ganz Deutschland bekannt. Auch viele berühmte Dichter, wie zum Beispiel Goethe, gehören zu seinen begeisterten Lesern.

Man klagt häufig darüber, wie schwer und unmöglich es sei, mit manchen Menschen auszukommen. Das mag denn freilich auch wahr sein. Indessen sind viele von solchen Menschen nicht schlimm, sondern nur wunderlich, und wenn man sie nur immer recht kennte, inwendig und auswendig, und recht mit ihnen umzugehen wüsste, nie zu eigensinnig und nie zu nachgebend, so wäre mancher wohl und leicht zur Besinnung zu bringen. Das ist doch einem Bedienten[1] mit seinem Herrn gelungen. Dem konnte er manchmal gar nichts recht machen und musste vieles entgelten, woran er unschuldig war, wie es so oft geht. So kam einmal der Herr sehr verdrüsslich nach Hause und setzte sich zum Mittagessen. Da war die Suppe zu heiß oder zu kalt oder keines von beiden; aber genug, der Herr war verdrüsslich. Er fasste daher die Schüssel mit dem, was darinnen war, und warf sie durch das offene Fenster in den Hof hinab. Was tat der Diener? Kurz besonnen warf er das Fleisch, welches er eben auf den Tisch stellen wollte, mir nichts, dir nichts, der Suppe nach, auch in den Hof hinab, dann das Brot, dann den Wein, und endlich das Tischtuch mit allem, was noch darauf war, auch in den Hof hinab. „Verwegener, was soll das sein?“, fragte der Herr und fuhr mit drohendem Zorn von dem Sessel auf. Aber der Bediente erwiderte kalt und ruhig: „Verzeihen Sie mir, wenn ich Ihre Meinung nicht erraten habe. Ich glaubte nicht anders, als Sie wollten heute in dem Hof speisen. Die Luft ist so heiter, der Himmel so blau, und sehen Sie nur, wie lieblich der Apfelbaum blüht und wie fröhlich die Bienen ihren Mittag halten.“ – Diesmal die Suppe hinabgeworfen, und nimmer! Der Herr erkannte seinen Fehler, heiterte sich im Anblick des schönen Frühlingshimmels auf, lächelte heimlich über den schnellen Einfall seines Aufwärters und dankte ihm im Herzen für die gute Lehre.

1 **Bedienter:** Diener

1 In der Gesellschaft, in der Johann Peter Hebel lebte und für die er schrieb, gab es Herren und „Bediente“. Stellt in zwei Rollenspielen dar, wie der Herr und der Diener aus der Geschichte den Vorfall am Abend erzählen: Der Diener erzählt dem übrigen Dienstpersonal und der Herr erzählt in seiner Stammtischrunde. Macht bei den Rollenspielen deutlich, dass sowohl der Diener als auch der Herr etwas gelernt haben.

2 Formuliert die Lehre der Geschichte schriftlich. Vergleicht eure Formulierungen.

3 Schreibt Geschichten aus unserer heutigen Welt, die zu der Lehre passen. Kontrolliert Rechtschreibung und Zeichensetzung eurer Geschichte mit Hilfe der Checkliste auf S. 155.

Johann Peter Hebel

Der geheilte Patient

Reiche Leute haben trotz ihrer gelben Vögel[1] doch manchmal auch allerlei Lasten und Krankheiten auszustehen, von denen gottlob der arme Mann nichts weiß, denn es gibt Krankheiten, die nicht in der Luft stecken, sondern in den vollen Schüsseln und Gläsern, und in den weichen Sesseln und seidenen Bettern, wie jener reiche Amsterdamer ein Wort davon reden kann. Den ganzen Vormittag saß er im Lehnsessel und rauchte Tabak, wenn er nicht zu träge war, oder hatte Maulaffen feil[2] zum Fenster hinaus, aß aber zu Mittag doch wie ein Drescher, und die Nachbarn sagten manchmal: „Windet's draußen, oder schnauft der Nachbar so?" – Den ganzen Nachmittag aß und trank er ebenfalls bald etwas Kaltes, bald etwas Warmes, ohne Hunger und ohne Appetit, aus lauter Langerweile bis an den Abend, also, dass man bei ihm nie recht sagen konnte, wo das Mittagessen aufhörte und wo das Nachtessen anfing. Nach dem Nachtessen legte er sich ins Bett und war so müd, als wenn der den ganzen Tag Steine abgeladen, oder Holz gespalten hätte. Davon bekam er zuletzt einen dicken Leib, der so unbeholfen war wie ein Maltersack[3]. Essen und Schlaf wollte ihm nimmer schmecken, und er war lange Zeit, wie es manchmal geht, nicht recht gesund und nicht recht krank; wenn man aber ihn selber hörte, so hatte er 365 Krankheiten, nämlich alle Tage eine andere. Alle Ärzte, die in Amsterdam sind, mussten ihm raten. Er verschluckte ganze Feuereimer voll Mixturen und ganze Schaufeln voll Pulver und Pillen wie Enteneier so groß, und man nannte ihn zuletzt scherzweise nur die zweibeinige Apotheke. Aber alle Arzneien halfen ihm nichts, denn er folgte nicht, was ihm die Ärzte befahlen, sondern sagte: „Fouder[4], wofür bin ich ein reicher Mann, wenn ich soll leben wie ein Hund, und der Doktor will mich nicht gesund machen für mein Geld?" Endlich hörte er von einem Arzt, der 100 Stund weit weg wohnte, der sei so geschickt, dass die Kranken gesund werden, wenn er sie nur recht anschaue, und der Tod geh ihm aus dem Weg, wo er sich sehen lasse. Zu dem Arzt fasste der Mann ein Zutrauen und schrieb ihm seinen Umstand. Der Arzt merkte bald, was ihm fehle, nämlich nicht Arznei, sondern Mäßigkeit und Bewegung, und sagte: „Wart, dich will ich bald kuriert haben." Deswegen schrieb er ihm ein Brieflein folgenden Inhalts: „Guter Freund, Ihr habt einen schlimmen Umstand, doch wird Euch zu helfen sein, wenn Ihr folgen wollt. Ihr habt ein bös Tier im Bauch, einen Lindwurm mit sieben Mäulern. Mit dem Lindwurm muss ich selber reden, und Ihr müsst zu mir kommen. Aber fürs Erste so dürft Ihr nicht fahren oder auf dem Rösslein reiten, sondern auf des Schuhmachers Rappen[5], sonst schüttelt Ihr den Lindwurm und er beißt Euch die Eingeweide ab, sieben Därme auf einmal ganz entzwei. Fürs andere dürft Ihr nicht mehr essen als zweimal des Tages einen Teller voll Gemüs, mittags ein Bratwürstlein dazu und nachts ein Ei und am Morgen ein Fleischsüpplein mit Schnittlauch drauf. Was Ihr mehr esset, davon wird nun der Lindwurm größer, also dass er Euch die Leber erdrückt, und der Schneider hat Euch nimmer viel anzumessen, aber der Schreiner. Dies ist mein Rat, und wenn Ihr mir nicht folgt, so hört Ihr im andern Frühjahr den Gukuk[6] nimmer schreien. Tut, was Ihr wollt!" Als der Patient so mit ihm reden hörte, ließ er sich sogleich den andern Morgen die Stiefel salben und machte sich auf den Weg, wie ihm der Doktor befohlen hatte. Den ersten Tag ging es so langsam, dass wohl eine Schnecke hätte können sein Vorreiter sein, und wer ihn grüßte, dem dankte er nicht, und wo ein Würmlein auf der Erde kroch, das zertrat er. Aber schon am zweiten und am dritten Morgen kam es ihm vor, als wenn die Vögel schon lange nimmer so lieblich gesungen hätten wie heut, und der Tau schien ihm so frisch und die Kornrosen[7] im Feld so rot, und alle Leute, die ihm begegneten, sahen

1 **gelbe Vögel:** bildlich für Goldmünzen, Geld
2 **hatte Maulaffen feil:** saß mit offenem Mund da und tat nichts
3 **Maltersack:** großer Getreidesack
4 **Fouder,** nach dem frz. „foudre" = Blitz, hier eine Art Fluch: Potz Blitz
5 **auf des Schuhmachers Rappen:** zu Fuß
6 **Gukuk:** Kuckucksvogel
7 **Kornrosen:** Klatschmohn

so freundlich aus, und er auch, und alle Morgen, wenn er aus der Herberge ausging, war's schöner, und er ging leichter und munterer dahin, und als er am 18. Tage in der Stadt des Arztes ankam und den andern Morgen aufstand, war es ihm so wohl, dass er sagte: „Ich hätte zu keiner ungeschickteren Zeit können gesund werden als jetzt, wo ich zum Doktor soll. Wenn's mir doch nur ein wenig in den Ohren brauste oder das Herzwasser lief mir." Als er zum Doktor kam, nahm ihn der Doktor bei der Hand und sagte ihm: „Jetzt erzählt mir denn noch einmal von Grund aus, was Euch fehlt." Da sagte er: „Herr Doktor, mir fehlt gottlob nichts, und wenn Ihr so gesund seid wie ich, so soll's mich freuen." Der Doktor sagte: „Das hat Euch ein guter Geist geraten, dass Ihr meinem Rat gefolgt habt. Der Lindwurm ist jetzt abgestanden. Aber Ihr habt noch Eier im Leib, deswegen müsst Ihr wieder zu Fuß heimgehen und daheim fleißig Holz sägen, dass niemand sieht[8], und nicht mehr essen, als Euch der Hunger ermahnt, damit die

Eier nicht ausschlupfen, so könnt Ihr ein alter Mann werden", und lächelte dazu. Aber der reiche Fremdling sagte: „Herr Doktor, Ihr seid ein feiner Kauz, und ich versteh Euch wohl", und hat nachher dem Rat gefolgt und 87 Jahre, 4 Monate, 10 Tage gelebt, wie ein Fisch im Wasser so gesund, und hat alle Neujahr dem Arzt 20 Dublonen[9] geschickt.

8 **dass niemand sieht,** gemeint ist: was aber niemand zu sehen braucht

9 **Dublonen:** Goldmünzen

1 a) Arbeitet heraus, um welche Ratschläge für die Gesundheit es in dem Text geht.
b) Sprecht darüber, ob diese Ratschläge auch heute noch aktuell sind.

2 Arbeitet die Geschichte in einen Beitrag für die Sendung „Gesundheitsmagazin" im Fernsehen um. Stellt dazu fest, welche Bestandteile der Geschichte (Verhalten und Redeweise der Personen, Lebensumstände) übernommen werden können und welche weggelassen oder modernisiert werden müssen.

3 Vergleicht die beiden Kalendergeschichten „Das Mittagessen im Hof" (S. 176) und „Der geheilte Patient".
a) Untersucht den Aufbau der beiden Geschichten.
b) Legt eine Tabelle an, in die ihr mit Beispielen eintragt, welche erzählerischen Mittel zur Unterhaltung und zur Belehrung verwendet werden:

Unterhaltung	Belehrung
– Verlebendigung durch wörtliche Rede Beispiele: ...	– Betrachtungen und Kommentare des Erzählers Beispiele: ...
– Lustige Vergleiche und sprachliche Bilder Beispiele: ...	– ...
– ...	

Ein modernerer Schriftsteller, Bertolt Brecht, hat sich an Johann Peter Hebel und seine Art zu erzählen erinnert und auch eine Reihe von Kalendergeschichten geschrieben. Allerdings erschienen sie nicht mehr in einem Kalender, sondern in einem Buch mit dem Titel „Kalendergeschichten“, das der Autor kurz nach dem Zweiten Weltkrieg 1948 zusammengestellt hat.

Bertolt Brecht

Herrn K.s Lieblingstier

Bertolt Brecht (1898–1956) fiel schon als Jugendlicher wegen seiner Aufsässigkeit und Respektlosigkeit auf. Einmal sollte er sogar der Schule verwiesen werden: Der Erste Weltkrieg war 1914 ausgebrochen und die Schüler sollten sich in einem Aufsatz dazu bekennen, dass es gut und richtig sei, als Soldat für das Vaterland zu sterben. Der junge Brecht aber bezeichnete diejenigen, die eine solche Meinung vertraten, als Hohlköpfe und Narren. Auch später als Schriftsteller hat er sich immer wieder gegen herrschende politische Auffassungen gewandt und sich mit den Mächtigen in Staat und Gesellschaft angelegt. 1933, als die Nationalsozialisten die Herrschaft in Deutschland erlangten, musste Brecht ins Ausland fliehen. Er schrieb hauptsächlich Theaterstücke und Gedichte, durch die er die Menschen zum kritischen Nachdenken über ihre Situation anregen wollte. Weitere Informationen zu Brecht und eines seiner Erzählgedichte findet ihr auf S. 210–212.

Als Herr K. gefragt wurde, welches Tier er vor allen schätze, nannte er den Elefanten und begründete dies so: Der Elefant vereint List mit Stärke. Das ist nicht die kümmerliche List, die ausreicht, um einer Nachstellung zu entgehen oder ein Essen zu ergattern, indem man nicht auffällt, sondern die List, welcher die Stärke für große Unternehmungen zur Verfügung steht. Wo dieses Tier war, führt eine breite Spur. Dennoch ist es gutmütig, es versteht Spaß. Es ist ein guter Freund, wie es ein guter Feind ist. Sehr groß und schwer, ist es doch auch sehr schnell. Sein Rüssel führt einem enormen Körper auch die kleinsten Speisen zu, auch Nüsse. Seine Ohren sind verstellbar: Er hört nur, was ihm paßt. Er wird auch sehr alt. Er ist auch gesellig, und dies nicht nur zu Elefanten. Überall ist er sowohl beliebt als auch gefürchtet. Eine gewisse Komik macht es möglich, daß er sogar verehrt werden kann. Er hat eine dicke Haut, darin zerbrechen die Messer; aber sein Gemüt ist zart. Er kann traurig werden. Er kann zornig werden. Er tanzt gern. Er stirbt im Dickicht. Er liebt Kinder und andere kleine Tiere. Er ist grau und fällt nur durch seine Masse auf. Er ist nicht eßbar. Er kann gut arbeiten. Er trinkt gern und wird fröhlich. Er tut etwas für die Kunst: Er liefert Elfenbein. R

1 a) Welche Gründe, die Herr K. für den Elefanten als sein Lieblingstier anführt, haben euch überrascht?
b) Versucht im Gespräch diese Gründe zu erklären.
c) Was für ein Bild gewinnt ihr von Herrn K., wenn er sich ein solches Lieblingstier aussucht und dafür solche Gründe anführt?

2 Untersucht die sprachliche Gestaltung der Geschichte und achtet dabei besonders auf den Satzbau.

3 Schreibt eine Geschichte über *euer* Lieblingstier, bei der ihr auf das Aussehen, den Charakter, die Nahrung sowie auf das Verhalten gegenüber Menschen und Tieren eingeht. Entscheidet, welche sprachlichen Merkmale des Textes von Brecht ihr übernehmen und welche ihr abändern wollt.

Bertolt Brecht

Der hilflose Knabe

Herr K. sprach über die Unart, erlittenes Unrecht stillschweigend in sich hineinzufressen, und erzählte folgende Geschichte: „Einen vor sich hinweinenden Jungen fragte ein Vorübergehender nach dem Grund seines Kummers. ‚Ich hatte zwei Groschen für das Kino beisammen', sagte der Knabe, ‚da kam ein Junge und riß mir einen aus der Hand', und er zeigte auf einen Jungen, der in einiger Entfernung zu sehen war. ‚Hast du denn nicht um Hilfe geschrien?' fragte der Mann. ‚Doch', sagte der Junge und schluchzte ein wenig stärker. ‚Hat dich niemand gehört?' fragte ihn der Mann weiter, ihn liebevoll streichelnd. ‚Nein', schluchzte der Junge. [...] R

1 Wie endet die Geschichte? Entscheidet euch spontan für einen der drei folgenden Schlüsse:

A

‚Das tut mir aber Leid. Weißt du was, ich schenke dir den zweiten Groschen für das Kino.' Mit diesen Worten gab der Mann dem hilflosen Knaben das Geldstück und ging vor sich hinpfeifend weiter."

B

‚Dann komm, wir werden deinen Groschen zurückholen!' Mit diesen Worten packte er den Jungen bei der Hand und rannte mit ihm die Straße hinunter. Der Dieb bekam Angst, warf das Geldstück hin und suchte das Weite. So kam der Junge doch noch zu seinem Recht."

C

‚Kannst du denn nicht lauter schreien?' fragte der Mann. ‚Nein', sagte der Junge und blickte ihn mit neuer Hoffnung an. Denn der Mann lächelte. ‚Dann gib auch den her', sagte er, nahm ihm den letzten Groschen aus der Hand und ging unbekümmert weiter."

2 a) Lest die Geschichte jetzt noch einmal aufmerksam durch und achtet dabei auf Signale, die auf einen der Schlüsse hinweisen könnten.

b) Bleibt ihr bei eurer ersten Wahl des Schlusses oder ändert sie sich jetzt? Begründet eure Wahl.

c) Besorgt euch den vollständigen Text aus der Bücherei und vergleicht eure Entscheidungen mit dem Schluss Brechts.

Anekdote

In der folgenden Geschichte ist der Schriftsteller Bertolt Brecht selbst die Hauptfigur. Solche kurzen, oft witzigen Geschichten über meist berühmte Personen, aber auch über gesellschaftliche Gruppen oder denkwürdige Ereignisse, nennt man **Anekdoten.**

Herbert Ihering

Die schlechte Zensur

Brecht, der schwach im Französischen war, und ein Freund, der schlechte Zensuren im Lateinischen hatte, konnten Ostern nur schwer versetzt werden, wenn sie nicht noch eine gute Abschlussarbeit schrieben. Aber die lateinische Arbeit des einen fiel ebenso mäßig aus wie die französische des anderen. Darauf radierte der Freund mit einem Federmesser einige Fehler in der Lateinarbeit aus und meinte, der Professor habe sich wohl verzählt. Der aber hielt das Heft gegen das Licht, entdeckte die radierten Stellen, und eine Ohrfeige tat das Übrige.
Brecht, der nun wusste, so geht das nicht, nahm rote Tinte und strich sich noch einige Fehler mehr an. Dann ging er zum Professor und fragte ihn, was hier falsch sei. Der Lehrer musste bestürzt zugeben, dass diese Worte richtig seien und er zu viele Fehler angestrichen habe. „Dann", sagte Brecht, „muss ich doch wohl eine bessere Zensur haben."
Der Professor änderte die Zensur, und Brecht wurde versetzt.

1 a) Beschreibt die Fähigkeiten Brechts, die in dieser Anekdote erkennbar werden.
b) Vergleicht diese Anekdote mit den Informationen zu Brecht auf S. 179 und mit seinen Kalendergeschichten (S. 179/180).

2 Findet ihr das Verhalten des Schülers Brecht nachahmenswert? Diskutiert darüber in der Klasse.

3 In vielen Familien existieren solche Geschichten über einzelne Familienmitglieder. Fragt doch einmal in euren eigenen oder in verwandten und bekannten Familien nach. Schreibt diese so genannten **Familienanekdoten** auf und lest sie der Klasse vor.

Erzählung von einer unerhörten Begebenheit

Heinrich von Kleist

Das Bettelweib von Locarno

Heinrich von Kleist wurde 1777 in Frankfurt an der Oder geboren. Seine Familie gehörte zum alten Adel des Königreichs Preußen. Wie es der Familientradition entsprach, trat Heinrich nach seiner Erziehung in Berlin die Offizierslaufbahn an. Jedoch weder beim Militär, von dem er bald seinen Abschied nahm, noch in der Verwaltung fand er eine dauerhafte Anstellung und ein zufriedenes Leben.
Auch sein Versuch, als Journalist eine eigene Zeitung herauszugeben, scheiterte nach kurzer Zeit. Seine Bedeutung als Schriftsteller erlangte er durch eine Reihe von Dramen sowie zwei Bände Erzählungen und

Novellen, unter denen sich auch das „Bettelweib von Locarno“ befindet. Eine „Novelle“ (von italienisch novella *= Neuigkeit) schildert in straffer Form eine dramatische Begebenheit, oft den Wendepunkt im Leben eines Menschen.*
Nach dem Scheitern seines Experiments mit der Zeitung und fehlgeschlagenen Bemühungen um eine erneute Anstellung im Staatsdienst nahm er sich 1811 das Leben.

Am Fuße der Alpen, bei Locarno im oberen Italien, befand sich ein altes, einem Marchese[1] gehörendes Schloss, das man jetzt, wenn man vom St. Gotthard kommt, in Schutt und Trümmern liegen sieht: ein Schloss mit hohen und weitläufigen Zimmern, in deren einem einst, auf Stroh, das man ihr unterschüttete, eine alte kranke Frau, die sich bettelnd vor der Tür eingefunden hatte, von der Hausfrau aus Mitleiden gebettet worden war. Der Marchese, der, bei der Rückkehr von der Jagd, zufällig in das Zimmer trat, wo er seine Büchse abzusetzen pflegte, befahl der Frau unwillig, aus dem Winkel, in welchem sie lag, aufzustehen, und sich hinter den Ofen zu verfügen. Die Frau, da sie sich erhob, glitschte mit der Krücke auf dem glatten Boden aus, und beschädigte sich, auf eine gefährliche Weise, das Kreuz; dergestalt, dass sie zwar noch mit unsäglicher Mühe aufstand und quer, wie es ihr vorgeschrieben war, über das Zimmer ging, hinter dem Ofen aber, unter Stöhnen und Ächzen, niedersank und verschied.
Mehrere Jahre nachher, da der Marchese, durch Krieg und Misswachs, in bedenkliche Vermögensumstände geraten war, fand sich ein florentinischer Ritter bei ihm ein, der das Schloss, seiner schönen Lage wegen, von ihm kaufen wollte. Der Marchese, dem viel an dem Handel gelegen war, gab seiner Frau auf, den Fremden in dem oben erwähnten, leer stehenden Zimmer, das sehr schön und prächtig eingerichtet war, unterzubringen. Aber wie betreten war das Ehepaar, als der Ritter mitten in der Nacht, verstört und bleich, zu ihnen herunterkam, hoch und teuer versichernd, dass es in dem Zimmer spuke, indem etwas, das dem Blick unsichtbar gewesen, mit einem Geräusch, als ob es auf Stroh gelegen, im Zimmerwinkel aufgestanden, mit vernehmlichen Schritten, langsam und gebrechlich, quer über das Zimmer gegangen, und hinter dem Ofen, unter Stöhnen und Ächzen, niedergesunken sei.
Der Marchese erschrocken, er wusste selbst nicht recht warum, lachte den Ritter mit erkünstelter Heiterkeit aus, und sagte, er wolle sogleich aufstehen, und die Nacht zu seiner Beruhigung, mit ihm in dem Zimmer verbringen. Doch der Ritter bat um die Gefälligkeit, ihm zu erlauben, dass er auf einem Lehnstuhl, in seinem Schlafzimmer übernachte, und als der Morgen kam, ließ er anspannen, empfahl sich und reiste ab.
Dieser Vorfall, der außerordentliches Aufsehen machte, schreckte auf eine dem Marchese höchst unangenehme Weise, mehrere Käufer ab; dergestalt, dass, da sich unter seinem eignen Hausgesinde, befremdend und unbegreiflich, das Gerücht erhob, dass es in dem Zimmer, zur Mitternachtsstunde umgehe, er, um es mit einem entscheidenden Verfahren niederzuschlagen, beschloss, die Sache in der nächsten Nacht selbst zu untersuchen. Demnach ließ er, beim Einbruch der Dämmerung, sein Bett in dem besagten Zimmer aufschlagen, und erharrte, ohne zu schlafen, die Mitternacht. Aber wie erschüttert war er, als er in der Tat, mit dem Schlage der Geisterstunde, das unbegreifliche Geräusch wahrnahm; es war, als ob ein Mensch sich von Stroh, das unter ihm knisterte, erhob, quer über das Zimmer ging, und hinter dem Ofen, unter Geseufz und Geröchel niedersank. Die Marquise[2], am andern Morgen, da er herunterkam, fragte ihn, wie die Untersuchung abgelaufen; und da er sich, mit scheuen und ungewissen Blicken, umsah, und, nachdem er die Tür verriegelt, versicherte, dass es mit dem Spuk seine Richtigkeit habe: so erschrak sie, wie sie in ihrem Leben nicht getan, und bat ihn, bevor er die Sache verlauten ließe, sie noch einmal, in ihrer Gesellschaft, einer kaltblütigen Prüfung zu unterwerfen. Sie hörten aber, samt einem treuen Bedienten, den sie mitgenommen hatten, in der Tat, in der nächsten Nacht, dasselbe unbegreifliche, gespensterartige Geräusch; und nur der

1 **Marchese:** Graf

2 **Marquise:** Gräfin

dringende Wunsch, das Schloss, es koste was es wolle, loszuwerden, vermochte sie, das Entsetzen, das sie ergriff, in Gegenwart ihres Dieners zu unterdrücken, und dem Vorfall irgendeine gleichgültige und zufällige Ursache, die sich entdecken lassen müsse, unterzuschieben. Am Abend des dritten Tages, da beide, um der Sache auf den Grund zu kommen, mit Herzklopfen wieder die Treppe zu dem Fremdenzimmer bestiegen, fand sich zufällig der Haushund, den man von der Kette losgelassen hatte, vor der Tür desselben ein; dergestalt, dass beide, ohne sich bestimmt zu erklären, vielleicht in der unwillkürlichen Absicht, außer sich selbst noch etwas Drittes, Lebendiges, bei sich zu haben, den Hund mit sich in das Zimmer nahmen. Das Ehepaar, zwei Lichter auf dem Tisch, die Marquise unausgezogen, der Marchese Degen und Pistolen, die er aus dem Schrank genommen, neben sich, setzen sich, gegen elf Uhr, jeder auf sein Bett; und während sie sich mit Gesprächen, so gut sie vermögen, zu unterhalten suchen, legt sich der Hund, Kopf und Beine zusammengekauert, in der Mitte des Zimmer nieder und schläft ein. Darauf, in dem Augenblick der Mitternacht, lässt sich das entsetzliche Geräusch wieder hören; jemand, den kein Mensch mit Augen sehen kann, hebt sich, auf Krücken, im Zimmerwinkel empor; man hört das Stroh, das unter ihm rauscht; und mit dem ersten Schritt: tapp! tapp! erwacht der Hund, hebt sich plötzlich, die Ohren spitzend, vom Boden empor, und knurrend und bellend, grad als ob ein Mensch auf ihn eingeschritten käme, rückwärts gegen den Ofen weicht er aus. Bei diesem Anblick stürzt die Marquise, mit sträubenden Haaren, aus dem Zimmer; und während der Marchese, der den Degen ergriffen: wer da? ruft, und da ihm niemand antwortet, gleich einem Rasenden, nach allen Richtungen die Luft durchhaut, lässt sie anspannen, entschlossen, augenblicklich, nach der Stadt abzufahren. Aber ehe sie noch einige Sachen zusammengepackt und aus dem Tore herausgerasselt, sieht sie schon das Schloss ringsum in Flammen aufgehen. Der Marchese, von Entsetzen überreizt, hatte eine Kerze genommen, und dasselbe, überall mit Holz getäfelt wie es war, an allen vier Ecken, müde seines Lebens, angesteckt. Vergebens schickte sie Leute hinein, den Unglücklichen zu retten; er war auf die elendiglichste Weise bereits umgekommen, und noch jetzt liegen, von den Landleuten zusammengetragen, seine weißen Gebeine in dem Winkel des Zimmers, von welchem er das Bettelweib von Locarno hatte aufstehen heißen.

1 Lest euch in der Klasse die Geschichte möglichst wirkungsvoll vor.

2 Untersucht den **Aufbau** der Erzählung.

a) Vergleicht Einleitung und Schluss.

b) Lest die einzelnen Besuche im Spukzimmer abwechselnd vor. Wodurch unterscheiden sich diese Episoden?

c) Zeichnet ein Schema, das den Aufbau der Geschichte wiedergibt.

3 Beim Lesen wird euch aufgefallen sein, dass Heinrich von Kleist es liebt, höchst verschachtelte Sätze zu bauen. Die Kommas hat er dabei hauptsächlich nach dem Sprechrhythmus gesetzt.

a) Löst Sätze, die euch besonders kompliziert erscheinen, in eine Folge von Hauptsätzen oder einfachen Satzgefügen (Haupt- und Nebensätze) auf, z. B. Zeile 15–22:

Die Frau, da sie sich erhob, glitschte mit der Krücke auf dem glatten Boden aus, und beschädigte sich, auf eine gefährliche Weise, das Kreuz; dergestalt, dass sie zwar noch mit unsäglicher Mühe aufstand und quer, wie es ihr vorgeschrieben war, über das Zimmer ging, hinter dem Ofen aber, unter Stöhnen und Ächzen, niedersank und verschied.

Als die Frau sich erhob, glitschte sie mit der Krücke auf dem glatten Boden aus und beschädigte sich auf eine gefährliche Weise das Kreuz. Sie stand zwar noch mit unsäglicher Mühe auf und ging quer durch das Zimmer, wie es ihr vorgeschrieben war. Hinter dem Ofen aber sank sie unter Stöhnen und Ächzen nieder und verschied.

b) Lest einzelne Abschnitte in ursprünglicher und in veränderter Form vor und vergleicht die Wirkung.

4 Sucht zu Hause, in der Schul- oder Stadtbibliothek nach ähnlichen Geschichten und erzählt sie in der Klasse.

11.2 Das Spiel mit den Zeiten: Erzähltempora

Tempuswechsel

Im Einleitungssatz von Kleists Geschichte „Das Bettelweib von Locarno" (S. 182–183) verwendet der Erzähler drei **Tempora,** wie man die Zeitformen des Verbs nennt.

Das Bettelweib von Locarno

Am Fuße der Alpen, bei Locarno im oberen Italien, *befand* sich ein altes, einem Marchese gehörendes Schloss, das man jetzt, wenn man vom St. Gotthard *kommt,* in Schutt und Trümmern liegen *sieht:* ein Schloss mit hohen und weitläufigen Zimmern, in deren einem einst, auf Stroh, das man ihr *unterschüttete,* eine alte kranke Frau, die sich bettelnd vor der Tür *eingefunden hatte,* von der Hausfrau aus Mitleiden gebettet worden war.

1 Schreibt die hervorgehobenen Verben heraus und ordnet sie den Tempora **Präsens, Präteritum** und **Plusquamperfekt** zu.

2 a) Sucht Erklärungen dafür, warum der Erzähler mehrfach das Tempus wechselt.

b) Untersucht das Plusquamperfekt genauer. In welchem zeitlichen Verhältnis steht die Ankunft der Frau vor der Tür zu dem Unterschütten des Strohs?

Das **Plusquamperfekt** ist eine zusammengesetzte Verbform. Es wird gebildet aus der Personalform des Präteritums der Hilfsverben *haben* oder *sein* und dem Partizip Perfekt des Vollverbs.

Personalform des Präteritums von „haben" oder „sein"	Partizip Perfekt des Vollverbs
ich hatte	gesungen
du hattest	gesungen
...	
ich war	verreist
du warst	verreist
...	

3 a) Übertragt die Tabelle in euer Heft und ergänzt sie um alle Personalformen im Singular und Plural.
b) Fügt weitere Beispiele hinzu.

- Der Besucher wollte nicht mehr in dem Schloss bleiben, (Gespenst gesehen).
- Man erkannte an den Trümmern, (dort einmal ein Schloss gestanden).
- Das Schloss brannte nieder, (der verzweifelte Graf angezündet).
- Man vergaß die Geschichte nie wieder, (einmal gehört).
- Der Besucher, (das unheimliche Zimmer verlassen), suchte sich einen anderen Platz zum Schlafen.

4 Bildet mit den Ausdrücken in Klammern Nebensätze, die im Plusquamperfekt stehen. Ihr müsst dazu auch die passenden Konjunktionen oder Relativpronomen finden, z. B.:
nachdem, weil, dass – der, die, das ...
Schreibt die vollständigen Sätze in euer Heft.

Nach dem Einleitungssatz beginnt der Hauptteil der Geschichte vom Bettelweib von Locarno:

„Der Marchese, der, bei der Rückkehr von der Jagd, zufällig in das Zimmer trat, wo er seine Büchse abzusetzen pflegte, befahl der Frau unwillig, aus dem Winkel, in welchem sie lag, aufzustehen, und sich hinter den Ofen zu verfügen ..." (S. 182, Z. 10–15).

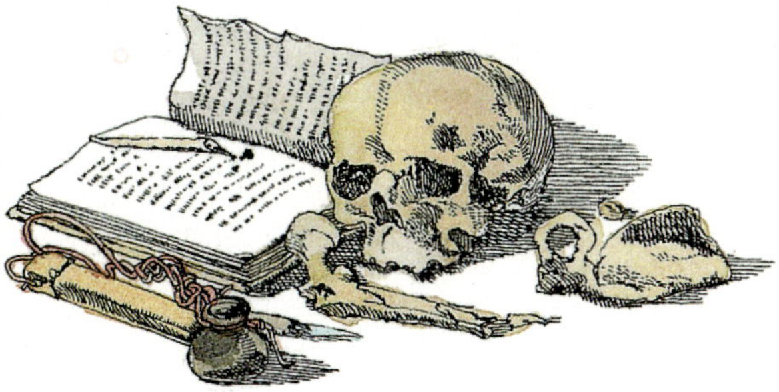

5 Welches Tempus gebraucht der Erzähler von hier ab?

6 Ab Zeile 99 (S. 183) wird das bis dahin eingehaltene Erzähltempus durchbrochen.
a) Untersucht, welches Tempus ab Z. 99 gebraucht wird und bis zu welcher Stelle dies neue Tempus beibehalten wird.
b) Schreibt den Teil mit dem geänderten Tempus in das übliche, bis Z. 99 verwendete Erzähltempus um und vergleicht dann die Wirkung eurer Fassung mit dem Original.

Der Tempus-Gebrauch des Erzählers

Die reale Zeit, in der etwas geschieht, und die grammatische Zeitform, das Tempus, sind nicht dasselbe. Etwas Vergangenes kann zum Beispiel durchaus im Präsens dargestellt werden. Es kommt auf die **Perspektive** an, die der Sprecher zu dem Dargestellten einnehmen will.
Die Hauptperspektive beim **schriftlichen Erzählen** ist das **Präteritum.** Der Erzähler kann aber auch gelegentlich andere Perspektiven einnehmen und dann andere Tempora verwenden. Er verweist damit auf bestimmte Erzählabsichten und will bestimmte Wirkungen erzielen.

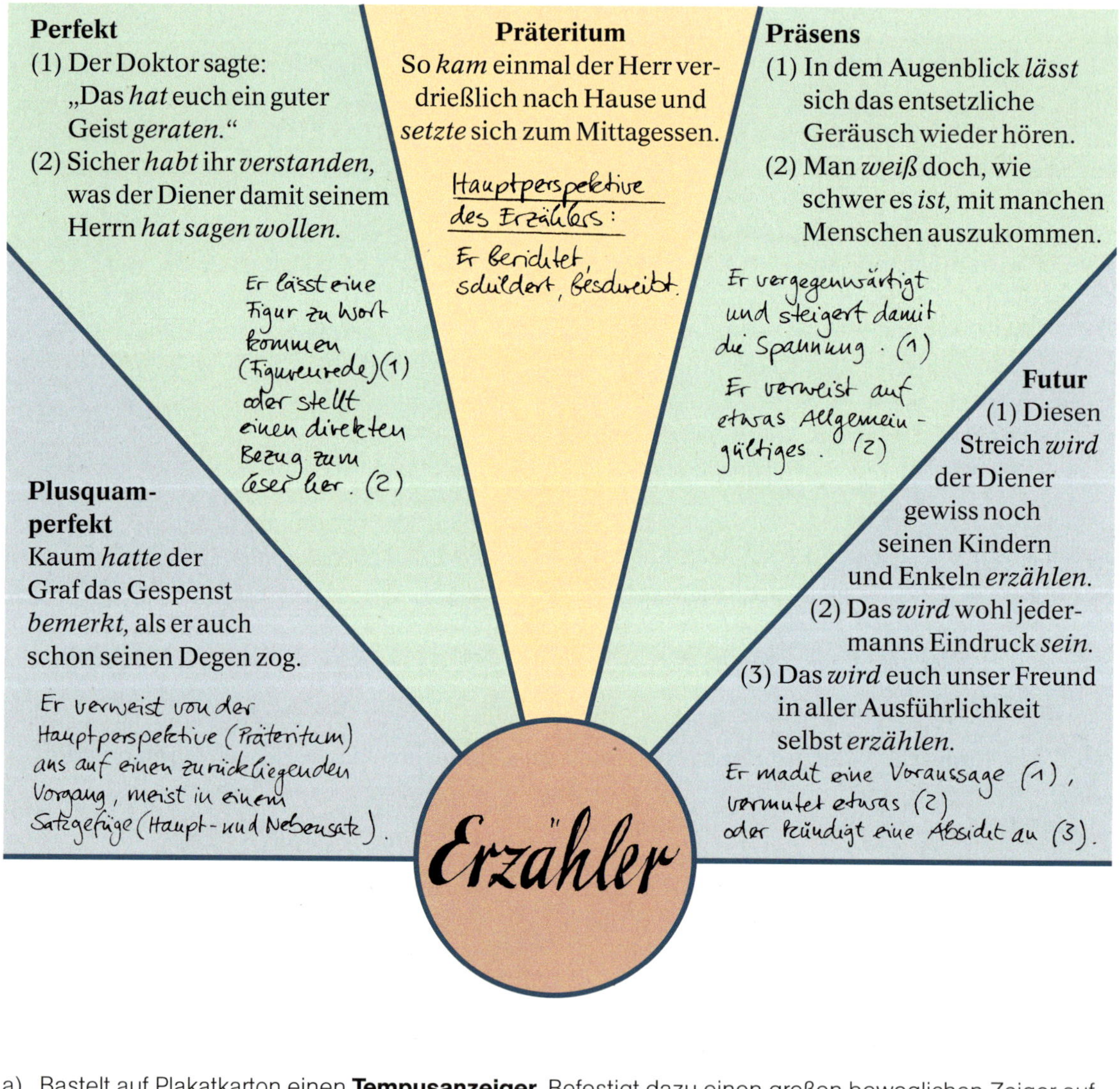

1 a) Bastelt auf Plakatkarton einen **Tempusanzeiger.** Befestigt dazu einen großen beweglichen Zeiger auf dem Standort des Erzählers und übertragt das Übersichtsschema auf das Plakat.
b) Sucht euch eine Geschichte in diesem Kapitel aus und stellt bei jeder Verbform den Zeiger auf das entsprechende Tempus. Führt eine Strichliste darüber, wie oft ein Tempus angezeigt wird, und notiert euch die Textstellen, an denen das Tempus wechselt.
c) Wertet eure Untersuchung aus: Wie lassen sich die **Tempuswechsel** und die **Gebrauchshäufigkeit** der Tempora erklären?

2 a) Vervollständigt die Sätze der folgenden Tagebucheintragung, indem ihr die Verben in die passenden Tempora setzt.
b) Vergleicht eure Fassungen und begründet eure Tempus-Entscheidungen.

15. Okt.
In der vorigen Woche etwas Seltsames (passieren). Es mir nicht mehr aus dem Kopf (gehen). Ich frühmorgens auf dem Weg zur Schule (sein) und mich ganz schön abhetzen (müssen), weil ich wie immer zu spät (aufstehen). Es dämmrig und ziemlich dunstig (sein). Ich an dem Wäldchen hinter dem Friedhof (ankommen), als ich wie angewurzelt (stehen bleiben). Plötzlich da zwischen den Bäumen drei Männer (stehen). Sie ganz alte, unmoderne Kleidungsstücke zu tragen (scheinen). Ich die drei Männer (anstarren), die völlig bewegungslos (dastehen). Vor Angst ich fast in die Hose (machen). Zögernd ich ein Stück weiter (gehen), und dann ich sie nicht mehr (sehen). Abends Vati von der unheimlichen Begegnung (erzählen). „Merkwürdig“, er (sagen), „in dem Wäldchen Räuber am Ende des vorigen Jahrhunderts drei Männer aus unserem Dorf (erschießen).“ Ich von dieser Geschichte noch nie (hören). Seit letzter Woche auf dem Schulweg immer an sie denken (müssen). Ich immer ganz ängstlich nach dem Wäldchen (schauen), ob ich die drei Männer wieder (sehen). Das wohl noch lange so (bleiben).

3 Führt einen Versuch zum unterschiedlichen Tempusgebrauch beim **mündlichen** und **schriftlichen Erzählen** durch.
a) Ein Teil der Klasse schreibt eine Erzählung zu einer unheimlichen Begebenheit; der andere Teil bereitet eine lustige oder spannende Geschichte aus der letzten Woche für ein mündliches Erzählen vor.
b) Tragt im Wechsel eure schriftlichen und mündlichen Erzählungen vor. Achtet jeweils auf das Tempus.
c) Welches Tempus herrscht beim mündlichen und welches beim schriftlichen Erzählen vor?

Zeitangaben: Adverbiale Bestimmungen und Temporalsätze

Gleich in den ersten Sätzen von Heinrich von Kleists Erzählung „Das Bettelweib von Locarno“ werden wichtige Hinweise auf die Zeitpunkte des Geschehens gegeben. Ein Netz zeitlicher Bezüge wird hergestellt: „... das man *jetzt,* wenn man vom St. Gotthard kommt ...“; „... in deren einem *einst,* auf Stroh, das man ihr unterschüttete ...“; „... der, *bei der Rückkehr von der Jagd,* zufällig in das Zimmer trat...“ (S. 182, Z. 1–15).
Solche Zeitangaben wie die hervorgehobenen Ausdrücke sind mit den Zeitformen der Verben, den Tempora, verbunden. Die Zeitangaben gehören zu den **adverbialen Bestimmungen.** Sie lassen sich wie alle Satzglieder durch die Umstellprobe ermitteln und durch Fragen bestimmen: „Wann ...?“, „Wie lange ...?“, „Seit wann ...?“, „Wie alt ...?“, „Wie oft ...?“.

1 Schreibt weitere adverbiale Bestimmungen der Zeit aus Kleists Erzählung (S. 182–183) heraus und ordnet sie in die folgende Tabelle ein. Achtet auf die Groß- und Kleinschreibung:

adverbiale Bestimmung der Zeit
gebildet durch

Adverb	Präpositionalgruppe
jetzt	bei der Rückkehr von der Jagd
einst	...
...	

Eine unheimliche Begegnung
Wir hatten uns nach dem Essen um das Kaminfeuer versammelt und jemand schlug vor, Schauergeschichten zu erzählen. Alle gingen darauf ein und bald spürten wir jenes schaurig-schöne Kribbeln, das durch das Unheimliche, lebendig erzählt, hervorgerufen wird. Den ganzen Abend über unterhielten wir uns auf diese Weise vorzüglich. Schließlich kam die Reihe an unseren Gast, der bis dahin ganz im Gegensatz zu den übrigen Mitgliedern unserer Runde still und nachdenklich zugehört hatte.
„Ich habe auch, vor etwa zwanzig Jahren, etwas Seltsames erlebt", begann er zögernd, „etwas so Seltsames, dass ich immer daran denken muss. Ja, ich kann sagen, dass sich seit jenem Ereignis mein Leben verändert hat. Nicht nur, dass ich fast in jeder Nacht davon träume, auch tagsüber bin ich manchmal geistesabwesend, weil es unvermutet von meinen Gedanken Besitz ergreift. Seit jenem Tag im November 19.. wohnt ein Schauder in mir, den ich wohl zeitlebens nicht mehr los werde. Sie denken sicher, dass ich übertreibe. Gleich werden sie anders urteilen. Hören Sie selbst.
Ich kam während einer Geschäftsreise in die Gegend von ...

2 Schreibt aus dieser Einleitung zu einer Schauergeschichte alle **adverbialen Bestimmungen der Zeit** heraus, und zwar geordnet nach den Fragen, auf die sie Antwort geben:
„Wann ...?", „Seit wann ...?", „Wie lange ...?", „Wie oft ...?"

3 a) Erzählt die Geschichte weiter und schreibt sie auf.
b) Unterstreicht alle adverbialen Bestimmungen der Zeit in euren Geschichten.
c) Ordnet die adverbialen Bestimmungen nach den euch bekannten Fragen (s. Aufgabe 2).

Wie die anderen adverbialen Bestimmungen können auch die adverbialen Bestimmungen der Zeit durch Gliedsätze ersetzt werden. Solche Sätze heißen **Temporalsätze.**

adverbiale Bestimmung der Zeit	**Temporalsatz**
Während einer Geschäftsreise kam ich in die Gegend von ...	*Während ich mich auf einer Geschäftsreise befand*, kam ich in die Gegend von ...
Wir hatten uns *nach dem Essen* um das Kaminfeuer versammelt ...	*Nachdem wir gegessen hatten*, versammelten wir uns um das Kaminfeuer ...
Seit jenem Ereignis hat sich mein Leben verändert ...	*Seitdem sich das ereignet hat*, hat sich mein Leben verändert ...

4 Erklärt, woran man erkennen kann, dass die Temporalsätze **Gliedsätze** sind.

5 a) Schreibt aus dem folgenden Abschnitt, der aus einer Fortsetzung der oben begonnenen Schauergeschichte stammen könnte, alle adverbialen Bestimmungen der Zeit und alle Temporalsätze heraus.
b) Prüft, ob und wie man sie jeweils umformen kann.

Bald darauf glaubte ich hinter mir ein eigenartiges Schleifen und Rascheln zu hören. Ich beachtete es nicht weiter, weil ich dachte, ein Luftzug habe irgendetwas bewegt, einen Vorhang oder Ähnliches. Als sich das Geräusch jedoch wiederholte, blieb ich wie angewurzelt stehen. Jetzt spürte ich auf einmal einen kalten Hauch, der mich kaum merklich an Hinterkopf und Nacken anwehte. Während ich noch mit der langsam aufsteigenden Angst kämpfte, mich umzudrehen, vernahm ich deutlich einen menschlichen Seufzer ganz dicht hinter meiner Schulter. Noch heute ist mir dieser herzzerreißende, qualvolle Laut im Ohr. In panischem Schreck fuhr ich herum und erblickte eine ganz in Schwarz gekleidete Gestalt mit schlohweißem, schulterlangem Haar. Eine halbe Ewigkeit lang starrte ich sie an und wollte doch meinen Augen nicht trauen. Vor mir stand der Schlossherr, der mich eben noch als junger Mann in der Eingangshalle begrüßt hatte, nachdem mir auf so geheimnisvolle Weise die Tür geöffnet worden war. Schließlich, als sich meine Nerven ein wenig beruhigt hatten, sprach ich die Gestalt an. Aus dem leichenblassen, starren Antlitz kam aber keine Antwort. Ich hatte mich, seit ich zu denken gelernt hatte, für einen vernünftigen Menschen gehalten, der selbstverständlich nicht an Gespenster glaubte. Wie sollte ich jedoch in diesem Augenblick meine Gedanken ordnen, da offensichtlich ein Toter vor mir stand, den ich, kaum dass eine halbe Stunde vergangen war, noch als jung und quicklebendig erlebt hatte. Eine erneute Welle des Entsetzens überlief mich, und bevor ich wieder Herr über mich selbst war, stürzte ich schon davon, die Treppe zur Eingangshalle hinunter und zur Tür hinaus. Ich musste besinnungslos kilometerweit gerannt sein, bis ich wieder zu mir kam.

11.3 Wir schreiben Kalendergeschichten

Eine Vorlage ausgestalten

Johann Peter Hebel, über den ihr auf S. 176 einiges erfahren könnt, hat seine Kalendergeschichten meist nicht selbst erfunden. Ideen und Anregungen dazu bekam er aus Erzählungen und Berichten von Bekannten, aber auch aus Zeitungen und Zeitschriften, Magazinen und Sammelbänden mit lustigen Geschichten, Schulbüchern und Grammatiken.
Viele Vorlagen entnahm er dem „Vade Mecum für lustige Leute“, einem regelmäßig erscheinenden Unterhaltungsmagazin mit spaßigen Geschichten, Anekdoten, Rätseln und Witzen. Im „Vade Mecum“, was so viel heißt wie „ständiger Begleiter“, fand er auch zum Beispiel den folgenden Text:

1 Gestaltet die Vorlage zu einer lebendig erzählten, längeren Geschichte aus.

a) Geht dabei mit anschaulichen Einzelheiten auf den Ort des Geschehens und die Personen (Aussehen und Verhalten) ein.
b) Versucht auch das Geschehen selbst, den Überfall, noch auszubauen, indem ihr den Dialog erweitert. Achtet bei der wörtlichen Rede auf die Zeichensetzung.
c) Denkt auch an eine Einleitung und einen Schluss, in denen der Erzähler das Geschehen kommentieren könnte.

Der engländische Räuber

Unweit London hielt ein Straßenräuber einen großen Herrn an, legte ein aufgezogenes Pistol auf die Tür seiner Kutsche und sagte zu ihm: „Mylord, hier ist ein gut Gewehr, es ist unter Brüdern hundert Pfund wert, ich rate Ihnen, es zu kaufen.“ Der Herr sah den Sinn dieser Worte ein und gab ihm hundert Guinees[1]. Der Räuber nahm sie und stellte ihm das Gewehr zu. Die erste Bewegung, welche der Herr machte, war, dass er auf den anlegte, welcher ihm sein Geld geraubt hatte. Doch dieser sagte ganz gelassen zu ihm: „Bemühen Sie sich nur nicht, denn es ist nicht geladen.“

1 **Guinee:** englische Goldmünze

Bei Johann Peter Hebel liest sich die Geschichte bis zum Augenblick des Überfalls so:

Johann Peter Hebel

Böser Markt (Einleitung)

In der großen Stadt London und rings um sie her gibt es außerordentlich viel gute Narren, die an anderer Leute Geld oder Sackuhren[1] oder kostbaren Fingerringen eine kindische Freude haben, und nicht ruhen, bis sie dieselben haben. Dies bringen sie zuweg manchmal durch List und Betrug, noch öfter durch kühnen Angriff, manchmal am hellen lichten Tag und an der offenen Landstraße. Einem geratet es, dem andern nicht. Der Kerkermeister zu London und der Scharfrichter wissen davon zu erzählen. Eine seltsame Geschichte begegnete aber eines Tags einem vornehmen und reichen Mann. Der König und viele andere große Herren und Frauen waren an einem schönen Sommertage in einem großen königlichen Garten versammelt, dessen lange gewundene Gänge sich in der Ferne in einem Wald verloren. Viele andere Personen waren auch zugegen, denen es nicht auf einen Gang und auf ein paar Stunden ankam, ihren geliebten König und seine Familie froh und glücklich zu sehen. Man aß und trank, man spielte und tanzte; man ging spazieren in den schönen Gängen und zwischen dem duftenden Rosengebüsch paarweise und allein, wie es sich traf. Da stellte sich ein Mensch, wohlgekleidet, als wenn er auch dazugehörte, mit einer Pistole unter dem Rock, in einer abgelegenen Gegend an einen Baum, wo der Garten an den Wald grenzt, dachte, es wird schon jemand kommen.

1 **Sackuhr:** Taschenuhr

2 Beschreibt, aus welchen Teilen Hebels Einleitung besteht.

3 Vergleicht Hebels Einleitung mit der Vorlage (S. 189). Überlegt, mit welcher Absicht er erzählt.

Johann Peter Hebel

Böser Markt (Hauptteil und Schluss)

Wie gesagt, so geschehen, kommt ein Herr mit funkelndem Fingerring, mit klingenden Uhrenketten, mit diamantnen Schnallen, mit breitem Ordensband und goldnem Stern, will spazieren gehn im kühlen Schatten und denkt an nichts. Indem er an nichts denkt, kommt der Geselle hinter dem Baum hervor, macht dem guten Herrn ein bescheidenes Kompliment, zieht die Pistole zwischen dem Rock und Kamisol[1] heraus, richtet ihre Mündung auf des Herrn Brust und bittet ihn höflich, keinen Lärm zu machen, es brauche niemand zu wissen, was sie miteinander zu reden haben. Man muss übel dran sein, wenn man vor einer Pistole steht, weil man nicht weiß, was drinsteckt. Der Herr dachte vernünftig: Der Leib ist kostbarer als das Geld; lieber den Ring verloren als den Finger; und versprach zu schweigen. „Gnädiger Herr“, fuhr jetzt der Geselle fort: „Wären Euch Eure zwei goldenen Uhren nicht feil[2] für gute Bezahlung? Unser Schulmeister richtet die Uhr alle Tage anders, man weiß nie, wie man dran ist, und an der Sonnenuhr sind die Zahlen verwischt.“ Will der reiche Herr wohl oder übel, so muss er dem Halunken die Uhren verkaufen für ein paar Stüber[3]

1 **Rock und Kamisol:** Jacke und Unterjacke

2 **feil:** verkäuflich

3 **Stüber:** Münze mit geringem Wert

oder etwas, so man kaum ein Schöpplein dafür kann trinken. Und so handelt ihm der Spitzbube Ring und Schnallen und Ordensstern und das goldene Herz, so er vorne auf der Brust im Hemd hatte, Stück für Stück ab um schlechtes Geld, und immer mit der Pistole in der linken Hand. Als endlich der Herr dachte: Jetzt bin ich absolviert[4], gottlob!, fing der Spitzbube von neuem an: „Gnädiger Herr, weil wir so gut miteinander zurechtkommen, wolltet Ihr mir nicht auch von meinen Waren etwas abhandeln?“ Der Herr denkt an das Sprichwort, dass man müsse zu einem bösen Markt[5] ein gutes Gesicht machen, und sagt: „Lasst sehen!“ Da zog der Bursche allerlei Kleinigkeiten aus der Tasche hervor, so er vom Zweibatzenkrämer[6] gekauft oder auch schon auf einer ungewischten Bank gefunden hatte, und der gute Herr musste ihm alles abkaufen, Stück für Stück um teures Geld. Als endlich der Spitzbube nicht mehr als die Pistole übrig hatte, und sah, dass der Herr noch ein paar schöne Dublonen[7] in dem grünen seidenen Geldbeutel hatte, sprach er noch: „Gnädiger Herr, wolltet Ihr mir für den Rest, den Ihr da in den Händen habt, nicht die Pistole abkaufen? Sie ist vom besten Büchsenschmied in London und zwei Dublonen unter Brüdern wert.“ Der Herr dachte in der Überraschung: Du dummer Dieb!, und kauft die Pistole. Als er aber die Pistole gekauft hatte, kehrte er

4 **absolviert:** erlöst
5 **zu einem bösen Markt:** zu einem schlechten Geschäft
6 **Zweibatzenkrämer:** Ramschladenkaufmann
7 **Dublonen:** Goldmünzen

den Stiel um und sprach: „Nun halt, sauberer Geselle, und geh augenblicklich voraus, wohin ich dich heißen werde, oder ich schieße dich auf der Stelle tot.“ Der Spitzbube aber nahm einen Sprung in den Wald und sagte: „Schießt herzhaft los, gnädiger Herr, sie ist nicht geladen.“ Der Herr drückte ab, und es ging wirklich nicht los. Er ließ den Ladestock in den Lauf fallen, und es war kein Körnlein Pulver darin. Der Dieb aber war unterdessen schon tief im Wald; und der vornehme Engländer ging schamrot zurück, dass er sich also habe in Schrecken setzen lassen, und dachte an vieles.

4 In der Anekdote „Der engländische Räuber“ (S. 189) ist von einem „großen Herrn“ die Rede, der beraubt wird. Wie erreicht Hebel, dass man den Herrn lebendig vor Augen hat und seinen Reichtum zu sehen und zu hören meint?

5 Untersucht, wie Hebel die folgenden Handlungselemente ausgestaltet:
- Der Geselle bedroht den Herrn mit seiner Pistole.
- Der Geselle verlangt die Uhren des Herrn.
- Der Spitzbube nimmt dem Herrn alle Wertsachen weg.
- Der Bursche zieht seinen Kleinkram aus der Tasche.
- Der Herr will schießen, doch nichts passiert.

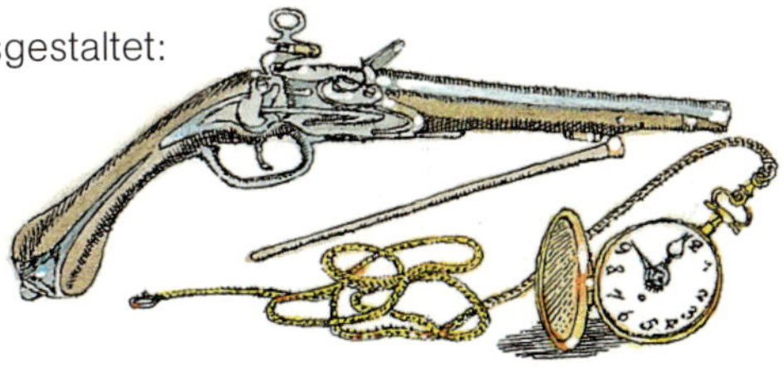

6 Der Verfasser von Hebels Vorlage „Der engländische Räuber“ verwendet zweimal die wörtliche Rede. Wie viele wörtliche Reden findet ihr in Hebels Geschichte? Was leisten sie?

Der Erzähler von „Böser Markt“ (S. 190–191) gibt uns nicht nur eine Darstellung vom Aussehen und vom Verhalten der Personen **(Außensicht)**, sondern schildert auch ihre Gedanken und Gefühle, als ob er in sie hineinsehen könnte **(Innensicht)**. Darüber hinaus teilt er uns in einer Art Zwischenbemerkungen das mit, was ihm selbst angesichts des Geschehens durch den Kopf geht **(Erzählerkommentar).**

7 Schreibt möglichst viele Beispiele für die Innensicht aus der Geschichte heraus und sucht einen typischen Erzählerkommentar.

8 Erzählt Hebels Geschichte „Böser Markt“ neu, indem ihr sie in unsere Zeit versetzt. Legt dazu eine Tabelle an, was ihr ändern und was ihr beibehalten wollt. Achtet auf:
- Anschaulichkeit durch Eingehen auf Einzelheiten (Detailgenauigkeit),
- Dramatisierung durch wörtliche Reden,
- Lebendigkeit durch Wechsel zwischen Außensicht und Innensicht,
- Unterbrechungen des Erzählflusses durch Erzählerkommentare.

Vorschläge für ein Kalenderprojekt

Die folgenden Anregungen helfen euch, selbst Kalender mit Kalendergeschichten herzustellen. Die Kalender könnt ihr zum Beispiel am „Tag der offenen Tür“ in eurer Schule ausstellen.

Polizei-Alarm: „Mami wirft den Teddy weg“

Southampton (dpa). Über die britische Notrufnummer 999 hat ein Fünfjähriger die Polizei alarmiert, um seine Stofftiere vor dem Zugriff der Mutter zu retten: „Ich habe die Polizei gerufen und die kommen und stecken dich ins Gefängnis, Mami“, verkündete er dann seiner verblüfften Mutter. Die hatte gedroht, seinen Teddy und alle Stofftiere in die Mülltonne zu werfen, falls er nicht augenblicklich aufräume. Noch bevor die Mutter wusste, wie ihr geschah, fuhr auch schon mit Blaulicht ein Polizeiwagen vor. Den Polizisten erklärte ihr Sohn, Mami habe den Teddy aus dem Fenster werfen wollen. Nach einem eindringlichen „Mann-zu-Mann“-Gespräch zeigte sich der Junge einsichtig. Die Stofftiere wurden pflichtbewusst aufgeräumt. Nach Angaben der Polizei hatte „die Mutter das Gesetz nicht gebrochen und wurde nicht festgenommen“.

Kinder auf Eisscholle

Timmendorfer Strand (dpa). Wassersportler haben zwei Kinder vor Timmendorfer Strand von einer Eisscholle gerettet. Sie schoben die Eisscholle so an den Strand, dass die Jungen wohlbehalten an Land gehen konnten. Strandspaziergänger hatten die Hilferufe der Kinder gehört, die 50 Meter vom Strand entfernt auf der offenen Ostsee trieben.

„Millionen blieben auf der Strecke“

Offenbach (ap). Über eine Million Euro Beute blieb „auf der Strecke“, als eine Gangsterbande nach einem Raubüberfall mit ihrem Fluchtauto auf einem Gleis der Bahnstrecke Darmstadt – Frankfurt am Main stecken blieb und zu Fuß das Weite suchte. Wie das Polizeipräsidium Offenbach mitteilte, konnten die Täter nur fünf von elf Geldkisten mitnehmen, bevor der gestohlene Geländewagen von einem Interregio-Zug gerammt und zertrümmert wurde. Ausgerechnet die Behälter, in denen sich das meiste Geld befand, blieben zurück. Die Polizei suchte das Gelände ab, auf dem Geldscheine verstreut lagen.

Tattrige Greise als Diebesbande

Rom: (dpa). Drei Rentner (63 bis 81 Jahre) sind von der römischen Polizei auf einem Bahnhof als Diebesbande gestellt worden. Das Trio mit dem 81-jährigen Anführer hatte gerade einem Reisenden die Geldbörse mit umgerechnet 1000 Euro gestohlen. Die Methode der Rentner war einfach, aber wirkungsvoll: Lässig schlenderten die Gauner auf ihre Opfer zu und verursachten, ganz tattrige Greise, eine Rempelei. Mit einem gekonnten Griff landete die Geldbörse in den Händen der diebischen Opas. In einem Direktverfahren wurden die Rentner zu dreimonatigen Haftstrafen und einem Bußgeld von 150 Euro verurteilt.

Dreijähriger fuhr mit Auto

exp **Brilon** – Früh übt sich, was ein meisterhafter Autofahrer werden will. Ganz früh fing ein dreijähriger Junge aus Brilon an, der am Ostermontag die Schlüssel für das elterliche Auto aus der Wohnung stibitzte, den Wagen aufschloss und startete. Der Onkel des Knaben wollte das anfahrende Auto aufhalten, wurde jedoch gegen die Garage gedrückt und leicht verletzt. Die Spritztour des Kleinkindes endete nur Sekunden später am Garagentor.

Katze machte reiche Beute

Tokio (ap). Ungewöhnliche Beute brachte eine japanische Katze von ihrem nächtlichen Raubzug mit. Neben einem toten Spatzen legte sie ein Plastiktütchen mit 160 000 Yen, das sind 1250 Euro, zu Füßen ihres Herrchens nieder. Die Polizei sucht nach dem Besitzer. Findet sie ihn nicht, gehört das Geld nach einem halben Jahr dem Finder – oder seinem Besitzer.

Lümmel: schneller als die Feuerwehr

Von Eva Quadbeck

Mönchengladbach. Der Polizei in Mönchengladbach ist gestern ein Straußenvogel ins Netz gegangen. Zwei Tage fahndeten und jagten 16 Beamte mit Unterstützung der Feuerwehr nach dem gefiederten Läufer. Die Beamten erhielten nebenbei praktischen Biologieunterricht, jetzt wissen sie: Der südamerikanische Nandu ist schneller als die deutsche Feuerwehr und hat einen kräftigen Tritt.
Bislang war die Straußengattung „Nandu“ der Polizei in Mönchengladbach unbekannt. Das erfuhr der Autofahrer, der den Riesenvogel gesehen und als Erster gemeldet hatte. Ihn baten die Beamten zur Alkoholkontrolle. Nach weiteren Hinweisen und einer vergeblichen Jagd am Montag rückten gestern 16 Beamte und Spezialisten der Berufsfeuerwehr aus. „Wir haben das Tier gestellt und eingekreist“, so Polizeisprecher Ulrich Matzerat. Doch das Federvieh leistete Widerstand gegen die Staatsgewalt. Erst als ein Arzt herbeieilte und den 1,30 Meter großen Vogel mit zwei Spritzen beruhigte, konnten die Beamten das Tier festnehmen.
Sie brachten „Lümmel“, so der Rufname des Langbeiners, in einen nahe gelegenen Tierpark. Dort sitzt er jetzt bei Wasser und Salat und wartet darauf, dass ihn sein Halter Werner Siedenburg abholt. „Mir war Lümmel zu groß geworden“, sagte er. Daher hat er Lümmel und seine Freundin Liesel, ein Nandu-Weibchen, verschenkt. Dem neuen Besitzer ist das Straußenmännchen ausgebüxt: Jetzt will Werner Siedenburg beide Tiere wieder bei sich beherbergen, bis er eine passende Unterkunft gefunden hat. Beim Ordnungs- und beim Veterinäramt, die über den Verbleib der Tiere entscheiden müssen, herrschte gestern noch Vogel-Strauß-Politik: Ob und unter welchen Umständen Privatleute einen „Lümmel“ und eine „Liesel“ halten dürfen, wusste niemand.

1 Sammelt aus Zeitungen, Zeitschriften und Magazinen weitere Meldungen, die sich eurer Ansicht nach als Vorlagen zum Schreiben unterhaltsamer Geschichten eignen, und befestigt sie an einer Pinnwand aus Pappe.

2 Verständigt euch darüber, wer zu welcher Meldung eine Geschichte schreibt.

3 Organisiert den Schreibablauf: Wie viel soll in der Schule, wie viel zu Hause geschrieben werden? Wie soll die Überarbeitung der ersten Entwürfe durchgeführt werden: mit dem Sitznachbarn, in einer Tischgruppe, mit Hilfe eures Lehrers oder eurer Lehrerin?
Ihr könnt euch bei der Überarbeitung an der Checkliste auf S. 284 orientieren.

4 Zeichnet ein Kalendarium (Übersicht über die Tage, Wochen und Monate).

5 Ergänzt eure Kalendergeschichten durch Bilder, Comics, Rätsel, Witze, allerlei Wissenswertes, das ihr sammelt und kopiert.

6 Stellt dann alles zu einem Kalender zusammen. Vielleicht könnt ihr die äußere Gestaltung des Kalenders im Kunstunterricht durchführen. Ein solcher Kalender kann auch ein sehr persönliches Weihnachtsgeschenk sein.

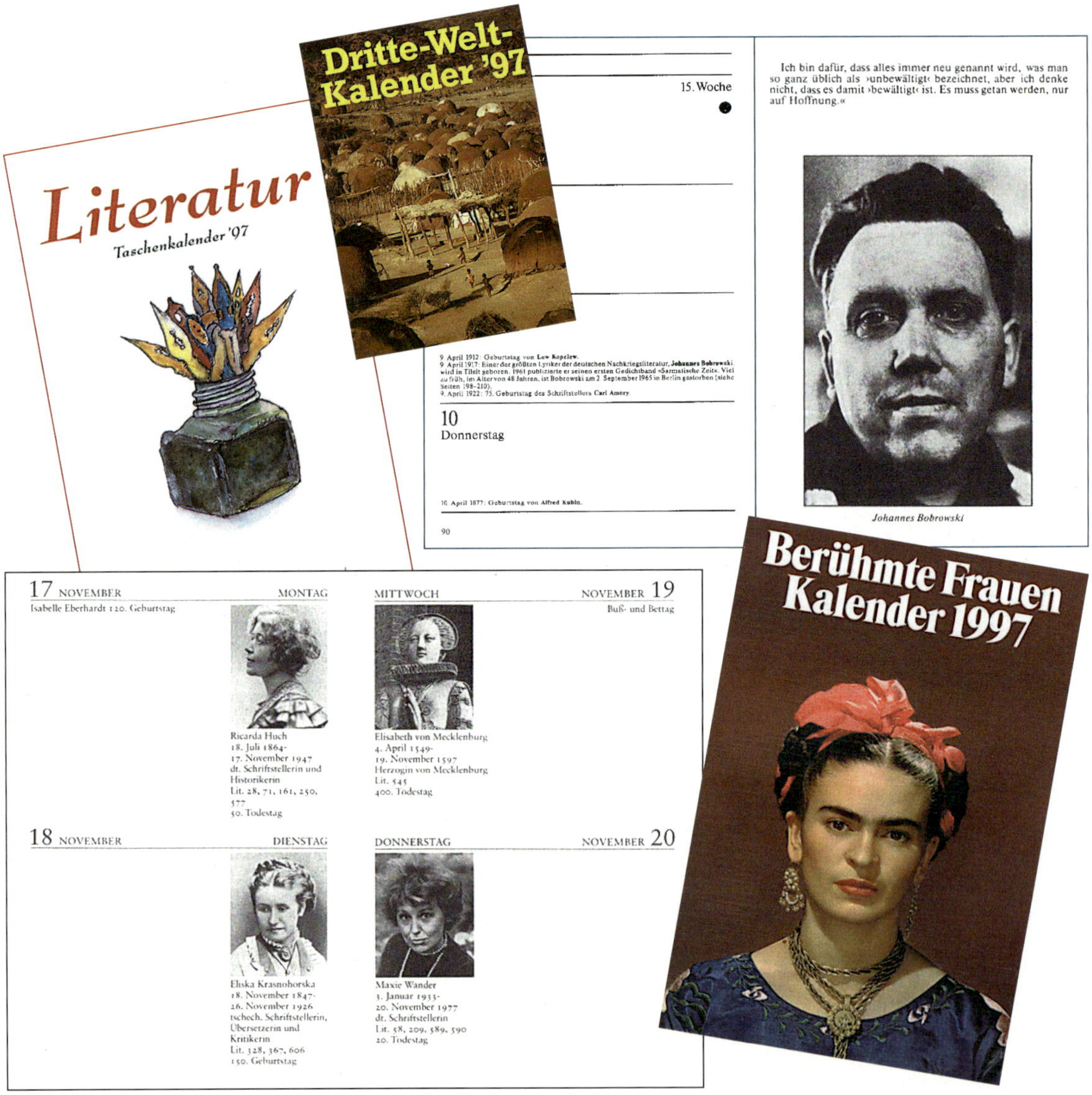

12 Moritaten und Balladen

12.1 Von Mordtaten und anderen Verbrechen

Volksfest bei Cannstadt im Herbst 1835

Bis ins 20. Jahrhundert zogen Bänkelsänger von Ort zu Ort, um auf Jahrmärkten, Marktplätzen, in den Straßen der Städte oder auf der Dorfwiese von schauerlichen Geschichten, von Mord, Liebe, Katastrophen und aufregenden politischen Ereignissen zu berichten. Vielleicht hängt der Ausdruck **„Moritat“** für die Lieder der Bänkelsänger mit unserem Wort „Mordtat“ zusammen. Seinen spannenden Vortrag, zu dem sich der **Bänkelsänger** auf ein „Bänkel“, also eine kleine Bank, stellte, begleitete er häufig mit Drehorgel, Violine oder Laute. Seine Zuhörerinnen und Zuhörer kauften ihm dann oft seine Lieder und Geschichten, die er in einem Bänkelheft aufgeschrieben hatte, für ein paar Pfennige ab. Radio, Kino oder Fernsehen gab es ja in dieser Zeit noch nicht.

Ein Lied

Ihr Christen kommt und thut anhören,
Wie Satan uns sucht zu bethören;
Daß er uns bringen mög zu Fall:
Exempel[1] hat man abermal.

2. Es ist wohl herzlich zu beklagen,
Daß man zu den heutigen Tagen,
Bey reichem Gnaden-Ueberfluß,
Von solchen Lastern hören muß.

3. Zu Arau hat es sich begeben,
Mit einer jungen Dienstmagd eben
Im Neun und Siebenzigsten Jahr,
Es ist bekannt und offenbar.

4. Sie hatte sich lassen verführen,
That durch Unzucht ihr Ehr verlieren;
Wie es zwar leider viel geschieht,
Doch offenbar wirds vielmal nicht.

5. Die Schwangerschaft that sich erzeigen,
Ob sie es gleich wollte verschweigen,
So kommt doch endlich die Zeit an,
Daß sie gebahr, und hat kein Mann.

1 **Exempel:** Beispiel

6. Als nun das Kind zur Welt gekommen,
Hat sie ihr alsbald fuͤrgenommen,
Daß sie ein Moͤrderin wollte seyn
Am unschuldigen Kindelein.

7. Das Tiger-Herz that es nicht achten.
Sie macht ihr Kindlein zu verschmachten,
Versteckte es mit allen Fleiß.
Ein halbes Jahr daß niemand weiß.

8. Sie wollte nun auf Basel reisen.
Dann sie hat ein unruhig Gewissen;
Sie wollt nicht bleiben an dem Ort,
Wo sie begangen hat ein Mord.

9. Damit es ihr nicht moͤcht auskommen,
hat sie den Leichnam mitgenommen.
Und als sie niemand wurd gewahr
Warf sie die Trucken[2] in die Aar.

10. Kaum ist ein halbe Stund vergangen
Da wurd die Trucken aufgefangen,
Von Fischern zu Bieberstein
Und dem Amtsmann gegeben ein.

11. Er that es gleich auf Arau schicken,
So bald als man es that erblicken,
So bald faͤllt ihnen ploͤtzlich ein
Wer die Kindmoͤrderin moͤchte seyn.

12. Da hatt der Magistrat[3] befohlen,
Man solle sie von Basel holen;
Darauf ward sie gleich eingesperrt,
Und auch gar scharf examinirt.

13. Zwoͤlf Zeugen gegen ihr gestellet,
Welche sie eidlich han verfaͤllet,
Doch wollt sie es gestehen nicht,
Und laͤugnete vor dem Gericht.

14. Man that sie an die Folter schlagen,
Doch wollt sie den Mord nicht aussagen;
Da that man sie hart sperren ein
Daß sie ihr Lebtag da sollt seyn.

15. Endlich hat sie sich doch ergeben
Alles bekennet frey und eben.
Bezeugte auch recht Reu und Leid
Und hat sich wohl zum Tod bereit.

16. Gott woͤll uns doch Gnade geben,
Weil wir noch in der Freyheit leben;
Allhier in dieser boͤsen Welt
Zu thun was unserm Gott gefaͤllt.

ENDE.

2 **Trucken:** Schachtel; auch Truhe, Kiste
3 **Magistrat:** Stadtrat

Das schreckliche Ende einer Kindsmörderin

Die Moritat beruht auf Tatsachen. In der von Christian Oelhafen 1840 herausgegebenen „Chronik der Stadt Aarau, von deren Ursprung bis 1798“ heißt es:

1779. Den 2ten März wird die Kindsmörderinn Margaritha Härdin von Thalheim durchs Schwerdt hingerichtet (durch den Stiefsohn des Scharfrichters Dl. Huber, dem 21jährigen Jakob Müller).
Sie hatte lange Zeit troz Folter und vielen Zeugen die Thatsache abgeläugnet. Die Folter wurde nur in geringem Grad angewendet und bestund in:

1) der Vorstellung des Scharfrichters;
2) Anlegung der Daumschrauben, doch ohne Zuzuben;
3) Setzen auf das Folterstühli;
4) binden zum Aufziehen;
5) einigemal leer aufziehen und 5, 10 bis 15 Minuten hangen lassen;
6) nur einmal auf kurze Zeit Anhängen eines Steines von 25 Pfund Gewicht an die Füße.

Sie wurde zu lebenslänglicher Gefangenschaft und ans Bloch zu Schließen verurtheilt, bekannte dann aber nach kurzer Zeit darauf freiwillig die That und bezeugte aufrichtige Reue darüber, worauf sie zum Tode durchs Schwerdt verurtheilt wurde. Ihr neugebornes ersticktes Kind hatte sie in eine Drucke verpackt und ab der Brücke in die Aare geworfen, welche in Biberstein aufgefunden wurde.

1 Vergleicht den Inhalt der Moritat (S. 195/196) mit dem Bericht in der Chronik.

2 Erklärt, welche Absichten der Bänkelsänger mit dem Vortrag seiner Moritat verfolgt. Schaut euch dazu auch die Bilder auf S. 195 und 197 genau an.

3 Welche sprachlichen Besonderheiten der Moritat unterstützen die Absichten des Bänkelsängers?

4 Die Rechtschreibung der Moritat und der Chronik weicht vielfach von unseren heutigen Regeln ab.
a) Verbessert in Kleingruppen jeweils Teile der beiden Texte. Benutzt bei eurer Arbeit Wörterbücher.
b) Tauscht eure verbesserten Textteile aus und stellt eine Liste der Abweichungen zur heutigen Rechtschreibung zusammen.

Johann Christoph Adelung

Der Bänkelsänger

Der Bänkelsänger, ... derjenige, welcher auf den Gassen von hölzernen Bänken allerley Mordgeschichten absinget; der Bänkelreiter. Figürlich und in verächtlichem Verstande, ein schlechter Dichter, der sich ein Geschäft daraus macht, gemeine Gegenstände auf gemeine Art[1] zu besingen.
(aus: Grammatisch-kritisches Wörterbuch der hochdeutschen Mundart, Leipzig 1793)

1 **gemein:** gewöhnlich

5 Worin könnten die Gründe für eine so abwertende Beurteilung des Bänkelsängers und seiner Lieder liegen?

6 Schlagt in einem heutigen Lexikon unter dem Stichwort „Bänkelsang" nach und vergleicht die dort gefundene Erklärung mit derjenigen Adelungs in seinem Wörterbuch von 1793.

Johann Konrad Seekatz: Bänkelsänger (1766)

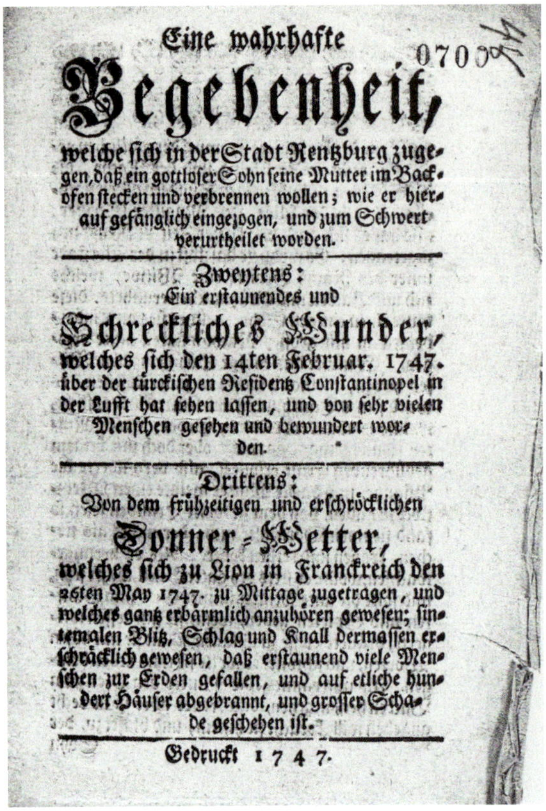

Eine wahrhafte

Begebenheit,

welche sich in der Stadt Rentzburg zugegen, daß ein gottloser Sohn seine Mutter im Backofen stecken und verbrennen wollen; wie er hierauf gefänglich eingezogen, und zum Schwert verurtheilet worden.

Zweytens:

Ein erstaunendes und

Schreckliches Wunder,

welches sich den 14ten Februar. 1747. über der türckischen Residentz Constantinopel in der Lufft hat sehen lassen, und von sehr vielen Menschen gesehen und bewundert worden.

Drittens:

Von dem frühzeitigen und erschröcklichen

Donner-Wetter,

welches sich zu Lion in Franckreich den 28ten May 1747. zu Mittage zugetragen, und welches gantz erbärmlich anzuhören gewesen; sintemalen Blitz, Schlag und Knall dermassen erschröcklich gewesen, daß erstaunend viele Menschen zur Erden gefallen, und auf etliche hundert Häuser abgebrannt, und grosser Schade geschehen ist.

Gedruckt 1747.

7 Schreibt zu einer der „wahrhaften Begebenheiten", die in einem Heftchen des 18. Jahrhunderts abgedruckt sind, eine Moritat im Stil der Bänkelsänger. Hier einige Anregungen für eure Moritat:

8 Verfasst zu demselben Thema einen möglichst reißerischen Artikel für eine Boulevardzeitung.

9 Vergleicht die Darstellung der schrecklichen Begebenheit in den beiden Textsorten.

Ihr frommen Leute hört genau,
wie es erging ....
....
....

Die Mutter wollt' der Sohn verbrennen.
Man wagt die Mordtat ....
.... schnie.
Der böse Sohn .... sie.

Doch Gottes Strafe ihn erreicht.
.... erbleicht.
.... befragt.
.... sagt.

.... ward er abgeführt.
Der Hals ....
So hört denn Leute ....
.... Gottes Auge .... wacht.

Heinrich Heine

Belsazar

Heinrich Heine wurde 1797 in Düsseldorf geboren. Er war gelernter Kaufmann und Jurist und arbeitete ab 1831 in Paris als Journalist. Da er sich kritisch mit den politischen Verhältnissen in Deutschland auseinander setzte, wurden seine Schriften dort verboten. Daraufhin blieb er bis zu seinem Tod 1856 in Frankreich.
Schon als Jugendlicher begann er Gedichte zu schreiben, die vor allem wegen ihrer ungewöhnlichen Mischung aus tiefem Gefühl und beißender Ironie bekannt geworden sind. Er verfasste auch eine Reihe volkstümlicher Erzählgedichte, so genannte ***Balladen,*** *die einige Ähnlichkeit mit Moritaten haben.*
Die folgende Ballade über den babylonischen König Belsazar stammt aus seinem berühmten „Buch der Lieder".

Die Mitternacht zog näher schon;
In stiller Ruh' lag Babylon.

Nur oben in des Königs Schloss,
Da flackert's, da lärmt des Königs Tross[1].

Dort oben in dem Königssaal
Belsazar hielt sein Königsmahl.

Die Knechte saßen in schimmernden Reihn
Und leerten die Becher mit funkelndem Wein.

Es klirrten die Becher, es jauchzten die Knecht';
So klang es dem störrigen Könige recht.

Des Königs Wangen leuchten Glut;
Im Wein erwuchs ihm kecker Mut.

Und blindlings reißt der Mut ihn fort;
Und er lästert die Gottheit mit sündigem Wort.

Und er brüstet sich frech und lästert wild;
Die Knechtenschar ihm Beifall brüllt.

Der König rief mit stolzem Blick;
Der Diener eilt und kehrt zurück.

Er trug viel gülden Gerät auf dem Haupt;
Das war aus dem Tempel Jehovas[2] geraubt.

Und der König ergriff mit frevler[3] Hand
Einen heiligen Becher, gefüllt bis am Rand.

Und er leert ihn hastig bis auf den Grund
Und rufet laut mit schäumendem Mund:

„Jehova! dir künd' ich auf ewig Hohn –
Ich bin der König von Babylon!"

Doch kaum das grause Wort verklang,
Dem König ward's heimlich im Busen bang.

Das gellende Lachen verstummte zumal;
Es wurde leichenstill im Saal.

Und sieh! und sieh! an weißer Wand,
Da kam's hervor, wie Menschenhand;

Und schrieb, und schrieb an weißer Wand
Buchstaben von Feuer, und schrieb und schwand.

Der König stieren Blicks da saß,
Mit schlotternden Knien und totenblass.

Die Knechtenschar saß kalt durchgraut,
Und saß gar still, gab keinen Laut.

Die Magier kamen, doch keiner verstand
Zu deuten die Flammenschrift an der Wand.

Belsazar ward aber in selbiger Nacht
Von seinen Knechten umgebracht.

1 **Tross:** Gefolge
2 **Jehova:** jüdischer Name für Gott
3 **frevel:** verbrecherisch

Rembrandt van Rijn: Das Gastmahl des Belsazar (um 1639)

Die biblische Geschichte von Belsazar

Belsazar, babylonisch Bel-schar-ußur (Bel schütze den König), führte 551–543 v. Chr. für seinen Vater Nabonid zeitweise die Regierung. Dessen Vorgänger Nebukadnezar hatte 568 v. Chr. Jerusalem zerstört, die Schätze aus dem Tempel von Jerusalem geraubt und die Juden in die Babylonische Gefangenschaft verschleppt. Nebukadnezar machte die Stadt Babylon zur schönsten und bedeutendsten Großstadt seiner Zeit.
Im 5. Kapitel des Buches Daniel im Alten Testament wird von einem Gastmahl Belsazars berichtet.

König Belsazar gab ein großes Gastmahl für seine Großen; es waren tausend Menschen, und zusammen mit den Tausend sprach er dem Wein zu. (2) In seiner Weinlaune nun ließ Belsazar die goldenen und silbernen Gefäße holen, die sein Vater Nebukadnezar aus dem Tempel in Jerusalem mitgenommen hatte. Jetzt sollten der König und seine Großen, seine Frauen und Nebenfrauen daraus trinken. (3) Man holte also die goldenen Gefäße, die man aus dem Tempel des Gotteshauses in Jerusalem mitgenommen hatte, und der König und seine Großen, seine Frauen und Nebenfrauen tranken daraus. (4) Sie tranken Wein und lobten die Götter aus Gold und Silber, aus Bronze, Eisen, Holz und Stein.
(5) In derselben Stunde erschienen die Finger einer Menschenhand und schrieben gegenüber dem Leuchter etwas auf die weiß getünchte Wand des königlichen Palastes. Der König sah den Rücken der Hand, als sie schrieb. (6) Da erbleichte er und seine Gedanken erschreckten ihn. Seine Glieder wurden schwach und ihm schlotterten die Knie. (7) Der König schrie laut, man solle die Wahrsager und Astrologen holen. Dann sagte er zu den Weisen von Babel: Wer diese Schrift lesen und mir deuten kann – was er auch sei: er soll in Purpur gekleidet werden, eine goldene Kette um den Hals tragen und als der Dritte in meinem Reich herrschen.
(8) Da kamen alle Weisen des Königs herbei; aber sie waren nicht im Stande, die Schrift zu lesen oder dem König zu sagen, was sie bedeutete. (9) Darüber erschrak König Belsazar noch mehr und sein Gesicht wurde bleich. Auch seine Großen gerieten in Angst. […]

Belsazar ließ daraufhin auf Anraten seiner Gemahlin Daniel, den Propheten der Juden, in das Königsschloss holen. Daniel löste das Geheimnis der rätselhaften Schrift:

Du hast die Götter aus Gold und Silber, aus Bronze, Eisen, Holz und Stein gepriesen, die weder sehen noch hören können und keinen Verstand haben. Aber den Gott, der deinen Lebensatem in seiner Hand hat und dem all deine Wege gehören, den hast du nicht verherrlicht. (24) Darum hat er diese Hand geschickt und diese Schrift geschrieben. (25) Das Geschriebene lautet aber: Mene mene tekel u-parsin. (26) Diese Worte bedeuten: Mene: Gezählt hat Gott die Tage deiner Herrschaft und macht ihr ein Ende. (27) Tekel: Gewogen wurdest du auf der Waage und zu leicht befunden. (28) Peres: Geteilt wird dein Reich und den Medern und Persern gegeben.

(29) Da befahl Belsazar, Daniel in Purpur zu kleiden und ihm eine goldene Kette um den Hals zu legen, und er ließ verkünden, dass Daniel als der Dritte im Reich herrschen sollte. (30) Aber noch in derselben Nacht wurde Belsazar, der König der Babylonier, getötet.

1 a) Welchen Augenblick der biblischen Geschichte stellt Rembrandt in seinem Gemälde dar?
b) Könnte Heine beim Dichten seiner Ballade (S. 199) auch Rembrandts Bild vor Augen gehabt haben? Vergleicht genau die Darstellung des Gastmahls auf dem Gemälde und im Gedicht.

2 Welche Veränderungen hat Heine gegenüber dem Bibeltext vorgenommen?

Für einen **Vortragsabend** vor Eltern, Lehrern und Freunden müsst ihr zuerst den Vortrag von Heines Ballade üben.

3 a) Schreibt dazu den Text von Heines „Belsazar" in euer Heft.
b) Bearbeitet den Text so, dass ihr genau wisst, wie ihr bestimmte Textstellen sprechen wollt. Macht euch dazu im Text Zeichen:

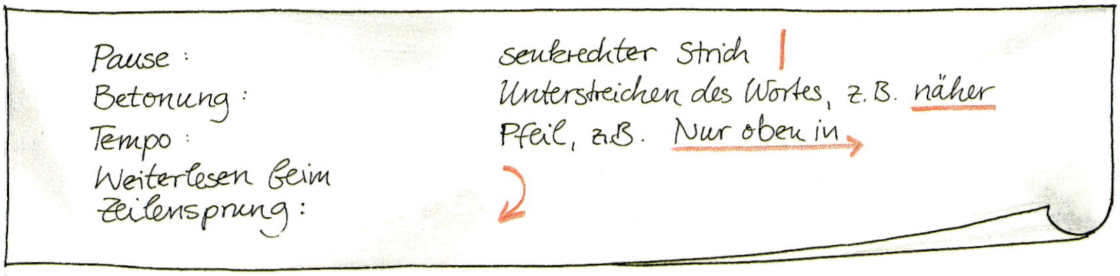

Die ersten drei zweizeiligen Strophen könnten in eurer Bearbeitung dann so aussehen:

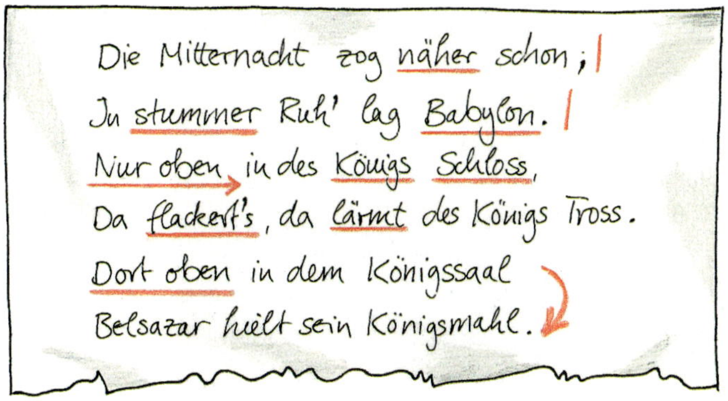

Beim Vortragen der Ballade ist es hilfreich, wenn ihr euch klarmacht, dass Heine unterschiedliche **Versmaße** verwendet. Dadurch werden euer Sprechtempo und eure Betonung entscheidend gelenkt.
Heine verwendet einen vierhebigen Vers, überwiegend einen **Jambus,** d.h. einen Vers mit Wechsel von unbetonter und betonter Silbe:

Die Mitternacht zog näher schon;
Jambus: x x́ | x x́ | x x́ | x x́

An einigen Stellen wird der Jambus durch einen **Daktylus** (betonte und zwei unbetonte Silben) ersetzt. Die unbetonten Silben am Versanfang bilden dabei den Auftakt:

Und leerten die Becher mit funkelndem Wein.
Daktylus: x | x́ x x | x́ x x | x́ x x | x́

4 a) Sucht weitere Belege für die verschiedenen Versmaße.
b) Gibt es für den Wechsel des Versmaßes eine Erklärung durch den Inhalt der Ballade?

5 Achtet beim Sprechen auf die unterschiedliche Häufung heller (i, e) oder dunkler Vokale (u, o) in den einzelnen Strophen. Was kommt dadurch zum Ausdruck?

6 Ihr könnt den Balladentext auch mit Stimmen und Geräuschen unterlegen und dann auf Kassette aufnehmen:

Handlung	Stimmen / Geräusche
Es wird Mitternacht	Glockenschlag (Wanduhr, Gong)
Die Knechte lärmen	Klappern von Schüsseln / Musik im Hintergrund / lautes Lachen …
Die Becher klirren …	…

Annette von Droste-Hülshoff
Die Vergeltung

Annette von Droste-Hülshoff wurde 1797 in dem Wasserschloss Hülshoff bei Münster geboren, das der Stammsitz ihrer Familie war. Viele bedeutende Werke, darunter auch ihre bekannteste Ballade „Der Knabe im Moor“ (S. 212/213), schrieb sie in ihren letzten Lebensjahren auf Schloss Meersburg am Bodensee. In ihren Balladen und Gedichten schildert die Dichterin häufig die Landschaft ihrer westfälischen Heimat, in der dämonische Geister und übersinnliche Erscheinungen wie wirkliche Wesen begegnen. Annette von Droste-Hülshoff starb 1848 auf Schloss Meersburg. Der Nachwelt galt sie als „Deutschlands größte Dichterin“.

I

Der Kapitän steht an der Spiere[1],
Das Fernrohr in gebräunter Hand,
Dem schwarz gelockten Passagiere
Hat er den Rücken zugewandt.
Nach einem Wolkenstreif in Sinnen
Die beiden wie zwei Pfeiler sehn,
Der Fremde spricht: „Was braut da drinnen?“
„Der Teufel“, brummt der Kapitän.

Da hebt von morschen Balkens Trümmer
Ein Kranker seine feuchte Stirn,
Des Äthers[2] Blau, der See Geflimmer,
Ach, alles quält sein fiebernd Hirn!
Er lässt die Blicke, schwer und düster,
Entlängs dem harten Pfühle[3] gehn,
Die eingegrabnen Worte liest er:
„Batavia. Fünfhundert Zehn.“

Die Wolke steigt, zur Mittagsstunde
Das Schiff ächzt auf der Wellen Höhn,
Gezisch, Geheul aus wüstem Grunde,
Die Bohlen weichen mit Gestöhn.
„Jesus, Marie! wir sind verloren!“
Vom Mast geschleudert der Matros',
Ein dumpfer Krach in aller Ohren,
Und langsam löst der Bau sich los.

Noch liegt der Kranke am Verdecke,
Um seinen Balken festgeklemmt,
Da kömmt die Flut, und eine Strecke
wird er ins wüste Meer geschwemmt.
Was nicht geläng' der Kräfte Sporne[4],
Das leistet ihm der starre Krampf,
Und wie ein Narwal[5] mit dem Horne
Schießt fort er durch der Wellen Dampf.

Wie lange so? Er weiß es nimmer,
Dann trifft ein Strahl des Auges Ball,
Und langsam schwimmt er mit der Trümmer
Auf ödem glitzerndem Kristall.
Das Schiff! – die Mannschaft! – sie versanken.
Doch nein, dort auf der Wasserbahn,
Dort sieht den Passagier er schwanken
In einer Kiste morschem Kahn.

Armsel'ge Lade! Sie wird sinken;
Er strengt die heisre Stimme an:
„Nur grade! Freund, du drückst zur Linken!“
Und immer näher schwankt's heran.
Und immer näher treibt die Trümmer,
Wie ein verwehtes Möwennest;
„Courage[6] !“, ruft der kranke Schwimmer,
„Mich dünkt, ich sehe Land im West!“

Nun rühren sich der Fähren Ende,
Er sieht des fremden Auges Blitz,
Da plötzlich fühlt er starke Hände,
Fühlt wütend sich gezerrt vom Sitz.
„Barmherzigkeit! Ich kann nicht kämpfen.“
Er klammert dort, er klemmt sich hier;
Ein heisrer Schrei, den Wellen dämpfen,
Am Balken schwimmt der Passagier.

Dann hat er kräftig sich geschwungen
Und schaukelt durch das öde Blau,
Er sieht das Land wie Dämmerungen
Enttauchen und zergehn in Grau.
Noch lange ist er so geschwommen,
Umflattert von der Möwe Schrei,
Dann hat ein Schiff ihn aufgenommen,
Viktoria[7] ! Nun ist er frei!

II

Drei kurze Monde[8] sind verronnen,
Und die Fregatte[9] liegt am Strand,
Wo mittags sich die Robben sonnen,
und Bursche klettern übern Rand,
Den Mädchen ist's ein Abenteuer,
Es zu erschaun vom fernen Riff,
Denn noch zerstört ist nicht geheuer
Das gräuliche Korsarenschiff[10].

1 **Spiere:** Segelstange
2 **Äther:** Himmel
3 **Pfühl:** Kissen
4 **Sporn,** hier: Anstrengung
5 **Narwal:** vier bis sechs Meter langer Wal mit zwei bis drei Meter langem Stoßzahn
6 **Courage:** Mut
7 **Viktoria:** Sieg
8 **Mond:** Monat
9 **Fregatte:** Kriegsschiff, hier: Seeräuberschiff
10 **Korsar:** Seeräuber

Und vor der Stadt da ist ein Waten,
Ein Wühlen durch das Kiesgeschrill,
Da die verrufenen Piraten
Ein jeder sterben sehen will.
Aus Strandgebälken, morsch, zertrümmert,
Hat man den Galgen, dicht am Meer,
In wüster Eile aufgezimmert.
Dort dräut[11] er von der Düne her!

Welch ein Getümmel an den Schranken!
„Da kömmt der Frei – der Hessel jetzt –
Da bringen sie den schwarzen Franken,
Der hat geleugnet bis zuletzt.“
„Schiffbrüchig sei er hergeschwommen“,
Höhnt eine Alte: „Ei, wie kühn!
Doch keiner sprach zu seinem Frommen[12],
Die ganze Bande gegen ihn.“

Der Passagier, am Galgen stehend,
Hohläugig, mit zerbrochnem Mut,
Zu jedem Räuber flüstert flehend:
„Was tat dir mein unschuldig Blut!
Barmherzigkeit! So muss ich sterben
Durch des Gesindels Lügenwort,
O mög' die Seele euch verderben!“
Da zieht ihn schon der Scherge[13] fort.

Er sieht die Menge wogend spalten –
Er hört das Summen im Gewühl –
Nun weiß er, dass des Himmels Walten
Nur seiner Pfaffen[14] Gaukelspiel!
Und als er in des Hohnes Stolze
Will starren nach den Ätherhöhn,
Da liest er an des Galgens Holze:
„Batavia. Fünfhundert Zehn.“

11 **dräuen:** drohen
12 **Frommen:** Nutzen
13 **Scherge:** Gerichtsdiener
14 **Pfaffe:** Priester (heute abwertend)

1 Erzählt die Ballade strophenweise in eigenen Worten nach. Helft euch gegenseitig an den Stellen, an denen ihr Verständnisschwierigkeiten habt.

2 a) Stellt euch vor, der Passagier bekäme kurz vor seiner Hinrichtung noch einmal die Möglichkeit, sich vor einem Richter der Stadt zu verteidigen. Formuliert diese Verteidigungsrede und tragt sie vor. Achtet auf die Großschreibung der höflichen Anredepronomen: *Sie, Ihr, Ihnen ...*
b) Lasst einen Zeugen auftreten, der das Verbrechen beobachtet hat. Er tritt als Ankläger auf.
c) In seinem Gerichtsurteil begründet der Richter seine Entscheidung. Verfasst eine Urteilsbegründung.

3 Vergleicht die Balladen von Heine (S. 199) und Droste-Hülshoff.
a) Gibt es inhaltliche Gemeinsamkeiten?
b) Gibt es Übereinstimmungen in der Form der Texte?

4 a) Informiert euch in verschiedenen Lexika über die Ballade.
b) Tragt eure Ergebnisse zu einer selbst formulierten Definition der Ballade zusammen.
c) Welche Ähnlichkeiten seht ihr zwischen Ballade und Moritat?

12.2 Balladen untersuchen: den Inhalt wiedergeben

Friedrich Schiller

Die Bürgschaft

Johann Christoph Friedrich Schiller wurde 1759 in Marbach geboren. Neben dem 10 Jahre älteren Johann Wolfgang Goethe gilt Schiller als bedeutendster und bekanntester deutscher Dichter. Aus der ungeliebten Stellung eines Militärarztes in Stuttgart befreite sich Schiller durch Flucht. In Mannheim war die Uraufführung seines Dramas „Die Räuber" bereits 1782 ein triumphaler Erfolg. Nach Aufenthalten in Leipzig und Jena siedelte Schiller 1799 nach Weimar über, wo ihn in der Folgezeit eine tiefe Seelenverwandtschaft mit Goethe verband. Die Zeit der beiden großen Dichter in Weimar bezeichnet man auch als Epoche der ***Weimarer Klassik.*** *1802 in den Adelsstand erhoben, starb Schiller, der von einem schweren Lungenleiden nie recht genesen war, am 9. Mai 1805 im Alter von nur 45 Jahren.*

Zu Dionys, dem Tyrannen[1], schlich
Damon, den Dolch im Gewande;
Ihn schlugen die Häscher[2] in Bande.
„Was wolltest du mit dem Dolche, sprich!",
Entgegnet ihm finster der Wüterich.
„Die Stadt vom Tyrannen befreien!"
„Das sollst du am Kreuze bereuen."

„Ich bin", spricht jener, „zu sterben bereit
Und bitte nicht um mein Leben;
Doch willst du Gnade mir geben,
Ich flehe dich um drei Tage Zeit,
Bis ich die Schwester dem Gatten gefreit[3],
Ich lasse den Freund dir als Bürgen,
Ihn magst du, entrinn ich, erwürgen."

Da lächelt der König mit arger List
Und spricht nach kurzem Bedenken:
„Drei Tage will ich dir schenken.
Doch wisse! Wenn sie verstrichen, die Frist,
Eh du zurück mir gegeben bist,
So muss er statt deiner erblassen,
Doch dir ist die Strafe erlassen."

Und er kommt zum Freunde: „Der König gebeut[4],
Dass ich am Kreuz mit dem Leben
Bezahle das frevelnde[5] Streben,
Doch will er mir gönnen drei Tage Zeit,
Bis ich die Schwester dem Gatten gefreit,
So bleib du dem König zum Pfande,
Bis ich komme, zu lösen die Bande."

Und schweigend umarmt ihn der treue Freund
Und liefert sich aus dem Tyrannen,
Der andere ziehet von dannen.
Und ehe das dritte Morgenrot scheint,
Hat er schnell mit dem Gatten die Schwester vereint,
Eilt heim mit sorgender Seele,
Damit er die Frist nicht verfehle.

Da gießt unendlicher Regen herab,
Von den Bergen stürzen die Quellen,
Und die Bäche, die Ströme schwellen.
Und er kommt ans Ufer mit wanderndem Stab,
Da reißet die Brücke der Strudel hinab,
Und donnernd sprengen die Wogen
Des Gewölbes krachenden Bogen.

1 **Dionysos I.** (430–376 v. Chr.): Alleinherrscher von Syrakus (Sizilien)
2 **Häscher:** Verfolger
3 **dem Gatten gefreit:** mit dem Ehemann verheiratet
4 **gebeut:** gebietet, befiehlt
5 **frevelnd:** verbrecherisch

Und trostlos irrt er an Ufers Rand,
Wie weit er auch spähet und blicket
Und die Stimme, die rufende, schicket,
Da stößet kein Nachen[6] vom sichern Strand,
Der ihn setze an das gewünschte Land,
Kein Schiffer lenket die Fähre,
Und der wilde Strom wird zum Meere.

Da sinkt er ans Ufer und weint und fleht,
Die Hände zum Zeus[7] erhoben:
„O hemme des Stromes Toben!
Es eilen die Stunden, im Mittag steht
Die Sonne, und wenn sie niedergeht
Und ich kann die Stadt nicht erreichen,
So muss der Freund mir erbleichen."

Doch wachsend erneut sich des Stromes Wut,
Und Welle auf Welle zerrinnet,
Und Stunde an Stunde entrinnet.
Da treibt ihn die Angst, da fasst er sich Mut
Und wirft sich hinein in die brausende Flut
Und teilt mit gewaltigen Armen
Den Strom, und ein Gott hat Erbarmen.

Und gewinnt das Ufer und eilet fort
Und danket dem rettenden Gotte,
Da stürzet die raubende Rotte
Hervor aus des Waldes nächtlichem Ort,
Den Pfad ihm sperrend, und schnaubet Mord
Und hemmet des Wanderers Eile
Mit drohend geschwungener Keule.

6 **Nachen:** Kahn
7 **Zeus:** oberster Gott der Griechen

„Was wollt ihr?", ruft er, für Schrecken bleich,
„Ich habe nichts als mein Leben,
Das muss ich dem Könige geben!"
Und entreißt die Keule dem Nächsten gleich:
„Um des Freundes willen erbarmet euch!"
Und drei mit gewaltigen Streichen
Erlegt er, die andern entweichen.

Und die Sonne versendet glühenden Brand,
Und von der unendlichen Mühe
Ermattet sinken die Kniee.
„O hast du mich gnädig aus Räubershand,
Aus dem Strom mich gerettet ans heilige Land,
Und soll hier verschmachtend verderben,
Und der Freund mir, der liebende, sterben!"

Und horch! Da sprudelt es silberhell,
Ganz nahe, wie rieselndes Rauschen,
Und stille hält er, zu lauschen;
Und sieh, aus dem Felsen, geschwätzig, schnell,
Springt murmelnd hervor ein lebendiger Quell,
Und freudig bückt er sich nieder
Und erfrischet die brennenden Glieder.

Und die Sonne blickt durch der Zweige Grün
Und malt auf den glänzenden Matten
Der Bäume gigantische Schatten;
Und zwei Wanderer sieht er die Straße ziehn,
Will eilenden Laufes vorüberfliehn,
Da hört er die Worte sie sagen:
„Jetzt wird er ans Kreuz geschlagen."

Und die Angst beflügelt den eilenden Fuß,
Ihn jagen der Sorge Qualen,
Da schimmern in Abendrots Strahlen
Von ferne die Zinnen von Syrakus,
Und entgegen kommt ihm Philostratus,
Des Hauses redlicher Hüter,
Der erkennet entsetzt den Gebieter:

„Zurück! Du rettest den Freund nicht mehr,
So rette das eigene Leben!
Den Tod erleidet er eben.
Von Stunde zu Stunde gewartet' er
Mit hoffender Seele der Wiederkehr,
Ihm konnte den mutigen Glauben
Der Hohn des Tyrannen nicht rauben."

„Und ist es zu spät, und kann ich ihm nicht
Ein Retter willkommen erscheinen,
So soll mich der Tod ihm vereinen.
Des rühme der blut'ge Tyrann sich nicht,
Dass der Freund dem Freunde gebrochen die
Pflicht,
Er schlachte der Opfer zweie
Und glaube an Liebe und Treue."

Und die Sonne geht unter, da steht er am Tor
Und sieht das Kreuz schon erhöhet,
Das die Menge gaffend umstehet;
An dem Seile schon zieht man den Freund
empor,
Da zertrennt er gewaltig den dichten Chor:
„Mich, Henker!", ruft er, „erwürget!
Da bin ich, für den er gebürget!"

Und Erstaunen ergreifet das Volk umher,
In den Armen liegen sich beide
Und weinen für Schmerzen und Freude.
Da sieht man kein Auge tränenleer,
Und zum Könige bringt man die Wundermär,
Der fühlt ein menschliches Rühren,
Lässt schnell vor den Thron sie führen.

Und blicket sie lange verwundert an;
Drauf spricht er: „Es ist euch gelungen,
Ihr habt das Herz mir bezwungen,
Und die Treue, sie ist doch kein leerer Wahn,
So nehmet auch mich zum Genossen an,
Ich sei, gewährt mir die Bitte,
In eurem Bunde der Dritte."

1 Habt ihr auch schon einmal eurer Freundin oder eurem Freund in einer Notlage geholfen? Habt ihr einmal in einer schwierigen Situation Hilfe bekommen?

2 Lest den Text laut vor.

3 Fasst den Inhalt jeder Strophe in ein oder zwei Sätzen zusammen. Verwendet dabei als Tempus das **Präsens.**

> 1. Strophe: Damon wird bei einem Attentatsversuch auf den Tyrannen Dionys gefangen genommen und zum Tode am Kreuz verurteilt.
> 2. Strophe: ...

4 Um den Aufbau der Ballade zu erkennen, solltet ihr inhaltlich zusammengehörende Strophen mit einigen Stichworten benennen. Malt dazu die **Spannungskurve** in euer Heft und vervollständigt sie:

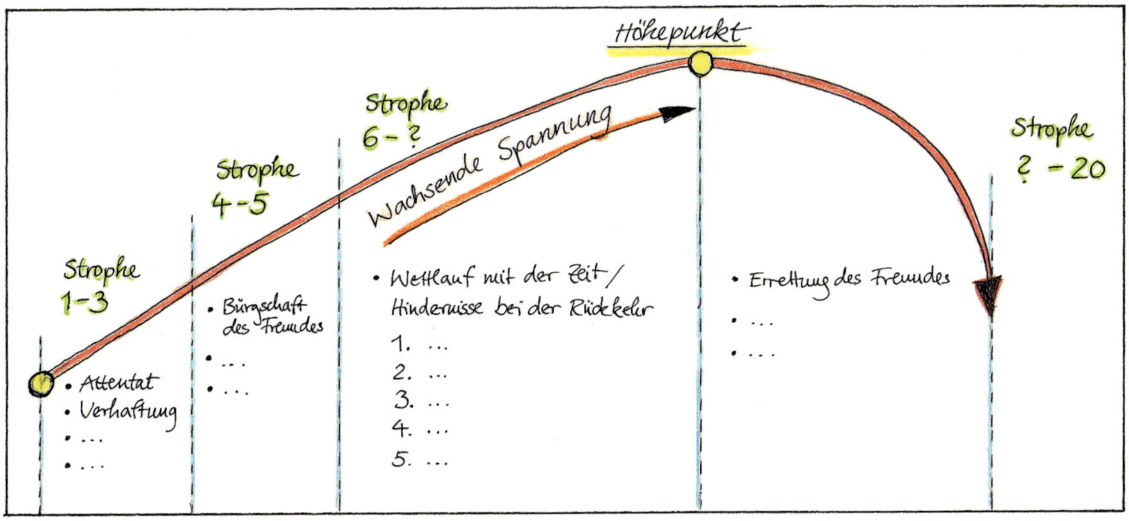

Eva, eine Schülerin der Klasse 7, hat einen längeren Aufsatz über „Die Bürgschaft" geschrieben. Zu Beginn ihres Aufsatzes fasst sie den Inhalt der Ballade zusammen:

Damon wird bei seinem Mordanschlag auf Dionys von Häschern gefangen genommen. Er wird verurteilt und soll am Kreuz sterben. Damon bittet um drei Tage Zeit. Er will seine Schwester, die weit entfernt wohnt, mit ihrem Mann verheiraten. Ein Bürge soll für ihn sterben, wenn er nicht rechtzeitig zurückkehrt. Dafür soll er frei sein. Zu Hause verheiratet er seine Schwester. Auf dem Rückweg muss er viele Hindernisse überwinden. Zuerst muss er einen reißenden Fluss durchschwimmen, weil die Brücke eingestürzt ist. Weitere Hindernisse sind eine Räuberbande, Durst und die schreckliche Nachricht vom Tod des Freundes. Er will auch sterben und wird zum König geführt. Dieser sagt, dass Damon sein Herz bezwungen habe und er im Bunde der Dritte sein wolle.

5 a) Vergleicht Evas Inhaltsangabe mit eurer Zusammenfassung der einzelnen Strophen und euren Eintragungen in die Spannungskurve:
- Fehlen wichtige Erzählschritte?
- Wo berichtet Eva Nebensächliches?
- Wo weicht sie vom Text ab?

b) Überarbeitet Evas Inhaltsangabe.

Damit sich der Leser schnell orientieren kann, gibt man im ersten Satz einer **Inhaltsangabe** am besten einen Überblick über den ganzen Text. Mitschülerinnen und ein Mitschüler von Eva haben ihre ersten Sätze so formuliert:

In seiner Ballade „Die Bürgschaft" berichtet Schiller über Damon und Dionys. (Elke)

Schiller verdeutlicht in seiner Ballade „Die Bürgschaft", dass die Treue von Damon über die Bosheit des Tyrannen siegt. (Tina)

Schiller schildert in seiner Ballade die Rettung des Freundes durch Damon. (Ralf)

6 a) Begründet, warum euch die Einleitungssätze geeigneter oder weniger geeignet erscheinen.

b) Formuliert einen einleitenden Satz.

Ein wichtiger Bestandteil von Aufsätzen über literarische Texte ist die einleitende Inhaltsangabe. Eine Zusammenfassung des Inhalts kann jedoch auch für andere Zwecke genutzt werden.

Inhaltsangaben anfertigen

Verwendungszweck
- einen Klappentext für ein Jugendbuch schreiben
- sich selbst über den Inhalt des Textes klar werden
- eine Mitschülerin / einen Mitschüler knapp über den Inhalt eines Textes informieren
- ...

sprachliche Form
- einleitender Satz mit Informationen zu Autor, Titel, Thema, ...
- Präsens als Tempus verwenden
- Wiedergabe mit eigenen Worten (nicht zu oft zitieren!)
- eher indirekte als direkte Redewiedergabe
- ...

7 a) Kennt ihr weitere Gründe, warum man einen Text inhaltlich zusammenfasst?

b) Ergänzt die Tipps zur sprachlichen Form von Inhaltsangaben und notiert alle zusammen in eurem Heft.

c) Erklärt, wie der Verwendungszweck die sprachliche Form der Inhaltswiedergabe beeinflusst.

Theodor Fontane

John Maynard

John Maynard!
„Wer ist John Maynard?“
„John Maynard war unser Steuermann,
Aus hielt er, bis er das Ufer gewann,
Er hat uns gerettet, er trägt die Kron,
Er starb für uns, unsre Liebe sein Lohn.
John Maynard.“

*

Die „Schwalbe“ fliegt über den Eriesee,
Gischt schäumt um den Bug wie Flocken von Schnee;
Von Detroit fliegt sie nach Buffalo –
Die Herzen aber sind frei und froh,
Und die Passagiere mit Kindern und Fraun
Im Dämmerlicht schon das Ufer schaun,
Und plaudernd an John Maynard heran
Tritt alles: „Wie weit noch, Steuermann?“
Der schaut nach vorn und schaut in die Rund:
„Noch dreißig Minuten … Halbe Stund.“

Alle Herzen sind froh, alle Herzen sind frei –
Da klingt's aus dem Schiffsraum her wie Schrei,
„Feuer!“, war es, was da klang,
Ein Qualm aus Kajüt und Luke drang,
Ein Qualm, dann Flammen lichterloh,
Und noch zwanzig Minuten bis Buffalo.

Und die Passagiere, bunt gemengt,
Am Bugspriet stehn sie zusammengedrängt,
Am Bugspriet vorn ist noch Luft und Licht,
Am Steuer aber lagert sich's dicht,
Und ein Jammern wird laut: „Wo sind wir? Wo?“
Und noch fünfzehn Minuten bis Buffalo. –

Der Zugwind wächst, doch die Qualmwolke steht,
Der Kapitän nach dem Steuer späht,
Er sieht nicht mehr seinen Steuermann,
Aber durchs Sprachrohr fragt er an:
„Noch da, John Maynard?“
„Ja, Herr. Ich bin.“
„Auf den Strand! In die Brandung!“
„Ich halte drauf hin.“
Und das Schiffsvolk jubelt: „Halt aus! Hallo!“
Und noch zehn Minuten bis Buffalo. –

„Noch da, John Maynard?“, und Antwort schallt's
Mit ersterbender Stimme: „Ja, Herr, ich halt's!“
Und in die Brandung, was Klippe, was Stein,
Jagt er die „Schwalbe“ mitten hinein.
Soll Rettung kommen, so kommt sie nur so.
Rettung: der Strand von Buffalo!

*

Das Schiff geborsten. Das Feuer verschwelt.
Gerettet alle. Nur *einer* fehlt!

*

Alle Glocken gehn; ihre Töne schwelln
Himmelan aus Kirchen und Kapelln,
Ein Klingen und Läuten, sonst schweigt die Stadt,
Ein Dienst nur, den sie heute hat:
Zehntausend folgen oder mehr,
Und kein Aug im Zuge, das tränenleer.

Sie lassen den Sarg in Blumen hinab,
Mit Blumen schließen sie das Grab,
Und mit goldner Schrift in den Marmorstein
Schreibt die Stadt ihren Dankspruch ein:
„Hier ruht John Maynard! In Qualm und Brand
Hielt er das Steuer fest in der Hand,
Er hat uns gerettet, er trägt die Kron,
Er starb für uns, unsre Liebe sein Lohn.
John Maynard.“

Vielleicht liegt Fontanes Ballade (S. 209) ein Zeitungsbericht oder eine Chronik der Stadt Buffalo zu Grunde. Danach geriet am Abend des 9. August 1841 kurz nach acht Uhr das Passagierschiff „Erie" bei der Fahrt über den Eriesee in Brand. Die meisten der über 200 Passagiere kamen bei der Schiffskatastrophe ums Leben. Luther Fuller, der Steuermann der „Erie", hatte seinen Platz bis zuletzt nicht verlassen. Er überlebte schwer verletzt, erholte sich aber seelisch von dem furchtbaren Unglück nicht mehr. Er verfiel dem Alkohol und starb als Trinker in einem Armenhaus.

1 Welche Gründe könnten Fontane veranlasst haben, den tatsächlichen Ablauf der Schiffskatastrophe zu verändern?

2 Verfasst eine spannende Reportage für die Lokalzeitung „Buffalo Observer" zum Ablauf des Unglücks, wie Fontane es beschreibt.
a) Formuliert eine Hauptschlagzeile, in der ihr die beispielhafte Bedeutung des Geschehens festhaltet.
b) Gebt zu Beginn eurer Reportage einen knappen inhaltlichen Überblick über das Schiffsunglück für den eiligen Leser eures Artikels.
c) Baut in eure Reportagen kurze Interviews mit Überlebenden ein, die das Unglück an Bord durchlitten haben. Achtet dabei auf die Zeichensetzung bei der wörtlichen Rede.
d) Überarbeitet eure Reportagen anhand der Checkliste auf S. 284.

Bertolt Brecht wurde am 10. 2. 1898 in Augsburg geboren. Er wuchs in einem bürgerlichen Elternhaus auf. Sein Vater war Direktor einer Augsburger Papierfabrik. Nach seinem Abitur nahm Brecht das Studium der Philosophie, Literatur und Medizin auf, brach dieses aber bald ab, um sich ganz der Schriftstellerei zuzuwenden.
Er arbeitete als Theaterkritiker, schrieb erste Theaterstücke, aber auch Gedichte, Lieder, Balladen, Bänkellieder und Moritaten. Auf den Seiten 178/179 findet ihr zwei Kalendergeschichten von ihm. Zu einem weltweiten Erfolg wurde „Die Dreigroschenoper" (1928), in der sich Brecht kritisch mit der bürgerlichen Gesellschaft auseinander setzte. Mit seinem Theaterstück „Die Maßnahme" bekannte sich Brecht endgültig zum Marxismus. Nach der Machtergreifung der Nationalsozialisten musste Brecht Deutschland verlassen.
Am 10. 5. 1933 wurden auch seine Werke vor der Berliner Oper als „undeutsches Schrifttum" auf einem großen Scheiterhaufen verbrannt. Über Prag, Wien, Zürich und Paris kam Brecht nach Dänemark, über Schweden und Finnland floh er weiter in die USA nach Santa Monica (Vorort von Los Angeles). Erst 1948 kehrte er nach einem kürzeren Aufenthalt in Zürich nach Deutschland (Ost-Berlin) zurück. Das von ihm gegründete „Berliner Ensemble" erlangte Weltruhm. Am 14. 8. 1956 starb Bertolt Brecht in Berlin.
Laotse, von dem die folgende Ballade handelt, war ein chinesischer Philosoph, über dessen Leben nur legendenhafte Angaben vorliegen: Von einem Lichtstrahl gezeugt, gebar ihn seine Mutter nach 72 Jahren Schwangerschaft aus der Achselhöhle. Bei seiner Geburt konnte der schon weißhaarige Laotse bereits sprechen. Laotses Werk „Taoteking" (wahrscheinlich um 300 v. Chr.) besteht aus 81 kurzen, teilweise gereimten Abschnitten.

Bertolt Brecht

Legende von der Entstehung des Buches Taoteking auf dem Weg des Laotse in die Emigration

1
Als er siebzig war und war gebrechlich
Drängte es den Lehrer doch nach Ruh'
Denn die Güte war im Lande wieder einmal schwächlich
Und die Bosheit nahm an Kräften wieder einmal zu.
Und er gürtete den Schuh.

2
Und er packte ein, was er so brauchte:
Wenig. Doch es wurde dies und das.
So die Pfeife, die er immer abends rauchte
Und das Büchlein, das er immer las.
Weißbrot nach dem Augenmaß.

3
Freute sich des Tals noch einmal und vergaß es
Als er ins Gebirg' den Weg einschlug.
Und sein Ochse freute sich des frischen Grases
Kauend, während er den Alten trug.
Denn dem ging es schnell genug.

4
Doch am vierten Tag im Felsgesteine
Hat ein Zöllner ihm den Weg verwehrt:
„Kostbarkeiten zu verzollen?" – „Keine."
Und der Knabe, der den Ochsen führte, sprach: „Er hat gelehrt."
Und so war auch das erklärt.

5
Doch der Mann in einer heitren Regung
Fragte noch: „Hat er was rausgekriegt?"
Sprach der Knabe: „Daß das weiche Wasser in Bewegung
Mit der Zeit den mächtigen Stein besiegt.
Du verstehst, das Harte unterliegt."

6
Daß er nicht das letzte Tageslicht verlöre
Trieb der Knabe nun den Ochsen an.
Und die drei verschwanden schon um eine schwarze Föhre
Da kam plötzlich Fahrt in unsern Mann
Und er schrie: „He, du! Halt an!

7
Was ist das mit diesem Wasser, Alter?"
Hielt der Alte: „Interessiert es dich?"
Sprach der Mann: „Ich bin nur Zollverwalter
Doch wer wen besiegt, das interessiert auch mich.
Wenn du's weißt, dann sprich!

8
Schreib mir's auf! Diktier es diesem Kinde!
So was nimmt man doch nicht mit sich fort.
Da gibt's doch Papier bei uns und Tinte
Und ein Nachtmahl gibt es auch: ich wohne dort.
Nun, ist das ein Wort?"

9
Über seine Schulter sah der Alte
Auf den Mann: Flickjoppe. Keine Schuh.
Und die Stirne eine einzige Falte.
Ach, kein Sieger trat da auf ihn zu.
Und er murmelte: „Auch du?"

10
Ein höfliche Bitte abzuschlagen
War der Alte, wie es schien, zu alt.
Denn er sagte laut: „Die etwas fragen
Die verdienen Antwort." Sprach der Knabe: „Es wird auch schon kalt."
„Gut, ein kleiner Aufenthalt."

11
Und von seinem Ochsen stieg der Weise
Sieben Tage schrieben sie zu zweit.
Und der Zöllner brachte Essen (und er fluchte nur noch leise
Mit den Schmugglern in der ganzen Zeit).
Und dann war's soweit.

12
Und dem Zöllner händigte der Knabe
Eines Morgens einundachtzig Sprüche
    ein
Und mit Dank für eine kleine Reisegabe
Bogen sie um jene Föhre ins Gestein.
Sagt jetzt: kann man höflicher sein?

13
Aber rühmen wir nicht nur den Weisen
Dessen Namen auf dem Buche prangt!
Denn man muß dem Weisen seine Weisheit
    erst entreißen.
Darum sei der Zöllner auch bedankt:
Er hat sie ihm abverlangt. R

1 Fasst den Inhalt der Ballade zusammen und vergleicht ihn mit der Biografie Brechts (S. 210).

2 Diskutiert, ob es auch in dieser Ballade einen Helden gibt wie in Schillers Ballade „Die Bürgschaft" (S. 205–207) und in Fontanes Ballade „John Maynard" (S. 209).

3 Kennt ihr selbst Beispiele mutiger Frauen und Männer? Verfolgt dazu eine Woche lang Nachrichten und Berichte in Tageszeitungen, Illustrierten und im Fernsehen.
   a) Bei eurem Moritaten- und Balladenabend (siehe unten) könnten Zeitungsausschnitte, die ihr auf Folie kopiert und mit dem Overheadprojektor an die Wand projiziert, als Kulisse für den Vortrag von Balladen dienen.
   b) Ihr könnt auch versuchen, selbst Balladen zu den von euch gefundenen Ereignissen zu dichten.

12.3 Bänkellieder und Balladen – ein Vortragsabend

Über die Bänkellieder (Moritaten) und Balladen hinaus, die ihr nun schon kennen gelernt habt, findet ihr auf den folgenden Seiten eine Auswahl von Balladen und Songs, die ihr bei einem Vortragsabend vor Eltern und Freunden, bei einem Schulfest oder einem Theaterabend eurer Schule vortragen, singen oder spielen könnt. Vielleicht regen euch die folgenden Vorschläge zur Darbietung und Inszenierung der Texte an, euer Projekt „Bänkellieder und Balladen" durch eigene Texte und eigene Ideen noch abwechslungsreicher zu gestalten.

Annette von Droste-Hülshoff
Der Knabe im Moor

O schaurig ist's, übers Moor zu gehn,
Wenn es wimmelt vom Heiderauche,
Sich wie Phantome die Dünste drehn
Und die Ranke häkelt am Strauche,
Unter jedem Tritte ein Quellchen springt,
Wenn aus der Spalte es zischt und singt,
O schaurig ist's, übers Moor zu gehn,
Wenn das Röhricht knistert im Hauche!

Fest hält die Fibel das zitternde Kind
Und rennt, als ob man es jage;
Hohl über die Fläche sauset der Wind –
Was raschelt drüben am Hage?
Das ist der gespenstige Gräberknecht,
Der dem Meister die besten Torfe[1] verzecht;
Hu, hu, es bricht wie ein irres Rind!
Hinducket das Knäblein zage.

Vom Ufer starret Gestumpf hervor,
Unheimlich nicket die Föhre,
Der Knabe rennt, gespannt das Ohr,
Durch Riesenhalme wie Speere;
Und wie es rieselt und knittert darin!
Das ist die unselige Spinnerin,
Das ist die gebannte Spinnlenor',
Die den Haspel[2] dreht im Geröhre!

1 **Torf:** fruchtbarer Moorboden, wertvoll als Brennstoff
2 **Haspel:** Garnwinde am Spinnrad

Voran, voran! nur immer im Lauf,
Voran, als woll es ihn holen!
Vor seinem Fuße brodelt es auf,
Es pfeift ihm unter den Sohlen
Wie eine gespenstige Melodei;
Das ist der Geigemann ungetreu,
Das ist der diebische Fiedler Knauf,
Der den Hochzeitheller[3] gestohlen!

Da birst das Moor, ein Seufzer geht
Hervor aus der klaffenden Höhle;
Weh, weh, da ruft die verdammte Margret:
„Ho, ho, meine arme Seele!“

Der Knabe springt wie ein wundes Reh;
Wär nicht Schutzengel in seiner Näh,
Seine bleichenden Knöchelchen fände spät
Ein Gräber im Moorgeschwele.

Da mählich gründet der Boden sich,
Und drüben, neben der Weide,
Die Lampe flimmert so heimatlich,
Der Knabe steht an der Scheide.
Tief atmet er auf, zum Moor zurück
Noch immer wirft er den scheuen Blick:
Ja, im Geröhre war's fürchterlich,
O schaurig war's in der Heide!

3 **Heller:** Silbermünze

1 a) Schreibt die Ballade in euer Heft und macht Vortragsproben.
b) Markiert Pausen, Betonungen, Lesetempo und Zeilensprünge (siehe S. 201).
c) Unterschlängelt zusätzlich die Konsonanten lautmalerischer Wörter, die die Geräusche im Moor wiedergeben, z. B. *sch, s.*

2 Achtet auf die Häufungen dunkler oder heller Vokale in den einzelnen Strophen. Was drücken sie über den seelischen Zustand des Knaben aus?

3 Gestaltet eine **Hörszene:** Überlegt euch passende Hintergrundgeräusche und nehmt euren Vortrag auf Kassette auf.

Eine Pantomime

Johann Wolfgang Goethe

Der Zauberlehrling

Hat der alte Hexenmeister
Sich doch einmal wegbegeben!
Und nun sollen seine Geister
Auch nach meinem Willen leben!
Seine Wort' und Werke
Merkt' ich, und den Brauch,
Und mit Geistesstärke
Tu ich Wunder auch.

Walle! walle
Manche Strecke,
Dass, zum Zwecke,
Wasser fließe
Und mit reichem, vollem Schwalle
Zu dem Bade sich ergieße.

Und nun komm, du alter Besen!
Nimm die schlechten Lumpenhüllen!
Bist schon lange Knecht gewesen;
Nun erfülle meinen Willen!
Auf zwei Beinen stehe,
Oben sei ein Kopf,
Eile nun und gehe
Mit dem Wassertopf!

Walle! walle
Manche Strecke,
Dass, zum Zwecke,
Wasser fließe
Und mit reichem, vollem Schwalle
Zu dem Bade sich ergieße.

Seht, er läuft zum Ufer nieder,
Wahrlich! ist schon an dem Flusse,

Und mit Blitzesschnelle wieder
Ist er hier mit raschem Gusse.
Schon zum zweiten Male!
Wie das Becken schwillt!
Wie sich jede Schale
Voll mit Wasser füllt!

Stehe! stehe!
Denn wir haben
Deiner Gaben
Voll gemessen! –
Ach, ich merk es! Wehe! wehe!
Hab ich doch das Wort vergessen!

Ach, das Wort, worauf am Ende
Er das wird, was er gewesen.
Ach, er läuft und bringt behände!
Wärst du doch der alte Besen!
Immer neue Güsse
Bringt er schnell herein,
Ach! und hundert Flüsse
Stürzen auf mich ein.

Nein, nicht länger
Kann ich's lassen;
Will ihn fassen.
Das ist Tücke!
Ach! nun wird mir immer bänger!
Welche Miene! welche Blicke!

O, du Ausgeburt der Hölle!
Soll das ganze Haus ersaufen?
Seh ich über jede Schwelle
Doch schon Wasserströme laufen.
Ein verruchter Besen,
Der nicht hören will!
Stock, der du gewesen,
Steh doch wieder still!

Willst's am Ende
Gar nicht lassen?
Will dich fassen,
Will dich halten
Und das alte Holz behände
Mit dem scharfen Beile spalten.

Seht, da kommt er schleppend wieder!
Wie ich mich nun auf dich werfe,
Gleich, o Kobold, liegst du nieder;
Krachend trifft die glatte Schärfe.
Wahrlich, brav getroffen!
Seht, er ist entzwei!
Und nun kann ich hoffen,
Und ich atme frei!

Wehe! wehe!
Beide Teile
Stehn in Eile
Schon als Knechte
Völlig fertig in die Höhe!
Helft mir, ach! ihr hohen Mächte!

Und sie laufen! Nass und nässer
Wird's im Saal und auf den Stufen.
Welch entsetzliches Gewässer!
Herr und Meister! hör mich rufen! –
Ach, da kommt der Meister!
Herr, die Not ist groß!
Die ich rief, die Geister,
Werd ich nun nicht los.

„In die Ecke,
Besen! Besen!
Seid's gewesen.
Denn als Geister
Ruft euch nur, zu seinem Zwecke,
Erst hervor der alte Meister."

1 Teilt die Ballade in Abschnitte ein. Eine/r trägt den Abschnitt vor, ein/e andere/r spielt die Handlung.

2 Die Stimmung des Zauberlehrlings wechselt ständig. Wie könnt ihr das durch eure Mimik ausdrücken?

3 Versucht bei eurer Inszenierung ganz auf Requisiten und Kostüme zu verzichten. Ihr müsst euch dann folgende Fragen überlegen:
a) Wie könnt ihr den Lauf des Besens darstellen?
b) Wie lässt sich der steigende Wasserspiegel verdeutlichen?
c) Wie könnt ihr das Sprechen der Zauberformel durch Gesten wiedergeben?
d) Wie könnt ihr die Pantomime durch den Ausdruck beim Vortragen unterstützen? Achtet dabei noch einmal besonders auf Pausen, Tempo, Lautstärke, Klangfärbung der Stimme, z. B. stolz, ängstlich, entsetzt, überheblich …

Eine Bilderfolge

Christa Reinig

Die Ballade vom blutigen Bomme

hochverehrtes publikum
werft uns nicht die bude um
wenn wir albernes berichten
denn die albernsten geschichten
macht der liebe gott persönlich
ich verbleibe ganz gewöhnlich
wenn ich auf den tod von Bomme
meinem freund zu sprechen komme

möge Ihnen nie geschehn
was Sie hier in bildern sehn

zur beweisaufnahme hatte
man die blutige krawatte
keine spur mehr von der beute
auf dem flur sogar die leute
horchen was nach außen dringt
denn der angeklagte bringt
das gericht zum männchenmachen
und das publikum zum lachen

seht die herren vom gericht
schätzt man offensichtlich nicht

eisentür und eisenbett
dicht daneben das klosett
und der wärter freut sich sehr
kennt den mann von früher her
Bomme fühlt sich gleich zu haus
ruht von seiner arbeit aus
auch ein reicher mann hat ruh
hält den sarg von innen zu

jetzt geht Bomme dieser mann
und sein reichtum nichts mehr an

sagt der wärter: grüß dich mann
lass dirs gut gehn – denk daran
wärter sieht auch mal vorbei
mach mir keine schererei
essen kriegst du nicht zu knapp
Bomme denn dein kopf muss ab
Bomme ist schon sehr gespannt
und malt männchen an die wand

nein hier hilft kein daumenfalten
Bomme muss den kopf hinhalten

Bomme ist noch nicht bereit
für abendmahl und ewigkeit
kommt der pastor und erzählt
wie sich ein verdammter quält
wie er große tränen weint
und sich wälzet – Bomme meint
das ist alles intressant
und mir irgendwie bekannt

denn was weiß ein frommer christ
wie dem mann zumute ist

auf dem hof wird holz gehauen
Bomme hilft das fallbeil bauen
und er lässt sich dabei zeit
schließlich ist es doch so weit
dass es hoch und heilig ragt
Bomme sieht es an und sagt:
das ist schärfer als faschismus
und probiert den mechanismus

wenn die schwere klinge fällt
spürt er dass sie recht behält

aufstehn kurz vor morgengrauen
das schlägt Bomme ins verdauen
und da friert er – reibt die hände
konzentriert sich auf das ende
möchte gar nicht so sehr beten
lieber schnell aufs klo austreten
doch dann denkt er: einerlei
das geht sowieso vorbei

von zwei peinlichen verfahren
kann er eins am andern sparen

wäre mutter noch am leben
würde es auch tränen geben
aber so bleibt alles sachlich
Bomme wird ganz amtlich-fachlich
ausgestrichen aus der liste
und gelegt in eine kiste
nur ein sträfling seufzt dazwischen
denn er muss das blut aufwischen

bitte herrschaften verzeiht
solche unanständigkeit

doch wer meint das stück war gut
legt ein groschen in den hut

Hans Scheibner

Der Maulwurf muss weg!

I

Herr Kremer sah zum Fenster raus
aus seinem eignen Eigenhaus.
Und wohlgefällig ruht sein Blick
auf seines Rasens Musterstück:
So frisch gemäht, so ordentlich,
so grün, ach, man beschreibt es nicht!
Da plötzlich! Nein, das darf nicht sein!
„He! Klara!“ Klara stürzt herein.
„Nun sieh doch mal! O Gott, o Schreck!“

Der Maulwurf muss weg!

II

Herr Kremer auf den Rasen lief
zum Maulwurfshügel. Und er rief:
„Du Kreatur! Du frecher Hund!
Du Wühler in dem Untergrund!
Du wagst es, diesen Rasen hier,
das Meisterwerk, die Gartenzier
zu schänden! Hiermit sag ich dir
zum letzten Mal: Verschwinde hier!
Komm raus! Komm raus aus dem Versteck!“

Der Maulwurf muss weg!

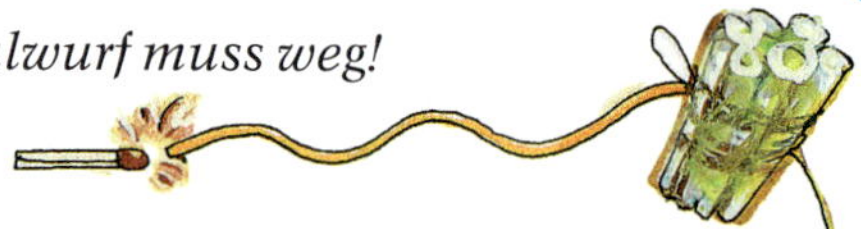

III

Die ganze Nacht Herr Kremer stand
mit seinem Spaten in der Hand.
Wo sich was rührt im Mondenschein,
da rief er: „Ha!“, und stieß hinein!
„Verflucht! Wer meine Ordnung stört,
ist diese heile Welt nicht wert!“
Doch morgens weh! Was ist geschehn?
Zwei neue Hügel muss er sehn!
„Mein Heiligtum! Mein Lebenszweck!“

Der Maulwurf muss weg!

IV

Herr Kremer schwor und lief herum:
„Ich bring dich um! Ich bring dich um!“
Ließ Wasser aus dem Gartenschlauch
ins Erdreich ein. Kroch auf dem Bauch.
Pumpt Auspuffgase in den Bau.
Im Töten ist Herr Kremer schlau.
Doch da! Im Morgensonnenschein:
drei neue Hügel! „Nein! Nein! Nein!
Du Teufel du! Verreck! Verreck!“

Der Maulwurf muss weg!

V

„Dass einer Recht und Sauberkeit
frech zu missachten sich nicht scheut!“
Herr Kremer rief: „Ich kriege ihn!“
Goss auf den Rasen das Benzin.
Die Flammen schlugen hoch hinauf,
sogar bis zu dem Dachstuhl rauf.
Das ganze Haus ist abgebrannt.
Herr Kremer in der Asche stand.
Herr Kremer tanzte froh und keck:

Der Maulwurf ist weg!

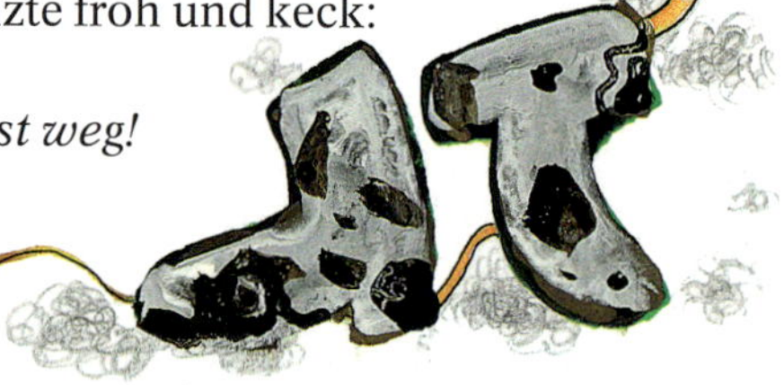

1 a) Schreibt die „Ballade vom blutigen Bomme“ (S. 215) in der gängigen Groß- und Kleinschreibung und mit den üblichen Satzzeichen in euer Heft.
b) Vergleicht eure Fassung mit der von Christa Reinig und besprecht die unterschiedliche Wirkung.

2 a) Teilt die beiden Balladen von Christa Reinig und Klaus Scheibner in sinnvolle Abschnitte ein, zu denen ihr jeweils ein Bild (möglichst DIN A3) gestalten könnt.
b) Überlegt euch, welchen Ausschnitt ihr in eurem Bild darstellen wollt (z. B. Totale, Halbtotale, Naheinstellung …) und welche Perspektive ihr für euer Bild wählt (z. B. Augenhöhe, Froschperspektive, Vogelperspektive).
c) Klebt die Bilder zu Bildtafeln zusammen und tragt die Balladen wie Moritaten vor.

Ein Liedervortrag

Wolf Biermann

Arbeitslos – Schöner Mai in Duisburg

Wolf Biermann wurde 1936 in Hamburg geboren. Schon früh verlor er seinen Vater, der als Jude 1936 verhaftet und 1942 im KZ Auschwitz von den Nationalsozialisten ermordet wurde. Wolf Biermann siedelte 1953 als überzeugter Kommunist in die DDR über. Seine Gedichte, Lieder und Balladen, mit denen er die politische und gesellschaftliche Entwicklung in der DDR kritisch begleitete, machten ihn der politischen Führung in der DDR verdächtig. Dazu trug auch bei, dass Biermanns Lieder in der Bundesrepublik Deutschland große Beachtung fanden. 1976 wies die DDR-Staatsführung ihren unbequemen Kritiker und Mahner trotz der großen Proteste in beiden Teilen Deutschlands wegen „Staatsfeindlichkeit" aus. Seitdem lebt Biermann wieder in seiner Geburtsstadt Hamburg. Das Lied „Arbeitslos – Schöner Mai in Duisburg" schrieb er 1981.

arbeitslos – das ist das Wahre
arbeitslos – das ist das Leben
frei sein! high sein!
einfach mal sich hinzugeben
an den Mai

Frau und Kinder, alles schläft noch
Früh zu der gewohnten Stunde
Kaffee in die Thermosflasche
Und dann los im Morgengrauen
Aber nicht zur Schicht, von wegen!
Von der Wiege bis zur Bahre
Schnell den Tauben Futter geben
Dann Stück Auto und dann parken
Und dann schlendern durch die Vorstadt
Rüber zu den grünen Rändern
arbeitslos – das ist das Wahre
arbeitslos – das ist das Leben

Groß im Osten steigt die Sonne
Rot im Wald am Rand der Halde
Und die Sonne steigt sich kleiner
Gegen Mittag sticht das Licht schon
Und ich hau mich in den Schatten
Satt im satten Moos gebettet
Seh im Himmel Störche schweben
Weiß mit Rosa sind die Apfel-
Bäume, wenn die Blüten beben
Und die Kirschen blühn knallweiß
arbeitslos – das ist das Wahre
arbeitslos – das ist das Leben

Und der Horizont raucht Pfeife
Da! das Stahlwerk, da! die Schlote
Mannesmann und das ist *Thyssen*
Wo die andern jetzt malochen
Mit Kantinenfraß und Stechuhr
Eisen kochen, Eisen gießen
Um mich rum die Bienen nippen
An den fetten Wiesenblumen
Sachte kippt die Sonne tiefer
Mücken in den Spinnenweben
arbeitslos – das ist das Wahre
arbeitslos – das ist das Leben

Ja, das ist das Leben. Aber
Nur an diesem blauen Maitag

Bloß nicht an den Winter denken!
Bloß nicht denken! nicht an morgen
An die Frau nicht, an die Kinder
An mich selber – bloß nicht denken!
Aber jetzt und hier und ohne
Arbeit, Mann, das ist das wahre
Mensch! das ist das schöne Leben
arbeitslos – das ist das Wahre
arbeitslos – das ist das Leben
frei sein! high sein!
einfach mal sich hinzugeben
an den Mai

1 Überlegt genau, wie ihr den Text von Biermann vortragen müsst:
Welche Aussagen sind ironisch gemeint? (Ironie: Gemeint ist das Gegenteil des Gesagten.)
In welchen Versen kommt Resignation oder sogar Verzweiflung zum Ausdruck?

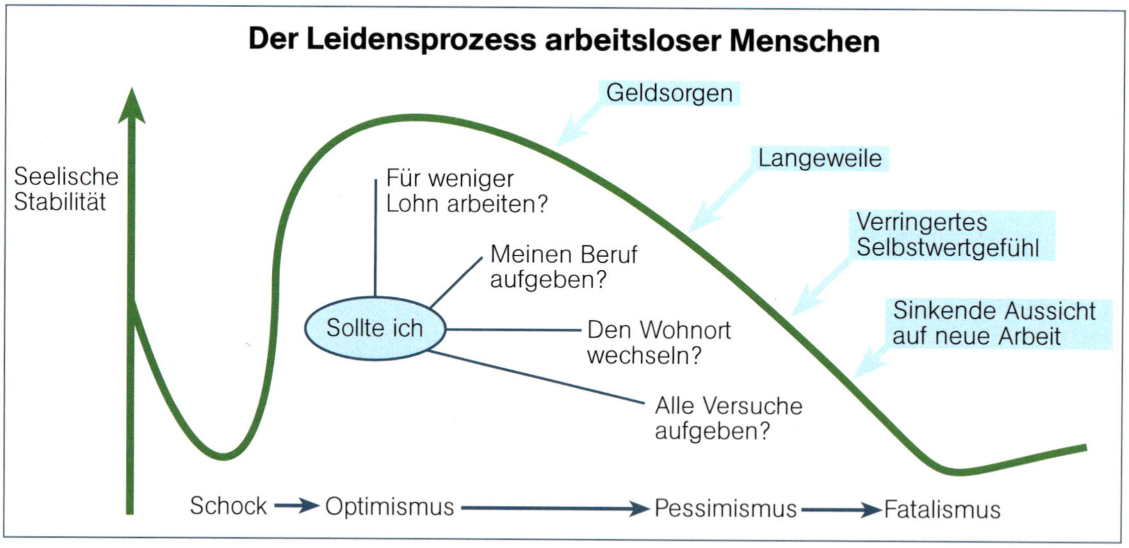

2 a) Versetzt euch in die Lage einer oder eines Arbeitslosen, indem ihr anhand der Grafik genau beschreibt, wie sich das Leben eines Menschen durch die Arbeitslosigkeit verändert.
b) Vergleicht eure Ergebnisse mit den Aussagen im Song von Biermann.

3 Wer kann Biermanns Song auf der Gitarre begleiten?

13 Reisen: Berichte und Reportagen

13.1 Reiseberichte: Über Entdeckungen informieren

Die Polos auf dem Weg nach China (Darstellung im Katalanischen Atlas, 1375)

Marco Polo

Bei Tataren und Mongolen

Die ersten Entdecker, die gefahrvolle Reisen in fremde Länder unternahmen, waren keine Abenteurer, sondern Kaufleute, die neue Wege für den Handel suchten, oder Seefahrer, die im Auftrag von Königen unbekannte Länder erforschten. Ihre Berichte wurden verfasst, um die Auftraggeber zu informieren, auch um die eigenen Entscheidungen und Taten zu rechtfertigen.
1271 unternahm der venezianische Kaufmannssohn Marco Polo (1254–1324) zusammen mit seinem Vater und seinem Onkel eine abenteuerliche Reise in das Innere Asiens und lebte lange am Hofe des Großkhans der Mongolen in Cambaluc, dem heutigen Peking. 1295 kehrte er nach Venedig zurück und geriet 1298 in Gefangenschaft der Genuesen. Während seiner vierjährigen Haft diktierte er einem Mitgefangenen seine Erlebnisse.
Marco Polos Bericht wurde nicht geschrieben, um einem Publikum von Lesern Neugier und Lust auf Reiseabenteuer zu vermitteln, sondern um festzuhalten, was im damaligen Europa nicht bekannt war.

Die Tataren haben keine festen Wohnsitze. Sobald der Winter naht, ziehen sie in die Ebenen wärmerer Gegenden, um Weide für ihr Vieh zu finden. Im Sommer suchen sic kalte Gegenden in den Bergen auf, wo Wasser und Gras vorhanden sind und das Vieh nicht von Pferdefliegen und anderen stechenden Insekten geplagt wird. Ihre Hütten oder Zelte bestehen aus Pfählen, die sie mit Filz bedecken. Sie sind ganz rund und so kunstvoll gebaut, dass man sie in ein Bündel zusammenlegen und leicht mit sich führen kann. Wenn die Zelte wieder aufgestellt werden, wird

Marco Polo am Hofe des Großkhans, gekleidet in der Tracht eines Hofbeamten

die Tür immer zur Südseite hin angebracht. Außerdem kennen die Tataren ein Fuhrwerk auf zwei Rädern, das ebenfalls mit Filz bedeckt und so gut gebaut ist, dass sie einen ganzen Regentag im Wagen aushalten können, ohne nass zu werden. Diese Wagen werden von Ochsen und Kamelen gezogen, und darin führen die Tataren ihre Frauen und Kinder, ihr Hausgerät und die Lebensmittel mit sich. Die Frauen betreiben alle Handelsgeschäfte, sie kaufen und verkaufen und besorgen alles Nötige für ihre Männer und ihre Familien. Die Männer beschäftigen sich nur mit der Jagd, der Falkenbeize und dem Waffenhandwerk. Sie haben die besten Falken und die besten Hunde der Welt. Sie leben nur von Fleisch und Milch. Außer Wild essen sie Fleisch jeder Art, von Pferden, Kamelen und sogar von Hunden. Sie trinken Stutenmilch, die sie so gut zubereiten können, dass sie wie Weißwein schmeckt. Ihre Frauen sind die keuschesten und ehrbarsten in der Welt. Sie lieben und ehren ihre Männer sehr. Treulosigkeit in der Ehe wird von ihnen als ein ehrloses, niederträchtiges Laster betrachtet. Andererseits ist es erstaunlich, zu sehen, wie freundlich die Männer mit ihren Frauen umgehen. Selbst wenn sie zu zehn oder zwanzig sind, herrscht unübertreffliche Ruhe und Einigkeit unter ihnen. Nie hört man eine beleidigende Sprache, und ihre Aufmerksamkeit gilt völlig dem Handel, den verschiedenen Hausarbeiten und der Sorge für ihre Kinder, um die sie sich gemeinsam kümmern. Den Männern ist es gestattet, so viele Frauen zu nehmen, wie sie wollen. Der Aufwand, den der Mann für sie machen muss, ist nicht groß. Auf der anderen Seite ist der Nutzen, den er aus ihrem Handel und aus ihren sonstigen Arbeiten gewinnt, beträchtlich. Deshalb bezahlt er, wenn er ein Mädchen zur Frau nimmt, den Eltern ein Heiratsgut. Der Frau, die zuerst geheiratet wird, erweist man die größte Achtung. Auch wird sie als die rechtmäßigste betrachtet, was auch für die von ihr geborenen Kinder gilt. Wegen dieser unbegrenzten Zahl von Frauen ist die Nachkommenschaft bei den Tataren zahlreicher als bei irgendeinem anderen Volk. Nach dem Tod des Vaters kann der Sohn alle Frauen, die er hinterlässt, annehmen, mit Ausnahme seiner eigenen Mutter. Ihre Schwestern können sie nicht zu Frauen nehmen, aber beim Tod ihrer Brüder können sie ihre Schwägerinnen heiraten. Jede Heirat wird mit großer Festlichkeit gefeiert.

[...] Die Reichen unter diesem Volk kleiden sich in Gold und Seide mit Zobel, Hermelin und den Pelzen anderer Tiere. Ihre Waffen sind Bogen, eiserne Kolben und manchmal auch Speere. Aber mit dem Bogen sind sie am geschicktesten, da sie schon von ihrer Kindheit an mit dieser Waffe umgehen. Sie tragen Rüstungen aus den dicken Häuten von Büffeln und anderen Tieren, die am Feuer gekocht und dadurch außerordentlich hart werden. Sie sind tapfer in der Schlacht bis zur Verzweiflung, sie achten ihr Leben gering und stellen sich ohne Zögern allen Gefahren kühn entgegen. Ihre Natur ist grausam. Sie sind fähig, jede Art Entbehrung zu ertragen. Im Notfall können sie einen Monat von der Milch ihrer Stuten und von wilden Tieren, die sie auf der Jagd erbeuten, leben. Ihre Pferde werden nur mit Gras gefüttert und verlangen nicht nach Gerste oder Hafer. Die Männer sind gewöhnt, zwei Tage und zwei Nächte lang auf dem Pferde zu bleiben, ohne abzusteigen. Sie schlafen im Sitzen, während ihre Pferde grasen. Kein Volk auf Erden übertrifft sie an Tapferkeit, keins kann größere Geduld bei Entbehrungen zeigen. Sie gehorchen ihren Führern bedingungslos. Diese Eigenschaften, denen sie in erster Linie ihre militärische Tüchtigkeit verdanken, haben sie zu Herren der Welt gemacht.

1 a) Zu welchen Lebensbereichen der Tataren findet ihr Aussagen in Marco Polos Bericht?
b) Ordnet die Aussagen zu kleinen Kapiteln unter spannenden Überschriften, die Auffälliges hervorheben. Zum Beispiel: *Leben im zweirädrigen Kamelkarren* (über das Leben der Tataren als Nomaden) oder *Stutenmilch wie Weißwein* (über die Ernährung).

2 Besorgt euch in der Stadtbibliothek die Reiseaufzeichnungen des Marco Polo.
a) Wählt einen besonders interessanten Teil seines Berichts aus (z. B. über das System der Poststationen oder über das Papiergeld) und tragt ihn in der Klasse vor.
b) Zeichnet auf einem großen Bogen Papier eine ungefähre Landkarte, auf der ihr den Reiseweg Marco Polos eintragen könnt. Vielleicht hilft euch eure Erdkundelehrerin oder euer Erdkundelehrer dabei.

3 a) Verfasst einen Bericht im Stile des Marco Polo, in dem ihr über eure eigene Umgebung so schreibt, als ob ihr sie neu entdeckt, z. B.:
Die Reichen unter diesem Volk kleiden sich ...
Sie wohnen ...
Wenn sie sich an einen anderen Ort begeben ...
b) Vergleicht eure Berichte und sprecht darüber, wie sie etwas euch Bekanntes in fremdem Lichte erscheinen lassen.

Francisco de Xeres

Francisco Pizarro nimmt den Inkaherrscher Atahualpa gefangen

Der Spanier Francisco Pizarro eroberte im Auftrag des spanischen Königs mit nur knapp 200 spanischen Soldaten 1531–1533 Peru und zerstörte das Inkareich. Der folgende Bericht über die Gefangennahme des mächtigen Inkaherrschers Atahualpa stammt von Pizarros Sekretär, Francisco de Xeres, der die Eroberung des Landes als Augenzeuge miterlebte.

Als Pizarro sah, dass der Tag zur Neige ging und Atahualpa keine Anstalten machte, das Lager zu verlassen, aus dem immer noch Truppen ausrückten, sandte er einen Spanier zu ihm mit der Bitte, er möge ihn doch noch vor Einbruch der Dunkelheit aufsuchen. Als der Bote vor Atahualpa hintrat, verbeugte er sich und deutete ihm durch Zeichen an, er solle dorthin kommen, wo der Statthalter auf ihn warte. Sogleich setzte sich der Inka mit seinen Truppen in Bewegung, und der Spanier kehrte eilends zurück und berichtete, dass sie heranrückten und die vorausmarschierenden Männer Waffen

August C. Haun: Gefangennahme Atahualpas durch Pizarro (1866)

unter ihren Gewändern verborgen trügen. Es waren feste Mäntel aus Baumwolle, unter denen sie Steine, Beutel und Schleudern hielten. Das alles ließ ihre verräterischen Absichten deutlich erkennen. Bald erreichte der Vortrab des Gegners den offenen Platz[1]. Zuerst kam eine Abteilung Indianer in buntfarbigen, livreeartigen[2] Gewändern, die schachbrettartig gemustert waren. Sie räumten beim Heranrücken den Unrat vom Boden weg und säuberten den Weg. Dann kamen drei Abteilungen in verschiedenartiger Kleidung, die tanzten und sangen. Danach eine Anzahl von Leuten in Rüstungen, großen Metallplatten und Kronen aus Gold und Silber. Schließlich erschien Atahualpa in einer Sänfte, die mit Büschen aus den vielfarbigen Federn indianischer Papageien besteckt und mit Gold- und Silberplatten geschmückt war. Diese Sänfte wurde von Indianern auf ihren Schultern getragen. Es folgten noch einige Sänften mit bedeutenden Häuptlingen, und den Abschluss bildeten mehrere Abteilungen von Indianern mit goldenen und silbernen Kronen.

Als die ersten den großen freien Platz erreicht hatten, stellten sie sich an die Seiten, um den Nachfolgenden Raum zum Vorrücken zu lassen. Atahualpa blieb, sobald er die Mitte des Platzes erreicht hatte, mit den anderen in der Sänfte, während seine Truppen weiter einrückten. Dann trat ein Anführer vor, erstieg die Befestigung neben dem freien Platz, wo die Artillerie aufgestellt war, und erhob zweimal die Lanze, als ob er ein Zeichen geben wollte. Als Pizarro dies sah, fragte er den Pater Valverde, ob er mit einem Dolmetscher zu Atahualpa gehen und mit ihm sprechen wolle. Der Pater bejahte und ging mit einem Kreuz in der einen und der Bibel in der anderen Hand durch die indianischen Truppen auf dem Platz auf Atahualpa zu und sprach ihn folgendermaßen an: „Ich bin ein Priester Gottes und lehre die Christen die göttlichen Dinge. So komme ich zu dir, um dich gleichermaßen zu lehren. Was ich dich lehre, sagt uns Gott in diesem Buch. Deshalb bitte ich dich im Namen Gottes und der Christen dringend, unser Freund zu sein; denn es ist Gottes Wille und es wird auch für dich gut sein. Geh und sprich mit dem Statthalter, der dich erwartet."

Atahualpa bat um das Buch, damit er es ansehen könne. Der Priester reichte es ihm, doch wusste

1 **Platz:** in der Stadt Caxamalca
2 **Livree:** uniformartige Dienerbekleidung

der Inka nicht, wie er es öffnen sollte, und der Priester streckte seine Hand aus, um ihm behilflich zu sein. Da geriet Atahualpa in großen Zorn, gab ihm einen Schlag auf den Arm, öffnete es selber und warf es dann, ohne wie andere Indianer vorher in Erstaunen über die Buchstaben und das Papier zu geraten, fünf oder sechs Schritte von sich weg. Auf die Worte, die der Mönch mit dem Dolmetscher zu ihm gesprochen hatte, antwortete er mit viel Geringschätzung: „Ich weiß sehr wohl, wie ihr euch auf dem Weg hierher benommen und meine Häuptlinge behandelt habt. Ihr habt das Tuch aus meinen Vorratshäusern geplündert.“ Der Mönch antwortete: „Das taten nicht die Christen, sondern einige Indianer haben das Tuch ohne Wissen des Statthalters genommen, er aber befahl, dass es zurückerstattet werde.“ Darauf Atahualpa: „Ich will diesen Platz nicht verlassen, bis sie mir alles wiederbringen.“ Mit dieser Antwort kehrte der Mönch zu Pizarro zurück.
Der Mönch berichtete dem Statthalter, was zwischen ihm und Atahualpa vorgefallen war, und dass dieser die Heilige Schrift auf den Boden geworfen habe. Da nahm Pizarro sein Schwert und seinen Dolch und trat mit den Spaniern, die ihn begleiteten, höchst unerschrocken unter die Indianer. Und mit nur vier Leuten, die ihm zu folgen vermochten, drang er bis zu der Sänfte vor, wo Atahualpa stand, packte ihn furchtlos am Arm und schrie laut: „Santiago.“ Da wurden die Kanonen abgefeuert, die Trompeten ertönten, und die Truppen stürmten zu Fuß und zu Pferde hervor. Als die Indianer die angreifenden Reiter sahen, flüchteten viele von ihnen, die auf dem freien Platz standen, und sie liefen so überstürzt davon, dass sie einen Teil der Mauern niederbrachen, die den Platz umgaben. Die Berittenen ritten sie nieder, töteten und verwundeten sie und machten sich auf, sie zu verfolgen. Die Fußsoldaten griffen die Zurückgebliebenen so heftig an, dass in kurzer Zeit die meisten von ihnen mit dem Schwert niedergemacht waren. Pizarro hielt Atahualpa noch immer am Arm fest, konnte ihn aber nicht aus der Sänfte herauszerren, weil er so hoch über ihm stand. Da aber richteten die Spanier unter den Trägern ein solches Blutbad an, dass die Sänfte zu Boden fiel. Wenn der Statthalter Atahualpa nicht geschützt hätte, hätte dieser stolze Mann den Preis für all die Grausamkeiten zahlen müssen, die er begangen hatte. Pizarro empfing, während er Atahualpa schützte, eine leichte Wunde an der Hand. Während der ganzen Zeit erhob kein Indianer seine Waffen gegen einen Spanier. So gewaltig war ihr Schrecken, als sie sahen, wie der Statthalter sich seinen Weg durch ihre Reihen bahnte, das Kanonenfeuer hörten und den Angriff der Reiter erblickten, etwas, wovon sie niemals vorher gehört hatten, dass sie mehr an Flucht und an Rettung ihres Lebens dachten als an den Kampf. Alle Sänftenträger Atahualpas schienen bedeutende Häuptlinge zu sein. Sie wurden ebenso getötet wie die Träger der anderen Sänften. Pizarro ging zu seiner Unterkunft, und mit ihm sein Gefangener Atahualpa, der seiner Kleider beraubt war, denn die Spanier hatten sie heruntergerissen, als sie ihn aus der Sänfte zerrten. Es war etwas Wundervolles, zu sehen, wie ein so mächtiger Herr, der in solcher Machtfülle gekommen war, in so kurzer Zeit zum Gefangenen gemacht wurde.

Atahualpa bot den Spaniern als Lösegeld einen ungeheuren Gold- und Silberschatz. Aber obwohl er dieses Lösegeld wirklich bezahlte, wurde er 1533 grausam hingerichtet. Pizarro eroberte nun ganz Peru und gründete Lima als neue Hauptstadt. Er selbst konnte sich seiner Eroberungen nicht lange erfreuen. 1541 wurde er von Anhängern seines spanischen Rivalen ermordet.

1 Über die Gefangennahme des mächtigen Inkaherrschers durch die zahlenmäßig weit unterlegenen spanischen Eroberer sind verschiedene Meinungen vertreten worden; so z. B., sie sei
- ein göttliches Wunder (zur Bekehrung der Heiden und zur Bestrafung des Frevlers),
- ein glücklicher Zufall,
- das Ergebnis überlegenen taktischen Geschicks des Pizarro gewesen.

Begründet, ob ihr eine von diesen oder eine andere Erklärung für richtig haltet.

2 Gliedert den Bericht Francisco de Xeres' (S. 221–223) und sucht sprechende Überschriften für die Abschnitte. Aus den Überschriften soll man bereits erkennen, wie ihr das berichtete Geschehen beurteilt.

3 Wie wird ein Inkaoffizier, der die Gefangennahme miterlebt hat, die Ereignisse erzählen?

4 Francisco de Xeres muss in seinem Bericht genaue Angaben zu den Vorgängen im Raum machen.
a) Schreibt die **adverbialen Bestimmungen des Ortes** heraus und ordnet sie nach den Wortarten, aus denen sie gebildet sind. Achtet dabei auf die Groß- und Kleinschreibung.
Tipp: Ihr könnt die adverbialen Bestimmungen des Ortes erfragen durch „Wo …?“, „Wohin …?“, „Woher ….?“, „Wie weit …?“:

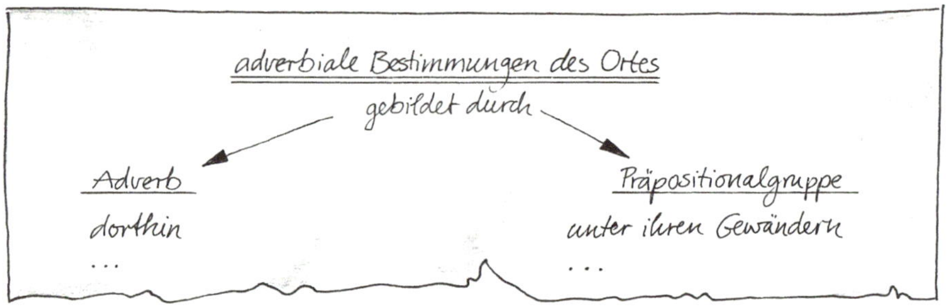

b) Welche weitere Möglichkeit findet ihr im Text, Bewegungen im Raum zum Ausdruck zu bringen?

5 Informiert euch in Geschichtsbüchern oder Lexika über die Eroberung Südamerikas durch die Europäer und stellt die wichtigsten Daten in einer Zeittafel zusammen.

Georg Forster

Begegnung mit „Wilden“ – Bericht von Kapitän Cooks Reise um die Welt

Auf Forschungsexpeditionen zur Erkundung fremder Länder wurde vom Leiter oder dessen Sekretär genau Buch geführt über das, was sich ereignete und was man erlebte. Den Weltumsegler Cook zum Beispiel begleiteten der Naturforscher Forster und dessen Sohn Georg. James Cook (geb. 1728), Kartograf und Kapitän der englischen Marine, umsegelte auf insgesamt drei Reisen die Welt. Er entdeckte Neuseeland, vermaß die Ostküste Australiens und Inseln der Südsee. Auf seiner dritten Reise wurde er 1779 auf Hawaii von Eingeborenen erschlagen.
Georg Forster (geb. 1754) war auf Cooks zweiter Reise gerade siebzehn Jahre alt. Er übernahm an Stelle seines Vaters die literarische Verarbeitung dieser Entdeckungsfahrt.

Kapitän James Cook

Nach der Rückkehr und dem Tode des Vaters veröffentlichte Georg sein Buch „Reise um die Welt“, das ihn zu einem bekannten Schriftsteller machte. Er wurde Professor für Naturgeschichte. 1794 starb er einsam und verarmt in Paris.

Auf ihrer Weltumseglung sind Cook und seine Leute von Tahiti aus in See gestochen. Wasser und Nahrung gehen zur Neige. Kapitän Cook beschließt, dass man auf einer Insel landet um das Nötige zu beschaffen.

Am nächsten Tag brachten wir das Schiff in eine noch bequemere Lage, näher ans Ufer. Sobald es Tag wurde, kamen die Einwohner aus ihren Wäldern hervor an den Strand und schienen sich miteinander zu beratschlagen … Hin und wieder stießen die Indianer ihre Kanus einzeln vom Ufer und brachten einige Cocosnüsse und Pisangs[1]. Sie tauschten sie gegen Stoffe, die wir aus Tahiti mitgebracht hatten, und kehrten, sobald sie ihre Waren angebracht hatten, zum Ufer zurück, um weitere zu holen.

Georg Forster

Einer bot dem Kapitän (Cook) auch seine Keule zum Verkauf; dieser zeigte ihm dafür ein Stück Stoff und so wurden sie handelseinig. Als man dem Indianer das Stück Stoff an einem Strick ins Kanu herabließ, knüpfte er es unverzüglich los, machte aber keinerlei Anstalten, seine Keule dafür abzuliefern. Der Kapitän versuchte daher, ihn durch Zeichen an sein gegebenes Wort zu erinnern. Er schien dies auch wohl zu verstehen, achtete aber nicht im Mindesten darauf. Der Kapitän schoss ihm also eine Ladung Schrot ins Gesicht, worauf der Indianer mit den beiden anderen, die in seinem Kanu waren, eiligst fortruderte. Nun wurde vom Verdeck aus mit einer Muskete ein paarmal hinter ihnen dreingefeuert, bis sie, vor großem Schreck über eine Kugel, die dicht neben ihrem Kanu einschlug und etliche Male vom Wasser abprallte, in die See sprangen und schwimmend das Ufer erreichten. Am Strand entstand alsbald ein großer Zusammenlauf von Menschen, die vermutlich wissen wollten, was ihren Leuten passiert wäre. Ein paar Minuten nachher kam ein kleiner alter Mann mit einem Kanu voll Zuckerrohr, Cocosnüssen und Yamwurzeln ganz allein an das Schiff. Schon gestern Nachmittag hatte er sich Mühe gegeben, zwischen uns und den Seinigen Frieden zu erhalten. Und seine freundliche, treuherzige Miene ließ uns hoffen, dass er auch jetzt wieder in einer guten Absicht käme. Deshalb schenkte Kapitän Cook ihm einen Anzug vom besten roten tahitischen Stoff, worüber sich der Alte sehr zu freuen schien. Wie seine Landsleute, die niemals unbewaffnet gehen, hatte auch er zwei große Keulen bei sich.

Cook, der sich mit in einem unserer Boote befand, ergriff diese Keulen, warf sie in die See und gab dem Alten zu verstehen, dass alle Insulaner ihre Waffen ablegen sollten. Der ehrliche Alte kehrte ans Ufer zurück, ohne sich über den Verlust der Keulen zu beklagen, und stolzierte dort eine Zeit lang in seinem roten Gewand umher. Jetzt kamen aus allen Gegenden der Insel, vor allem von den Bergen im Westen des Hafens, eine unzählige Menge von Menschen an den Strand herab, sodass es überall von Menschen wimmelte. Alle waren bewaffnet. Mittlerweile hatten wir das Schiff der Quere nach gegen das Ufer gedreht, damit die Kanonen das Land bestreichen könnten, und nach dieser Vorsichtsmaßnahme bereiteten wir eine Landung mit zwei Booten vor, die mit allen See-Soldaten und einer Gruppe wohlbewaffneter Matrosen besetzt waren. Sobald die Wilden uns kommen sahen, eilten sie alle aus den Wäldern ins Freie an den Strand. Sie stellten sich in zwei Haufen zu beiden Seiten des Landeplatzes auf. Der westliche Haufe war der größere, er betrug wenigstens siebenhundert Mann, die nur das Signal zum Angriff zu erwarten schienen. Der Haufe im Osten war nur zweihundert Mann stark und schien auch nicht so feindselig zu sein.

1 **Pisangs:** Bananen

Mitten zwischen ihnen hatte sich der kleine Alte mit zwei anderen unbewaffnet hingestellt und eine Menge Pisangs und Yamwurzeln vor sich aufgehäuft. Als wir noch etwa zwanzig Schritt vom Ufer entfernt waren, rief der Kapitän den Einwohnern zu und gab ihnen durch Zeichen zu verstehen, sie sollten ihre Waffen niederlegen und sich vom Strand zurückziehen. Sie taten es aber nicht. Vielleicht kam ihnen die Forderung unangemessen und lächerlich vor, dass eine Hand voll Fremder ihnen vorschreiben wollte, was sie in ihrem eigenen Lande tun durften oder nicht.

Es wäre nun unvorsichtig gewesen, zwischen den beiden Gruppen zu landen. Wir hätten uns einem Angriff ausgesetzt, bei dem viele dieser unschuldigen Leute, aber auch mancher von uns sein Leben gelassen hätte. Um sie also, wo möglich im Voraus, abzuschrecken, ließ Kapitän Cook über ihre Köpfe hinwegfeuern. Der unvermutete Knall brachte wirklich den ganzen Haufen in Bewegung. Sobald aber das erste Erstaunen vorüber war, blieben sie fast alle wieder stehen. Einer, der dicht ans Ufer kam, hatte sogar die Verwegenheit, uns den Hintern zu zeigen und mit der Hand darauf zu klatschen. Das ist bei allen Völkern der Südsee das gewöhnliche Zeichen der Herausforderung. Da ließ Cook noch einmal in die Luft feuern. Auf dem Schiff hielten sie das für ein Signal und feuerten mit einem Mal alle Geschütze ab, fünf vierpfündige Kanonen und vier Musketen. Die Kugeln pfiffen über die Indianer weg und kappten einige Palmbäume. Dadurch erreichten wir unseren Zweck, nämlich dass in wenigen Augenblicken nicht ein Mann mehr auf dem Strande zu sehen war. Nur allein der alte Friedensstifter und seine beiden Freunde waren unerschrocken stehen geblieben. Sobald wir an Land traten, schenkte der Alte dem Kapitän diese Lebensmittel und bat ihn zugleich, nicht länger zu schießen.

1 Sprecht miteinander über folgende Fragen und begründet eure Ansichten mit Textstellen:
a) Wie beurteilt ihr das Verhalten des Kapitäns Cook?
b) Könnt ihr der Beschreibung entnehmen, was der junge Georg Forster darüber denkt?
c) Welche Einstellung hat Forster zu den Indianern?

2 Am Schluss heißt es, der Alte habe dem Kapitän die Lebensmittel geschenkt und gebeten, nicht mehr zu schießen. Stellt eigene Vermutungen an, warum der Alte seine Ware hergibt.

3 Erzählt die Begegnung zwischen Europäern und Indianern aus der Perspektive eines Indianers neu.

Egon Erwin Kisch

Kapitän Cook betritt Schwarz-Australien

Die Entdecker und Forschungsreisenden sahen die fremden Welten, in die sie eindrangen, mit ihren Augen. Oft waren sie davon überzeugt, dass die „Wilden", denen sie begegneten, „glücklichere und bessere" oder aber „schlechtere und heimtückische" Menschen seien. Dass diese vor allem die Welt anders wahrnahmen und bewerteten als die Europäer, erkannten spätere Reisende klarer.
Egon Erwin Kisch (1885–1948), der selbst viele Zeitungsreportagen von Reisen in alle Welt verfasst hat (was ihm den Beinamen der „rasende Reporter" eintrug), geht dabei auch auf den Bericht über Cooks Weltreise ein.

Du bist begierig, mein Junge, etwas Wildes zu hören von den Wilden in Australien, ob sie's den Indianern in deinen Büchern gleichtun, ob sie fleißig auf den Kriegspfad gehen, kühn den Tomahawk schwingen, einen Winnetou haben oder einen Häuptling Falkenauge.
Du bist begierig, mein Junge, etwas darüber zu hören, ob es in Australien weiße Trapper gibt wie Old Surehand oder Old Shatterhand oder andere Olds, die gegen schurkische Skalpjäger abenteuerlustig zu Felde ziehen und bei den edlen Stämmen den Rang eines Weißen Bruders erwerben.

Du wirst enttäuscht sein, mein Junge, zu hören, wie es wirklich war und wie es wirklich ist.
Schon das erste Zusammentreffen zwischen Bleichgesicht und Schwarzhaut verlief gar nicht heroisch. Lies, was im Logbuch von Old Cook steht, eingetragen unter dem 28. April 1770:
„Nicht weit von uns sahen wir innerhalb der Bucht vier kleine Kanus; jedes enthielt einen nackten Eingeborenen mit einem Speer, den er zum Fischestechen verwendete. Sei es, dass sie zu beschäftigt waren, sei es wegen des Wellenlärms – die Schwarzen nahmen keine Notiz von der ‚Endeavour', die auf kaum eine Viertelmeile an ihnen vorbeikam."
Das europäische Schiff warf Anker in der Bucht, einem Eingeborenendorf gegenüber.
„Kurz nach ein Uhr dreißig trat eine alte, gleichfalls nackte Negerin mit drei Kindern, Brennholz tragend, aus dem Buschwald. Drei andere kleine Kinder liefen ihnen aus den Hütten entgegen. Während die Frau ein Feuer anmachte, schaute sie manchmal zur ‚Endeavour' herüber, ohne aber irgendeine Überraschung oder Befangenheit auszudrücken. Die vier Männer, die in der Bay gefischt hatten, landeten, zogen ihre Kanus auf das Ufer und nahmen gemeinsam mit der Alten und den Kindern die Mahlzeit ein, allem Anschein nach vollständig unbewegt von der Anwesenheit der ‚Endeavour', deren Segel so nahe knatterten."
Du siehst, mein Junge, die Wilden hielten die Begegnung nicht für wichtig. Aber der Schreiber des Schiffstagebuches ahnte die Dinge wohl, die sich später aus dieser Begegnung ergeben sollten. Hätte er sich sonst mit derartiger Ausführlichkeit über die Ruhe und Interesselosigkeit der Eingeborenen verbreitet? So wie er es tut, wird seit eh und je ein ahnungsloses Opfer vor der Tat geschildert. […]
Im Logbuch ist nichts vermerkt, worauf sich der Verdacht gründete, dass die Schwarzen Speere schleudern wollten. Ja, nicht einmal *nach* dem Schuss hoben sie ihre Speere. Nur einen Stein sollen sie in die Richtung der Boote geworfen haben (wenn's wahr ist), weshalb Cook von neuem zielte und einen Eingeborenen ins Bein traf. Naiv, unerfahren in europäischen Errungenschaften, liefen die schwarzen Männer in ihre Hütten und kamen, lach nicht, mein Junge, jeder mit einem Schild aus Binsen zurück.
„Aus Befürchtung, die Speere könnten vergiftet sein" – verstehst du die Ausrede, mein Junge? –, wurde abermals gegen die Eingeborenen gefeuert, die rannten davon und ließen sich nicht mehr sehen. Europa betrat Australien. Den verlassenen Hütten entnahmen Cooks Leute etwa fünfzig Lanzen mit je vier Zacken aus zugespitztem Fischbein, nur zum Fischestechen geeignet, keinesfalls aber zum Angriff auf Menschen.
Mit der Besiedlung des Erdteils durch Weiße, die achtzehn Jahre später begann, hätte auch die Zivilisierung und Kultivierung der Buschneger beginnen können. Was jedoch wirklich geschah, würde ein Buch füllen, und dieses Buch wäre kein Buch nach deinem Geschmack, mein Junge, kein Buch von heroischen Kämpfen ebenbürtiger Gegner, es wäre nur ein Buch für Erwachsene, die ein Bericht über Massenmorde nicht mehr aufregt.

Kapitän Cooks Tod auf Hawaii (1779)

1 Im Text ist von einem Gegensatz die Rede: Die Erwartungen eines jugendlichen Lesers stehen gegen das, „wie es wirklich war und wie es wirklich ist". Erläutert diesen Gegensatz.

2 Formuliere den Bericht des jungen Georg Forster (S. 224–226) so um, dass Kisch nichts gegen ihn einzuwenden hätte. Beachte dabei vor allem das Verhalten von Kapitän Cook gegenüber den Eingeborenen.

Flora Tristan

Ein Erdbeben in Peru

Flora Tristan war eine interessante Frau ihrer Zeit und hatte ein aufregendes Leben. Sie wurde 1803 in Paris geboren und war mit dem Maler und Graveur Chazal verheiratet, von dem sie sich 1828 trennte. Chazal schoss seine ehemalige Frau 1838 auf offener Straße nieder, verletzte sie schwer und wurde zu Deportation und Zwangsarbeit verurteilt.
Im Jahre 1833 reiste Flora Tristan von Bordeaux aus nach Peru, auf der Suche nach ihrem Onkel und dessen Familie. Sie erhoffte sich (vergeblich) eine größere Erbschaft. 1844 starb sie an den Strapazen einer erneuten Reise. Der Maler Gauguin ist ihr Enkel.

Ich war am 13. September in Arequipa[1] angekommen; am 18. desselben Monats erlebte ich zum ersten Mal in meinem Leben ein Erdbeben. Es handelte sich um jenes berühmte, das große Verheerungen anrichtete und Tacna[2] und Arica[3] von Grund auf zerstörte. Der erste Stoß erfolgte um sechs Uhr morgens und dauerte zwei Minuten. Ich erwachte ruckartig und wurde beinahe aus dem Bett geschleudert. Ich dachte, ich sei noch an Bord und von den Wellen geschüttelt, und hatte zunächst keine Angst; doch in dem Augenblick sprang meine Negerin auf und schrie: „*Señora!, temblor, temblor!*[4]" Sie öffnete die Tür und ging auf den Hof, und ich stürzte hinter ihr her, während ich den Morgenmantel über die Schultern warf. Die Erdstöße waren so heftig, dass wir uns auf den Boden werfen mussten, um nicht umzufallen. Selbst die Tapfersten bekommen Angst, wenn sie den Boden unter sich so wanken fühlen und sehen, wie die Häuser schwanken. Alle Sklaven lagen im Hof betend auf den Knien; sie waren wie versteinert und schienen sich mit ihrem Tod abgefunden zu haben.

Ich ging wieder zu Bett, und kurz darauf kam auch meine Kusine. Der Schrecken stand noch auf ihren Gesichtszügen. „Oh, Florita!", sagte sie zu mir, „was für ein entsetzliches *terremoto*[5]*!* Ein Teil der Stadt ist sicher zusammengestürzt. Eines Tages werde ich unter den Trümmern meiner alten Behausung begraben werden. Und was haben Sie dabei empfunden, liebe Freundin, die Sie an derartige Beben nicht gewöhnt sind?"
„Ich dachte zuerst, ich befände mich auf einem Schiff, denn so ähnlich empfindet man den Wellengang, und ich hatte erst Angst, als ich im Hof war, als ich sah, wie sich die Häuser mir zuneigten, wie das Pflaster sich bewegte und der Himmel schwankte, als ob man auf offener See wäre. Da habe ich erst begriffen, welches Erschrecken für das menschliche Herz eine Plage bedeutet, die es seiner Ohnmacht so zutiefst bewusst werden lässt. Sind diese Erdbeben denn häufig in dem Land?"
„Manchmal drei oder vier am selben Tag, und selten vergeht eine Woche, wo wir nicht ein mehr oder weniger starkes hätten. Das verdanken wir der Nähe des Vulkans."
Doña Carmen blieb bei mir, um zu plaudern. Sie saß auf meinem Bett, rauchte ihre *cigarritos* und erzählte mir von den zahllosen Unglücksfällen, die Erdbeben hier angerichtet hatten. Gegen sieben Uhr hörten wir ein dumpfes Grollen, das aus

1 **Arequipa:** Hauptstadt des gleichnamigen Departements in Südperu
2 **Tacna:** Hauptstadt des südlichsten Departements von Peru
3 **Arica:** nördlichste Hafenstadt Chiles
4 **Señora!, temblor, temblor!:** Herrin! Ein Beben, ein Beben!
5 **terremoto:** Erdbeben

der Tiefe der Erde zu kommen schien: die Stimme des Vulkans! Mein Blick war in dem Augenblick gerade auf einen ziemlich dünnen Spalt in der Mitte des Deckengewölbes gerichtet; da sah ich, wie sich der Spalt plötzlich öffnete und die gewaltigen Gewölbeblöcke aus den Fugen brachen. Ich glaubte, die ganzen Gesteinsmassen würden über mir zusammenstürzen, und flüchtete voller Angst. Doch der Stoß war weniger stark als das erste Mal; wir kamen zurück, und ich legte mich wie erstarrt zu Bett. Ich gestehe, dass ich völlig durcheinander war. Meine Kusine setzte sich neben mich, und der Ausdruck ihres Gesichts machte mir Angst: „Ein widerwärtiges Land!“, rief sie mit einem Ton geballter Wut; „wenn man bedenkt, dass ich dazu verurteilt bin, hier zu leben!“

„Und wenn Sie es so widerlich finden, warum bleiben Sie dann hier?“

„Warum, Florita! Nach dem härtesten aller Gesetze, dem der Notwendigkeit. Jeder, der kein Vermögen hat, ist von anderen abhängig, ist deren Sklave und muss leben, wo sein Herr ihn anbindet.“

Dabei knirschte meine Kusine mit den Zähnen und zeigte eine Empörung, die bewies, dass sie nicht für die Sklaverei geschaffen war. Ich schaute sie an und sagte zu ihr mit einem Gefühl der Überlegenheit, das ich nicht ganz verbergen konnte: „Kusine, ich habe noch weniger Vermögen als Sie; aber ich hatte den Willen, nach Arequipa zu kommen, und hier bin ich!“

„Und was wollen Sie daraus schließen?“, fragte sie mich mit einem Ausdruck der Eifersucht.

1 Beschreibt das Erdbeben aus der Sicht einer der Sklavinnen. Vergleicht diese Beschreibung mit derjenigen der „erfahrenen Reisenden“.

2 Was wird Flora auf die abschließende Frage ihrer Kusine antworten?
Bedenkt, dass Flora über vier Monate allein auf dem Schiff von England nach Südamerika gereist ist, dass sie auf Reisen nach England und durch Frankreich viele sehr unterschiedliche Menschen getroffen hat.

Margaret Courtney-Clarke

Im Innern Afrikas

In abgelegenen Gebieten Westafrikas pflegen auch heute noch Frauen die Tradition der Hausmalerei. Alljährlich werden die Lehmbauten nach den Regenfällen ausgebessert und wieder mit Mustern und Motiven bemalt. Die Fotojournalistin Margaret Courtney-Clarke – in Namibia geboren – reiste 1986 allein nach Westafrika, um diese außergewöhnliche Volkskunst zu dokumentieren, die – wie sie selbst sagt – „nicht transportabel ist und daher in den Museen der Welt nicht besichtigt werden kann.“ In ihrer Fotoreportage werden auch die Reisewege ausführlich beschrieben.

In ganz Westafrika befinden sich die Straßen in einem schlechten Zustand, und Brücken, die noch aus der Kolonialzeit stammen, sind seit langem weggespült worden. Ich konnte nur während der Trockenzeit reisen, das heißt, für die Fotoaufnahmen blieben immer nur wenige Monate Zeit. Selbst wenn die Bedingungen gut waren, waren sandige oder schlammige Flussbetten zu bewältigen, und häufig hieß es anhalten, weil für die Überbrückung einzelner Abschnitte einer so genannten Straße Steine und totes Holz zusammengetragen werden mussten. [...]

Westafrika ist für den Besucher nicht unbedingt ein einladender Ort. Das Klima ist ausgesprochen heiß und es gibt nur „feuchte“ oder „trockene“ Jahreszeiten. Der Harmattan, ein Wind, der während der Trockenzeit bläst und feinen roten Staub aus der Sahara mit sich bringt, beschränkt die Sicht auf wenige Meter. Sanitäre Anlagen sind miserabel, in ländlichen Gegenden gibt es sie nicht, und das Wasser ist lebensbedrohlich knapp. [...]

Während meines Aufenthalts in Timbuktu

packte mich der Gedanke einen Abstecher in die Sahara nach Oualata zu machen, wo dem Hörensagen nach Frauen schon seit Jahrhunderten ihre Häuser schmücken. Um mir die mehr als dreitausend Kilometer zu ersparen, die der übliche Weg über Dakar und Nouakchott bedeutet hätte, beschloss ich, von Bamako aus „schnurstracks“ nach Norden aufzubrechen. Als ich Oualata zehn Tage später erreichte, hatte ich aufgehört, meine Transportmittel zu zählen: von Militäreskorten in Jeeps über Zwölftonner (die alle halbe Stunde anhielten, um den Motor zu kühlen) bis hin zu Kamelen und Eselkarren. Das reichhaltige Material, das ich dokumentieren konnte, machte die Sache der Mühe wert.

Wochenlang aß ich nichts anderes als Ziegenfleisch und trank Kamelmilch und unsauberes Wasser. Bei anderen Gelegenheiten verspeiste ich Hunde, Buschratten, Insekten und nicht zu identifizierende Nahrung; manchmal hatte ich tagelang überhaupt nichts zu beißen. Die ganze Zeit über plagten mich gesundheitliche Probleme, wie sie jeden Reisenden aus dem Westen im Innern Afrikas befallen. Als ich in Mauretanien war, brach dort die Cholera aus (auch wenn die Regierung es bestritt), Heuschreckenschwärme hatten die gesamte Sahelzone heimgesucht und weiterhin starben überall in Westafrika Erwachsene und Kinder in beängstigendem Ausmaß an Malaria, Unterernährung und Ruhr. Der Cholera entgangen, holte ich mir im abgelegenen Norden Nigerias Malaria und Amöbenruhr. Mehr noch als die natürlichen Hindernisse machte mir etwas zu schaffen, was heikler war und sich in vielen Fällen als tödlicher für mein Projekt erwies: das Netz der Bürokratie. In mehreren Ländern hätten mich die erforderlichen Genehmigungen, Visa, Vollmachten und anderen Unwägbarkeiten behördlicherseits fast kleingekriegt. Einige Regierungsbehörden verweigerten mir feindselig jede Hilfe, andere warteten einfach auf ihre „Prise“ (Bestechungssumme), bevor sie irgendwelche Papiere ausstellten. Fotografieren ist in ganz Afrika immer noch eine heikle Sache: Nach Jahren der Ausbeutung, nach all der negativen Propaganda und dem missionarischen Gerede von der „Unsterblichkeit“ des Geistes sind Afrikaner nicht nur misstrauisch, oft lehnen sie es einfach ab, wenn ihr Leben nach europäischen Maßgaben, durch europäische Augen gesehen, abgebildet werden soll.

In Westafrika ist es Tradition, dass der Besucher dem Häuptling Kolanüsse überreicht. Es ist ein Ritual der Gastfreundschaft und Voraussetzung für jeden Dialog – „Wer Kola bringt, bringt Leben“. In Nigeria gehört zu dieser Formalität, seine guten Absichten dadurch zu zeigen, dass man den Boden mit Kreide markiert. Sobald ich „akzeptiert“ war, berief der Häuptling eine Versammlung ein – die gewöhnlich unter einem Affenbrotbaum abgehalten wurde –, auf der er mit den Dorfältesten den Grund

für meine Anwesenheit erörterte. Mein Interesse für Hauswände, Dekormuster und das eine oder andere Eidechsen- oder Krokodilsrelief wurde meist nicht verstanden. Nichtsdestoweniger mussten dann die Frauen von der ersten Frau des Häuptlings zusammengerufen werden, was oft sehr langwierig war. Ohne ihre endgültige Zustimmung, sich bei der Arbeit fotografieren zu lassen, konnte ich nicht weitermachen. Aus Angst, dass Buschfeuer die Feldfrüchte und damit ihre Subsistenz[1] vernichten könnten, schliefen die Frauen abwechselnd nächtelang auf den Feldern und hielten Wache. Tage – manchmal sogar Wochen – vergingen, während ich darauf wartete, dass sie nach Hause kämen. In dieser Zeit – und bevor ich mit dem Fotografieren beginnen konnte – wurde mir das Privileg und die Ehre zuteil, bei den Familien wohnen zu dürfen, in ihre Häuser eingeladen zu werden, die täglichen Mahlzeiten mit ihnen zu teilen und ihre Gebräuche und Anschauungen kennen zu lernen. Sobald die Ernte eingebracht und die Frauen von den Feldern zurückgekehrt waren, begannen alle im Gehöft zu arbeiten. Einen Vorteil hatte mein Sujet[2] – die Kunst afrikanischer Frauen – immerhin: Es milderte die Probleme einer allein reisenden Frau.

1 **Subsistenz**: Lebensunterhalt

2 **Sujet:** Thema, Gegenstand

1 Verschafft euch mit Hilfe eines Atlasses einen Überblick über das Reisegebiet Margaret Courtney-Clarkes.

2 a) Mit welchen Schwierigkeiten hat die Fotojournalistin in Westafrika zu kämpfen?
b) Listet das Verhalten und die Erfahrungen der Reporterin geordnet auf.

3 a) Erklärt, warum das Fotografieren von den Afrikanern als Problem empfunden wird.
b) Betrachtet die Fotos: Welche Bedeutung hat die Hausmalerei im Leben dieser afrikanischen Frauen?

4 Vergleicht die Haltung, die Margaret Courtney-Clarke gegenüber den westafrikanischen Frauen einnimmt, mit derjenigen des Weltumseglers Cook (S. 224–227) oder derjenigen des „Eroberers" Pizarro (S. 221–223) gegenüber fremden Völkern.

13.2 In Schnee und Eis – Über Expeditionen berichten

Robert Falcon Scott

Eingeschlossen im Eis – Aus dem Tagebuch

Der Reiz der Entdeckungsreisen ist nicht immer nur Reichtum, Handel, Gewinn oder wissenschaftlicher Forscherdrang. Auch sportlicher Ehrgeiz und Abenteuer oder Ruhm locken.
So kam es im Jahre 1912 zu einem „Wettlauf zum Südpol" zwischen dem Engländer Scott und dem Norweger Amundsen. Für Scott und seine Begleiter endete das Abenteuer tödlich. Sie kamen in einem Schneesturm um, nachdem sie den Südpol erreicht hatten und feststellen mussten, dass Amundsen schon vor ihnen da gewesen war.
Scott führte auf der Reise regelmäßig ein Tagebuch. Dieses wurde später neben seiner Leiche gefunden.

Sonntag, 17. März 1912. Ich kann nur absatzweise schreiben. Die Kälte ist ungeheuer, mittags 40°. Meine Kameraden sind heiter, aber wir sind drauf und dran, zu erfrieren, und obwohl wir beständig davon reden, dass wir uns doch noch durchschlagen werden, glaubt es im Herzen keiner mehr. Gestern mussten wir des Orkans wegen still liegen, und heute geht es furchtbar langsam. Wir sind nur 2 Ponymärsche vom Ein-Tonnen-Lager entfernt. Hier lassen wir unsern Theodoliten[1], eine Kamera und Oates' Schlafsäcke zurück. Die Tagebücher sowie die auf Wilsons speziellen Wunsch mitgenommenen Gesteinsproben wird man bei uns oder auf unserm Schlitten finden.

19. März. Gestern Abend waren wir fast erstarrt, bis wir unser Abendessen verzehrt hatten: Es bestand aus Schiffszwieback, kaltem Pemmikan[2] und einem halben Kännchen Kakao. Dann wurden wir wider Erwarten ganz warm und haben alle gut geschlafen. Heute brachen wir in der gewöhnlichen, schleppend langsamen Weise auf. Wir sind 29 Kilometer vom Depot entfernt und könnten in 3 Tagen hinkommen. Wir haben noch auf 2 Tage Lebensmittel, aber nur noch auf 1 Tag Brennmaterial. Wilsons Füße sind noch am besten, mein rechter am schlechtesten, nur mein linker ist ganz in Ordnung. Aber wie sollen wir unsere Füße schonen, ehe wir das Depot erreicht haben und uns wieder mit warmen Essen pflegen können?

21. März. Montagabend waren wir noch 20 Kilometer vom Depot entfernt; gestern konnten wir eines wütenden Orkans wegen nicht weiter. Heute wieder eine verlorene Hoffnung – Wilson und Bowers wollen zum Depot gehen, um Brennstoff zu holen.

22. und 23. März. Der Orkan wütet fort – Wilson und Bowers konnten sich nicht hinauswagen – morgen ist die letzte Möglichkeit – kein Brennstoff mehr und nur noch auf 1, höchstens zwei Tage Nahrung – das Ende ist da. Wir haben beschlossen, eines natürlichen Todes zu sterben – wir wollen mit unsern Sachen oder auch ohne sie zum Depot und auf unserer Spur zusammenbrechen.

Freitag, 29. März. Seit dem 21. hat es unaufhörlich aus Südwest gestürmt. Jeden Tag waren

1 **Theodolit:** Instrument zur Erdvermessung
2 **Pemmikan:** Nahrungsmittel aus pulverisiertem Büffelfleisch, Fett und Beeren

wir bereit, nach unserm nur noch 20 Kilometer entfernten Depot zu marschieren, aber draußen vor der Zelttür ist die ganze Landschaft ein wirbelndes Schneegestöber. Wir können jetzt nicht mehr auf Besserung hoffen. Aber wir werden bis zum Ende aushalten; der Tod kann nicht mehr fern sein. Es ist ein Jammer, aber ich glaube nicht, dass ich noch weiter schreiben kann.

R. Scott

Um Gottes willen – sorgt für unsere Hinterbliebenen! –

1 In der Königlich-Geografischen Gesellschaft in London, die Scotts Expedition unterstützte, kommt es nach Scotts und seiner Begleiter Tod zu einer erregten Debatte um derart riskante Forschungsunternehmen. Sammelt Argumente und spielt die Debatte nach.

2 Kennt ihr andere risikoreiche Expeditionen oder Experimente im Dienste der Forschung? Sammelt Informationen, macht euch Stichpunkte und berichtet darüber vor der Klasse.

Reinhold Messner

Sturm am Manaslu

Reinhold Messner (geb. 1944) ist durch zahlreiche Bücher und Filme über seine Bergexpeditionen bekannt geworden. Er hat als erster Mensch alle über 8000 m hohen Berge der Erde ohne Atemgerät bestiegen, einmal sogar im Alleingang den Mount Everest. 1990 durchquerte er zusammen mit Arved Fuchs zu Fuß die Antarktis. Den 8156 m hohen, im Himalaya (Nepal) gelegenen Manaslu bestieg Messner 1972.

Das Expeditionsteam im Basislager

Solange es steil abwärts ging, konnte ich mich ausgezeichnet orientieren. Da war ein Felsturm, dort ein blau schimmernder Eishang, unten musste ich zwischen einigen Schneetürmen hindurch. Vom Aufstieg her hatte ich jede Einzelheit der Route im Kopf, sodass ich jetzt auch ohne Spur den Weg nicht verfehlte.
Den Windanzug hatte ich mit dem Eispickel zerfetzt, um nicht zu rutschen, wenn ich hinfiele. Bald steigerte sich der Schneesturm zum Orkan, es war unmöglich, mit Brille zu gehen. Mund und Augen vereisten, die Lage schien hoffnungslos.
Das Plateau war jetzt flacher, der Sturm drohte mich auf den Boden zu werfen, die Augen brannten. Ich ging immer noch geradeaus, aber die Schneefläche nahm kein Ende. Wo war das Zelt? Ich ging, aufwärts, abwärts, quer zum Hang; ich ließ mich vom Wind treiben, kam an eine spiegelnde Eisfläche, die in den Morgenstunden noch nicht da war.
Überhaupt war jetzt alles verändert, die Schneeverwehungen, die Rücken, nirgends eine rettende Felsinsel. Ich ging gegen den Sturm, rücklings, gebückt, zum Umfallen müde. Teilweise lag der Schnee bereits knietief. Wenn der Sturm von der Seite kam, warf er mich um.
Ich kroch. Ich kroch über das Plateau, nein, kein Plateau, eher ein Kessel. Aus dem Nebel jagten spitze Eiskristalle und Schneestaub daher. Zuweilen trafen sie mein Gesicht und bohrten sich in meine Augen, sodass ich nichts mehr sehen konnte. Ich kroch und fühlte die Schwere des

Körpers, die mich zu Boden drückte. Erst dachte ich, es sei der Sturm, der mich nicht hochkommen ließ. Aber es war die Müdigkeit, es waren die Beine, die so schwer geworden waren.

Ich fühlte den müden Körper und schleppte ihn weiter, wie nach schwerer Krankheit. Ich meinte, bei diesem Sturm nie mehr auf die Beine kommen zu können. Aber es konnte nicht mehr weit sein. Die Hauptsache war jetzt, nicht aufzugeben, ich musste das Zelt finden. Ich atmete tief durch, erholte mich in den Rastpausen relativ schnell. Plötzlich stand ich wieder. Die Beine hoben sich, der Oberkörper blieb immer noch gebückt.

Ich ging mit dem Rücken gegen den Wind. Ohne zu zögern, ohne zu denken. Ich mühte mich vorwärts, geradeaus, nach links, nach rechts, schwankte, tappte mit den Füßen ins Leere, fand wieder festen Boden, stand, verschnaufte ... Ich stöhnte auf, begann in die andere Richtung zu gehen. Das Plateau nahm und nahm kein Ende. Kein Zelt war zu erspähen.

Erst als ich öfter an dieselbe glatt gefegte Eisfläche kam, wusste ich, dass ich im Kreis ging. Meine Verzweiflung wuchs. Ich wusste nicht, wo ich war, vermutete mich immer noch in nächster Umgebung des Zeltes, in einem Umkreis von höchstens 500 Metern Durchmesser. Und trotzdem fand ich es nicht. Ich ging seit Stunden, wusste aber nicht, wohin.

Die ganze Zeit über jagte der Orkan Eiskörner vor sich her, warf sie mir ins Gesicht, die Haut brannte. „Weitergehen!", hämmerte es in meinem Kopf. So aussichtslos war es mir im Leben noch nie erschienen. [...]

Damals dachte ich, ich würde sterben. Ich saß im Schnee, den der Sturm unter mir wegriss. Ich war so müde, dass ich aufgehört hatte zu gehen, das Zelt zu suchen. An Wangen und Nase klebten Schnee und Blut. Den Bart, an dem zentimeterlange Eiszapfen hingen, hatte ich mir teilweise ausgerissen, um noch atmen zu können.

Ab und zu glaubte ich, ich würde vor Durst ersticken. Ich öffnete die zerrissenen Lippen und träumte von einem Schluck heißem Tee. Dann sah ich gedankenverloren auf die winzige Schneefläche, die im Schneesturm noch zu sehen war. Die Nacht kam, man merkte es an dem dicken grauen Nebel, der mit Schnee gemischt war. Wie ein Käfig stand er um mich.

Als der Sturm ein wenig nachließ, wälzte ich mich zur Seite, stemmte eine Faust in den Schnee und stand auf. Ich ging wieder – heute noch weiß ich nicht, wo und wohin.

Bis zu zehn Eislawinen in der Stunde fegten oft über den Hängegletscher des Manaslu.

Bei der nächsten Rast fasste ich einen klaren Gedanken, dem ich mein Leben verdanke. Wieder saß ich am Rand einer Windgangel[1], Blut tropfte aus dem Bart in den Schnee. Da kam mir die Idee, gegen den Sturm zu gehen, immer gegen den Sturm. Nur so konnte ich aus diesem Käfig entkommen, in dem ich mich im Kreis bewegte.

Der Wind kommt von Süden, dachte ich. Wetterstürze kamen am Manaslu immer von Süden. Das war mir während der Expedition aufgefallen. Wenn ich also gegen den Wind ging, überlegte ich, musste ich in die Südwand hinunterkommen.

Natürlich wusste ich, dass ich bei diesem Schneesturm niemals durch die Südwand hätte absteigen können. Das wollte ich auch nicht. Unser Zelt stand am Plateau, wenig oberhalb des Ausstiegs aus der Südwand. Senkrecht zur angenommenen Windrichtung, links und rechts vom Zelt, waren Felsen, die einzigen auf weiter Fläche. Daran erinnerte ich mich. Wenn ich die

1 **Gangel:** Schneise

fand, dachte ich, musste das Zelt dazwischen liegen.
Mochte der Sturm noch so wüten, ich würde nicht aufgeben, bevor es Nacht war. Wirklich, nun tappte ich rückwärts, tastete die Fläche ab, blieb wieder im Schnee stecken. Lange bewegte ich mich mit dem Rücken gegen den Sturm, gebückt, nach Luft ringend.
Plötzlich kam ich zum Südwandabbruch, wandte mich zurück zum Grat, fand die Felsen, ging die Strecke dazwischen zweimal, dreimal – beim vierten Mal sah ich das Zelt.

1 Messner nennt die Besteigung des Manaslu eine „klassische Expedition“ und eine „Tragödie“. Das Bild auf S. 233 zeigt acht Bergsteiger, von denen zwei umkommen werden. Erzählt in eigenen Worten, was sich ereignet haben könnte.

2 Vergleicht die Tagebucheintragungen von Scott (S. 232/233), die sich auf seine körperliche Verfassung beziehen, mit den entsprechenden Bemerkungen in Messners Bericht. Welche Unterschiede könnt ihr feststellen?

3 Die Tagesangaben von Scotts Tagebuch geben genau an, welche Ereignisse wann eingetreten sind. In einer Reportage wird oft die **„Zeitleiste“,** das heißt die wiederholte Angabe der Uhrzeiten, als ein Mittel der Spannungssteigerung eingesetzt. Versucht durch das Einfügen einer Zeitleiste Messners Expeditionsbericht zu gliedern und zugleich spannend nachzuerzählen.

Wir verfassen eine Bildreportage

Auch wenn du selbst noch keine Reisen in ferne Länder unternommen hast, ist es doch möglich, aus vorhandenen Materialien eine Bildreportage über eine erfundene Expedition zusammenzustellen. Du kannst dabei folgendermaßen vorgehen:

1 Du beschaffst dir möglichst viele Informationen aus unterschiedlichen Quellen (Bücher, Fernsehreportagen, Illustrierte, Zeitschriften, Magazine ...). Diese ordnest du nach eigenen Gesichtspunkten, z. B.:

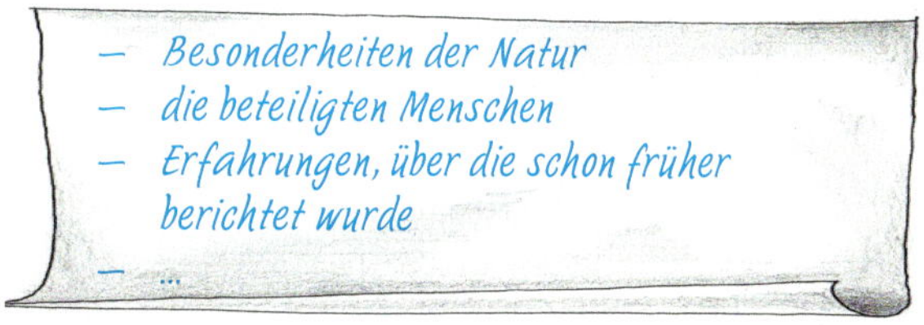

2 Dann suchst du entsprechende Bilder, die dem Bericht Wahrheitswert verschaffen können.

3 Zuletzt „montierst“ du Bilder, Bildunterschriften und Beschreibung und erfindest Gespräche mit Menschen, die du auf deiner Expedition „getroffen“ hast.

Deine erfundene **Bildreportage** ist, wenn du so verfährst, am Ende von einer „echten“ kaum noch zu unterscheiden:
- Sie ist von einem verfasst, der „dabei gewesen“ ist;
- sie vermittelt wichtige Informationen;
- sie ist spannend zu lesen;
- sie erleichtert es dem Leser, sich ein Urteil über ihm Fremdes zu bilden.

13.3 Bildreportagen: Fremdes anschaulich dokumentieren

Mit der Ferne locken: Reiseangebote

Jeder Mensch, der von Entdeckungen und fernen Ländern liest und sich dafür begeistert, wie andere mit fremden und neuen Erfahrungen umgehen, möchte selbst einmal Ähnliches erleben. Reiseunternehmen bieten deshalb Entdeckungs- und Erlebnisreisen an. Auch Touristinnen und Touristen können Entbehrungen auf sich nehmen, Beobachtungen machen, Abenteuer erleben und davon erzählen.

Erlebnisreisen für Jugendliche

Floß-Erlebnisfreizeit in Schweden
Was wir vorhaben, klingt ungewöhnlich: Wir bauen uns aus Seilen und Baumstämmen unser eigenes Floß (jeweils für 5 Personen) und fahren damit 6 Tage auf dem Fluss Klarräven, nördlich des Vänern-Sees.
Auf dem Floß erleben wir ruhige und bisweilen auch spannende Tage und haben Zeit, die Natur zu genießen, zu baden und zu angeln. Wir verpflegen uns selbst und zum Übernachten werden wir uns die schönsten Stellen am Ufer des Flusses suchen und in Zelten übernachten. Am Abend beim Lagerfeuer werden wir den Tag ausklingen lassen.

* * *

Zu Gast im Wildnisdorf „Solberget“ erleben wir die Natur in ihrer ursprünglichen Form: ohne Strom und fließendes Wasser werden wir steinzeitlich kochen, den Umgang mit Rentieren lernen und verlassene Höfe besuchen. Wir schlafen auf Reisig und Rentierfellen in Behausungen alter Naturvölker (Langhaus) und schwitzen in der mit Holz beheizten Blockhaussauna. Mehrtägige Exkursionen zum „Muddus Nationalpark“ mit seinen ruhigen Wäldern, Schluchten, Sümpfen und Bergen sowie ein einzigartiges Kanuerlebnis auf einem unberührten Waldfluss mit Angelmöglichkeiten werden zum besonderen Erlebnis, wie es nur hier möglich ist.

1 a) Schneide aus Reiseprospekten Fotos aus, die zu einem dieser Angebote passen, und klebe sie zu einer „Serie“ zusammen.
b) Erfinde selbst einen „Reisebericht“ zu einer Reise, so als ob du diese mitgemacht hättest.

2 Lege dabei in der Überschrift fest, ob du einen eher kritischen, einen spannenden oder einen sachlichen Bericht schreiben willst.

Sprechende Bilder aus aller Welt: Fernsehreportagen

Auch im Fernsehen werden häufig Berichte über fremde Länder gesendet. Sie stammen von Journalistinnen und Journalisten oder Schriftstellern, die eigens reisen, um darüber berichten zu können. Oft enthalten solche Reisereportagen auch Hintergrundinformationen, zum Beispiel Rückblicke in geschichtliche Entwicklungen.
Die folgenden Anzeigen aus einer Fernsehzeitschrift weisen auf solche Berichte hin. Der Informationsleiste am Rande könnt ihr entnehmen, dass jeden Tag derartige Angebote als Serien im Nachmittags- und Abendprogramm laufen.

MI 7. FEBRUAR

REPORTS & MAGAZINE

14.45 B 3 **Früchte der Erde**
ÖKO-REPORT Weizen – Das tägliche Djapati – Der extensive Anbau von Weizen in Indien zerstört den ökologischen Ackerbau.
bis 15.00 9-337-939

16.30 3 SAT **Die sieben Weltwunder des Altertums**
ARCHÄOLOGIE-DOKU Start der Reihe – 1. Die Pyramiden von Gizeh
bis 17.00 8-608-026

18.40 VOX **Die Erdmännchenbande**
TIER-DOKU Das Leben der Schleichkatzen im Okavango-Delta von Namibia/Botswana
bis 19.15 5-336-945

20.15 ZDF **Im Labyrinth des Amazonas** Aus der Reihe „Naturzeit"

NATUR-DOKU Im Norden Brasiliens leben die Nachfahren von Indios und Portugiesen, Caboclos genannt, im Regenwald des Amazonas. Die Tiere, von denen sie sich früher ernährten, sind heute geschützt. Nick Gordon lebte mehrere Monate bei den Caboclos, beobachtete Seekühe und Jaguare.
45 Min./bis 21.00 Uhr

Wie die Vorfahren: Caboclos-Jungen fischen mit Pfeil und Bogen

DI 6. FEBRUAR

REPORTS & MAGAZINE

18.40 VOX **Pinguine**
TIER-DOKU Beobachtungen auf und vor den Falklandinseln
bis 19.15 5-369-273

19.45 WDR **ALTERnativen**
RATGEBER-MAGAZIN Christine Lemmen gibt u.a. Tipps zum Thema „Testament".
bis 20.15 939-490

21.45 WDR **Am Grab des roten Falken**
KULTUR-FEATURE Impressionen aus der pakistanischen Pilgerstadt Sehwan Sharif
bis 22.30 131-631

21.45 ARTE **Slow-Motion – Die Langsamkeit entdecken**

22.10 RTL 2 **Abenteuer Eishölle**
Eine deutsche Himalaja-Expedition – Aus der Reihe „exklusiv – Die Reportage"

EXPEDITIONS-REPORT In unmittelbarer Nachbarschaft zum Mount Everest liegt der zweithöchste unbestiegene Berg der Welt: der Nuptse East I. Nachdem bereits acht Expeditionen gescheitert waren, musste jetzt auch das Team des deutschen Alpenvereins 700 Meter unterhalb des Gipfels aufgeben.
45 Min./bis 22.55 Uhr

Mit Sack und Pack zum 7804 Meter hohen Gipfel des Nuptse

FR 9. FEBRUAR

REPORTS & MAGAZINE

10.30 3 SAT **Jörg Zink im Gespräch mit Meinold Krauss**
PORTRÄT Fernsehpfarrer Zink über sein Leben
bis 11.30 6-738-199

11.30 3 SAT **Skifliegen in New York**
WERBE-REPORT PR-Aktion für die Skiflug-WM vor dem World Trade Center
bis 12.00 5-831-267

13.00 N 3 **Alpen-Zauber**
NATUR-DOKU Spuren auf alten Wegen
bis 13.45 707-644

13.45 N 3 **Europas Handelsstädte**
STADTPORTRÄT Krakau
bis 14.00 6-192-064

19.00 ARTE **Mekong**
Eine Bootsfahrt über die „Mutter aller Wasser" in Laos – Beobachtungen am Fluss

LANDSCHAFTS-DOKU Lange war die Mekong-Region für Ausländer ein unbekanntes Territorium. Vier Autoren des Südwestfunks bewegten sich über ein Jahr von der Quelle bis zur Mündung in dem Gebiet zwischen Thailand und Laos. Sie porträtierten Menschen und Dörfer am Ufer.
45 Min./bis 19.45 Uhr

Am Ufer des Mekong in Laos ist das Leben noch beschaulich

SO 11. FEBRUAR

REPORTS & MAGAZINE

14.20 PRO 7 **Cousteau – Abenteuer Ozean**
NATUR-DOKU Land der lebenden Totems
bis 15.20 1-751-614

15.25 ARD **Sindbads Träume**
WELTREISEN Auf der Straße des Weihrauchs durch den Oman
bis 15.55 8-196-430

18.25 VOX **Voxtours**
REISEMAGAZIN Heute: Der Süden Chinas
bis 19.15 3-122-966

19.30 ZDF **Ghanas Goldene Legende**
(siehe rechts)
bis 20.15 14-430

20.15 3 SAT **In 80 Tagen um die Welt**
REISEBERICHT Im Fernen Osten und hinter der Zeit

19.30 ZDF **Ghanas Goldene Legende** Könige in Afrika – Von Helga Lippert und Ruth Omphalius

VÖLKERKUNDE Von dem einst mächtigen Aschanti-Reich in Westafrika ist nur noch ein Teil in Ghana übrig geblieben. Doch der Glanz alter Tage erlebte mit dem silbernen Thronjubiläum von Asantehene Otumfuo Opoku Ware II. eine Renaissance – Ghanas goldene Tradition blüht wieder auf.
45 Min./bis 20.15 Uhr

Der „Oberste spirituelle König aller Ewe": Chepas Bansah (M.)

1 Die Sendungen werden jeweils unter verschiedenen Stichwörtern (Natur-Doku, Expeditions-Report usw.) angekündigt. Welche weiteren Begriffe findet ihr in Fernsehzeitschriften? Versucht diese Begriffe zu klären.

2 Schreibt auf, was ihr von einer Fernsehsendung mit dem Titel „Abenteuer Eishölle" oder „Ghanas Goldene Legende" erwartet.

3 Schaut euch eine Reportagesendung über ein fremdes Land an. Verfasst dazu einen ausführlichen Informationstext für eine Fernsehzeitschrift und illustriert ihn mit eigenen Bildern.

„Könige in Afrika": Das Buch zur Fernseh-Dokumentation

Manchmal werden zu erfolgreichen Fernsehreportagen Bildbände angeboten. Diese enthalten neben den Berichten „Standbilder", besonders beeindruckende Fotos aus dem Film, dazu erklärende Bildunterschriften.
Auch zu der ZDF-Serie „Könige in Afrika" ist ein Bildband erschienen. Die folgenden Bilder und Textauszüge stammen aus dem Kapitel „Ghanas Goldene Legende":
Am 13. August 1995 feierte die „Goldene Stadt" Kumasi ein Jahrhundertfest. Der *Asantehene,* der „König des Asante-Reiches", beging sein 25. Thronjubiläum mit einem großen zeremoniellen Empfang im Stadion.

Helga Lippert/
Ruth Omphalius

Der Große Elefant und der Goldene Stuhl

Otumfuo Opoku Ware II. regiert seit 25 Jahren als Asantehene, als oberster Herrscher über die Aschanti. Zu seinem silbernen Thronjubiläum zeigt sich der König in besonders üppigem Goldschmuck.

Schwitzend schleppen Diener die eingerollte Haut eines Elefanten dicht vor der Sänfte her. Der graue Dickhäuter ist für die Aschanti der König der Tiere. Den Asantehene nennen seine Untertanen ehrfurchtsvoll „Großer Elefant", was so viel heißt wie „König der Könige". Keinem Sterblichen ist es jemals gestattet, seinen wirklichen Namen auszusprechen, selbst in seiner Abwesenheit nicht.
Später wird man die Elefantenhaut, die nur Otumfuo betreten darf, unter dem Thron des Herrschers ausbreiten. Sie soll ihn davor bewahren, unreine Erde zu berühren, denn dadurch verliert ein König seine Würde und wird sofort entthront – so lehrt es die Tradition. Im Alltag genügen goldene Sandalen, um die Gefahr abzuwenden, der magische Teppich kommt nur bei offiziellen Anlässen zum Einsatz.
Als weitere Insignien[1] königlicher Macht werden *Uponponsuo* und *Busumru,* die beiden Staatsschwerter mit den vergoldeten Knäufen, präsentiert. Und dann folgt das bedeutendste Heiligtum der Aschanti: *Sika Agua Kofi,* der „Goldene Stuhl des Freitags". Fast alle schwarzafrikanischen Kulturen haben im Lauf der Jahrhunderte kunstvoll gestaltete Schemel mit kultischer oder politischer Bedeutung hervorgebracht – vergleichbar der Symbolik europäischer Herrscherthrone. Auch bei den Akan-Völkern und besonders bei den Aschanti steht die Verehrung von Stühlen im Mittelpunkt ihres Kults. Selbst der Hocker eines Bauern galt nicht nur als persönliches Eigentum des Besitzers, vielmehr glaubte man, seine Seele sei darin verborgen. Wurde das Möbel nicht benutzt, kippte er es auf die Seite, sodass keine fremde Macht Zugriff darauf hatte und seine Seele gefährden konnte. Neben speziellen Männer- und Frauenstühlen gibt es Stühle für die Dorfältes-

1 **Insignien:** Abzeichen

Der „Goldene Stuhl des Freitags" ist das Nationalheiligtum der Aschanti. Ein Greis beugt sich unter dem Gewicht des geweihten Schemels, der nur alle fünf Jahre der Bevölkerung gezeigt wird.

ten, die Mitglieder des Hofes und natürlich die Könige. Die Doppelbedeutung des Wortes *Akonnwa*, „Stuhl", deckt sich ungefähr mit der katholisch-christlichen Vorstellung vom „Heiligen Stuhl" in Rom: als Sitzgelegenheit des Papstes und als Institution.

Der Goldene Stuhl von Kumasi ist unter allen verehrten Stühlen ein Sonderfall: Niemand hat je auf ihm gesessen, nicht einmal der Asantehene selbst.

Der Oberpriester Okomfo Anokye soll das Heiligtum bei der Gründung des Reiches der Hauptstadt Kumasi gestiftet haben. Um das Jahr 1700, so die Überlieferung, rief Anokye die Akan-Fürsten zusammen. Es ging darum, ihr Herrschaftsgebiet zu einen und gegen Feinde zu sichern. Dazu sollte ein von allen anerkannter Oberkönig eingesetzt werden. Der Priester kredenzte den Versammelten Palmwein, vermischt mit einem Zaubertrank, stiftete die Staatsschwerter und ließ die Männer einen Treueid auf seinen Freund Osei Tutu schwören.

Anokye und Osei Tutu etablierten zwar eine politische Ordnung im jungen Aschanti-Staat, doch die neue Allianz war noch brüchig. Die Nation brauchte ein eigenes, wirksames Symbol. Also versammelte der Priester an einem Freitag wieder alle Fürsten in Kumasi. Unter Blitz und Donner zauberte er einen schweren, dick mit Gold beschlagenen Holzstuhl vom Himmel, der direkt auf den Knien von Osei Tutu landete. Jetzt mussten die Män-

Auf den Spitzen der königlichen Stäbe stecken goldene Menschen- und Tierfiguren. Der Frosch symbolisiert Fruchtbarkeit. Und ein Huhn mit vier Küken verweist auf ein beliebtes Sprichwort der Aschanti: „Eine Henne mag auf ihre Küken treten, aber sie wird sie nie töten." Es ermahnt den König, sein Volk nicht durch sinnlose Härte zu quälen, und die Untertanen, ihrem Herrscher zu vertrauen.

ner Haare und Fingernägel opfern. Sie wurden gemahlen und mit Wasser vermischt. Diese dicke Paste strich der Priester als Zaubermedizin, *Ju-Ju,* über den „Goldenen Stuhl des Freitags". Den Rest verdünnte er noch einmal und gab ihn den Fürsten zu trinken. So hatte jeder etwas vom Körper der anderen aufgenommen und gleichzeitig einen Teil seiner Macht auf den heiligen Hocker übertragen. Die Fürsten erkannten Osei Tutu endgültig als ihren obersten Herrscher an und sahen fortan im Goldenen Stuhl das Zeichen für Einigkeit und Fortbestand des Reiches.

Ob großer Zauberer oder genialer Schwindler – Anokye erwies sich als erfolgreicher Politiker. Durch die Einigung aller Aschanti gelang es ihm, den König von Denkyra im Norden zu besiegen, dem die Unterkönige Asantes bislang als tributpflichtige Vasallen jährlich eine Wanne voller Goldstaub [...] liefern mussten. Da im Goldenen Stuhl nach dem Glauben der Menschen die Seelen früherer Herrscher präsent sind, verleiht er dem Asantehene die Kräfte seiner mächtigen Ahnen.

Bis heute verkörpert der Hocker für alle Aschanti die „Nationalseele". Sorgsam hüten sie ihr kostbares Nationalheiligtum in einem eigenen Haus innerhalb der Palastanlage, und höchstens alle fünf Jahre zeigen sie es der Öffentlichkeit.

1 a) Beschreibt, was ihr auf den Bildern seht, und überlegt, warum sie wohl ausgewählt wurden.
b) Welche Rolle spielen die ihnen zugeordneten Texte?

2 Bildet zwei Schreibgruppen und entscheidet euch für eine der folgenden Schreibaufgaben:
a) Schreibt einen Zeitungsbericht über das Thronjubiläum des „goldenen Königs".
b) Schreibt eine „Geschichte des Goldenen Stuhls". Bezieht dabei das ein, was ihr über die Bedeutung von Stühlen, Sesseln, Königssesseln (Thron) in Europa in Erfahrung bringen könnt.
c) Überarbeitet eure Texte anhand der Checkliste auf S. 284.

„Kinder des Mondes": Bildreportage über Urwald-Indianer

Indianer des Amazonas-Gebiets sind die letzten unbekannten Eingeborenenstämme, zu denen unsere Zivilisation noch nicht vorgedrungen ist. Es ist nicht das Ziel der Reporter, die über diese Stämme berichten, sie für ein Leben nach unserer Art zu gewinnen, sie zu „kolonialisieren", mit ihnen Handel zu treiben oder ihr Gebiet zu erobern. Sie wollen vielmehr ihre uns fremden Lebensweisen dadurch schützen, dass sie um Verständnis für ihre Lebensformen werben.

Die folgenden Auszüge aus einer Bildreportage stammen aus der Zeitschrift GEO, die für den Schutz der Natur und der verschiedenen Kulturen eintritt.

Der sich wie endlos erstreckende tropische Regenwald im Süden Venezuelas ist der Lebensraum der Yanomami. In kleinen Gruppen ziehen sie als nomadisierende Jäger und Sammler durch den düsteren Wald, um ab und zu ein Dorf zu gründen und als zeitweilig Sesshafte auf kleinen Rodungen etwas Ackerbau zu betreiben. Wie viele dieser Menschen existieren, weiß niemand mit Sicherheit. Vor Urzeiten hatten die Yanomami – so eine ihrer Mythen[1] – als Blut nur ein Gemisch aus Wasser und Pflanzenfarben. Daher hatten sie keine Kraft und starben wie Insekten. Eine Gruppe von Schamanen[2] beschloss, den Mond zu berauben, denn sie glaubten, er sei vollgesogen mit Blut. Der Stärkste legte sich auf den Boden und hielt den Bogen mit den Zehen seines Fußes. Der Pfeil traf den Mond, und er begann zu bluten. Die Tropfen fielen auf die Köpfe der Yanomami herab, drangen in ihre Körper und machten sie stark – zu Kindern des Mondes.

Anthropologen[3] gelten die Yanomami als eine der am wenigsten entwickelten Menschengruppen, und sie hoffen, bei ihnen etwas über den Ursprung menschlicher Kultur herauszufinden. Die gebürtige Schweizerin Barabara Brändli hat vier Jahre unter den Yanomami gelebt, sie bei ihren Alltags- und Festtagsverrichtungen fotografiert und die Zeichnungen dieses Volkes gesammelt, das keine Schrift entwickelt hat.

Die Yanomami besitzen einen vergleichsweise geringen Wortschatz, doch ihre Sprache wird ergänzt durch ausdrucksvolle Gesten. Die Sprache der Gesten ist oft sogar so dominant[4], dass sie das gesprochene Wort ersetzt – besonders, wenn es darum geht, ein Jagderlebnis zu schildern oder das Verhalten von Tieren nachzuahmen. Diese Art der Kommunikation lässt sich aus den Notwendigkeiten einer Jägerkultur erklären: Im Wald müssen die Jäger sich so verständigen, ohne das Wild

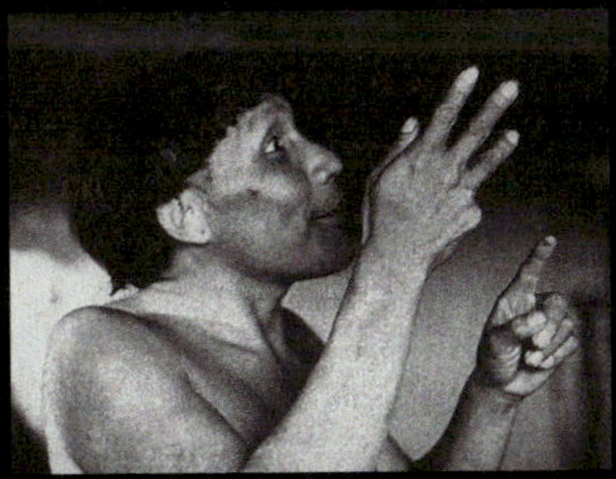

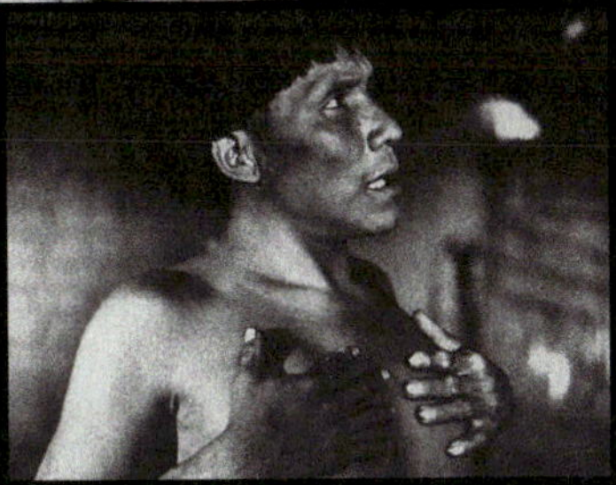

durch Laute zu verscheuchen. Natürlich pflegen auch die Frauen eine lebendige Gestensprache: Das Mädchen Urasini beispielsweise hat auf ihre in die Mundwinkel gebohrten Zierstäbchen die Blüten wilder Lilien gesteckt, um den Ausdruck ihres Gesichtes zu steigern.

Die Väter können es kaum erwarten, ihren Söhnen Bögen und Pfeile anzumessen, die freilich noch nicht vergiftet sind. Kaum auf den eigenen Beinen stehend, werden die Kleinen in der Jagd auf Insekten und kleine Echsen geschult.

Durch den alltäglichen engen Kontakt mit der Natur vermag ein Yanomami-Kind schon im Alter von acht Jahren Art und Nutzen Hunderter verschiedener Pflanzen und Tiere zu unterscheiden.

Der Knabe Walalam zum Beispiel – sein Körper ist mit magischen Zeichen bemalt, die als Vorstufe einer Schriftkultur gelten – hat im Wald für seinen

1 **Mythos:** überlieferte Erzählung zur Erklärung der Welt
2 **Schamane:** Zauberpriester
3 **Anthropologe:** Menschenkundler
4 **dominant:** vorherrschend, beherrschend

Vater einen riesigen Käfer gefangen, der in der Mythologie der Yanomami große Bedeutung hat. Ständig ermuntern die Eltern ihre Knaben zur Aggression, ohne die sie ihre kriegerische Kultur nicht denken können. Als Mann, als Kämpfer, gilt jedoch erst ein Zwanzigjähriger.

Die Yanomami-Frauen bringen viele Stunden des Tages damit zu, sich gegenseitig mit einer Fülle von Ornamenten zu bemalen. Meist wird dazu Onoto, eine rote Pflanzenfarbe, verwendet. Die langen, teilweise gewellten Linien, die über den ganzen Körper laufen, symbolisieren die mythologische große Wasserschlange.

Während des großen Friedensfestes setzen sich die Männer paarweise auf den Boden, umarmen einander, singen sich dann gegenseitig die neuesten Begebenheiten und Nachrichten vor und vergewissern sich so der neuen Verbundenheit mit einem ehemaligen Feind. Die Schamanen nutzen die Anwesenheit der zahlreichen Festgäste, um ihre Heilkünste zu demonstrieren. Krankheiten haben für die Yanomami immer eine magische Ursache. Geistwesen, Hekuras, können Krankheiten übertragen, wenn ein feindlich gesinnter Schamane sie seinem Opfer zubläst. Oder: Ein Mensch erkrankt ernsthaft, wenn sich seine zweite Seele, die Schattenseele Nonesch, ohne die er nicht leben kann, von ihm entfernt. Um Heilkraft zu erlangen, verbindet sich der Schamane durch lange Konzentration und Zeremonien mit übernatürlichen Kräften, Energien und Hilfsgeistern. Sein wichtigstes Instrument sind seine Hände. Er be„hand"elt seine Patienten also im ursprünglichen Sinne des Wortes.

1 In dem Auszug aus der Reportage, wie er hier abgedruckt ist, fehlen die Überschriften. Sie lauten im Original:

Für die Interpretation der Welt haben sie nicht nur die Sprache
Früh übt sich, wer ein Meister der Wildnis werden muss
Die Zweisamkeit ist die Urzelle sozialer Kultur

Ordnet die Überschriften den Abschnitten der Reportage zu und überlegt, ob sie passen.

2 a) Sucht andere interessante Überschriften für die einzelnen Teile der Reportage.
b) Erzählt anhand eurer eigenen Überschriften neu, was ihr über die „Kinder des Mondes" wisst.

3 Stellt euch vor, ihr zieht drei Monate lang mit den Indianern durch den Dschungel und nehmt dabei an ihrem Leben teil. Verarbeitet alles, was ihr aus Zeitschriften, Sachbüchern oder Fernsehsendungen über die Indianer des Amazonas-Gebiets in Erfahrung bringen könnt, in einer Reisereportage.

14 Kindheit und Jugend im 18. Jahrhundert

Habe Mut, dich deines eigenen Verstandes zu bedienen!
(Immanuel Kant)

In den folgenden Textbeispielen werft ihr einen Blick in eine euch ferne Vergangenheit, in der zwischen Eltern und Kindern, zwischen Jungen und Mädchen, zwischen Lehrern und Schülern andere Verhältnisse herrschten als heute. Manche Einzelheit erweckt jedoch vielleicht auch bei euch Erinnerungen an eigene Erfahrungen. Das kommt daher, dass viele der Grundsätze, die noch in unserer heutigen Gesellschaft gültig sind, in der **Zeit der Aufklärung und der Empfindsamkeit** ihren Ursprung haben. Der Begriff „Aufklärung" betont die Fähigkeit der Menschen, ihren Verstand zu benutzen, der Begriff „Empfindsamkeit" hingegen die Fähigkeit, Gefühle und Empfindungen zu haben (und darüber zu sprechen oder zu schreiben). Nach Auffassung der Aufklärung wird der Mensch aber erst durch Erziehung zu einem „vernünftigen" und „gefühlsfähigen" Wesen.

14.1 Die Familie erzieht ihre Kinder

Familienbilder damals und heute

Familienstube um 1700

Die Familie des 18. Jahrhunderts war noch nicht die heutige „Kleinfamilie" (aus Eltern und Kindern). Sie umfasste auch Großeltern, unverheiratete Geschwister der Eltern, Dienstboten. In der Familie waren die Rollen der Mitglieder stärker festgelegt als heute. Berufstätigkeit außerhalb von Haus und Hof gab es nur für den Vater. Die Kindererziehung galt als eine der wichtigsten Aufgaben der Familie, aber persönliche Ansprüche einzelner Kinder, z. B. ein eigenes Zimmer, waren undenkbar.

Daniel Chodowiecki:
Die kleinen Erwachsenen (1774)

1 a) Beschreibt möglichst genau, was ihr auf den Bildern „Familienstube um 1700" (S. 243) und „Die kleinen Erwachsenen" seht.
b) Fasst eure Ergebnisse in einer Tabelle zusammen:

	Kleidung	Tätigkeit	Besonderheit
Frauen	...		
Männer			
Knaben			
Mädchen			

2 Welche Unterschiede zu einer heutigen Familie fallen euch auf?
a) Legt auch eine Tabelle zur „Familie heute" an und versucht möglichst viel „Typisches" zu finden.
b) Illustriert eure Übersicht mit Bildern, die ihr aus Werbebroschüren oder Fernsehzeitschriften ausschneidet.

Kindheitserinnerungen

Im Zeitalter der Aufklärung wird dem einzelnen Menschen erhöhte Beachtung geschenkt. Es entstehen zahlreiche Lebensbeschreibungen **(Autobiografien)** von Menschen unterschiedlicher gesellschaftlicher Herkunft. Einige berichten über die schwere Kindheit von Frauen und Männern, die später als Ärzte, Professoren oder Dichter berühmt wurden.

Anna Louisa Karsch

Kinderwärtin

Anna Louisa Karsch (1722–1791) war Tochter eines Bauern und Gastwirts. Mit sechs Jahren holte ein Großonkel sie in sein Haus und kümmerte sich um ihre Erziehung. Sie lernte rasch lesen. In langen Gesprächen erklärte der Onkel ihr alles, was sie nicht verstanden hatte. Nun wollte sie auch schreiben lernen:

Meine Großmutter widersetzte sich und wandte alle Beredsamkeit an, um diesen Vorsatz zu zernichten. Es misslang ihr; ich suchte aus irgendeinem Winkel ein Brett hervor und brachte es meinem gütigen Oheim[1].

1 **Oheim:** Onkel

Er zeichnete mir Buchstaben darauf, ich malte sie ihm nach. Sehr bald ergriff ich die Feder, und als einstmals meine Eltern uns besuchten, stürzte ich ihnen mit einem Papier in der Hand entgegen und rief voller Empfindung: „Vater, ich kann schreiben!“ Dieser gute Vater küsste mich, und ich sah ihn nicht mehr, er starb wenige Monate nach diesem Besuche.

Meine Mutter blieb nicht lange Witwe. Sie gab ihr Herz einem andern Manne und kam in seiner Gesellschaft, uns zu besuchen. „Herr Vetter“, sagte sie, „ich komme meine Tochter abzuholen! Ich brauche sie künftig zur Wiege, und ich fürchte, sie wird verrückt im Kopfe werden, wenn sie fortfährt, Tag und Nacht über den Büchern zu liegen. Sie kann lesen und schreiben, dies ist alles, was ein Mädchen wissen muss!“ – „Ja“, sagte mein Oheim, „es ist wahr, aber wollte sie nicht, dass ich sie so viel Latein lehrte, als ich selbst weiß? Sie bezeigt große Lust und weiß schon eine Menge Vokabeln auswendig!“ – „Das kann sein“, sagte meine Mutter, „aber sie wird nicht studieren, und ich danke Ihnen für den guten Willen.“ Alle Vorstellungen waren umsonst. Mein Oheim segnete mich, und ich reiste mit seiner Träne auf den Wangen fort. Meine Mutter gab ihrem zweiten Manne einen Sohn, und ich bekam das Amt einer Kinderwärtin.

Anna Louisa musste mit 10 Jahren ihren kleinen Bruder hüten und das Vieh auf die Weide treiben. Lesen und schreiben konnte sie jetzt nur noch heimlich. Mit 16 Jahren wurde sie zum ersten Mal verheiratet. Nach zwei unglücklichen Ehen lebte sie in großer Armut. Um zum Lebensunterhalt ihrer Familie beizutragen, schrieb sie Gedichte zu allen möglichen Gelegenheiten, z. B. zu Hochzeiten, Geburten und Kindtaufen. In vielen Briefen berichtet sie später anschaulich und sehr offen über ihr hartes Leben. Berühmt wurde sie vor allem durch Lobgedichte auf den Preußenkönig Friedrich II.

1 Nachdem die Mutter ihre Tochter abgeholt hat, sprechen beide unter vier Augen miteinander. Schreibe einen Dialog.

2 a) Verfasse einen Brief, in dem Anna Louisa ihrem Onkel von ihrem Leben als „Kinderwärtin“ und „Viehmagd“ erzählt. Sie macht auch Zukunftspläne.
b) Tauscht eure Briefe aus und gebt euch Ratschläge zur Überarbeitung von Formulierungen, Rechtschreibung und Zeichensetzung.

Karl Philipp Moritz

Anton Reisers frühe Kindheit

Karl Philipp Moritz (1756–1793) wurde in Hameln als Sohn eines Musikers geboren. Seine Jugend war nicht glücklich, denn Armut und Uneinigkeit über die richtige Frömmigkeit prägten das Elternhaus. Seine Lebensbeschreibung entwarf er als Roman („Anton Reiser“). Moritz kämpfte darum, dass er das Gymnasium besuchen durfte, was damals einiges Geld kostete. Es gelang ihm, einen „Freitisch“, d. h. kostenlose Verpflegung während der Schulzeit, zu erhalten. Dann wollte er Schauspieler werden, wurde aber Lehrer, schließlich Professor für Altertumskunde an der Universität Berlin.

Unter diesen Umständen wurde Anton geboren, und von ihm kann man mit Wahrheit sagen, dass er von der Wiege an unterdrückt ward.
Die ersten Töne, die sein Ohr vernahm und sein aufdämmernder Verstand begriff, waren wechselseitige Flüche und Verwünschungen des unauflöslich geknüpften Ehebandes.
Ob er gleich Vater und Mutter hatte, so war er doch in seiner frühesten Jugend schon von Va-

ter und Mutter verlassen, denn er wusste nicht, an wen er sich anschließen, an wen er sich halten sollte, da sich beide hassten und ihm doch einer so nahe wie der andre war.
In seiner frühesten Jugend hat er nie die Liebkosungen zärtlicher Eltern geschmeckt, nie nach einer kleinen Mühe ihr belohnendes Lächeln.
Wenn er in das Haus seiner Eltern trat, so trat er in ein Haus der Unzufriedenheit, des Zorns, der Tränen und der Klagen.
Diese ersten Eindrücke sind nie in seinem Leben aus seiner Seele verwischt worden und haben sie oft zu einem Sammelplatz schwarzer Gedanken gemacht, die er durch keine Philosophie verdrängen konnte.
Da sein Vater im Siebenjährigen Kriege mit zu Felde war, zog seine Mutter zwei Jahre lang mit ihm auf ein kleines Dorf.
Hier hatte er ziemliche Freiheit und einige Entschädigung für die Leiden seiner Kindheit. [...]
Aber wie bald waren diese beiden glücklichen Jahre entflohen!
Es ward Friede, und Antons Mutter zog mit ihm in die Stadt zu ihrem Manne.
Die lange Trennung von ihm verursachte ein kurzes Blendwerk ehelicher Eintracht, aber bald folgte auf die betrügliche Windstille ein desto schrecklicherer Sturm.
Antons Herz zerfloss in Wehmut, wenn er einem von seinen Eltern Unrecht geben sollte, und doch schien es ihm sehr oft, als wenn sein Vater, den er bloß fürchtete, mehr Recht habe als seine Mutter, die er liebte.
So schwankte seine junge Seele beständig zwischen Hass und Liebe, zwischen Furcht und Zutrauen zu seinen Eltern hin und her.
Da er noch nicht acht Jahr alt war, gebar seine Mutter einen zweiten Sohn, auf den nun vollends die wenigen Überreste väterlicher und mütterlicher Liebe fielen, sodass er nun fast ganz vernachlässigt wurde und sich, sooft man von ihm sprach, mit einer Art von Geringschätzung und Verachtung nennen hörte, die ihm durch die Seele ging.
Woher mochte wohl dies sehnliche Verlangen nach einer liebreichen Behandlung bei ihm entstehen, da er doch derselben nie gewohnt gewesen war und also kaum einige Begriffe davon haben konnte?
Am Ende freilich ward dies Gefühl ziemlich bei ihm abgestumpft; es war ihm beinahe, als müsse es beständig gescholten sein, und ein freundlicher Blick, den er einmal erhielt, war ihm ganz etwas Sonderbares, das nicht recht zu seinen übrigen Vorstellungen passen wollte.

1 Erzähle in eigenen Worten nach, was über die frühe Kindheit Anton Reisers berichtet wird.
Achte besonders darauf, wie der Erzähler das Berichtete bewertet.
Entscheide, wo du eigene Bewertungen einfügen möchtest, z. B. deine Meinung über das Verhalten der Erwachsenen.

2 In der Lebensbeschreibung des „Anton Reiser“ findet ihr Ausdrücke, die uns heute veraltet und seltsam vorkommen: „sein aufdämmernder Verstand“, die „Liebkosungen zärtlicher Eltern“ usw.
a) Schreibt diese Wendungen heraus und „übersetzt“ sie in eine Redeweise, die ihr selbst benutzen würdet.
b) Sucht weitere Ausdrücke, die die Empfindungen und Gefühle des jungen Anton möglichst genau bezeichnen.

3 Besorgt euch in der Bücherei die Autobiografie einer anderen berühmten Person.
Sucht darin eine Beschreibung oder eine Anekdote aus der Jugend des Autors oder der Autorin.
Vergleicht sie mit der von Anna Louisa Karsch oder von Karl Philipp Moritz.

4 Angenommen, du solltest Material für deine eigene Autobiografie zusammenstellen:
Welche Ereignisse würdest du aussuchen?
Wie würdest du deinen bisherigen Weg als Schülerin oder Schüler beschreiben?

Strafen

Kinder zu schlagen oder durch Strafen zu demütigen, gilt heute als ein Zeichen von Hilflosigkeit der Erwachsenen. Das war nicht immer so. Man hielt körperliche Strafen mit Stock oder Rute für ein wichtiges Mittel der Erziehung. Der bedeutendste Philosoph der Aufklärung, Immanuel Kant, vertrat die Auffassung, Strafen seien geeignet, den Eigensinn der Kinder zu „brechen", wenn diese sich nicht durch Einsicht lenken ließen. Auch auf die Bibel berief man sich, wo es heißt, dass derjenige, der seine Kinder liebe, sie auch züchtigen müsse. Erziehung ohne Strafen galt als ein „Verwöhnen" der Kinder.

Elisa von der Recke (1756–1833)

Harte Bestrafung

Ungefähr im 5. Jahre meines Alters, als wir in Mitau waren, sollte ich für eine Unart, deren ich mich nicht mehr erinnere, bestraft werden; indem[1] kamen Fremde, die Strafe unterblieb, doch sagte meine Großmutter: „Warte nur, die Rute wird dir schon gegeben werden, sobald die Fremden fort sind." Angst ergriff mich, ich sah umher, niemand war da, schnell kroch ich unter das mit schweren Falbeln[2] besetzte Damastbette[3] meiner Großmutter und freute mich, der Strafe entkommen zu sein. Als der Besuch fort war, rief meine Großmutter mich zur Züchtigung. Unbeweglich still blieb ich unter dem Bette liegen, ich wurde gesucht, man fand mich nicht. ... Bis zum anderen Morgen um 8 Uhr hielt ich still unter dem Bette aus; als meine Großmutter aufstand, kroch ich hervor, und da sie mich erblickte, rief sie: „Die Rute her!" Diese war sogleich da, ich erhielt auf der Stelle tüchtige Ruten, und eine mir sehr viel schmerzlichere Strafe erfolgte noch. Auf einem Bogen Papier schrieb meine Tante Kleist meine Unart auf; dieser Bogen wurde um meine Zobelmütze, die ich trug, gesteckt; so musste ich mit diesem Bogen Papier den ganzen Morgen bis nach der Tafel[4] bleiben. Um 11 Uhr wurde ich an die große Uhr gestellt, die im Besuchzimmer nahe dem Esszimmer stand; alle die Gäste, die zur Tafel kamen, sahen sogleich die kleine Sünderin da wie am Pranger[5] stehen; alle baten meine Großmutter um meine Befreiung; mit kaltem Ernste erwiderte sie: „Acht Tage soll das unartige Kind, das einen solchen Schreck machte, bei Wasser und Brot Schildwache stehen!" – Die Bitten der Gäste änderten den Ausspruch nicht.

1 **indem:** da
2 **Falbel:** Rüsche, Verzierung
3 **Damast:** feines Gewebe, ursprünglich aus Seide
4 **bis nach der Tafel:** bis nach dem Essen
5 **Pranger:** Schandpfahl, an dem Verbrecher öffentlich zur Schau gestellt wurden

Peter Härtling (geb. 1933)

Er straft mich

Der Ich-Erzähler hat seiner Mutter eine Mark zwanzig aus der Schublade im Küchentisch gestohlen, um sich eine lang ersehnte Mundharmonika zu kaufen. Er wird dafür vom Vater bestraft.

Er straft mich; anders, als ich es erwarte. Er nimmt mich nicht zur Kenntnis, schließt mich aus seiner Gegenwart aus. Bei Tisch bin ich für ihn ebenso Luft wie am Abend im Wohnzimmer oder bei den Großeltern. Er sitzt mir gegenüber und sieht mich nicht. Er geht an mir vorbei und sieht mich nicht. Er steckt die andern, selbst die jüngere Schwester, damit an. Ich höre sie, aber wenn ich mit ihnen rede, hören sie mich nicht. Ich sehe sie, doch ich bin für sie nicht vorhanden. Vielleicht wollen sie mich verrückt machen? Vielleicht wollen sie mich aus der Welt schweigen? Mit nichts kann ich sie rühren. Ich erfinde Worte, schneide Faxen, schlage Purzelbäume, verrenkte meine Glieder, ich stelle Fragen und gebe mir selber die Antworten. Ich bin nicht mehr anwesend für sie. Nur Mutter kommt

abends, wenn ich im Bett liege, streichelt mich wortlos; ihre Hände reden und sie murmelt: Warum hast du das nur getan?
Ich träume, auf die Größe einer Maus geschrumpft zu sein. Gemeinsam mit der Mundharmonika, die mir viel Platz nimmt, bewohne ich ein Loch im Parkett des Kinderzimmers. Keiner weiß, dass ich verwandelt wurde. Ich höre sie rufen. Ich bin froh, ihnen entronnen zu sein. Aber Vater hat auf unerklärliche Weise meine Tarnung durchschaut. Ich luge aus dem Loch, sehe ihn übergroß darauf zustampfen, sehe seine Sohle über mir schweben. Sie tritt das Loch zu, schließt es, nimmt mir das Licht, die Luft. Die Atemnot lässt mich schwellen, ich fülle das Loch aus und weiß, es wird gleich bersten, ich werde ohne Atem, ohne Stimme, ohne Seele unter Vaters schwarzem Lackschuh liegen.
Er hielt die Strafzeit länger als eine Woche durch. Das Schweigen wurde sichtbar. Es sank auf die Diele, auf die Möbel, auf uns. Wir bewegten uns langsamer, vorsichtiger, um die gewalttätige Stille nicht zu stören. Obwohl ich neben ihm saß, erfuhr ich es wie durch Boten, dass er

am nächsten Tag mit Lore Sarrasani[1] besuchen werde. Wie versprochen; doch ohne den Jungen! Es schien, als befände sich der von ihm Abgewiesene auf der anderen Seite der Erdkugel.
Ich stand hinter den Gardinen und sah ihnen nach: Mein Vater führte meine Schwester an der Hand und unterhielt sich mit ihr, als sie durch den Vorgarten gingen.

1 **Sarrasani:** ein bekannter Zirkus

1 Vergleicht die Art und Weise, wie in den Erzählungen Elisas von der Recke und Peter Härtlings die Erwachsenen die Kinder strafen.

2 Sprecht untereinander über das Thema *„Kann man Kinder durch Strafen bessern?“*.

3 a) Welche Art von Strafen würdest du selbst für gerecht halten und bei deinen eigenen Kindern anwenden? Wenn du Strafen grundsätzlich ablehnst, begründe deine Meinung.
b) Stellt eure Auffassungen in einer Pro-und-Kontra-Diskussion gegenüber.

Durch Robinson lernen

1719 hatte der Engländer Daniel Defoe den „Robinson Crusoe“ veröffentlicht. Das Buch wurde in alle europäischen Sprachen übersetzt. In Deutschland erschienen in den nächsten dreißig Jahren über sechzig verschiedene „Robinsonaden“, darunter auch Abenteuer von Frauen („Robinsonin“), die auf einsame Inseln verschlagen werden. Zu dieser beliebten Romanform gehört auch Joachim Heinrich Campes „Robinson der Jüngere“ (1779/80). Diese Robinsonbearbeitung sollte nicht nur unterhalten, sie sollte Kindern auch naturwissenschaftliche Kenntnisse vermitteln, sie über die menschliche Gesellschaft belehren, sie „verständiger, weiser und besser machen“.
In „Robinson der Jüngere“ erzählt ein Vater an 30 Abenden seinen Kindern die Geschichte von Robinson Crusoe und diskutiert mit ihnen darüber. „Robinson der Jüngere“ wurde zum berühmtesten Kinderbuch seiner Zeit.

Joachim Heinrich Campe

Robinson der Jüngere

Titelbild zu Campes „Robinson“:
Joachim Heinrich Campe im Kreise seiner Familie (1779)

Robinson beobachtet, dass Eingeborene auf seiner Insel gelandet sind. Sie zünden ein Feuer an und bereiten ihr kannibalisches Fest vor. Plötzlich unternimmt einer der Gefangenen einen Fluchtversuch. Zwei Eingeborene verfolgen ihn.

Zwei seiner Verfolger, welche die Vordersten waren, schwammen ihm nach, die Übrigen kehrten zu ihrem verruchten Gastmahle zurück. Mit innigem Vergnügen bemerkte Robinson, dass diese beiden auch im Schwimmen dem Ersten bei weitem nicht gleichkamen. Dieser floh schon gegen seine Wohnung zu, indes[1] die andern noch nicht zur Hälfte durchgeschwommen waren.
In diesem Augenblicke fühlte unser Robinson sich von einem Mute beseelt, der so groß und feurig noch nie in ihm erwacht war. Seine Blicke sprühten Feuer; sein Herz drängte ihn, dem Unglücklichen beizuspringen; er ergriff seine Lanze, und ohne sich einen Augenblick länger zu bedenken, rannt' er den Berg hinab und war in einem Hui! zwischen dem Verfolgten und seinen Verfolgern. Halt!, rief er dem Ersten mit lauter donnernder Stimme zu, indem er aus dem Gebüsch hervorsprang; halt! Der arme Flüchtling sah sich um und erschrak beim Anblick des über und über in Felle gehüllten Robinsons, den er vermutlich für ein übermenschliches Wesen hielt, dergestalt[2], dass er nicht wusste, ob er sich vor ihm niederwerfen oder entfliehen sollte.
Robinson winkte ihm mit der Hand, gab ihm zu erkennen, dass er zu seiner Beschützung da sei, und rückte dabei allmählich gegen seine Verfolger an. Jetzt war er so weit gekommen, dass er den ersten mit seinem Spieß erreichen konnte. Er ermannte sich und versetzte ihm einen so nachdrücklichen Stoß in den nackten Leib, dass er zu Boden stürzte. Der andere, welcher noch ohngefähr hundert Schritte entfernt war, stutzte; holte darauf einen Pfeil hervor und schoss auf Robinson, indem[3] dieser eben auf ihn losgehen wollte. Der Pfeil traf grade die Stelle des Herzens – aber glücklicherweise nur so schwach, dass er von der harten Pelzjacke, wie von einem Panzer, zurückprallte, ohne ihn auch nur im Geringsten zu verletzen.
Unser mutiger Streiter ließ dem Feinde nicht Zeit, einen zweiten Schuss zu tun, er rannte auf ihn zu und streckte ihn in den Sand, indem er eben wieder den Bogen spannte. Und jetzt sah er sich nach dem Geretteten um.
Der arme Flüchtling stand zwischen Furcht und Hoffnung noch auf derselben Stelle, auf der ihm Robinson zugerufen hatte, ungewiss, ob das, was vorging, zu seiner Errettung geschähe oder ob die Reihe jetzt an ihn kommen werde. Der Sieger rief ihm abermals zu und winkte ihm, herbeizukommen. Er gehorchte; stand aber bald wieder stille, trat abermals etwas näher und stand von neuem stille, und zwar mit sichtbarer Angst und in der Stellung eines Betenden. Ro-

1 **indes:** während

2 **dergestalt:** so
3 **indem:** als

binson gab ihm alle ersinnlichen Zeichen von Freundschaftsbezeugung und winkte ihm abermals, herzuzutreten. Er tat's; doch kniete er alle zehn oder zwölf Schritte mit den demütigsten Gebärden nieder, als wenn er ihm danken und zugleich auch ihm huldigen wollte.

Robinson nahm hierauf seine Maske ab, um ihm ein menschliches und freundliches Gesicht zu zeigen; worauf er ohne Bedenken näher trat, vor ihm niederkniete, den Boden küsste, sich platt niederlegte und Robinsons Fuß auf seinen Nacken setzte, vermutlich zur Versicherung, dass er sein Sklave sein wolle. Unser Held, dem es mehr um einen Freund als um einen Sklaven zu tun war, hob ihn liebreich auf und suchte ihn auf jede nur mögliche Weise zu überzeugen, dass er nichts als Gutes und Liebes von ihm zu erwarten habe. Allein da war noch mehr zu tun. [...]

LOTTE: Aber, Vater, nun war ja Robinson ein Mörder geworden.

FRITZCHEN: I, das waren ja nur Wilde, die er umgebracht hatte, das tut nichts!

LOTTE: Ja, es waren aber doch Menschen!

VATER: Allerdings waren sie das, Fritzchen, und wild oder gesittet tut hier nichts zur Sache. Die Frage ist nur, ob er ein Recht dazu hatte, diese Unglücklichen umzubringen? Was meinst du, Johannes?

JOHANNES: Ich glaube, dass er recht daran tat.

VATER: Und warum?

JOHANNES: Weil sie solche Unmenschen waren und weil sie sonst den andern armen Wilden würden totgemacht haben, der ihnen doch wohl nichts mochte zu Leide getan haben.

VATER: Aber wie konnte Robinson das wissen? Vielleicht hatte dieser den Tod verdient? Vielleicht waren diejenigen, die ihn verfolgten, Diener der Gerechtigkeit, die von ihrem Oberhaupte dazu befehligt waren. Und dann, wer hatte Robinson zum Richter über sie bestellt?

NIKOLAS: Ja, aber wenn er sie nicht getötet hätte, so würden sie seine Burg gesehen haben, und dann hätten sie es den andern wieder erzählt –

GOTTLIEB: Und denn wären sie alle gekommen und hätten den armen Robinson umgebracht.

FRITZCHEN: Und aufgefressen dazu!

VATER: Jetzt seid ihr auf dem rechten Flecke; zu seiner eigenen Sicherheit musst' er's tun, ganz recht! Aber ist man denn wohl berechtiget, um sein eigenes Leben zu retten, einen andern umzubringen?

ALLE: O ja!

VATER: Warum?

JOHANNES: Weil Gott will, dass wir unser Leben erhalten sollen, solange wir nur können. Wenn also einer uns umbringen will, so muss es ja wohl recht sein, ihn erst umzubringen, damit er's wohl müsse bleiben lassen.

VATER: Allerdings, liebe Kinder, ist eine solche Notwehr nach menschlichen und göttlichen Gesetzen recht, aber – wohlgemerkt! – nur in dem einzigen Fall, wenn ganz und gar kein anderes Mittel zu unserer eigenen Rettung übrig ist. Haben wir hingegen Gelegenheit, entweder zu entfliehen oder von andern beschützt zu werden oder unsern Verfolger außer Stand zu setzen, uns zu schaden: so ist ein Angriff auf sein Leben ein wirklicher Mord und wird auch von der Obrigkeit als ein solcher bestraft.

Elisabeth G. Speare

Nicht niederknien

Auch in Elisabeth G. Speares 1983 erschienenem Jugendbuch „Im Zeichen des Bibers" spielt Robinson eine Rolle:
Der zwölfjährige Matt möchte dem Indianerjungen Attean die Schrift der Weißen beibringen. Sein Lieblingsbuch „Robinson Crusoe" soll dabei helfen.

Zwei Wilde verfolgten ihn mit gellendem Geschrei. Matt blickte vom Buch auf und sah, dass Atteans Augen leuchteten. Er las schnell weiter, hier musste er nichts überspringen. Crusoe versetzte dem ersten Kannibalen einen mächtigen Hieb, sodass er ohnmächtig zu Boden fiel. Als er sah, dass der zweite einen Pfeil auf seinen Bogen legte, schoss er auf ihn und tötete ihn. Matt fuhr fort:

„Der arme Wilde, der geflohen war, war stehen geblieben, obwohl er sah, dass seine beiden Feinde gefallen waren ... er war durch den Lärm und das Feuer meiner Büchse so erschrocken, dass er stocksteif stehen blieb und weder vor noch zurück ging ... Ich rief ihm wieder zu und winkte ihm, zu mir zu kommen, was er sofort verstand und ein Stückchen näher kam, aber dann wieder stehen blieb ... er zitterte, als wäre er gefangen genommen worden und sollte getötet werden wie seine beiden Feinde. Ich deutete ihm wieder, zu mir zu kommen, und ermutigte ihm mit allen Zeichen, die mir einfielen; er kam immer näher und kniete alle zehn oder zwölf Schritte nieder, um mir seine Dankbarkeit dafür zu beweisen, dass ich ihm das Leben gerettet hatte. Ich lächelte ihm zu, sah ihn freundlich an und winkte ihm, noch näher zu kommen. Schließlich stand er vor mir, und dann kniete er nieder, küsste den Boden, ergriff meinen Fuß und stellte ihn auf sein Haupt. Auf diese Weise wollte er mir anscheinend schwören, dass er auf ewig mein Sklave sein würde ...“

Attean sprang auf; eine Gewitterwolke hatte sein bis dahin vergnügtes Gesicht verdüstert.

„*Nda!*“, rief er. „Nicht so.“

Matt hielt verwirrt inne.

„Er so etwas nie tun.“

„Was tut er nie?“

„Niederknien vor weißem Mann.“

„Aber Crusoe hatte ihm das Leben gerettet.“

„Nicht niederknien“, wiederholte Attean wild. „Nicht Sklave sein. Besser sterben.“

Matt öffnete den Mund, um zu protestieren, aber Attean gab ihm keine Gelegenheit dazu. Mit einigen Schritten hatte er das Haus verlassen.

Jetzt wird er nie mehr wiederkommen, dachte Matt und blätterte langsam die Seiten um. Er hatte die Geschichte nie kritisch betrachtet. Wie Robinson Crusoe hatte er es für natürlich und richtig gehalten, dass der Wilde der Sklave des weißen Mannes sein musste. Gab es vielleicht auch eine andere Möglichkeit? Der Gedanke war neu und verwirrend.

1 In Campes Buch „Robinson der Jüngere“ (S. 249/250) spricht der Vater mit seinen Kindern über das, was er vorgelesen hat. Klärt in einer Diskussion, ob die Meinung des Vaters zum Thema „Notwehr“ (Z. 118–129) auch heute noch gültig ist.

2 a) In Elisabeth G. Speares Jugendbuch unterhalten sich Matt und Attean über dasselbe Ereignis in Robinsons Leben. Wie bewerten sie das Geschehen?

b) Überlegt, welches der „neue und verwirrende“ Gedanke ist, der Matt nach Atteans überraschender Reaktion durch den Kopf geht.

3 a) Wodurch unterscheiden sich die Probleme, über die in den Texten von Campe und Speare diskutiert wird?

b) Erklärt, warum die angesprochenen Probleme dennoch zusammengehören.

14.2 Mädchenrollen

Kinderspiele für kleine Erwachsene

Daniel Chodowiecki: Kinderspiele (1774)

Moritz von Schwind: Kinder-Belustigungen (18. Jh.)

1 Vergleicht die Bilder von den Kinderspielen früher und heute.
   a) Beschreibt, wie die Kinder zum Spielen angezogen sind.
   b) Überlegt gemeinsam, ob die Kinder von damals und heute ihre Spielzeuge „tauschen" könnten.

2 Welche Eigenschaften werden wohl auf den beiden Bildern des 18. Jahrhunderts den spielenden Jungen, welche den Mädchen zugeschrieben?
   a) Charakterisiert die einzelnen Kinder durch Adjektive.

Junge	Mädchen
schaukelt wild im Baum	schaut liebevoll auf ihre Puppe
steht steif und gerade als Soldat	...
...	

   b) Welche Hinweise auf typische Jungen- und Mädchenrollen könnt ihr den Adjektiven entnehmen?

„Guter Rat für Mädchen“

Guter Rat für Mädchen

Mädchen, willst du glücklich sein?
Hör und übe meine Lehren:
Hältst du Herz und Sitten rein,
Kannst du Überfluss entbehren.

Willst du liebenswürdig sein?
Hasche nicht nach Prunk und Flimmer,
Nur Bescheidenheit nimmt ein,
Toren blendet leerer Schimmer.

Willst du schön und reizend sein?
Übertünche nicht die Wangen,
Hülle dich in Unschuld ein; –
Schminke kann nur Gecken[1] fangen.

Willst du froh und heiter sein?
Fliehe weit vom Stadtgewühle:
Freude siehst du dort entweih'n,
Spotten reinerer Gefühle.

Wünschest du gesund zu sein?
Arbeit kann gesund erhalten.
Arbeitsam und mäßig sein,
War die Medizin der Alten.

1 **Geck:** Narr

Gottlob Wilhelm Burmann

Die Küche

Angenehmer Aufenthalt
Kleiner Mädchen große Ehre;
O, wenn ich doch auch nun bald
Nützlich für die Küche wäre!

Niemals schämt sich die Mama
Gutes Essen zu bereiten!
Und wie niedlich schmeckt es da:
Uns und allen unsern Leuten!

O, wenn ich erst größer bin
Will ich Küch und Wirtschaft lernen;
Und mit weisem Eigensinn
Von dem Putztisch[1] mich entfernen.

Wirtschaftlich und häuslich sein
Zieret alle Frauenzimmer;
Und bringt auch fürs Haus was ein;
Aber Putz und Spiegel nimmer!

1 **Putztisch:** Schminktisch

Bartholomäus Bacher

Aufmunterung zur Schule

Als Marie sechs Jahre alt war, hielt es der Vater für gut, sie in die Schule zu schicken, besonders da er wusste, dass der Lehrer der Mädchenschule ebenso fleißig als geschickt war und die ihm anvertrauten Kinder gar väterlich behandelte. Er rief sie deshalb den Abend vorher, als er aus seiner Werkstatt kam, zu sich und redete sie so an: „Liebes Kind! Du wirst nun immer größer, musst also auch immer mehr Gutes lernen, damit wir, deine Eltern und andere Menschen, uns einmal über dich freuen können, wenn es dir wohl geht. Gern wollte ich selbst dein Lehrer sein, aber du siehst es wohl, dass mir bei meinen täglichen Geschäften wenig Zeit dazu übrig bleibt. Ich will dich also morgen in die Schule schicken.“ Das Kind fing bei diesen Worten zu zittern und zu weinen an. Der Vater aber fuhr fort und sagte: „Du kennst ja den guten Mann, der sich am vergangenen Sonntage so freundlich mit dir abgab, der soll dein Lehrer sein. Er wird dich recht viel Gutes lehren, wenn du folgsam, fleißig und aufmerksam bist. Wie werde ich mich dann freuen, wenn ich sehe, dass du täglich immer mehr lernest, und wie lieb wird dich deine Mutter haben, wenn dir das Stricken, Nähen und dergleichen, wozu du nun auch in der Schule Anweisung bekommst, immer besser vonstatten geht!“ – „Bekomme ich denn auch Schläge in der Schule?“, fragte das Kind.
„Sittsame, artige und fleißige Kinder“, erwiderte der Vater, „werden in der Schule nicht gestraft,

noch weniger bekommen sie Schläge. Denn warum sollte der Lehrer ein Kind strafen oder gar schlagen, wenn es nichts begangen hat? Nur widerspenstige Kinder, die auf gute Worte nicht achten oder sonst ein grobes Verbrechen begangen haben, werden in der Schule bestraft, und das ist ein seltener Fall.“ Nun verschwand auf einmal alle Furcht bei dem Kinde. Es ging den folgenden Morgen mit Freuden in die Schule und versäumte über das viele Gute, das es täglich lernte, keine einzige Stunde, noch weniger ganze Tage, wie andere Kinder zu ihrem größten Schaden zu tun gewohnt waren.
Wollen Mädchen gerne viel Gutes lernen, so müssen sie die Schule fleißig besuchen.

1 a) Stellt in einer Tabelle zusammen, was in den drei Texten auf S. 253/254 von den Mädchen gefordert und was ihnen dafür versprochen wird. Diskutiert darüber.
b) Überlegt, ob ihr für Jungen eine vergleichbare Tabelle aufstellen könntet.

2 Schreibt selbst ein Gedicht, in dem ihr Verhaltensregeln vorstellt, die ihr für richtig haltet.

Heinz Ramberg:
Die gelehrte Frau (1802)

3 Beschreibt genau, was ihr auf dem Bild seht.
Welcher „gute Rat“ für Mädchen und Frauen ist hier versteckt?

Christian Fürchtegott Gellert

Die beiden Mädchen

Christian Fürchtegott Gellert (1715–1769), streng erzogener Pfarrerssohn, nahm selbst nie eine Pfarrstelle an, sondern wurde freier Schriftsteller und Universitätslehrer, der über Poetik Vorlesungen hielt. Seine Fabeln, Theaterstücke, Briefe und Gedichte waren überall in Deutschland beliebt.

Zwei junge Mädchen hofften beide,
worauf? Gewiss auf einen Mann:
Denn dies ist doch die größte Freude,
auf die ein Mädchen hoffen kann.
Die jüngste Schwester, Philippine,
war nicht unordentlich gebaut:
Sie hatt' ein rund Gesicht und eine zarte Haut,
doch eine sehr gezwungne Miene.
So fest geschnürt sie immer ging,
so viel sie Schmuck ans Ohr und vor den Busen hing,
so schön sie auch ihr Haar zusammenrollte:
so war sie doch bei alledem,
je mehr man sah, dass sie gefallen wollte,
um desto minder angenehm.

Die andre Schwester, Caroline,
war im Gesichte nicht so zart,
doch frei und reizend in der Miene
und liebreich mit gelassner Art.
Und wenn man auf den heitern Wangen
gleich kleine Sommerflecken fand,
ward ihrem Reiz doch nichts dadurch entwandt;
und selbst ihr Reiz schien solche zu verlangen.
Sie putzte sich nicht mühsam aus,
sie prahlte nicht mit teuren Kostbarkeiten;
ein artig Band, ein frischer Strauß,
die über ihren Ort, den sie erlangt, sich freuten,
und eine nach dem Leib wohl abgemessne Tracht,
war Carolinens ganze Pracht.

Ein Freier[1] kam; man wies ihm Philippinen;
er sah sie an, erstaunt, und hieß sie schön;
allein sein Herz blieb frei; er wollte wieder gehn.
Kaum aber sah er Carolinen,
so blieb er vor Entzückung stehn.

Im Bilde dieser Frauenzimmer
zeigt sich die Kunst und die Natur.
Die erste prahlt mit weit gesuchtem Schimmer;
sie fesselt nicht; sie blendet nur.
Die andre sucht durch Einfalt[2] zu gefallen,
lässt sich bescheiden sehn; und so gefällt sie allen.

1 **Freier:** Heiratswilliger
2 **Einfalt:** Einfachheit

1 Untersucht in Gellerts Gedicht, wie das Verhalten der beiden Schwestern beschrieben und bewertet wird.

2 Vergleicht das Gedicht mit der Abbildung.

3 Setzt euch kritisch mit den Bewertungen Gellerts auseinander.

Christian Fürchtegott Gellert

Vater und Tochter

Gellert hat nicht nur in Gedichten, sondern auch in Theaterstücken „richtiges“ Verhalten vorgeführt. Im folgenden Auszug aus einem seiner Theaterstücke geht es um Liebe und Heirat.

CLEON: Du wirst doch wissen, ob du ihm gut bist?

JULCHEN: Lieber Papa, woher soll ich's denn wissen? Ich will Ihnen gerne gehorchen; aber lassen Sie mir nur meine Freiheit.

CLEON: Ich will Ihnen gerne gehorchen; aber lassen Sie mir nur meine Freiheit. Kleiner Affe, was redst du denn? Wenn ich dir deine Freiheit lassen soll: so brauchst du mir ja nicht zu gehorchen. Ich will dich gar nicht zwingen. Ich bin dir viel zu gut. Nein, sage mir nur, ob er dir gefällt.

JULCHEN: Ob mir Herr Damis gefällt? Vielleicht, Papa. Ich weiß es nicht gewiss.

CLEON: Tochter, schäme dich nicht, mit deinem Vater aufrichtig zu reden. Du bist ja erwachsen, und die Liebe ist ja nichts Verbotenes. Gefällt dir seine Person, seine Bildung?

JULCHEN: Sie missfällt mir nicht. Vielleicht ... gefällt sie mir gar.

CLEON: Mädchen, was willst du mit deinem Vielleicht? Wir reden ja nicht von verborgenen Sachen: Du darfst ja nur dein Herz fragen.

JULCHEN: Aber wenn nun mein Herz so untreu ist und mir nicht aufrichtig antwortet?

CLEON: Rede nicht so poetisch. Dein Herz bist du, und du wirst doch wissen, was in dir vorgeht. Wenn du einen jungen, wohlgebildeten, geschickten, vernünftigen und reichen Menschen siehst, der dich zur Frau haben will: so wirst du doch leicht von dir erfahren können, ob du ihn zum Manne haben möchtest.

JULCHEN: Zum Manne? ... Ach Papa! Lassen Sie mir Zeit. Ich bin heute unruhig, und in der Unruhe könnte ich mich übereilen. Ich glaube in der Tat nicht, dass ich ihn liebe, sonst würde ich munter und zufrieden sein. Wer weiß auch, ob ich ihm gefalle?

1 Wie wird Julchen mit Herrn Damis sprechen? Erfindet eine Szene bei einem Spaziergang im Garten.

2 Es geht in dem Gespräch zwischen Vater und Tochter auch um das Thema „Gehorchen“.
- a) Beschreibt das Verhältnis zwischen Vater und Tochter.
- b) Überlegt dann, wie ein solches Gespräch heute ablaufen würde. Schreibt es als Dialog auf.

Puppen

Wie ihr auf den Bildern auf S. 252 sehen könnt, sind Puppen das einzige Spielzeug für Mädchen, das im 18. Jahrhundert vorkommt. Puppen wurden auch schon immer zur Erziehung eingesetzt. An Puppen sollten Mädchen die Mutterrolle üben. Puppen sind zugleich Dinge, schöne Gegenstände, die sich nicht wehren können. Deswegen wurden Mädchen oft mit Puppen verglichen. Ob Puppen *für* Mädchen sind und ob Mädchen *wie* Puppen sein sollen – darum ging der Streit.

Gottlob Wilhelm Burmann

An die Puppen

Ihr niedlichen Puppen
Ich hab euch geputzt;
Doch sagt mir: wozu ihr was nutzt?
Ihr niedlichen Dinger, ihr Puppen!

Wohin ich euch trage
Da bleibet ihr stehn;
So lernet doch denken und gehn
Und folgt mir: und tut, was ich sage!

Ihr kläglichen Puppen
So prächtig ihr gleißt:
Fehlt dennoch euch Leben und Geist,
Ach Mädchen, ach werdet nicht Puppen!

Jean-Jacques Rousseau

Mädchenerziehung

Jean-Jacques Rousseau (1712–1778) gehört zu den wichtigsten Philosophen der Aufklärung, auch wenn er einige Grundsätze der Aufklärungsphilosophie (so den Fortschrittsgedanken) kritisierte. Er vertrat die Auffassung, dass der Mensch von Natur aus gut sei, dass die Zivilisation ihn verdorben habe und dass er deshalb zur Natur zurückkehren müsse. Daher forderte er auch in der Erziehung Natürlichkeit als oberstes Gesetz. Sein Roman „Émile oder Über die Erziehung“ (1762) spricht sich für die Entfaltung natürlicher Anlagen aus.

Die Kinder beiderlei Geschlechts haben viele gemeinsame Vergnügungen, und das muss so sein. Haben sie die nicht auch, wenn sie erwachsen sind? Sie haben jedoch auch eigene Neigungen, durch die sie sich voneinander unterscheiden. Die Knaben suchen Bewegung und Lärm, Trommeln, Kreisel und kleine Wagen, die Mädchen lieben mehr das, was ins Auge fällt und dem Schmuck dient: Spiegel, Geschmeide, Putz, über alles aber Puppen. Die Puppe ist die besondere Freude dieses Geschlechts; ganz gewiss ist diese Neigung auf seine spätere Bestimmung ausgerichtet. Das Äußerliche in der Kunst zu gefallen liegt im Schmuck; das ist auch alles, was Kinder von dieser Kunst schon pflegen können.
Man sehe einmal ein kleines Mädchen den Tag mit seiner Puppe verbringen: unaufhörlich ihre Kleidung wechseln, sie hunderte Male an- und ausziehen, fortgesetzt neue Zusammenstellungen suchen, sie zu schmücken, gut oder schlecht, das tut nichts zur Sache. Die Finger sind noch ungeschickt, der Geschmack ist noch nicht gebildet, aber schon zeigt sich die Neigung. Bei dieser andauernden Beschäftigung

verfließt die Zeit, ohne dass es sich darum sorgt; unbemerkt vergehen die Stunden, es vergisst selbst die Mahlzeiten, es hungert mehr nach Schmuck als nach Nahrung. Aber, so sagen Sie, es schmückt seine Puppe und nicht seine Person. Ohne Zweifel sieht es seine Puppe und nicht sich; es kann noch nichts dieser Art für sich tun, es ist noch nicht so weit entwickelt und hat weder Talent noch Kraft dazu; es ist eben noch nichts. So lebt es ganz in seiner Puppe und legt all seine Gefallsucht in sie hinein, wird es aber nicht immer dabei bewenden lassen. Es erwartet den Augenblick, in dem es selbst eine Puppe sein kann.

1 a) Wie wird die Ähnlichkeit der Mädchen mit ihren Puppen und wie die Warnung, sich nicht zu Puppen machen zu lassen, in den Texten von Burmann und Rousseau begründet?
b) Diskutiert, ob Mädchen wirklich eine „natürliche Anlage" haben, mit Puppen zu spielen.

2 a) Puppen gelten immer noch als typisches Spielzeug für Mädchen. Was wird eigentlich mit Puppen gespielt? Berichtet über eure Puppenspiele oder die eurer Geschwister.
b) Heute gibt es „Puppen", die auch für Jungen gedacht sind, z. B. Sciencefiction-Figuren, die man mit unterschiedlicher Kleidung, mit Fahrzeugen oder Waffen ausstatten kann.
Wo seht ihr Gemeinsamkeiten, wo Unterschiede zu den „Puppen für Mädchen"?

3 Gestaltet zwei Plakate: „Lebensregeln für Jungen und Mädchen – damals und heute".

14.3 Schule fürs Leben

Vom Nutzen des Lesens und Schreibens

Es war im 18. Jahrhundert nicht selbstverständlich, dass alle Kinder in die Schule gingen. Daher erklärten Schriftsteller und Pädagogen in kurzen Geschichten und Beispielerzählungen, warum es nützlich sei, lesen und schreiben zu lernen.

Friedrich E. von Rochow

Vom Nutzen des Lesens und Schreibens

Friedrich Eberhard von Rochow (1734–1805) ist einer jener Adeligen, die sich um die Schulbildung der Kinder ihrer Landarbeiter kümmerten. Er gründete Volksschulen und schrieb auch über sie. 1776–1780 veröffentlichte er ein Schulbuch: „Der Kinderfreund". Daraus stammt der folgende Text.

Ein verschuldeter, aber arglistiger Bürger erfuhr, dass Hanns, der weder schreiben noch lesen konnte, Geld geerbt hatte und es gern auf Zinsen ausleihen wollte. Er ging also zu Hanns und versprach ihm, sechs Taler für jedwedes hundert Reichstaler jährlich an Zinsen zu geben, ihm sein Brauhaus zu verschreiben, auch das geliehene Geld in einem Jahr wieder zu bezahlen; doch mit dem Bedinge[1], dass Hanns es nicht unter die Leute bringen[2] sollte. Das gefiel Hanns wohl; er holte das Geld, nebst Feder, Papier und Tinte. Der Bürger schrieb einen ganzen Bogen voll nichtswürdiger Possen[3] hin und statt seines Namens einen Namen, den keiner aussprechen konnte. Der Bauer verwahrte diesen Bogen sorgfältig, und der Bürger nahm das Geld. Kurz darauf ging der Bürger in die weite Welt. Lass ihn laufen, sprach Hanns, ist mir doch das Haus verschrieben, und das ist mehr wert als die Schuld.

1 **Bedinge:** Bedingung
2 **unter die Leute bringen:** weitererzählen
3 **Possen:** Unsinn

Da machte sich Hanns auf den Weg und meldete sich bei dem Rate der Stadt. Aber als er den Bogen in den Gerichten vorzeigte, so ward er abgewiesen, weil nicht ein Wort von einer Schuldverschreibung darauf stand. Des Bürgers anderweitige Schulden wurden bezahlt; denn die hatten sich besser als Hanns vorgesehn. Nur Hanns ging leer aus. Als er nun traurig nach Hause kam, sprach er: Ach hätte ich doch schreiben und lesen gelernt! Und von der Zeit an schickte er alle Tage seine Kinder in die Schule, wo sie schreiben und lesen lernen konnten.

1 a) Glaubt ihr, dass diese Geschichte Kinder zum Lesen- und Schreibenlernen anspornt? Begründet eure Ansicht.
b) Aus welchen Gründen würdet ihr Kindern empfehlen, lesen und schreiben zu lernen? Erstellt eine Liste.

Nicht in jedem Dorf gab es eine Schule. Viele Kinder besuchten deshalb die so genannte „Reiheschule". Der Unterricht fand in irgendeinem Raum eines Bauernhauses statt. Der Lehrer musste in diesem Raum schlafen und bekam als Lohn freies Essen. Am Wochenende zog er dann mit seinen Habseligkeiten zum nächsten Bauernhof.
Die „Arbeitsschule" ging auf eine Idee Johann Heinrich Pestalozzis (1746–1827), des bekanntesten Pädagogen der Aufklärungszeit, zurück. Er gründete eine Erziehungsanstalt auf seinem Gut, leitete ein Waisenhaus, später eine Schule. Wie Rousseau wollte er die natürlichen Anlagen eines Kindes entfalten. Für arme Kinder finanzierte er die Schulbildung dadurch, dass die Kinder in der Schule auch arbeiteten.

Johann Heinrich Pestalozzi als Lehrer in seiner Klasse

Schulmeister mit seinen Schülern in einer Bauernstube

2 a) Beschreibt, was ihr auf den Bildern seht.
b) Wie stellt ihr euch den Unterricht in diesen Schulen vor?

Johann Henrich Jung-Stilling

„Lieber Gott, gib mir doch Verstand!“

Johann Henrich Jung (1740–1817), genannt „Stilling“, war der Sohn eines armen Schneiders und Dorfschullehrers in Westfalen. Nach einer entbehrungsreichen Jugend gelang es ihm schließlich, die Mittel zum Studium zu erlangen. Er studierte in Straßburg Medizin und war einer der Ersten, die Augenoperationen bei der Augenkrankheit Star durchführten. Später lebte er mit einer Pension des Kurfürsten von Baden als freier Schriftsteller in Karlsruhe. Im ersten Band seiner Lebensgeschichte beschreibt er seine Jugendjahre.
Pastor Stollbein erkennt früh die außergewöhnliche Begabung des jungen Henrich und fördert ihn.

Das Gerücht von diesem Knaben erscholl weit umher; alle Menschen redeten von ihm und verwunderten sich. Selbst der Pastor Stollbein wurde neugierig, ihn zu sehen. Nun war Henrich noch nie in der Kirche gewesen, hatte daher auch noch nie einen Mann mit einer großen weißen Perücke und feinen schwarzen Kleide gesehen. Der Pastor kam nach Tiefenbach hin, und weil er vielleicht eh in ein ander Haus gegangen war, so wurde seine Ankunft in Stillings Hause vorhin ruchbar, wie auch, warum er gekommen war. Wilhelm[1] unterrichtete seinen Henrichen also, wie er sich betragen müsste, wenn der Pastor käme. Er kam dann endlich, und mit ihm der alte Stilling[2]. Henrich stund an der Wand grad auf, wie ein Soldat, der das Gewehr präsentiert; in seinen gefaltenen Händen hielt er seine aus blauen und grauen tuchenen Lappen zusammengesetzte Mütze und sah dem Pastor immer starr in die Augen. Nachdem sich Herr Stollbein gesetzt und ein und ander Wort mit Wilhelmen geredet hatte, dreht er sich gegen die Wand und sagte: „Guten Morgen, Henrich!“ – „Man sagt Guten Morgen, sobald man in die Stube kommt.“

1 **Wilhelm:** Henrichs Vater
2 **der alte Stilling:** Henrichs Großvater

Stollbein merkte, mit wem er's zu tun hatte, daher drehte er sich mit seinem Stuhl neben ihn und fuhr fort: „Kannst du auch den Katechismus[3]?“
„Noch nicht all.“
„Wie, noch nicht all, das ist ja das Erste, was die Kinder lernen müssen.“
„Nein, Pastor, das ist nicht das Erste; Kinder müssen erst beten lernen, dass ihnen Gott Verstand geben möge, den Katechismus zu begreifen.“
Herr Stollbein war schon im Ernst ärgerlich, und eine scharfe Strafpredigt an Wilhelmen war schon ausstudiert; doch diese Antwort machte ihn stutzig. „Wie betest du denn?“, fragte er ferner.
„Ich bete: Lieber Gott! Gib mir doch Verstand, dass ich begreifen kann, was ich lese.“
„Das ist recht, mein Sohn, so bete fort!“
„Ihr seid nicht mein Vater.“
„Ich bin dein geistlicher Vater.“
„Nein, Gott ist mein geistlicher Vater; ihr seid ein Mensch, ein Mensch kann kein Geist sein.“

3 **Katechismus:** Lehrbuch des christlichen Glaubens

„Wie, hast du denn keinen Geist, keine Seele?“ „Ja freilich! Wie könnt Ihr so einfältig fragen? Aber ich kenne meinen Vater.“ „Kennst du denn auch Gott, deinen geistlichen Vater?“ Henrich lächelte: „Sollte ein Mensch Gott nicht kennen?“ „Du kannst ihn ja doch nicht sehen.“ Henrich schwieg und holte seine wohlgebrauchte Bibel und wies dem Pastor den Spruch Röm. I. V. 19 und 20. Nun hatte Stollbein genug. Er hieß den Knaben hinausgehen und sagte zu dem Vater: „Euer Kind wird alle seine Voreltern übertreffen; fahret fort, ihn wohl unter der Rute zu halten; der Junge wird ein großer Mann in der Welt.“

1 Reiche und einflussreiche Gönner ermöglichten oft besonders begabten und fleißigen Schülern, Schulbesuch und Studium fortzusetzen.
a) Verfasst einen Bericht des Pastors Stollbein an einen adeligen Gönner, in dem er begründet, warum er für den jungen Henrich Jung ein Stipendium erbittet.
b) Was ist bei einem schriftlichen Bericht zu beachten? Erstellt eine Kontroll-Liste und überarbeitet danach eure Texte. Achtet besonders auf die richtige Zeichensetzung bei der wörtlichen Rede und auf den Gebrauch des Konjunktivs bei der indirekten Rede.

2 Auf der Illustration (S. 260) seht ihr, wie Henrich im Beisein seines Vaters und Großvaters dem Pfarrer vorlesen darf. Schreibt selbst dieses Kapitel der Lebensgeschichte.

Der Schulmeister und seine Methoden

Wie lernen die Kinder der damaligen Zeit lesen und schreiben und wie z. B. die lateinische Sprache und Grammatik?
In einer Empfehlung aus dem Jahre 1770 zur Einführung des Buchstaben „W“ heißt es:

„Bei diesem [Bild] sagt man den Kindern vor: Dieses Kindlein hat nichts gelernt, darum wird es geschlagen und schreit ‚Weh‘. Hier muss man gleich auf das W deuten und dem Kind sagen: Hier siehe, dies heißt W.
Danach, wenn das Kind den Buchstaben wohl betrachtet, frage man noch mal: Wo ist ein W? Wenn es darauf deutet, soll man noch mal fragen, wie derselbe Buchstabe heiße.“

Ludwig Emil Grimm

Mein Schulmeister

Ludwig Emil Grimm (1790–1863), ein Bruder der berühmten Märchensammler Jacob und Wilhelm, war Zeichner und Grafiker.

Nachdem wir ein Weilchen versammelt waren, ging die Türe auf, und er kam, blickte jeden an, ob vielleicht einer lachte oder ob er sonst etwas bemerke; war das nicht der Fall, so ging er an sein Pult ... er rauchte große Dämpfe aus seiner Pfeife. Wir standen in Front aufgestellt und er sagte: „Habt ihr alle eure Grammatik?" ... Nun wurde Carl gefragt: „Was ist eine lateinische Grammatik?" – „Ist eine Anweisung zur lateinischen Sprache, die da lehret, wie man dieselbe recht schreiben, verstehen und reden soll." Nun wurde der Zweite gefragt: „Was ist eine griechische Grammatik?"; der Dritte: „Was ist eine hebräische, eine ungarische usw.", worauf dann jeder das Nämliche sagte wie bei der lateinischen Grammatik. Diese Aufgabe kam jeden Tag vor ... Nun kamen die Konjugationen; das ging auch so ziemlich, weil wir sehr weniges immer drei bis vier Wochen lang aufbekamen; zuletzt die Wörter, höchstens vier bis fünf; aber höchst selten konnte sie einer alle, da sagte er: „Setzt euch hin und lernt sie besser." Er selbst nahm unterdes wieder eine andere Arbeit vor, zog eine neue Saite auf die alte Violine oder arbeitete an einer alten Lampe, für die er aus Binsen Dochte gemacht und an der er allerlei erfunden und verbessert hatte ... Nach einer halben Stunde ging er wieder an den Pult, setzte den Brill auf die Nase und rief: „Könnt ihr eure Wörter?" – „Ja!", rief ein jeder ... Nun wurde ein jeder die fünf Wörter gefragt, aber höchstens konnte jeder zwei bis drei ... er schwieg aber still und rief: „Bete, wer muss!", worauf der, an dem die Reihe war: „*Pater noster, qui es*[1] usw."; wie der fertig war, sagte er: „Ihr bleibt alle hier und lernt eure Wörter, und wenn ich in einer Stunde heraufkomme und ihr könnt sie noch nicht, bleibt ihr hier, bis die Sterne am Himmel stehen!" Dann ging er auf den nochmaligen Zuruf seiner Frau: „Die Klöß' sind gar" ... langsam die Treppe hinunter ...

1 **Pater noster, qui es:** Vater unser, der du bist ...

1 a) Wie lernen die Kinder nach Auffassung der damaligen Lehrer am besten?
b) Welche Nachteile haben deiner Meinung nach diese Methoden?

2 Berichtet, wie Kinder heute die Grammatik einer fremden Sprache lernen.

3 Wie habt ihr die Buchstaben des Alphabets gelernt? Notiert eure Erinnerungen und stellt sie der Klasse vor.

Christian Friedrich Daniel Schubart

Ein Schuldiktat

Christian Friedrich Daniel Schubart (1739 bis 1791), Sohn eines schwäbischen Pfarrers, brach sein Theologiestudium ab, wurde Dorfschullehrer und später Organist und Musiker. Wegen seines freien Lebenswandels wurde er aus der Residenzstadt Ludwigsburg ausgewiesen. Er gründete in Augsburg und Ulm eine Zeitung (die „Teutsche Chronik"), in der er die Politik der Fürsten (z. B. den Handel mit Landeskindern als Soldaten) kritisierte. Der Herzog Carl Eugen von Württemberg ließ ihn 1777 über die Grenze locken und für zehn Jahre in der Festung Hohenasperg einkerkern. Nach seiner Entlassung lebte er in herzoglichen Diensten in Stuttgart.
Als Dorfschullehrer ließ Schubart die Kinder ungewöhnliche Diktate schreiben, wie z. B. den folgenden Brief:

Geislingen, den 13. Januar 1769

Lieber Bruder!
Heute ist's mir, als wenn ich Wespen im Hintern hätte. Denn denke nur! Da soll ich in der Schule sitzen und Feder fuchsen, da doch auf dem Markte etwas Lustiges zu sehen ist. Es ist nämlich ein Gaukler hier, welcher mit verbundenen Augen auf einem Seile tanzen und trommeln kann, der seinen Leib so schwenkt und dreht, dass man meinet, die Rippen sollten ihm zerbrechen. Heute macht er seine Gaukeleien auf einem Seil, und ich soll nicht dabei sein? Man sollte einem jungen Menschen weit mehr Freiheit lassen, denn wenn er ein alter Knacker ist, so ist's Zeit genug, dass er Runzeln schneidet und vor allen Freuden vorübergehet. Aber jetzt, da ich noch jung bin, die Hosen auf dem Schulbank verrutsche; beim Henker! Das ist nicht auszustehen. Mein Herr Präzeptor[1] sagt mir

1 **Präzeptor:** Lehrer

zwar, dass man einmal nicht fragen werde: Hast du viel Gaukler, Komödianten, Hanswürste, Seiltänzer und Taschenspieler gesehen? Sondern: Hast du etwas gelernt? Aber mein Präzeptor schwätzt viel, wenn der Tag lang ist. Der Deixel[2]! Hat man denn seine Augen umsonst? Vor Ungeduld möcht ich mein Papier fressen, die Feder wie ein zorniger Hund zerbeißen und meine Tinte aussaufen.

Himmel, welche Pein!
in der Schule sein,
diesem finstern Loch!
Wer hier immer sitzt
und bei Büchern schwitzt,
hat ein schweres Joch!

Doch ich will mich diesmalen bemühen, meinen Verdruss zu verbeißen. Der Fuchs sagte zu den Trauben, die er durch keinen Luftsprung erreichen konnte: Sie sind sauer; und ich will zu dem Gaukler sagen: Er ist ein Narr. Lebe wohl, liebster Freund; so verdrießlich ich bin, so nenne ich mich doch von Herzen

deinen wahren Freund

Jakob Quecksilber

2 **Deixel:** Teufel

1 Überlegt, was die Eltern der Kinder damals wohl über das Diktat gesagt haben.

2 Verfasst einen Brief, den der Pfarrer (als Vorgesetzter des Lehrers) an Schubart geschrieben haben könnte.

Fabeldichter der Zeit belehrten Eltern und Lehrer über die Auswirkungen falscher Erziehung.

Karl Wilhelm Ramler

Das Nasehorn und seine Jungen

Das Nasehorn hat den Gebrauch,
Die Jungen vor sich herzutreiben;
Es stößt sie, wenn sie stehen bleiben,
Es stößt sie, wenn sie gehen, auch:
So, dass sie endlich selbst nicht wissen,
Ob sie jetzt stehn, ob laufen müssen;
Drum, weil es doch immer Stöße gibt,
Tut jedes das, was ihm beliebt.

Ihr, die ihr euer Haus nie durch Vernunft regieret,
Dies ist der steten Härte Frucht;
Dies ist ein Bild von eurer Kinderzucht,
Ihr Eltern, die ihr stets die Rut' in Händen führet.

Gotthold Ephraim Lessing

Der Adler

Man fragte den Adler: Warum erziehst du deine Jungen so hoch in der Luft?
Der Adler antwortete: Würden sie sich, erwachsen, so nahe zur Sonne wagen, wenn ich sie tief an der Erde erzöge?

Magnus Gottfried Lichtwer

Das Kamel

Es ließ sich ein Kamel, das mit gebognem Knie
vor seinem Meister lag, mit Waren stark belasten,
man brachte Sack und Pack und manchen schweren Kasten,
dies alles litt das gute Vieh.
Es seufzte nicht einmal, bis es bei sich verspürte,
dass es die volle Ladung führte.
Da stand es wieder auf; allein des Meisters Hand
zwang es, sich abermals zu bücken,
der auf das arme Tier noch viele Lasten band,
er band, und sieh, es warf die ganze Fracht vom Rücken.

Gebt Achtung, wenn ihr Kinder lehrt,
dass ihr auf einmal nicht sie allzu stark beschwert,
es geht der Jugend wie den Alten,
wer alles fassen soll, wird endlich nichts behalten.

Gotthold Ephraim Lessing

Von einem besonderen Nutzen der Fabel in den Schulen

Lessing macht in seiner Abhandlung einen interessanten Vorschlag, wie man andere Formen des Lernens an Fabeln erproben kann.

Unter den Übungen nun, die man anstellen kann, um eine solche Erziehung zu selbstständigem Denken in die Wege zu leiten, scheint mir das Verändern von Äsop'schen Fabeln besonders geeignet. Es ist altersangemessen. Ich habe nicht vor, die Schüler zu Dichtern zu machen, aber man kann nicht bezweifeln, dass Fähigkeiten, die Schüler beim Erfinden und Verändern von Fabeln erwerben, dieselben sind, die bei jedem Erfinden eine Rolle spielen. Man muss dazu keineswegs mit seinen Schülern auf die Jagd gehen und Tiere in ihrem Verhalten beobachten. Vielmehr müssen Lehrer und Schüler in den alten Fabeln auf Jagd gehen. Das wird dadurch möglich, dass der Lehrer die Fabel bald eher abbricht, bald weiter fortführt, bald diesen oder jenen Umstand derselben so verändert, dass sich eine andere Moral darin erkennen lässt.
Oder man verändert einzelne Umstände der Fabel. Wie wäre es etwa, wenn der Käse, den der Fuchs dem Raben aus dem Schnabel schmeichelt, ein vergiftetes Stück Fleisch gewesen wäre? Wie wäre es, wenn das Lamm und der Wolf nicht aus einem kleinen Bach, sondern auf den beiden unterschiedlichen Ufern eines breiten Flusses getrunken hätten?

1 a) Welches Erziehungsverhalten von Eltern und Lehrern kritisieren die Fabeln Ramlers, Lessings und Lichtwers?
b) Zieht Beispiele aus dem ganzen Kapitel heran, auf die sich die Kritik der Fabeldichter beziehen könnte. Berücksichtigt auch die „Schul-Gesetze" auf S. 149/150.

2 a) Erläutert in eigenen Worten, was Lessing über das Verändern von Fabeln denkt.
b) Wie beurteilt ihr Lessings Vorschläge?
c) Schreibt eine der Erziehungsfabeln von Ramler, Lichtwer oder Pfeffel (S. 152) nach Lessings methodischen Hinweisen um und macht daraus eine Erzählfassung. Verändert dabei ein Element in der Erzählung so, dass eine andere „Moral" dabei herauskommt.

3 Sucht drei oder vier Fabeln zu ein und demselben Tier.
a) Stellt die Eigenschaft fest, die das Tier in allen Fällen auszeichnet.
b) Ändert eine der Fabeln so um, dass die charakteristische Eigenschaft des Tieres ins Gegenteil verkehrt wird: Der Fuchs ist z. B. dieses Mal der Dumme, der Esel der Listige, der Adler ist feige ...

PROJEKT

15 Jugendtheater: In alte Zeiten segeln

15.1 Ad de Bont/Allan Zipson: „Das besondere Leben der Hilletje Jans" – Einlesen und erste Proben

Ein Spiel beginnen – Hilletje muss in die Welt hinaus

1. Szene: Begräbnis

Leichenzug, alle außer Hilletje in schwarzer Kleidung: Träger mit einem Doppelsarg, Priester, Mann mit einer Trommel, Erzähler. Der Zug nähert sich langsam und schweigend, unterbrochen von Trommelschlägen; in der Mitte der Spielfläche bleibt er stehen.

ALLE *außer Hilletje singen zweimal:*

Der Herr Vater –
lieber Papa –
bom bom
deine Mutter –
Die Frau Mutter –
bom bom bom bom
sind ertrunken –
bom
sind ertrunken –
bom
sind ertrunken –
alle zwei.
Jetzt magst du heulen –
kleine Hilletje –
jetzt magst du heulen –
solang du kannst
bom bom bom bom.
Jetzt magst du heulen
kleine Hilletje
solang du kannst.

Nach dem Lied geht der Zug unter Trommelschlägen ab, nur die beiden Erzähler bleiben zurück.

2. Szene: Erzähler

ERZÄHLER: Schluss mit der Trauer!

ERZÄHLERIN: Auf Regen folgt Sonnenschein.

Sie legen ihre Trauerkleider ab; darunter tragen sie bunte Kleidung, die sie stolz dem Publikum präsentieren.

ERZÄHLERIN: Schön, nicht?

ERZÄHLER: Prächtig. Willkommen, willkommen!

ERZÄHLERIN: Willkommen bei unserer Geschichte!

ERZÄHLER: Willkommen rund um unsere Matte – und

BEIDE: Willkommen in unserer Zeit!

ERZÄHLERIN: Denn wir leben hier nicht im Jahre 1998,

Beide drücken durch ihre Gebärden Ekel aus.

ERZÄHLER: Sondern im Jahre siebzehnhundert ... soundsoviel.

ERZÄHLERIN: Eine Geschichte von früher also.

ERZÄHLER: Ein Ereignis aus dem achtzehnten Jahrhundert.

ERZÄHLERIN: Die Zeit der Reifröcke.

ERZÄHLER: Der ersten Kartoffeln in den Niederlanden.

ERZÄHLERIN: Wir trinken noch Bier zum Frühstück.

ERZÄHLER: Perückenzeit. Frauen und Männer tragen Perücken auf den Köpfen.

ERZÄHLERIN: Wenn sie reich sind, zumindest.

ERZÄHLER: Die Zeit von Prinz Willem dem Vierten.

ERZÄHLERIN: Von Unterhosen haben wir noch nichts gehört.

ERZÄHLER: Vornehme Menschen sagen nicht „Guten Morgen“, sondern:

ERZÄHLERIN: Bonjour, Monsieur!

ERZÄHLER: Comment allez-vous, Madame? *(Er macht eine komplizierte Verbeugung.)*

ERZÄHLERIN: Très bien, merci, au revoir[1] *(Sie verbeugt sich ebenfalls.)*

ERZÄHLER: Eine gesunde Zeit. Überall noch saubere Luft.

ERZÄHLERIN: Flüsse mit schönem klarem Wasser.

> *Im Nachhinein würde ich sagen, das Stück ist schön. Ich würde es immer wieder spielen. Das Stück hat eine ganz besondere Vielfalt. Eine Besprechung über das Stück würde sich auf jeden Fall lohnen, genauso wie der Versuch, es zu spielen. Gruppengesänge und Solos bringen noch ein bisschen mehr Freude und Pep hinein. Doch was klar ist, dass die einzelnen Darsteller besonders gefordert sind beim Proben, Spielen und Improvisieren.*
> *(Rückblick eines Mitschülers zwei Tage nach Abschluss des Projektes)*

ERZÄHLER: Und Wälder voller Vögel, Wild und ... *(Er schnippt mit den Fingern, ein Räuber tritt auf.)* Räuber ...

ERZÄHLERIN *(schnippt ebenfalls, ein Kaufmann tritt auf.)*: Ein Reisender, ganz alleine unterwegs ...

Beide Erzähler gehen ab. Der Kaufmann geht seiner Wege, der Räuber verfolgt ihn.

RÄUBER: Guten Morgen, edler Herr!

KAUFMANN: Bonjour, Monsieur!

RÄUBER: Seid ihr ganz alleine auf Reisen? Gute Geschäfte gemacht, Herr?

KAUFMANN *(sucht seine Pistole)*: Ich kann mich nicht beklagen.

RÄUBER: Ihr seht ein bisschen bleich aus, edler Herr.

KAUFMANN: Euch Gesindel kenne ich doch.

Der Kaufmann zieht seine Pistole, der Räuber schlägt sie ihm aus der Hand. Es kommt zum Kampf. Der Räuber erwürgt den Kaufmann und beraubt ihn. Er flieht, die Leiche bleibt liegen.

Die Erzähler treten neugierig auf.

ERZÄHLERIN: Tot!

ERZÄHLER: Tja, Holland im achtzehnten Jahrhundert.

ERZÄHLERIN: Die Todesstrafe, die Folterbank.

ERZÄHLER: Der Pranger[2] und das Spinnhaus[3]. Aber trotzdem: Amsterdam ist der Nabel der Welt.

1 **Bonjour ...:** Guten Tag, mein Herr! – Wie geht es Ihnen, meine Dame? – Sehr gut, danke, auf Wiedersehen!

2 **Pranger:** Schandpfahl, an dem Verbrecher öffentlich zur Schau gestellt wurden

3 **Spinnhaus:** Frauengefängnis, in dem Arbeit am Spinnrad abgeleistet werden musste

Erzählerin: *Ein* Badehaus für die ganze Stadt!

Erzähler: Diese Schmutzfinken! Jeder reiche Kaufmann baut sich eine Residenz an der Vecht[4].

Erzählerin: Und die Katholiken bauen versteckte Kirchen.

Erzähler: Aber Holland fürchtet niemanden.

Erzählerin: Also nehmen wir es mit jedem auf – Krieg, Krieg.

Die Erzähler kämpfen, die Erzählerin gewinnt.

Erzähler: Und nur die Frauen bleiben übrig. Die Lepra und die Pest kommen in unserem Land beinahe nicht mehr vor.

Ein Pockenkranker mit einer Rassel tritt auf. Die Erzähler weichen verschreckt zurück.

Erzählerin: Aber die Pocken.

Der Pockenkranke dreht eine Runde, bei der er bettelt, stöhnt und mit der Rassel klappert; er bekommt einen Anfall und stirbt, die Leiche bleibt liegen.

Beide: Tot!

Erzähler: So, nun müssen wir uns beeilen.

4 **Residenz an der Vecht:** Wohnsitz wie von einem Fürsten an einem Fluss in Holland

Erzählerin: Warum denn jetzt, wo es gerade so schön ist?

Erzähler: Wir sind doch hierher gekommen, um eine Geschichte zu erzählen. Weg mit den Toten! *(Er schnippt, der Kaufmann und der Pockenkranke gehen ab.)*

Erzählerin: Ja, die Geschichte von Hilletje Jans.

Erzähler: Die Geschichte von diesem Mädchen. *(Er schnippt, Hilletje tritt auf.)*

Erzählerin: Hilletje ist sechs Jahre alt.

Erzähler: Sie wohnt in Utrecht.

Erzählerin: Sie hat keine Brüder und keine Schwestern.

Erzähler: Und ihre Eltern sind tot und begraben. *(Die Erzähler wenden sich Hilletje zu.)*

Erzähler: Und Hilletje Jans, wo geht Ihr nun hin?

Hilletje: Ich gehe nach Hause.

Erzähler: Aber da ist doch niemand.

Hilletje: Doch, mein Onkel.

Erzähler: Sorgt der für Euch?

Hilletje: Ja, der ist sehr lieb.

Erzähler: Dann ist ja alles in Ordnung.

Die Erzähler schauen Hilletje mitleidig an und verschwinden.

Inhaltsangabe

„Das besondere Leben der Hilletje Jans" von Ad de Bont und Allan Zipson spielt um 1750. Es handelt von dem sechsjährigen Waisenkind Hilletje, dessen Eltern gestorben sind und das nun von Utrecht nach Amsterdam zu seiner Tante geschickt wird. Als Hilletje endlich in Amsterdam ankommt, wird sie von Anfang an in der Gaststätte der Tante ausgenutzt, missachtet und geschlagen. Ihr wird ein Mord untergeschoben, den Roosje, die Tochter der Tante, begangen hat. Als Strafe kommt Hilletje an den Pranger und sieben Jahre ins Spinnhaus. Nach sieben Jahren kehrt sie zu der Tante zurück. Hilletje schuftet Tag und Nacht und hat irgendwann die Nase voll. Sie verkleidet sich als Mann und fährt zur See. Dort erlebt sie viele Abenteuer mit den unterschiedlichsten Menschen, durchlebt Höhen und Tiefen. Nach Jahren kehrt sie als berühmter Kapitän nach Amsterdam zurück. Ohne zu ahnen, dass ihr für die Verkleidung als Mann die Todesstrafe droht, begibt sie sich leichtfertig in eine Situation, die zu ihrer Entlarvung führen muss.

Die Rollen

Hilletje Jans, Jan Hille; Erzählerin; Erzähler; Onkel; Pockenkranker; mehrere Räuber; Kaufmann; Tante Thérèse; Roosje, deren Tochter; Gerbrand van Raamsdonck, fahrender Schauspieler; Herbergsgast 1 und 2; Marquis van Bredevelde; Priester; Schultheiß; Gefängnisdirektor; Häftlinge; Kapitän, 2. Steuermann; Aarnoud de Leeuw; Piraten; Anna Wasmoet; Prinz van Oranje

1 Lest euch die Szenen 1 und 2 mit verteilten Rollen vor.

2 Probt in mehreren Gruppen eine Aufführung der Szenen „Begräbnis“ (S. 265) und „Erzähler“ (S. 266/267).
   a) Ihr dürft den Text kürzen, ergänzen, ändern.
   b) Besprecht, ob ihr euch verkleiden und schminken wollt.
   c) Überlegt, wie ihr den Sarg und die übrigen Requisiten (Gegenstände) darstellt.

3 Führt euch gegenseitig die Szenen vor.
   a) Untersucht, welche Inszenierungseinfälle sich gleichen und wo die Gruppen ganz unterschiedliche Lösungen gefunden haben.
   b) Vergleicht die Wirkungen.
   c) Welche Bedeutungen hatten für die Spieler/innen der Text, die Bewegungen, Requisiten, Schminke?

4 Diskutiert und ermittelt, wie das Publikum bei diesen beiden Szenen einbezogen werden kann.

15.2 Szenen ausgestalten und spielen

Requisiten sprechen lassen

3. Szene: Hilletje – Onkel

HILLETJE *(mit zwei Stoffpuppen):* Aaltje ... Aaltje, wo ist Lumke? Lumke ist krank. Aaaltje, Lumke ist ... tot. Wir müssen sie begraben. *(Verzweifelt begräbt sie die Puppe.)* Mama ...! Papa ...!

ONKEL: Hilletje!

HILLETJE: Onkel. Lumke ist tot.

ONKEL: Dann müssen wir sie begraben.

HILLETJE: Aber doch nicht gleich.

ONKEL: Nein, lass uns ein paar Tage warten, vielleicht ist sie ja nur krank.

HILLETJE: Wird sie wieder gesund?

ONKEL: Ja ... Hilletje, Ihr könnt hier nicht länger bleiben.

HILLETJE: Warum nicht?

ONKEL: Ich kann nicht länger für Euch sorgen. Wir haben nicht genug zu essen, schließlich sind wir zu neunt.

HILLETJE: Ich brauche nichts. Ich habe ja gar keinen Hunger.

ONKEL: Aber morgen oder übermorgen oder danach. Ich habe hier einen Brief von Euren Eltern.

HILLETJE: Einen Brief?

ONKEL: Ihr habt noch eine Tante in Amsterdam.

HILLETJE: Wie heißt die denn?

ONKEL: Tante Thérèse. Soll ich Euch den Brief vorlesen? „Liebe Hilletje! Wenn uns etwas passieren sollte, dann geht zum ‚Goldenen Ochsenkopf‘, eine Herberge in Amsterdam. Dort wohnt Eure Tante Thérèse. Wenn Ihr

lieb und gehorsam seid, wird sie für Euch sorgen. Eure Euch liebenden Eltern."

HILLETJE: Aber ich gehe nicht.

ONKEL: Es muss sein. Hilletje! Es muss! Es wird Euch gut gehen.

HILLETJE: Onkel, Amsterdam ist doch ganz weit weg? Und ich kenne den Weg nicht.

Die Erzähler treten auf, der Onkel geht ab.

ERZÄHLER: Diese Richtung, Hilletje.

Hilletje geht ab.

1 a) Aaltje und Lumke sind für Hilletje aus mehreren Gründen unersetzlich. Versetzt euch in Hilletjes Lage und ermittelt möglichst viele Bedeutungen der beiden Puppen.

b) Formt aus einem Mitschüler oder einer Mitschülerin und zwei mit Schals oder Tüchern angedeuteten Puppen ein **Denkmal** für ein Foto „Die Unzertrennlichen – Hilletje und ihre Puppen":
Ordnet und formt die Körperhaltung, die Gestik und den Gesichtsausdruck des Darstellers/der Darstellerin so lange, bis das Denkmal auf Zuschauer intensiv im Sinne eurer Absichten wirkt.
Schüler/innen, die das Denkmal spielen, müssen stillhalten und den Formungsversuchen nachgeben.

2 a) Formuliert in Sprechblasen, was der Onkel denkt, aber nicht offen ausspricht.

b) Der Brief ist ein Gegenstand, der dem Onkel in der schwierigen Situation sehr hilft. Man könnte ihn z. B. „den Rettungsanker" nennen. Sucht noch andere übertragene Bedeutungen dieser Art:
Der Brief dient dem Onkel als ...

c) Formt mindestens drei unterschiedliche Denkmalpositionen, die zeigen, wie der Onkel den Brief im Verlauf der 3. Szene hält und Hilletje (und damit auch den Zuschauern) präsentiert.

3 Setzt gemeinsam das Gespräch zwischen Hilletje und ihrem Onkel in Szene und macht den Zuschauern durch das Spiel mit den Puppen und dem Brief auch das Unausgesprochene deutlich.

4 Prüft für eure weitere Regiearbeit, welche Bedeutungen
- der Brief des Onkels in der 5. Szene (S. 270/271) und
- die Puppe Hilletjes in der 15. Szene (S. 276/277) haben.

Eine unheimliche Reise im Schattenspiel darstellen

4. Szene: Die Reise von Utrecht nach Amsterdam

ERZÄHLER: Hört nun, was Hilletje passierte, als sie von Utrecht nach Amsterdam irrte.

Musik; die Erzähler singen.

Schilder und Wegweiser gabs nicht
in diesem trostlosen Land.
In der Dunkelheit lief sie durchs Dickicht,
die Nacht trug ein schwarzes Gewand.
Ein Vogelschrei hat sie erschreckt,
sie zitterte, es war ihr kalt.
Ein Dieb hielt sich im Wald versteckt,
der wartet dort im Hinterhalt.

Wenn du noch jung bist an Jahren,
fällt dir das Leben oft schwer.
Überall lauern Gefahren,
das Pech, das verlässt dich nicht mehr.

Da lief sie allein durch den Regen,
der Hunger, der quälte sie sehr.
Sie irrte auf schmutzigen Wegen,
wo sie war, das wusst sie nicht mehr.
Sie konnte schon fast nicht mehr weiter,
aus dem Dreck kam sie kaum noch heraus.
Sie hörte Musik laut und heiter,
da war in der Nähe ein Haus.

Wenn du noch jung bist ...

Endlich an dem Haus angekommen,
da fragt sie nach Wasser und Brot.
Sie hat eine Stimme vernommen:
Hau ab oder ich schlag dich tot!
Nachts war eine Scheune ihr Zimmer,
sie fühlte sich einsam und fremd.
Im Heu, da lag schon ein Schlimmer,
der raubte ihr Geld und ihr Hemd.

Wenn du noch jung bist ...

Wenn du noch jung bist ...

ERZÄHLER: Hilletje verirrte sich in den Wäldern.
ERZÄHLERIN: Erschöpft und halb verhungert kam sie schließlich in Amsterdam an,
ERZÄHLER: wo sie sich auf die Suche nach ihrer Tante begab.
ERZÄHLERIN: Es ist früh am Morgen.
BEIDE: Kukelekuuuuuuuuu! Kukelekuuuuuuu!
Sie gehen beide ab.

1 Macht die Reise Hilletjes von Utrecht nach Amsterdam zu einem Erlebnis für die Zuschauer, indem ihr sie als **Schattenspiel** darstellt.
   a) Baut einen Kartenständer mit Leinwand (oder zwei Bettlaken) vor den Zuschauern auf. Die Leinwand wird von hinten mit einem Overheadprojektor angestrahlt, sodass die Schatten der Schauspieler/innen zu sehen sind.
   b) Effekte und Wirkungen des Schattenspiels ermittelt ihr am besten durch Ausprobieren. Nutzt das Groß- und Kleinwerden, die Täuschungsmöglichkeiten, die Bewegungs- und vielleicht auch einige Farbeffekte: Ihr könnt Farbfolien (oder Plastiktüten mit Öl und Tinte) auf den Projektor legen. Was passiert, wenn ihr Arme und Körper seitwärts oder vor- und rückwärts im Raum bewegt, auf der Leinwand? Bewegungseffekte könnt ihr verstärken, wenn ihr auf einer Folienrolle die gesamte Szenerie der Wanderung aufmalt und diese Rolle gegen die vorgetäuschte Laufrichtung abdreht.

2 Besorgt euch aus Büchereien weitere Anleitungen zum szenischen Spielen und Schülertheater.

Hilletje wird ausgenutzt: Eine Szene weiterschreiben

5. Szene: Im „Goldenen Ochsenkopf“ zu Amsterdam (Auszug)

Hilletje kommt herein; sie fällt in Ohnmacht, nach einer kurzen Weile richtet sie sich wieder auf.

TANTE: Was habt Ihr hier zu suchen, Rotznase?
HILLETJE: Ich bin von Utrecht hierher gelaufen.
TANTE: Und was habe ich damit zu tun?
HILLETJE: Mein Vater und meine Mutter sind tot.
TANTE: Na und?
HILLETJE: Ihr seid meine Tante.
TANTE: Hä?

Hilletje: Ich habe einen Brief.

Tante: Ich kann nicht lesen.

Hilletje: Wollt Ihr für mich sorgen? *(Gerbrand, Roosje und die Tante lachen.)* Ich will immer gehorsam sein. *(Gelächter.)* Ich will alles für Euch tun! *(Gelächter.)*

Tante: Macht, dass Ihr wegkommt!

Hilletje: Ja, aber Tante ...

Tante *(schlägt Hilletje):* Ach was, Tante! Mein ganzes Leben habe ich alleine dagestanden. Niemand aus der Familie hat sich blicken lassen, auch nicht, als ich todkrank im Bett lag. Und nun soll ich auf einmal Eure Tante sein? Mich auch noch um so ein Hurenkind kümmern? Verschwindet! *(Hilletje weint.)* Ach, sie heult. Hört gut zu, Täubchen! Von Tränen wirst du nicht satt. Aufhören mit dem Geheule!

Hilletje: Wohin soll ich denn?

Tante: Mir doch egal. Es laufen hier in der Stadt genauso viele Waisenkinder wie wilde Katzen herum. Raus!

Hilletje geht. Roosje flüstert ihrer Mutter etwas ins Ohr.

Tante: Falsches Luder. Holt sie zurück!

Roosje *(ruft):* He, Ihr könnt hier bleiben ... kommt schon!

Hilletje kommt zurück.

Tante: Wie ist Euer Name?

Hilletje: Hilletje. Hilletje Jans.

Tante: Und Eure Eltern sind tot? Gut, Hilletje Jans. Ihr könnt hier wohnen. Und ich werde für Euch sorgen, Kind. Aber umsonst ist der Tod. Seht ihr den Mann dort? Er ist tot! Gleich kommt der Schultheiß, und der will wissen, wer das getan hat. Dann sagt Ihr: Ich, Herr, aus Versehen. Ihr kommt an den Pranger und danach ins Spinnhaus. Aber wenn Ihr wieder frei seid, könnt Ihr hier wohnen. Nun, was haltet Ihr davon?

Hilletje: Gut, Tante.

Tante: Also, was sagt Ihr? *(Zu Gerbrand:)* Kümmert Euch um Eure eigenen Sachen! *(Gerbrand geht ab.)* Also, was sagt Ihr, wenn der Schultheiß fragt: Wer hat das getan?

Hilletje: Ich, Herr?

Tante: Aus

Hilletje: Aus

Tante: Versehen

Hilletje: Versehen

Tante: Gut. Roosje, gebt Eurer neuen Schwester einen Kuss und das Messer. Macht schon, Kind!

Schultheiss *(hinter der Szene):* Im Namen des Gesetzes!

Tante: Roosje, wischt Eure Hände ab. Ich komme, Herr Schultheiß!

Der Schultheiß tritt auf, er sieht die Leiche.

Schultheiss: Wer hat das getan?

Tante: Nun?

Roosje: Sie!

1 Verfasst zu dieser Szene eine Fortsetzung, die zu den Personen und der Situation passt.

2 Wählt eine der folgenden Anregungen:

a) Schreibe einen Monolog: Tante Thérèse, die Wirtin vom „Goldenen Ochsenkopf", erzählt am Abend einem Gast (Stammgast, Polizeispitzel, Konkurrent, Verehrer ...), was sie an diesem Tag erlebt hat.

b) Schreibe einen Dialog: Roosje erzählt ihrer engsten Freundin streng vertraulich, wie es Hilletje an diesem Tag ergangen ist.

c) Notiere als Schultheiß für die Akten, was du im „Goldenen Ochsenkopf" an diesem Tag erlebt hast.

3 Vergleicht die Wirkung eurer Texte. Beschreibt die Unterschiede und begründet, wodurch sie zu Stande kommen.

Schreiben, als wäre man selbst im Spiel

Geliebter Onkel,

wie konntest du nur? Wie konntest du mir das nur antun?
Wie du wohl weißt, musste ich erst mal den Weg von Utrecht nach Amsterdam überleben. Das habe ich geschafft. Doch das war eine Mutprobe mit Tücken! Auf dem Weg war es eisekalt, unheimlich ...
Als ich die schwere Tür der Herberge öffnete und eintrat, bemerkte man mich und begrüßte mich sehr freundlich, das kann ich dir ins linke Ohr flüstern.
„Was habt ihr hier zu suchen, Rotznase?“, womit zweifellos ich gemeint war!
Ich erzählte Tante Thérèse und ihrer stinkenden Tochter Roosje, dass meine Eltern verunglückt seien und dass sie meine Tante und dass Roosje meine Cousine sei!!!
Thérèse und Roosje wollten nichts mit mir zu tun haben! So verließ ich die Herberge mit düsterem Gesicht und einer roten Wange!
Doch ich war noch keinen Schritt aus der Tür, da zog mich Roosje auch schon wieder in das Haus zurück. Roosje hatte angeblich einen Mann ermordet.
Wie du wahrscheinlich weißt, kommt man für einen Mord ins Spinnhaus und an den Pranger!
Nun verlangten die beiden von mir, dass ich die Strafe für Roosje übernehmen sollte. Wenn ich dieses machen würde, dürfte ich danach bei ihnen wohnen. Ohne mir irgendetwas dabei zu denken, versprach ich der Tante, dass ich dem Schultheiß sagen würde, dass ich den Mann umgebracht hätte.
Doch als der Schultheiß kam, dachte ich nicht daran, eine Tatsache in die Welt zu setzen, die gar nicht stimmt. Doch Tante Thérèse und Roosje argumentierten so täuschend echt, dass der Schultheiß mir nicht glaubte, so nahm er mich mit und steckte mich ins Spinnhaus.
Ja, jetzt sitze ich hier und schreibe dir diesen Brief!
Schau doch mal vorbei, wenn du zufällig in Amsterdam bist, denn ich werde hier sieben volle Jahre verbringen müssen!
Jetzt muss ich aufhören zu schreiben, denn ich muss an die Arbeit.
Vergiss mich nicht.

Deine dich liebende Nichte
Hilletje Jans

1 Catherine aus der 7 c suchte sich, nachdem sie das ganze Theaterstück gelesen hatte, diese Stelle der Handlung aus. Sie schrieb einen Brief als Hilletje, weil sie diese Rolle bei der geplanten Aufführung auch spielen wollte.
   a) Diskutiert, ob es Catherine gelungen ist, sich in die Lage Hilletjes hineinzuversetzen.
   b) Überlegt, welchen Sinn es hat, einen Rollentext dieser Art zu verfassen.

2 a) Lest die in diesem Kapitel abgedruckten Szenen. Wählt eine Figur und schreibt aus der Situation, in der sie sich befindet, einen Brief oder eine Eintragung ins Tagebuch.
   b) Überarbeitet eure Entwürfe in Partnerarbeit. Benutzt dabei auch Rechtschreib-Wörterbücher.

Sieben Jahre im Spinnhaus: Szenen erfinden

Das „Spinnhaus“ ist ein Gefängnis, in dem Hilletje sieben Jahre am Spinnrad arbeiten muss. Im Stück ist diese Zeit nur durch eine einzige Handlung kurz ausgestaltet: Ein Priester besucht sie, um ihr die Beichte abzunehmen. Als sie ihre Sünde, den Mord, verständlicherweise nicht gestehen will, verdammt der Priester sie.

1 Gestaltet die Beichtszene selbstständig aus.

2 Erfindet weitere Szenen zum Thema „Hilletje sitzt fest – sieben Jahre im Spinnhaus“.
Hier einige Anregungen der Schüler und Schülerinnen der Klasse 7 c:

Die Geräusche können Wassertropfen sein, die in Töpfe fallen. Und überall zwischen den Zuschauern müssten schreiende, gefesselte Kinder sitzen, die ihr Leid preisgeben.

Direktor: So ... Hier hast du dein Spinnrad. Fang an zu spinnen.
Hilletje: Aber, aber ...
(Sie weint.)

Oben an der Wand befindet sich eine kleine Öffnung mit einem Gitter. In dem Raum sind zwei Strohballen, die Hilletje und ihre Feindin als Bett benutzen.

3 Das folgende „Spottlied“ singen in dem Stück neugierige Kinder, die in das Spinnhaus gucken.
Für die Aufführung der 7 c hat ein Vater die Musik komponiert.
Ihr könnt das Lied in eure Szenen einbauen. Vielleicht habt ihr Lust, es neu zu vertonen?

15.3 Die weiteren Projektschritte planen

Ein Projekt kann man auf viele verschiedene Arten durchführen. Wie das Projekt genau aussehen soll, bestimmt die Gruppe, die es realisiert.

1. Möglichkeit: Eine Theateraufführung vorbereiten

Hier einige Tipps von Schüler/innen und ihrem Lehrer, die das Projekt schon durchgeführt haben:

Es gibt einige Nachteile, z.B. dass du deine Freizeit dafür opfern musst, den Text auswendig lernen musst. Man kann aber sehr viel lernen, wie das Leben im 17. und 18. Jahrhundert so war, was die Leute getragen haben. (Schülermeinung zwei Tage nach der Premiere)

Als Tipp gebe ich dir, das Publikum mit einzubeziehen. (Schülermeinung zwei Tage nach der Aufführung.)

Ich finde, dass die Theateraufführung eine gute Idee ist, das Stück nicht sehr schwer ist und es eigentlich nur mit Teamgeist auferstehen kann. Es machte uns eine Menge Spaß, da wir ja auch eigens von einem Vater dazu komponierte Musik hatten und Requisiten und Kostüme teilweise selbst hergestellt haben. Ich kann es euch nur empfehlen, da es eine andere Zeit und andere Sitten zeigt; wie die Menschen früher waren. (Schülermeinung zwei Tage nach der Premiere)

Jeder Schüler, jede Schülerin durfte zwischen 0 und 3 Rollenwünsche notieren, die in einer Computer-Kalkulationstabelle verarbeitet wurden. Als Erstes wurde in einem Wettbewerb zwischen 3 Mädchen die Rolle der Tante Thérèse ausgespielt. Alle waren geeignet. Das Mädchen, das 22 von 30 Schülerstimmen bekam, erhielt die Rolle. Hilletje wurde von 3 Mädchen gespielt. (Bericht des Lehrers über die Rollenverteilung)

2. Möglichkeit: Hintergründe erforschen für eine Bibliothek oder eine „historische Werkstatt“

- Warum konnte Hilltje Jans, als sie sich als Mann verkleidete, nicht einfach ihre Jeans anziehen?
- Was haben unsere Hosen mit der Französischen Revolution von 1789 zu tun?
- Gab es um 1750 noch Piraten?
- Haben Piraten und Königshäuser zusammengearbeitet?
- Gab oder gibt es den Beruf der Seefrau, Matrosin?
- Was trugen Mann und Frau um 1750 bei Feten?

3. Möglichkeit: Szenen-Collage aufführen

Interessante Szenen auf verschiedene Gruppen verteilen. Jede Gruppe studiert ihre Szene selbstverantwortlich ein. Das Ganze wird als Szenenfolge aufgeführt.

4. Möglichkeit: Das Kapitel bis zum Ende durcharbeiten

...

5. Möglichkeit: ...

- Was will ich, meine Gruppe, die Klasse?
- Wie viel Zeit haben wir?
- Wie viel Kraft will ich einbringen (Durchhalteverpflichtungen!)?

1 Überlegt euch verschiedene Wege, euer Theaterprojekt durchzuführen.

2 Diskutiert eure Vorschläge. Beachtet bei eurer Entscheidung die Kernfragen nach der Zeit und der Kraft, die ihr investieren wollt.

3 Legt die weiteren Schritte für euer Vorhaben fest und erstellt einen „Fahrplan“, den ihr im Verlauf des Projekts ergänzt:

Aufgabe	Zeit	verantwortlich?
Rollen ausprobieren und verteilen	bis ...	...
Text lernen und Szenen proben	...	...
Lieder üben		
...		

15.4 Die abschließenden Szenen bearbeiten

Rollentausch: Eine Frau verkleidet sich als Mann

12. Szene: Hilletje verkleidet sich als Mann (Auszug)

[In einer vorhergehenden Szene hat der Schauspieler Gerbrand im „Goldenen Ochsenkopf" eine Frauenrolle, die Rolle der Madame de Pompadour, gespielt.]

HILLETJE: Tante, ich gehe weg.

TANTE: Was?

HILLETJE: Ich gehe weg von hier.

TANTE: Wohin denn?

HILLETJE: Weiß ich noch nicht.

TANTE: Habt Ihr gestohlen? Oooooh! Ihr habt mich bestohlen, he, und dann abhauen! So leicht sollt Ihr mir nicht davonkommen. Ich hetze Euch den Schultheiß auf den Hals, und der macht Dinge mit Euch, die ich Euch niemals angetan habe. Ihr bleibt hier! Faltet das Zeugs hier gut zusammen! Sofort!

Sie wirft ihr einen Kleidersack vor die Füße und verschwindet. Hilletje schüttet den Sack aus und beginnt die Kleidungsstücke zusammenzufalten.

HILLETJE: Ich muss hier weg. Und wenn sie mir zehn Schultheiße hinterherjagt. *(Sie entdeckt einen Männerhut mit angenähter Perücke unter den Kleidungsstücken.)* Madame de Pompadour! Das ist es! Wenn Gerbrand eine Frau spielen kann, warum soll ich dann nicht ... Sobald mich niemand mehr erkennt, laufe ich zur Tür hinaus. Dann kann ich hingehen und bleiben, wo ich will. *(Hilletje probiert Hut und Perücke aus, sie fällt in eine Art Trancezustand. Zieht ihre Kleider aus, darunter Männerkleidung. Sie versucht sich als Mann zu bewegen und übt typisch männliche Gesten.)*

13. Szene: Die Flucht (Auszug)

ROOSJE *(hinter der Szene)*: Hilletje! Wasser! Dumme Gans, wo bleibt Ihr? *(Hilletje tritt auf.)* Guten Morgen, der Herr.

JAN HILLE: Guten Morgen.

ROOSJE: Ihr seid aber früh auf, Herr.

JAN HILLE: Geschäfte.

ROOSJE: Ist der edle Herr ein Kaufmann?

JAN HILLE: Äh ... Mein Vater.

ROOSJE: Womit handelt er?

JAN HILLE: Mit Strümpfen.

ROOSJE: Oh, der Sohn eines Strumpfkaufmanns.

Die Tante kommt hinzu.

TANTE: Hilletje!

ROOSJE: Kann ich etwas für den hochwohlgeborenen Herrn tun?

JAN HILLE: Bier und Brot.

ROOSJE: Natürlich, Exzellenz, einen Augenblick.

TANTE: Was macht Ihr hier so früh, junger Herr? Die Herberge ist noch geschlossen.

JAN HILLE: Die Türe stand offen.

TANTE: Wie ist das möglich?

JAN HILLE: Ein Mädchen ist weggelaufen. In diese Richtung.

TANTE: Ach du liebe Güte, Roos. Sie ist weg.

ROOSJE: Wer?

TANTE: Sie! Abgehauen!

ROOSJE: Sollte ich auch tun.

TANTE: Was steht Ihr da so krumm herum? Tut lieber was!

ROOSJE: Er ist der Sohn eines Strumpfkaufmanns.

TANTE: Nehmt es ihr nicht krumm, junger Herr. Heute läuft alles ein bisschen schief. Kann meine Tochter noch etwas für Euch tun?

JAN HILLE: Nein, sie stinkt.

TANTE: Verschwindet, Pestwolke! Schmeckt es ein bisschen?

JAN HILLE: Das Brot ist alt und das Bier ist schal. Und so was nennt sich nun eine Herberge. Mich sollt Ihr hier nicht wiedersehen. Adieu! *(Er geht ab.)*

14. Szene: Die Heuer

ROOSJE: Was habt Ihr vor?

GERBRAND: Ich gehe weg.

ROOSJE: Nach Italien.

GERBRAND: Schön wäre es ja. Ich fahre zur See.

ROOSJE: Zur See? Ihr seid doch Schauspieler.

GERBRAND: Ich sitze in der Patsche.

ROOSJE: Könnt Ihr Euch nicht verstecken, bis der Kahn abgelegt hat?

GERBRAND: Ich habe unterschrieben.

ROOSJE: Und wann kommt Ihr zurück?

GERBRAND: Keine Ahnung. Vielleicht ertrinke ich unterwegs.

ROOSJE: Ich will auch weg von dieser gottverdammten Herberge. Kann ich nicht mitfahren?

GERBRAND: Frauen auf einem Schiff? Seid froh, dass das nicht möglich ist.

ROOSJE: Aber das Leben auf See würde mir bestimmt gefallen.

GERBRAND: Unter Mördern und Idioten, die sich Seeleute nennen? Der eine hatte sein Messer schon halb in meiner Kehle stecken.

ROOSJE: Aber es ist doch auch ein Abenteuer, Gerbrand. *(Sie singt:)*
Auf See ist das Leben so frei und gesund,
auf See ist der Horizont allemal rund,
die Möwen geben Geleit.
Der Bootsmann spielt auf der Harmonika,
Polizeiagenten sind auch keine da,
kein Gefängnis weit und breit.

BEIDE: Wenn du noch jung bist an Jahren,
fällt dir das Leben oft schwer.
Dann freut es dich, zur See zu fahren,
dann fühlst du dich frei auf dem Meer.
Auf See ist es herrlich, auf See bist du frei,
auf See ziehen langsam die Wolken vorbei,
du schaust auf das blaue Meer.
Auf See warten Abenteuer auf dich,
die dunkle Kneipe ist längst außer Sicht,
an die Tante denkst du nicht mehr.
Auf See ist es schön ...

Während die Musik weiterspielt, gehen Roosje und Gerbrand ab. Der Kapitän, Aarnoud und Jan Hille treten auf. Der Kapitän erteilt Befehle. Die Matrosen – einschließlich Gerbrand – bauen ein Schiff auf.

KAPITÄN: Anker lichten! Vor- und Achtertrossen los! Segel setzen! Kurs nehmen auf Pampus! Volle Fahrt voraus!

15. Szene: Auf der „Guten Hoffnung“ (1)

KAPITÄN: Männer, willkommen auf der „Guten Hoffnung“. Ihr steht nun im Dienste der Vereinigten Ostindischen Kompanie. Wir haben eine Ladung holländisches Porzellan mit Bestimmung Batavia an Bord.

GERBRAND: Wir fahren doch nicht nach Indien, Kapitän?

KAPITÄN: Doch, wir fahren nach Indien.

GERBRAND: Aber wir sollten doch in Richtung Süden fahren.

KAPITÄN: Das ist Richtung Süden. Nur etwas weiter.

Alle lachen.

GERBRAND: Wie lange ... wie lange wird das dauern?

JAN HILLE: Drei Jahre, Gerbrand, drei volle Jahre.

GERBRAND: Verdammt!

KAPITÄN: Maul halten! Ihr habt unterschrieben, Komödiant! Männer, hört zu: Ich bin ein guter Kapitän. Jeden Morgen kriegt Ihr Eure Ration Branntwein. Aber Schlappschwänze oder Meuterer können wir an Bord nicht gebrauchen. Schon einmal etwas gehört von kielholen, Planken ablaufen oder der siebenschwänzigen Katze? Schön, merkt Euch das! Unser Kurs ist südsüdwest. Geschwindigkeit fünf Knoten. An die Arbeit, Männer! Deck scheuern und Brackwasser abpumpen! De Leeuw, geht den Hosenmätzen ein bisschen zur Hand.

AARNOUD: In Ordnung, Kapitän. *(Der Kapitän geht ab.)* Ihr, Zuckerstange, geht in den Laderaum, pumpen. Wir gehen scheuern. *(Er holt Scheuersteine.)* Hier, Hille. Nicht so vorsichtig, Hille. *(Er findet Hilletjes Puppe.)* Was ist das? Über Bord mit dem Drecksding!

JAN HILLE: He, Hände weg! Das ist meine!

AARNOUD: Was für ein komisches Stimmchen, Hille. Kommt her und holt's Euch doch. *(Sie kämpfen; Aarnoud entdeckt, dass Hille eine Frau ist.)* Oooooh! Darum habt Ihr so ein hohes Stimmchen. Wir haben ein kleines Weibchen an Bord. Gebt mir ein Küsschen. Ich werde auch nichts verraten. Lasst Ihr mich einmal anfassen?

JAN HILLE *(hebt das Messer von Aarnoud auf)*: Rührt mich nicht an!

AARNOUD: Ich zeige Euch beim Kapitän an.

JAN HILLE: Ich schneide mir die Gurgel durch.

AARNOUD: Gebt mir das Messer zurück! Nicht tun! Ich werde auch nichts verraten.

JAN HILLE: Schwört es!

AARNOUD: Sieben Gulden, und Ihr habt mein Wort als Seemann. *(Hille gibt ihm Geld.)* Aarnoud de Leeuw.

JAN HILLE: Hilletje Jans ... Jan Hille.

KAPITÄN *(von hinten)*: Hille! Scheuern! *(Er tritt auf.)* Na, de Leeuw, was hatten wir abgemacht? Keine Messer an Bord!

JAN HILLE: Das Messer gehört mir, Kapitän.

KAPITÄN: Passt bloß auf, Rotznase! *(Er geht ab.)*

AARNOUD: Danke, Maat!

JAN HILLE: Sieben Gulden, Maat.

AARNOUD: Ihr lernt schnell, Jan Hille. Kommt mit, wir müssen noch Brackwasser abpumpen.

Sie balgen miteinander. Hille stellt Aarnoud ein Bein, sodass er hinfällt. Beide gehen ab; Gerbrand tritt auf.

Kleidertausch

Auch wenn es uns ganz normal, ja selbstverständlich erscheint, dass Mädchen und Frauen Hosen tragen, so war das längst nicht immer so. Früher gab es eine klare Unterscheidung zwischen dem, was erwachsene Frauen und was erwachsene Männer anzogen. Zog eine Frau ihre Röcke aus und schlüpfte in die Hosen und weiten Jacken der Männer, so war es nicht schwer, die Leute durch diese Kleidung zu täuschen: Sie hielten die Frau für einen Mann. Diese Möglichkeit nutzten viele Frauen im 17. und 18. Jahrhundert. In alten Gerichtsakten holländischer Städte fand man 120 Fälle von Frauen, die in Männerkleidung eine neue Identität annahmen. Die Täuschung flog manchmal schon nach wenigen Stunden oder Tagen, oft aber erst Monate später auf. Mehr als die Hälfte dieser Frauen, deren Kleidertausch entdeckt wurde, arbeitete auf See. Die jungen Frauen ließen sich als Matrosen anheuern. Denn es gab für sie wenig andere Möglichkeiten, Arbeit zu finden. An Bord der Handelsschiffe allerdings konnte man junge ungelernte Männer als Matrosen gut gebrauchen. Und die Frauen, die ihr Leben in Männerkleidung führten, brauchten dringend Arbeit, um sich über Wasser zu halten. Sie kamen aus den einfachsten Verhältnissen, die meisten waren Waisen oder Halbwaisen. Sie hatten nichts zu verlieren und hofften, ein besseres Dasein zu finden. Doch ihr Leben als Mann war hart. Sie mussten immer Angst haben entdeckt zu werden. Besonders gefährlich wurde es, wenn sie in fröhlicher Seemannsart zu viel über ihren Durst getrunken hatten und weniger umsichtig waren, ihr wahres Geschlecht zu verbergen. Oder aber sie wurden krank, und ein Arzt entdeckte zur allgemeinen Verblüffung der Schiffsbesatzung, dass sich eine Frau unter den Seeleuten befand.
Nicht alle Frauen jedoch, die es auf See zog, mussten Hosen anziehen. Vor allem die Piratinnen – es gab nicht viele, aber immerhin wurde manche berühmt-berüchtigt! – konnten ganz offen als Frauen leben.

(aus: Programmheft des Rheinischen Landestheaters Neuss zu „Das besondere Leben der Hilletje Jans")

Frauen auf der Bühne

In den antiken Tragödien und Komödien spielten Männer die Frauenrollen. Im römischen Mimus, einer volkstümlichen Unterhaltungsform, traten Schauspielerinnen auf. Zu ihren Aufgaben gehörten Entkleidungsszenen. In den geistlichen Spielen des Mittelalters war es mit wenigen Ausnahmen von der Kirche nicht gestattet, dass Frauen Theater spielten.
Erst in der italienischen Commedia dell'arte und im spanischen Theater des 16. Jh.s gehörten Frauen zum Stand der Berufsschauspieler, während zur gleichen Zeit in England in den Truppen des elisabethanischen Theaters und im Jesuitentheater, das besonders im süddeutschen Raum verbreitet war, Knaben und Männer die Frauenrollen spielten.
Als sich im 17. Jh. das Berufsschauspielertum in Europa durchsetzte, festigte sich auch der Beruf der Schauspielerin. *(aus: Theaterlexikon von Schwab/Weber)*

1 Lest zunächst die Szenen 12–15 und die Informationen zum Kleider- und Rollentausch (S. 275–278).

2 Bildet Gruppen von vier bis sechs Schülern und Schülerinnen. Lernt rollenverteilt den Text der Szenen 13 oder 15 auswendig.

3 a) Einige Jungen demonstrieren den Mädchen, danach einige Mädchen den Jungen typische Bewegungen für:
gehen, schlendern, sich hinhocken, sich anlehnen, einen Sack öffnen und beiseite werfen, stark tun, sich anpöbeln, kämpfen.
Sucht weitere für die Szenen 13 und 15 wichtige Bewegungen und Gesten.
b) Probt die Szenen 13 bzw. 15 mit Dialog und Bewegung im Raum. Beachtet dabei, dass Hilletje die Männerrolle in Szene 13 Frauen, in Szene 15 aber einem Mann vorspielt. Bei euren Proben sollten auch einmal Jungen die Frauenrollen spielen.

Tipp Raufereien sind auf dem Theater etwas sehr Schwieriges. Meist ist es sinnvoll, für das Schubsen und den direkten Körpereinsatz Ersatzformen zu suchen, die die Spannungen zwischen den beiden Kämpfenden für die Zuschauer zum Erlebnis machen. An Ohren, Haaren, Nasen können Aggressionen vorgespielt werden. Durch Beobachtung von Katzen, Hunden und anderen Tieren können Aggressionsbewegungen gelernt werden.

4 Führt die Szenen euren Mitschülerinnen und Mitschülern vor. Die Gesten, die Mimik, die Haltungen, die Stellungen im Raum, die am besten gefallen, werden festgehalten und für die Aufführung genutzt.

Ein Happyend: Hilletjes Karriere auf den Weltmeeren

16. Szene: Seemanslied

Musik; Gerbrand schreibt einen Brief.

GERBRAND: Roos, wir sind nun sechs Monate auf See. Nirgends ist Land in Sicht. Ich vermisse Euch. Das Seemansleben ist miserabel! *(Er singt:)*

Auf See musst du schuften, da fällst du fast um,
auf See kriegst du morgens ein Fässchen Rum.
Wenn's anfängt zu schmecken, ist's leer.
Auf See schmeckt das Essen nach Salz und nach Dreck,
das Fleisch schmeckt nach Stockfisch, der Stockfisch nach Speck.
Beschwerst du dich, fliegst du ins Meer.

Auf See musst du in engen Kojen schlafen,
dir bleibt nur der Traum vom nächsten Hafen,
nach Hause kommst du lange noch nicht.
Und fallen dir endlich die Augen zu,
reißt dich eine Stimme aus deiner Ruh:
Piraten! Piraten in Sicht!

Aber wenn du dann krank wirst vor Heimweh nach Land,
hörst du eine Stimme, die dringt durch die Wand:

Wenn du noch jung bist an Jahren,
fällt dir das Leben oft schwer.
Dann freut es dich, zur See zu fahren,
dann fühlst du dich frei auf dem Meer.
Wenn du noch jung bist ...

Während der letzten Takte erscheint die Erzählerin.

ERZÄHLERIN: Jan Hille wurde ein erfahrener Seemann. Jahrein, jahraus befuhr er die Ozeane. Fünf, zehn, fünfzehn Jahre lang. Er arbeitet sich hoch, vom Quartiermeister, Bootsmann, zweiten Steuermann bis zum ersten Steuermann. *(Die Schiffsmannschaft tritt auf.)* Und dann, mitten auf dem Indischen Ozean, wurde der Kapitän von der „Guten Hoffnung" krank ... Skorbut[1]! *(Sie schnippt; das Schiff füllt sich mit Leben. Sie geht ab.)*

17. Szene: Auf der „Guten Hoffnung" (2)

AARNOUD: Wie geht es dem Kapitän?

JAN HILLE: Nicht gut.

STEUERMANN: Dem geht die Pfeife aus.

JAN HILLE: Es besteht noch Hoffnung, sagt der Knochenflicker.

STEUERMANN: Schiff in Sicht!

JAN HILLE: Was für ein Schiff?

STEUERMANN: Schwarzes Segel mit Totenköpfen.

GERBRAND: Piraten!

JAN HILLE: Bringt den Kapitän her!

STEUERMANN: Das hat doch keinen Sinn, Hille. Der Mann liegt im Sterben.

JAN HILLE: Holt sofort den Kapitän, sage ich. Van Amstel, ich bin hier der erste Steuermann. Ihr seid der zweite. Wenn ich einen Befehl gebe, möchte ich keine Widerworte. Begriffen?

STEUERMANN: Holt den Kapitän!

GERBRAND: Zu spät! Der Kapitän ist tot!

AARNOUD: Jan Hille, Ihr seid nun der Kapitän.

JAN HILLE: Hört zu, Männer ...

STEUERMANN: Moment mal, es gibt auf dem Schiff Leute, die finden, dass Jan Hille noch viel zu jung ist für einen Kapitän. Und ein bisschen zu schlaff.

AARNOUD: Schuft, wie könnt Ihr unseren Kapitän beleidigen!

GERBRAND: Sollen wir ihn kielholen, Kapitän?

JAN HILLE: Halt, de Leeuw, weg mit dem Messer! Wenn auf diesem Schiff gekämpft wird, dann gegen die Piraten, aber nicht gegeneinander. Und Ihr, van Amstel, Ihr seid nun

1 **Skorbut:** Krankheit aus Mangel an Vitamin C

der erste Steuermann. Ich erwarte mehr Verstand von Euch. Wie schnell kommen die Piraten?

STEUERMANN: Sie kommen direkt auf uns zu.

JAN HILLE: Freiwillige vor! Van Raamsdonck? Ihr kämpft lieber mit kleinen Mädchen, nicht? Nehmt eine Muskete und bleibt im Laderaum. Holt zwei schwarze Lappen und die schwarze Flagge. Und Ihr, van Amstel, legt Euch hin und bewegt Euch nicht. Hilfe!

Piraten vom Band.

PIRAT 1: Männer, macht die Enterhaken klar! Das wird eine schnelle Beute.

JAN HILLE: Hilfe!

PIRAT 2: Bootsmann, eine schwarze Flagge.

PIRAT 1: Nicht so ängstlich, Hosenscheißer.

JAN HILLE *(winkt mit der schwarzen Flagge):* Wir haben die Pest.

PIRAT 3: Sie haben die Pest an Bord.

PIRAT 1: Was?

PIRAT 4: Eine Leiche ... eine Leiche an Deck!

PIRAT 1: Männer, Enterhaken weg! Hart backbord! Volle Fahrt voraus!

JAN HILLE: Hiiiilfe ... Heeeelft uuuuuuns! Ssst ... ssssst ... Van Amstel! Was zittert Ihr so? Ist Euch kalt? He, de Leeuw! Seid Ihr unter Eurer Decke eingeschlafen? Die Piraten sind schon lange weg. Wollt Ihr Euren Kapitän nicht auf die Schultern nehmen, van Amstel? Er hat Euch das Leben gerettet! Oder nicht, de Leeuw?

AARNOUD: Sicher, Kapitän. Ein dreifaches „Hurra“ auf unseren Kapitän Hille: Hurra! Hurra! Hurra!

Erzähler tritt auf; die Mannschaft baut das Schiff ab und verschwindet.

ERZÄHLER: Es dauerte nicht lange, bis die ganze Welt von den Heldentaten des Kapitän Hille erfuhr. Er wurde eine Berühmtheit. Der Kapitän vom schwarzen Tod. Und endlich, endlich kam Jan Hille zurück nach Amsterdam. Wie überall, wo die „Gute Hoffnung“ anlegte, standen viele Frauen am Kai. *(Er geht ab.)*

1 Die Regieanweisung „Piraten vom Band“ (Szene 17) gibt vor, dass die Piraten für die Zuschauer nicht sichtbar werden. Arbeitet diese Idee im Detail aus oder entwickelt eigene andere Ideen, wie man die Begegnung zweier feindlicher Gruppen auf dem Meer darstellen könnte.

Tipp Oft lassen sich Stühle auf vielfältige Weise nutzen, wenn man erprobt, was man mit ihnen alles machen und darstellen kann.

2 a) Schreibt einen epischen (erzählenden) oder einen dramatischen (dialogischen) Schluss zu dem „Besonderen Leben der Hilletje Jans“. Berücksichtigt dabei, was zum Kleidertausch auf S. 277 steht und was der Schultheiß im Schlussteil des Theaterstückes von Ad de Bont und Allan Zipson vorträgt: „Der für den Fall Hilletje Jans zuständige Gerichtshof von Holland hat nämliche Frau für schuldig befunden, weltliche und göttliche Gesetze verletzt zu haben, indem sie sich als Mann ausgegeben hat, obwohl sie eine Frau ist.“

b) Überarbeitet eure Texte mit Hilfe der Checkliste auf S. 284.

1 Sprechen und Schreiben

1.1 Mündlicher und schriftlicher Sprachgebrauch

S. 27

Mündlicher und schriftlicher Sprachgebrauch unterscheiden sich vor allem im Hinblick auf **Satzbau, Tempus** und **Ausdrucksmöglichkeiten:** Der Satzbau ist im **mündlichen Sprachgebrauch** in der Regel einfacher gestaltet, häufiger werden Sätze unterbrochen, wenn der Sprecher merkt, dass sein Gegenüber verstanden hat, was er sagen will. Der Hörer reagiert unmittelbar auf das Gehörte, sodass der Sprecher merkt, wo etwas unklar geblieben ist und wo er noch genauer erklären muss. Der Sprecher hat überdies die Möglichkeit, mit Gesten, Gesichtsausdrücken und Betonung seine Informationen zu begleiten. Die Vergangenheit wird im mündlichen Sprachgebrauch häufiger durch die Verwendung des **Perfekts** ausgedrückt.
Im **schriftlichen Sprachgebrauch** kommt es vor allem auf den exakten und eindeutigen Ausdruck an, da der Leser nicht unmittelbar nachfragen kann, wenn ihm etwas unklar bleibt. Die Sätze sind meist umfangreicher, grammatisch korrekter und müssen logisch widerspruchsfrei aufgebaut sein. Die Vergangenheit wird in der Regel durch das **Präteritum** ausgedrückt.

1.2 Gespräche untersuchen

▶ S. 61–63

Das Verhalten in **Gesprächen** hängt unter anderem von der **Rolle** ab, die man gerade einnimmt, z. B. Tochter/Sohn, Freund/Freundin, Schüler/Schülerin … Da man im Alltag ganz verschiedenen Rollenanforderungen genügen muss, ändert sich auch das Gesprächsverhalten. Personen, die sprachlich aus der Rolle fallen, werden dadurch besonders auffällig. Es gibt viele Berufe (z. B. Verkäufer/Verkäuferin), die ein spezielles sprachliches Verhalten nahe legen.

▶ S. 71

In Alltagssituationen werden häufig **Vorwürfe** erhoben. Auf sie kann man in verschiedener Weise **reagieren.** Man kann z. B.
- eine Handlung erklären und begründen,
- sich entschuldigen,
- eine Handlung bestreiten,
- sich entlasten, indem man einen anderen als Veranlasser der Handlung benennt.

▶ S. 69–70

Eine Sprache wie das Deutsche besteht eigentlich aus vielen Teilsprachen. Neben der **Umgangssprache,** die alle gut verstehen, gibt es **Fachsprachen** wie die Juristen- oder die Pädagogensprache. Sie enthalten einzelne Wörter und Redewendungen, die von anderen Bevölkerungsgruppen nicht gut verstanden werden können. Meist kann man fachsprachliche Ausdrücke oder Ausdrucksweisen ins Umgangssprachliche „übersetzen".

1.3 Diskutieren, Argumentieren, Appellieren

▶ S. 75–78

In **Diskussionen,** in denen **gegensätzliche Interessen** vertreten werden, bemühen sich beide Seiten darum, den Gang des Gesprächs zu bestimmen. Dabei entwickeln sie unterschiedliche Formen der **Beeinflussung.** Man kann zwischen zwei Vorgehensweisen unterscheiden, die sich oft überschneiden:

überzeugen		**überreden**
Argumente anführen		
	auf anerkannte Verhaltensregeln verweisen	
	auf andere verweisen	
		auf die eigene Autorität verweisen
		eine Belohnung versprechen
		vertrösten
		das Mitleid ansprechen

Will man jemand besonders dringlich beeinflussen, dann nennt man das **Appellieren.** Appelliert wird zum Beispiel in Reden, auf Plakaten oder in der Werbung.

▶ S. 83–84 Zur Vorbereitung von Diskussionen kann man **Informationen aufbereiten.**

Dazu eignen sich
- Info-Cluster,
- W-Fragen-Übersichten,
- Zitatensammlungen,
- Beispielsammlungen.

Der Austausch von Meinungen kann in verschiedener Weise organisiert werden. **Diskussionen** lassen es normalerweise zu, dass sich Teilnehmer/Teilnehmerinnen in einer nicht geplanten, spontan sich ergebenden Reihenfolge melden. Es gibt aber auch **Debatten,** die nach strengeren Regeln ablaufen. Hier ist der Ablauf des Gesprächs genau festgelegt. Außerdem gibt es z. B. **Talkshows,** in denen die Gesprächsteilnehmer wissen, dass ein Publikum sich durch ihren Meinungsaustausch unterhalten lassen will, und **Expertenpodien,** bei denen die Gesprächsteilnehmer ein besonderes Wissen anzubieten haben. ▶ S. 85 ▶ S. 88

1.4 Beschreiben, Erklären, Informieren

▶ S. 40–51 Wenn man etwas **beschreibt** (Personen, Bilder, Gegenstände), kommt es auf die **Genauigkeit** der Beobachtung und der Darstellung an. Jemand, der das Beschriebene nicht kennt, muss es sich vorstellen oder erkennen können.
Die **Reihenfolge,** in der man die Hauptmerkmale und die Einzelheiten beschreibt, sollte durchdacht sein (bei Bildern z. B. zuerst vom Gesamteindruck oder auch vom Hauptmotiv sprechen und dann Details erwähnen). Einzelne Bereiche sollten zusammenhängend beschrieben werden (bei Personen z. B. nicht zuerst über die Haarfarbe, dann über die Schuhgröße, dann wieder über die Haarlänge schreiben).
Treffende Adjektive (z. B. Wangen: eingefallen, blass, pausbäckig, gerötet, faltig) und Vergleiche („wendig wie eine Gazelle") sorgen für **Anschaulichkeit.** Bei der Wortwahl sollte auch darauf geachtet werden, dass die Verben „haben" und „sein" nicht zu oft verwendet werden.
Zweck und Adressat (z. B. Fahndung, Erinnerung, Porträt) entscheiden, welche Angaben zu einer **Person** gemacht werden und welcher Schreibstil jeweils angemessen ist (z. B. nüchtern, sachlich, ausführlich, ausschmückend, gefühlvoll). Wenn eine Person beschrieben wird, fließt immer auch die Sichtweise des Beschreibenden mit ein. Seine Beziehung zu der Person entscheidet, wie sie dargestellt wird. ▶ S. 40–43
Bei **Vorgangsbeschreibungen** ist es wichtig, die einzelnen Schritte in der richtigen Reihenfolge, genau und vollständig, aber auch knapp und sachlich nicht nur zu beschreiben, sondern auch zu **erklären.** Die Verwendung von Fachbegriffen ist dabei meist sinnvoll. Tempus ist das **Präsens,** weil es hier das Immer-wieder oder das Zu-jeder-Zeit ausdrückt. Man muss sich den Vorgang vorstellen und ihn unter Umständen selbst wiederholen können (z. B. Bastelanleitung, Regeln im Sport, Rezepte). ▶ S. 47–51
Funktionsweisen eines **Gegenstandes** müssen verständlich, detailgenau und vollständig erklärt werden (Gebrauchsanweisung, Anleitungstext, Spielerklärung). ▶ S. 43–44

1.5 Schreiben über Texte

▶ S. 208 **Inhaltsangabe**
Die Inhaltsangabe ist unter anderem ein wichtiger Bestandteil von Aufsätzen über literarische Texte. In ihr vergewissert sich die Leserin/der Leser über die **wesentlichen Aussagen** des Textes. Inhaltsangaben begegnen darüber hinaus in vielfältigen Verwendungszusammenhängen:

- als Klappentext eines Jugendbuches,
- als einleitende Information einer Buchbesprechung (Rezension),
- als Vorstellung eines Buchs im Rundfunk usw.

Der **Einleitungssatz** der Inhaltsangabe gibt zur schnellen Orientierung einen Überblick über den ganzen Text und enthält Angaben zu Titel, Autor, Textart sowie Thema/geistigem Gehalt des Textes. Der Hauptteil der Inhaltsangabe gibt die **wesentlichen Erzählschritte/Gedanken** des Textes **in eigenen Worten** (weitgehender Verzicht auf Zitate) wieder. Im Sinne eines sachlichen Berichtsstils wird die indirekte der direkten Rede vorgezogen.
Das Tempus der Inhaltsangabe ist das **Präsens,** bei Vorzeitigkeit das **Perfekt.**

▸ S. 165, 174

Charakterisierung
In einer Charakterisierung werden wichtige **Eigenschaften** einer **literarischen Figur** zusammengestellt. Man sollte nur solche Eigenschaften benennen, die eine Figur vermutlich auf Dauer auszeichnen, nicht aber Verhaltensweisen, die durch eine besondere Situation bedingt sind. Eine Charakterisierung kann man mit einem **Charakterprofil** vorbereiten, indem man aufschlussreiche Adjektiv-Gegensätze entwickelt und die Figur in das Profil einordnet.

1.6 Berichten

▸ S. 26–27

Wie über ein Geschehen **berichtet** wird, hängt vom **Adressaten** und vom **Zweck** ab.
Texte, die z. B. Polizei, Feuerwehr, Gericht oder auch Versicherungen zur Rekonstruktion eines Geschehens dienen, müssen knapp und präzise darüber informieren. Solche Texte werden **sachlich** abgefasst, das heißt, sie enthalten keine unwichtigen, ablenkenden Informationen, keine Gefühle und Wertungen.
Texte, die aus einer persönlichen Perspektive einem Bekannten (z. B. Freund/Freundin) oder Unbekannten (z. B. Zeitungsleserin/Zeitungsleser) von einem Geschehen berichten, dürfen durchaus auch Gedanken, Gefühle sowie spannungssteigernde Ausdrücke und Wertungen enthalten. Dabei gehen berichtende, erzählende und beschreibende Passagen häufig fließend ineinander über.

1.7 Erzählen

Wenn man schriftlich oder mündlich **erzählen** will, ist es wichtig, sich einen **Erzählaufbau** zu überlegen. Durch eine **Einleitung** kann man Leserin/Leser oder Hörerin/Hörer in die Geschichte einführen. Man macht zum Beispiel mit dem Ort und der Zeit des Geschehens vertraut und/oder stellt die Hauptfigur(en) vor. Der **Hauptteil** enthält dann den Kern der Geschichte, das Geschehen, um das es in der Erzählung geht. Für den **Schluss** kann man sich überlegen, ob man die Geschichte ausklingen lassen will, indem man zum Beispiel noch einen Anstoß zum weiteren Nachdenken, eine so genannte Lehre, anfügt oder ob man sie unvermittelt abbrechen lässt. Man kann seiner Geschichte auch eine Art **Rahmen** geben, indem man auf die Einleitung am Ende noch einmal zurückkommt.
Bei der **Ausgestaltung einer Erzählung** sollte man darauf achten, die Aufmerksamkeit des Lesers/Hörers zu wecken und zu erhalten. So kann man zum Beispiel durch den Gebrauch der **Figurenrede,** das heißt, dass man die Figuren in wörtlicher Rede zu Wort kommen lässt, eine Geschichte lebendiger und dramatischer gestalten. Durch das genaue Ausmalen von Einzelheiten, die **Detailgenauigkeit,** besonders in Bezug darauf, was in einer Situation zu sehen, riechen, hören und fühlen ist, erreicht man, dass dem Leser/Hörer das Erzählte anschaulich vergegenwärtigt wird. Werden die Personen in einem Wechsel von **Außensicht** (Darstellung des Aussehens und Verhaltens der Personen) und **Innensicht** (Darstellung ihrer Gedanken und Gefühle) dargestellt, nimmt der Leser/Hörer stärker Anteil und kann sich besser in sie hineinversetzen. Wichtig ist es auch, auf das **Erzähltempus** zu achten; so kann man zum Beispiel durch den Wechsel vom Präteritum (der Tempus-Grundform des Erzählens) ins Präsens Spannung erzeugen.

▸ S. 21, 179, 189–192

Beim **Erzählen nach Vorlagen,** wenn also zum Beispiel der Anfang einer Erzählung, Fabel, Kalendergeschichte, Anekdote usw. vorgegeben ist, sollte man darauf achten, Brüche im Erzählablauf zu vermeiden. Man muss also Ort, Zeit und Atmosphäre, in der die Geschichte spielt, im Auge behalten. Auch soll die Darstellung der Figuren zu der Vorlage passen; so kann man sich zum Beispiel fragen, ob die Figuren als individuelle Charaktere wichtig sind und daher von außen sowie in ihrem Innenleben genau beschrieben werden müssen. Schließlich ist noch auf die **Erzählabsicht** zu achten: Soll die Geschichte auch belehren oder nur unterhalten? Das kann man an der Erzählweise der Vorlage erkennen, die man weiterführen sollte.

1.8 Texte überarbeiten

Man verbessert seine Schreibfähigkeit nur, wenn man seine Texte regelmäßig selbst überarbeitet oder von anderen verbessern lässt. Besonders gewinnbringend ist die Überarbeitung von Texten in Zusammenarbeit mit Mitschülerinnen und Mitschülern. Dabei bieten sich unterschiedliche Methoden an, z. B. das Vorlesen und Besprechen der Textentwürfe in Kleingruppen, die schriftliche Verbesserung durch eine Mitschülerin/einen Mitschüler mit anschließendem Auswertungsgespräch. Besonders bewährt hat sich das Verfahren, den Entwurf durch 3–5 Mitschülerinnen/Mitschüler nach folgendem Muster kommentieren zu lassen:

	Vorzüge	Probleme	Korrekturvorschläge
1. Schüler/in			
2. Schüler/in			
…			

Die Schreibsicherheit erhöht sich, je intensiver Bearbeitungen des Textentwurfs vorgenommen werden. Insbesondere bei Texten, die für eine Veröffentlichung vorgesehen sind, empfiehlt sich eine Überarbeitung in mehreren Stadien des Schreibprozesses.
Eine Überarbeitung von Texten setzt immer Kriterien voraus. Diese können je nach Unterrichtssituation von der Lerngruppe erarbeitet werden. Darüber hinaus ist es wichtig, die persönlichen Fehlerschwerpunkte zu beachten, die in Lernkarteien (z. B. Rechtschreibkartei, persönliche Fehlerkartei, Regelkartei) festgehalten sind.
Die folgende Übersicht gibt Anregungen zur Überarbeitung von Texten und hebt die wichtigsten Gesichtspunkte hervor.

Leitfragen zur Textüberarbeitung

Inhalt

- ☐ Ist dem Leser/der Leserin ohne besondere Mühe verständlich, worum es in dem Text geht?
- ☐ Werden Personen, Schauplätze und Vorgänge anschaulich, präzise usw. beschrieben?
- ☐ Fühlt der Leser/die Leserin sich vom Thema angesprochen?
- ☐ Sind klare Schwerpunkte gesetzt oder gerät das Thema häufiger aus dem Blick?

Aufbau/Gliederung

- ☐ Ist der Text übersichtlich gegliedert, z. B. nach Einleitung, Hauptteil und Schluss?
- ☐ Sind die einzelnen Schritte wirkungsvoll auf den Leser/die Leserin bezogen? Regt beispielsweise die Einleitung zum weiteren Lesen an?
- ☐ Enthält der Text Widersprüche und Ungereimtheiten?
- ☐ Ist die Reihenfolge der Gliederungsschritte stimmig?

Sprachlicher Ausdruck (Stil)

- ☐ Ist die Wortwahl abwechslungsreich, genau, anschaulich, angemessen usw.?
- ☐ Entsprechen die gewählten Bilder, Vergleiche und Metaphern der gewählten Textart?
- ☐ Ist der Satzbau klar und abwechslungsreich?
- ☐ Lässt sich der sprachliche Ausdruck durch Ersatz-, Umstell-, Weglass- oder Erweiterungsprobe verbessern?
- ☐ Werden unnötige Wiederholungen und Füllwörter vermieden?

Rechtschreibung/Zeichensetzung/Grammatik

- ☐ Ist der Text grammatisch einwandfrei im Hinblick auf Tempus, Modus (Indikativ und Konjunktiv), grammatische Beziehungen, Wortstellung, Satzbau usw.?
- ☐ Sind Rechtschreibung und Zeichensetzung fehlerfrei (siehe Checkliste auf S. 155)?
- ☐ Ist ein Rechtschreib- und Fremdwörterbuch verfügbar, aber auch ein Wörterbuch, das über Wortbedeutungen, sinnverwandte Begriffe und Wortfamilien informiert?
- ☐ Sind persönliche Lernkarteien oder Merkhefte hinzugezogen worden?

Reinschrift

- ☐ Ist die äußere Form ansprechend gestaltet (Rand, Kopf des Textes usw.)?
- ☐ Ist die Schrift gut lesbar? Sind nachträgliche Korrekturen vermieden?
- ☐ Ist die Abschnittsgliederung klar markiert?
- ☐ Entspricht das Lay-out dem Verwendungszweck des Textes (Klassenzeitung, Wandzeitung usw.)?

2 Grammatik und Rechtschreibung

2.1 Wortarten

Nomen (Substantiv): Eigennamen, Personen, Lebewesen, Dinge, Begriffe usw. werden durch Nomen (Substantive/Hauptwörter) bezeichnet: „Jutta", „Kind", „Ameise", „Stuhl", „Schönheit".
Jedes Nomen hat ein grammatisches Geschlecht **(Genus),** das man an seinem Artikel (Begleiter) erkennen kann: Ein Nomen ist entweder **Maskulinum** (männlich), z. B. „*der* Löffel", oder **Femininum** (weiblich), z. B. „*die* Gabel", oder **Neutrum** (sächlich), z. B. „*das* Messer".
Das grammatische Geschlecht muss mit dem natürlichen Geschlecht nicht übereinstimmen; so kann „*das* Kind" sowohl einen Jungen als ein Mädchen bezeichnen.
Nomen haben meist einen **Singular** (Einzahl): „*das* Kind"; häufig haben sie auch einen **Plural** (Mehrzahl): „*die* Kinder".
In Sätzen erscheinen Nomen immer in einem bestimmten **Kasus** (grammatischer Fall). Der Kasus ist meist am Artikel des Nomens zu erkennen und manchmal auch an der Endung des Nomens. Im Deutschen gibt es vier Kasus. Man kann den Kasus eines Nomens und seines Begleiters durch Fragen ermitteln:
Der **Nominativ** antwortet auf die Fragen „Wer ...?" oder „Was ...?": „*Wer* rettete den Jungen? – *Die Feuerwehrleute* retteten den Jungen." – „*Was* hat zuerst nicht funktioniert? – *Eine Drehleiter ...*"
Nach dem **Genitiv** fragt man „Wessen ...?": „*Wessen* Drehleiter funktionierte nicht? – Die Drehleiter *der Feuerwehrleute ...*"
Mit der Frage „Wem ...?" ermittelt man den **Dativ:** „*Wem* dankten die Eltern für die Rettung? – Die Eltern dankten *den Feuerwehrleuten ...*"
Den **Akkusativ** erhält man auf die Fragen „Wen ...?" oder „Was ...?": „*Wen* haben die Anwohner benachrichtigt? – *Die Feuerwehr...*" – „*Was* haben die Feuerwehrleute repariert? – Die Feuerwehrleute haben *die Drehleiter ...*"
Wenn man ein Nomen und seinen Artikel in einen Kasus setzt, nennt man das **deklinieren** (beugen).

Artikel (Begleiter) stehen in demselben Kasus wie die Nomen, die sie begleiten. Man unterscheidet den **bestimmten** Artikel „der, die, das" und den **unbestimmten** Artikel „ein, eine".

Adjektive (Eigenschaftswörter) dienen dazu, Personen, Dinge usw. genauer zu beschreiben. Man benutzt hierfür die Grundform des Adjektivs, den **Positiv,** z. B. „alt". Will man zwei Dinge oder Personen miteinander vergleichen, so braucht man den **Komparativ** des Adjektivs: „Melanie ist *älter* als Anne." Bei Vergleichen zwischen mehreren Dingen oder Personen kann man das Adjektiv noch weiter steigern und den **Superlativ** bilden: „Von den drei Schwestern ist Maria *am ältesten.*" Man kann die meisten Adjektive steigern, aber es gibt Ausnahmen wie „einzig" oder „tot".
Steht ein Adjektiv als **Attribut** vor einem Nomen, stimmt es mit ihm in Kasus, Genus und Numerus überein („der *spannende* Film"). Als **adverbiale Bestimmungen** werden Adjektive nicht gebeugt. („Der Reporter berichtete *spannend.*")

Pronomen (Stellvertreter) können an Stelle eines Nomens oder einer Wortgruppe mit Nomen gebraucht werden. Sie werden wie die Nomen dekliniert. Wörter wie „ich, du, er/sie/es" sind **Personalpronomen.** Wörter wie „meine, deine, seine" usw. heißen **Possessivpronomen** (besitzanzeigende Pronomen).
Demonstrativpronomen (hinweisende Pronomen) sind Wörter wie „dieses" oder „jene", mit denen man auf etwas zeigen oder hinweisen kann.
Indefinitpronomen (unbestimmte Pronomen) sind Wörter wie „etwas", „einige", „viel", mit denen man ungefähre Mengenangaben macht.
Relativpronomen wie „der", „die", „das" leiten Nebensätze ein.
Bei der Verwendung von Pronomen muss man besonders darauf achten, dass immer deutlich ist, worauf sich das Pronomen **bezieht.** Sonst kann es zu Missverständnissen kommen wie in den Sätzen: „Die Zoobesucher freuten sich über die Affen. *Sie* lausten sich gegenseitig."

Präpositionen sind Wörter wie „in", „auf", „nach", „vor". Sie drücken oft ein örtliches (*vor* dem Haus) oder zeitliches (*vor* einer Stunde) **Verhältnis** aus. Die Präposition steht vor einem Nomen (mit oder ohne Begleiter) oder einem Pronomen. Sie bestimmt den Kasus des nachfolgenden Worts oder der Wortgruppe *(auf dem Fahrrad; nach kurzer Zeit; bei ihm).*

Konjunktionen sind Wörter wie „und", „aber", „weil". Sie verbinden Sätze oder Satzteile (s. S. 289–292).

Adverb, Plural: Adverbien (Umstandswort): eine Wortart, die man leicht mit dem Adjektiv verwechseln kann. Das Adverb ist aber im Gegensatz zum Adjektiv nicht flektierbar: „morgens", „abends", „probeweise", „heimwärts".

Verben (Tätigkeitswörter) geben an, was ist, was geschieht oder was jemand tut, z. B. „haben", „regnen", „gehen".
Wenn wir Verben in Sätzen verwenden, bilden wir aus dem **Infinitiv** (Grundform) des Verbs meist die **Personalform,** z. B.: „gehen – er geht".
Setzt man Verben in die verschiedenen Personalformen, nennt man dies **konjugieren** (beugen).
Die Befehlsform des Verbs ist der **Imperativ.** Er kann an Einzelne oder an mehrere Personen gerichtet sein: „Geh(e)!" – „Geht!"
Verben sagen uns, *wann* das im Satz Mitgeteilte
▶ S. 184–187 passiert. Sie lassen sich in verschiedene **Tempora** (Zeitformen) setzen:
Mit dem **Präsens** können wir ausdrücken, dass etwas in der Gegenwart geschieht: „Ich *lese* gerade." Im Präsens stehen auch solche Aussagen, die immer gelten, z. B.: „Ferien *machen* Spaß."
Mit dem **Futur** können wir auf Zukünftiges verweisen: „Ich *werde* ans Meer *fahren.*"
Häufig benutzen wir Zeitangaben, um die Zukunft anzuzeigen, die Verbform kann dann im Präsens bleiben, z. B.: „*Morgen fahre* ich ans Meer."
Vergangenes wird in mündlichen Erzählungen meist im **Perfekt** ausgedrückt („ich *habe gesehen*", „ich *bin gegangen*"), bei schriftlichen Erzählungen und Berichten steht meist das **Präteritum** („ich *ging*", „ich *sah*").
In beiden Fällen wird bei Vorzeitigkeit das **Plusquamperfekt** verwendet. Es handelt sich dabei ▶ S. 185
um eine nur in Beziehung zu einem anderen Tempus zu gebrauchende Zeitform. Sie ist daher hauptsächlich in Satzgefügen (Haupt- und Nebensatz) zu finden. Beispiele: „Nachdem wir *gegessen hatten,* gingen wir spazieren." – „Wir *waren* gerade *eingeschlafen,* als das Gewitter losbrach."
Das Plusquamperfekt wird gebildet aus der Personalform der Hilfsverben „haben" oder „sein" (ich hatte/ich war) und dem Partizip Perfekt des Vollverbs (gegessen/eingeschlafen).

2.2 Aktiv und Passiv

▶ S. 101

Zwei Sehrichtungen

Aktiv und **Passiv** sind zwei Verbformen, die man bei der Darstellung von Handlungen und Vorgängen unterscheidet. Man kann aus zwei Perspektiven schauen:

- Man kann vom „Täter" (Handelnden, Urheber …) aus sehen:
  „Uwe und Sonja → *besuchen* Ulrike."
- Man kann vom „Betroffenen" aus sehen:
  „Ulrike ← *wird* von Uwe und Soja *besucht.*"

Bei der Darstellung von Handlungen ist immer auch im Blick, *wer* handelt, wer etwas tut.
Bei der Darstellung von Vorgängen steht im Zentrum, *was* da geschieht; die handelnden Personen sind weniger wichtig.

▶ S. 102–103

Handlungen

Das, was einer oder eine tut, nennen wir eine **Handlung:** „eine Tür öffnen".
Die handelnde Person nennen wir auch **Handlungsträger:** „Iris".
Kern der Handlung ist ein **Handlungsverb:** „öffnen".
Es entsteht ein **Handlungssatz:**
„Iris öffnet eine Tür."
Handlungsträger im grammatischen Sinne können neben Personen auch andere Lebewesen, Gegenstände usw. sein: „Der Hund öffnet die Tür." – „Der Automat schließt die Tür."

Das Handeln eines Handlungsträgers ist meist auf ein Objekt gerichtet. Ein Handlungssatz besitzt dann Subjekt – Prädikat – Objekt:
„Iris → öffnet → eine Tür."
Subjekt → Prädikat → Akkusativobjekt
Solche Sätze, in denen die Handlungsträger als Subjekt des Handlungssatzes erscheinen, stehen im **Aktiv.** Das Aktiv ist also eine Aussageform, die angibt, *wer* etwas tut.

Vorgänge ▶ S. 104–1

Es gibt Darstellungen, bei denen nur der Vorgang wichtig erscheint, so z. B. Gebrauchsanleitungen, Bedienungs- und Arbeitsanleitungen, Rezepte etc. Dabei geht es mehr um den Ablauf als um die Personen, die beteiligt sind: „Das Kabel *wird* zuerst *gekürzt.*"
Im **Passiv** stehen Sätze, in denen mit dem Subjekt des Satzes etwas geschieht: „Eine Tür *wird geöffnet.*"
Die Handlungsträger müssen nicht genannt werden. Man kann allerdings auch in diesem Fall durch eine **adverbiale Bestimmung** ergänzen, wer handelt: „Die Tür wird *(von Iris)* geöffnet."
Das Akkusativobjekt des Aktivsatzes wird bei der Umformung in einen Passivsatz zum Subjekt.
„Ralf legt *das Seil* über die Hand."
↙
„*Das Seil* wird über die Hand gelegt."

S. 105

Formen und Funktionen von Aktiv und Passiv

	Aktiv	Passiv
Beispiel	„Der Schreiner *liefert* die Tür."	„Die Tür *wird geliefert.*"
Formen	Personalform des Verbs („liefert")	Personalform des Verbs „werden" („wird") + Partizip Perfekt des Verbs („geliefert")
Funktion	Der Sprecher richtet den Blick auf die handelnden Personen und ihr Tun.	Der Blick wird auf den Vorgang gerichtet.

▸ S. 114

Man kann die Aktiv- und Passivformen gleichermaßen in den verschiedenen Zeitstufen benutzen:

	Aktiv	Passiv
	Handlungsverb („suchen") in der entsprechenden Tempusform	„werden" in der entsprechenden Tempusform + Partizip Perfekt des Handlungsverbs („suchen")
Präsens	„Sonja *sucht* das Heft."	„Das Heft *wird* (von Sonja) *gesucht.*"
Perfekt	„Sonja *hat* das Heft *gesucht.*"	„Das Heft *ist* (von Sonja) *gesucht worden.*"
Präteritum	„Sonja *suchte* das Heft."	„Das Heft *wurde* (von Sonja) *gesucht.*"

▸ S. 107

	Vorgangspassiv	Zustandspassiv
Beispiel	„Die Tür *wird geschlossen.*"	„Die Tür *ist geschlossen.*"
Formen	Personalform von „werden" + Partizip Perfekt	Personalform von „sein" + Partizip Perfekt
Funktion	Ablauf eines Vorgangs	Ergebnis eines Vorgangs

▸ S. 109–112

Passiv aus Informationsmangel oder als Informationsriegel

Wenn man die Handlungsträger nicht kennt und also nicht nennen kann, verwendet man meist Formen des Passivs: „Die Mülleimer wurden wieder versteckt!"

Bei der Darstellung eines Vorfalls kann man die beteiligten Personen auch bewusst verschweigen. Wer die Handlungsträger nicht nennen will, kann aus verschiedenen Gründen zu Formen des Passivs greifen: Man will betroffene Personen oder Opfer schützen oder man will die verantwortlichen Personen oder Täter verschleiern. Beispiel: „Die Scheibe wurde gestern in der 4. Stunde zerkratzt."

Die **Passiv-Aktiv-Probe** ist besonders für sorgfältige und kritische Leser nützlich. Denn mit ihr kann man die Passivsätze herausfinden, in denen die Handlungsträger nicht genannt sind. In solchen Fällen sollte man nach den Gründen suchen, warum dies so ist: Kann oder will der Sprecher oder Schreiber sie nicht nennen?

Passivsatz		Umwandlung in einen Aktivsatz
Die Schülerin Claudia Seifert wurde von ihrem Nachbarn Jens Pauli gegen die Glastür gestoßen.	→	Der Schüler Jens Pauli stieß seine Nachbarin Claudia Seifert gegen die Glastür.
Die Schülerin Claudia Seifert wurde gegen die Glastür gestoßen.	→	??? (Handlungsträger nicht zu erkennen!)

S. 118

Passiv-Umschreibungen

Man kann die Passiv-Form mit anderen sprachlichen Mitteln umschreiben, wenn man die Handlungsträger nicht nennen will. So kann man statt: „Die Dose *wird* mit einem Hebel *geöffnet*" auch sagen:

- **man-Form:**
  „*Man öffnet* die Dose mit einem Hebel."
- **reflexive Form:**
  „Der Deckel *öffnet sich* durch Hebeldruck."
- **lassen-Form:**
  „Die Dose *lässt sich* mit einem Hebel *öffnen*.

- **Verbform von „sein“ + Adjektiv mit Endung -bar:** „Die Dose *ist* leicht *verschließbar*.“
- **Adverbial:** „*Beim Öffnen* den Hebel am Rand ansetzen.“
- **Imperativ-Form:** „*Öffnen Sie* die Dose mit einem Hebel.“
- **Infinitiv-Form:** „Dose mit einem Hebel *öffnen*.“
- **Sie/du-Aussage-Form:** „*Sie öffnen* die Dose mit einem Hebel.“

Diese Varianten helfen, die dauernde Wiederholung der „werde“-Formen in einem Text zu vermeiden.
Zum andern sind einige Varianten traditionell mit bestimmten Sorten der **Vorgangsbeschreibung** enger verbunden: Infinitiv besonders bei technischen Kurzanleitungen; Infinitiv, Imperativ oder Sie/du-Aussage-Form vor allem bei Rezepten.

2.3 Satzglieder

Ein Satz setzt sich aus verschiedenen **Satzgliedern** zusammen. Ob ein einzelnes Wort oder eine ganze Wortgruppe ein Satzglied bildet, erkennt man daran, dass man Satzglieder innerhalb eines Satzes umstellen kann, ohne den Sinn des Satzes zu verändern. Wir nennen dieses Verfahren **Umstellprobe**. Beispiel:

„[Die Feuerwehrleute] [retteten] [den Jungen.] – [Den Jungen] [retteten] [die Feuerwehrleute.]“

Der Kern des Satzes ist das **Prädikat.** Prädikate werden durch Verben gebildet. Es gibt einteilige Prädikate (z. B. „Sie *retteten* ihn.“) und zweiteilige Prädikate: „Sie *haben* ihn *gerettet.*“ Der Teil des Prädikats, der im Aussagesatz nach dem ersten Satzglied steht, ist die Personalform des Verbs: „Sie *haben* ihn gerettet.“

Um die weiteren Satzglieder im Aussagesatz zu bestimmen, stellen wir vom Prädikat ausgehend Fragen. Die erste Frage lautet: „Wer …?“ oder „Was …?“, die Antwort darauf ist das **Subjekt,** die wichtigste Ergänzung zum Prädikat: „*Wer* hat ihn gerettet? – *Sie* haben ihn gerettet.“
Subjekt und Prädikat sind eng miteinander verbunden. Sie stimmen in der Person (1., 2. oder 3. Person) und im Numerus (Singular oder Plural) überein.
Mit „Wen …?“ oder „Was …?“ erfragen wir das **Akkusativobjekt:** „*Wen* haben sie gerettet? – Sie haben *ihn* gerettet.“
Mit „Wem …?“ fragen wir nach dem **Dativobjekt,** mit „Über was …?“, „Auf was …?“, „Für was …?“ usw. nach dem **Präpositionalobjekt.**
Beispiel:

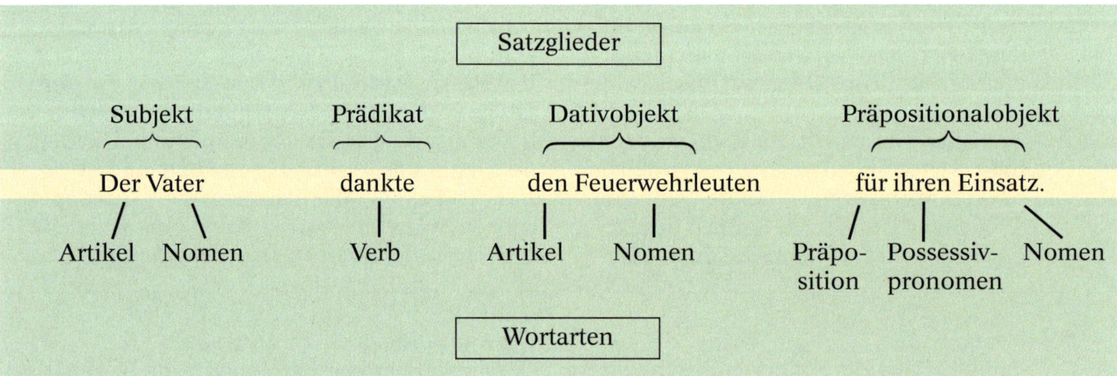

Das **Genitivobjekt** wird nur noch selten gebraucht. Wir erfragen es mit „Wessen …?“: „*Wessen* erinnerte er sich? – Er erinnerte sich *des Vorfalls.*“
Satzglieder, die man mit den Fragen „Wann …?“, „Warum …?“, „Wie …?“ ermittelt, heißen **adverbiale Bestimmungen** oder auch Adverbialien (Singular: das Adverbiale). Sie geben die näheren Umstände eines Geschehens oder einer Handlung an (daher auch die Bezeichnung „Umstandsbestimmung“).

Man unterscheidet
- **adverbiale Bestimmungen der Zeit:** ▶ S. 187–1
  „Wann treffen wir uns? – Wir treffen uns *am Montag.*“
- **adverbiale Bestimmungen des Ortes:** ▶ S. 224
  „Wo …? – Wir sehen uns *in der Schule.*“
- **adverbiale Bestimmungen des Grundes:** „Warum …? – *Wegen des Regens* kamen wir nicht nach Hause.“
- **adverbiale Bestimmungen der Art und Weise:** „Wie …?“ – Er folgte uns *neugierig.*“

Adverbiale Bestimmungen können gebildet sein
- aus einem Adjektiv: „Er lief *schnell* weg."
- aus einem Adverb: „Wir führen *morgens* unseren Hund aus."
- aus einer Nominalgruppe mit Präposition: „Wir sehen uns *am Abend.*"

Attribute sind immer **Teil eines Satzglieds,** also keine selbstständigen Satzglieder. Sie stehen vor oder hinter ihren **Bezugswörtern** (z. B. Nomen) und bestimmen sie näher. Als Attribute kommen u. a. vor:
- Adjektive („*neue* Bücher") und adjektivisch gebrauchte Partizipien („*spielende* Kinder"),
- Pronomen („*unsere* Schule") und Zahlwörter („*drei* Äpfel"),
- Nomen im Genitiv („die Abfahrt *des Zuges*"),
- Nomen mit Präposition („ein Mann *mit Hut*"),
- Adverbien („die Häuser *dort*").

Eine Form des Attributs ist auch die **Apposition:** „Herr Schäfer, *unser Lehrer,* organisierte mit uns den Basar." Die Apposition ist in ihrem Kern stets ein Nomen („Lehrer"). Sie folgt dem Bezugswort („Herr Schäfer") und steht im gleichen Kasus wie das Bezugswort (hier: Nominativ).

Wir können Satzglieder nicht nur umstellen, wir können sie auch durch andere Wörter oder Wortgruppen ersetzen. Dieses Verfahren nennen wir **Ersatzprobe,** Beispiel:

„ [Der Vater] [dankte] [den Feuerwehrleuten.] – [Die Mutter] [dankte] [ihnen.] "

Mit der **Weglassprobe** können wir prüfen, welche Satzglieder in einem vollständigen Satz unbedingt notwendig sind, umgekehrt können wir mit der **Erweiterungsprobe** ausprobieren, um welche Satzglieder sich ein Satz sinnvoll erweitern lässt. Die Proben bieten gleichzeitig Hilfen, Sätze wirkungsvoll auszugestalten, z. B. bestimmte Satzglieder hervorzuheben (Umstellprobe), Gleichförmigkeit zu vermeiden (Ersatzprobe) und Sätze zu straffen (Weglassprobe) oder auszuschmücken (Erweiterungsprobe).

2.4 Satzarten

Einfache Satzarten: Wir reden und schreiben in Sätzen. Je nachdem, ob wir etwas aussagen (mitteilen, behaupten), fragen oder jemanden auffordern wollen, verwenden wir einen **Aussage-, Frage-** oder **Aufforderungssatz.**
In der gesprochenen Sprache erkennen wir die Satzart an der Stimmführung, in der geschriebenen Sprache an den **Satzschlusszeichen:** Punkt, Frage- und Ausrufezeichen. In vielen Situationen verwenden wir aber zum Auffordern auch Frage- oder Aussagesätze, z. B.: „Gibst du mir mal das Buch?" oder: „Du könntest endlich aus dem Weg gehen." Hinter einem Fragesatz verbirgt sich manchmal auch eine Aussage: „Machen wir nicht alle Fehler?" Wie die Sätze gemeint sind, schließen wir aus dem Tonfall oder aus dem Zusammenhang.

Die **Satzreihe** besteht aus selbstständigen **Teilsätzen (Hauptsätzen).** Die Teilsätze werden manchmal nur durch Komma voneinander getrennt: „Das Plakat war fertig, es sollte sofort aufgehängt werden." Meist werden sie jedoch durch **nebenordnende Konjunktionen** miteinander verbunden: „Gutenberg war verschuldet, *doch* er arbeitete weiter an seiner Erfindung."

Ein **Satzgefüge** ist zusammengesetzt aus mindestens einem Hauptsatz und mindestens einem Nebensatz, der zumeist mit einer unterordnenden Konjunktion oder einem Relativpronomen eingeleitet wird. Die Teilsätze werden durch Komma abgetrennt:
„Es gibt Regen, *wenn* die Bewölkung zunimmt."
Nebensätze sind untergeordnete Teilsätze in einem Satzgefüge. Sie zeichnen sich durch folgende Merkmale aus:
- Die Personalform des Verbs steht am Ende.
- Zumeist findet sich ein Einleitewort (Konjunktion, Relativpronomen), das den Bezug zum Hauptsatz herstellt.
- Sie können in der Regel (besonders in der Schriftsprache) nicht allein stehen.

Nebensätze mit Konjunktion (auch **Gliedsätze** genannt) nehmen oft die Stelle einer adverbialen Bestimmung ein:

„*Wegen der Glätte*
↓ kam es zu Auffahrunfällen."
„*Weil es glatt war,*

Nebensätze mit Relativpronomen (**Relativsätze**) nehmen oft die Stelle eines Attributs ein:

„Die *neu erbauten* Häuser
→ wurden vom Erdbeben zerstört."
„Die Häuser, *die neu erbaut worden waren,*

Relativpronomen sind z. B. „der", „die", „das" oder „welcher", „welche", „welches". Als Einleitewörter zu einer bestimmten Gruppe von

Nebensätzen, den Relativsätzen, stellen sie den Bezug zu einem Nomen oder Pronomen im Hauptsatz her (daher heißen sie auch „bezügliche Fürwörter"). Sie dürfen nicht verwechselt werden mit „der", „die", „das" in der Funktion des Artikels oder Demonstrativpronomens. Probe: Nur das Relativpronomen kann durch „welcher/welche/welches" ersetzt werden:

„*Die* Häuser, *die* neu erbaut worden waren, ..."

↓ ↘

„~~Welche~~ Häuser, *welche* neu erbaut worden waren, ..."

Konjunktionen sind nicht deklinierbare oder konjugierbare Wörter, die Sätze und Teile von Sätzen miteinander verknüpfen. Man unterscheidet

- **nebenordnende Konjunktionen**, z. B. „und", „oder", „aber". Sie verbinden Wörter, Wortgruppen und Sätze, die grammatisch gleichrangig nebeneinander stehen.
- **unterordnende Konjunktionen,** z. B. „weil", „da", „obwohl", „wenn", „als", „nachdem", „dass". Sie leiten eine bestimmte Gruppe von Nebensätzen ein. Sie binden diese Nebensätze an einen übergeordneten Teilsatz (Hauptsatz).

2.5 Gliedsätze

▶ S. 124–129

Adverbialsätze

Wenn man in Texten etwas erklärt, fügt man einer Grundinformation eine Zusatzinformation hinzu. Es entsteht ein **Satzgefüge** aus **Hauptsatz + Gliedsatz:**

Satzgefüge:	**Hauptsatz**	**+**	**Gliedsatz**
Beispiel:	„Das Wasser wird blau,		*weil* ich Tinte hinzugefügt *habe.*"
Signale:	Komma	Konjunktion	Personalform des Verbs am Satzende

Die Stufenmodelle machen deutlich, wo Hauptsatz (HS) und Gliedsatz (GS) im Satzgefüge stehen können:

„Das Wasser wird blau, weil Tinte hineinkam."
________HS_______,
Konjunktion __GS__.

„Weil Tinte hineinkam, wird das Wasser blau."
________HS_______.
Konjunktion __GS__,

„Das Wachs, wenn es sehr erhitzt ist, schmilzt schnell dahin."
___HS___,
Konjunktion___GS___,
________HS_______.

Gliedsätze können die Rolle eines Satzglieds übernehmen. Wenn sie für eine adverbiale Bestimmung stehen, heißen sie **Adverbialsätze:**

„*Nach dem Essen* gingen wir spazieren." (adverbiale Bestimmung)

↓

„*Nachdem wir gegessen hatten,* gingen wir spazieren." (Adverbialsatz)

Arten der Adverbialsätze

▶ S. 188

- **Temporalsätze** geben Zeitverhältnisse an. Wir fragen: „Wann ...?" – „Seit wann ...?" – „Wie lange ...?"
  „*Während wir Kanu fuhren,* fing es an zu regnen."
  Konjunktionen: „als", „während", „nachdem" ...
- **Konditionalsätze** geben eine Bedingung an. Wir fragen: „Unter welcher Bedingung ...?" – „Wann ...?" ▶ S. 126
  „*Wenn das Wasser blau ist,* kann man die Luftbläschen deutlich sehen."
  Konjunktionen: „wenn", „falls", „sofern"
- **Konsekutivsätze** geben Folgen oder Wirkungen an. Wir fragen: „Mit welcher Folge ...?" – „Mit welcher Wirkung ...?"
  „Ich füge Tinte hinzu, *sodass das Wasser blau wird.*"
  Konjunktion: „sodass" (auch: „so ..., dass ...")
- **Kausalsätze** geben den Grund oder die Ursache an. Wir fragen: „Aus welchem Grund ...?" – „Aus welcher Ursache ...?" – „Warum ...?"
  „Die Luftbläschen sind gut zu erkennen, *weil das Wasser blau gefärbt ist.*"
  Konjunktionen: „weil", „da"

- **Finalsätze** geben eine Absicht oder einen Zweck an. Wir fragen: „Mit welcher Absicht …?“ – „Zu welchem Zweck …?“ – „Wozu …?“
  „Man färbt das Wasser blau, *damit die Luftbläschen gut zu sehen sind.*“
  Konjunktion: „damit“

In einer **Versuchsbeschreibung** beispielsweise kommen viele Erklärungen und somit auch viele Adverbialsätze vor, besonders Kausal-, Konditional-, Final- und Konsekutivsätze.

▶ S. 131–134

Inhaltssätze

Inhaltssätze sind **Gliedsätze,** die den Inhalt dessen angeben, was man weiß, sagt, vermutet, hofft, wünscht; was klar oder unklar ist usw.:
„Judith behauptet (weiß, beweist …), *dass sich heiße Luft ausdehnt.*“
Inhaltssätze stehen also oft bei Verben des Sprechens sowie der sinnlichen und geistigen Wahrnehmung oder Tätigkeit.
Inhaltssätze sind Gliedsätze, die die Rolle von Subjekt oder Objekt in Sätzen übernehmen können. Sie heißen daher auch **Subjektsätze** oder **Objektsätze** und lassen sich wie Subjekt oder Objekt erfragen: „Ich hoffe, *dass dir das Buch gefällt.*“ (Objektsatz) – „*Dass du mein Buch liest,* gefällt mir.“ (Subjektsatz)

Varianten der Inhaltssätze
- dass-Satz: „Ina sagt, *dass ihr das Buch gefällt.*“
- indirekter Fragesatz:
  „Ihre Freundin fragt schon, *wann sie es zu lesen bekommt.*“
- indirekter Fragesatz:
  „Ina weiß nicht, *ob sie rechtzeitig fertig wird.*“
- Infinitivsatz:
  „Ihre Freundin ist bereit (,) *den Termin zu verschieben.*“

2.6 Zeichensetzung

▶ S. 136

Grundregel bei **Nebensätzen: Kommas** grenzen Nebensätze vom Hauptsatz ab.
- Hauptsatz + Nebensatz: „Das Buch wird weitergereicht, weil es sehr spannend ist.“
- Nebensatz + Hauptsatz: „Wenn das Buch spannend ist, wird es von vielen gelesen.“
- Hauptsatz + Nebensatz + Fortsetzung des Hauptsatzes: „Ein Buch, das spannend ist, wird von vielen gelesen.“

Zusatzregel: Ineinander verschachtelte Nebensätze werden gegeneinander durch Kommas abgegrenzt: „Das Buch ist spannend, weil es von einer Expedition handelt, bei der ein fremdes Volk entdeckt wurde.“

S. 138–139

„dass“ oder „das“? – Rechtschreib- und Kommatipp

Die **Konjunktion „dass“** leitet einen Nebensatz (Gliedsatz) ein. Deshalb wird der dass-Satz durch Komma vom Rest des Satzgefüges abgetrennt:
„Ich vermute, *dass du das Buch schon gelesen hast.*“
Um den dass-Satz zu erkennen, prüft ihr:
- einleitendes Verb des Sprechens oder der sinnlichen und geistigen Wahrnehmung/ Tätigkeit? → „vermuten“
- Fragen-Probe mit „(Wer oder) was …?“/ „(Wen oder) was …?“: „(Wen oder) was vermute ich? → …, dass du das Buch schon gelesen hast.“

Das **Relativpronomen „das“** leitet einen Relativsatz ein, der sich auf ein Bezugswort im Hauptsatz bezieht: „Das Buch, *das du mir geliehen hast,* fand ich langweilig.“
Um den das-Satz zu erkennen, prüft ihr:
- Lässt sich das „das“ durch „welches“ ersetzen?
  → „*Das* Buch, *welches* du mir geliehen hast, …“
- Gibt es ein Bezugswort im Hauptsatz?
  → „Das Buch, das du mir geliehen hast, …“
- Fragen-Probe mit der „Was für ein …?“-Frage:
  „Was für ein Buch? – Das Buch, das ich gelesen habe, …“

Infinitivsätze – Kommatipp ▶ S. 137

Normalerweise müssen Infinitivsätze **nicht** durch ein Komma abgetrennt werden:
„Sie hoffte *das Buch zum Geburtstag zu bekommen.*“
Ein Komma steht allerdings, wenn durch ein **hinweisendes Wort** auf den Infinitivsatz Bezug genommen wird:
„Er rechnete *damit, das Buch geliehen zu bekommen.*“
Man **kann** Infinitivsätze auch durch ein Komma abtrennen, wenn man die Gliederung des Satzes deutlich machen oder Missverständnisse vermeiden will.
„Sie bat ihren Nachbarn (,) mit verletzenden Worten zurückhaltend zu sein.“
„Sie bat ihren Nachbarn mit verletzenden Worten (,) zurückhaltend zu sein.“

Durch **Kommas** abgetrennt werden auch:
- Teilsätze in der **Satzreihe** (Hauptsatz + Hauptsatz): „Wir betraten das Haus, es war nichts zu hören." – „Ich dachte lange nach, aber der Titel des Buches fiel mir nicht ein."
  Vor den Konjunktionen *und, oder, entweder … oder, sowohl … als auch, weder … noch* u. a. muss **kein Komma** stehen, man kann aber das Komma zur Verdeutlichung setzen: „Herr Müller fuhr mit seinem Fahrrad(,) und seine Tochter saß auf dem Rücksitz."
- Wörter und Wortgruppen in **Aufzählungen:** „Die Schüler tragen einen *bequemen, weiten* Umhang." – „Du wolltest doch früh *nach Hause kommen, Aufgaben machen, dann Tennis spielen.*"
  Kein Komma steht vor den Konjunktionen *und, oder, entweder … oder* u. a.: „Der Schüler hebt die Hand *entweder zum Gruß oder zur Entschuldigung.*"
- **Appositionen:** „Oskar, *der freundliche Polizist,* konnte den Fall schnell lösen."
- **Orts- und Zeitangaben:** „Köln, *den 10. September 1998*"
- **Nachgestellte Erläuterungen:** Sie werden oft mit Wörtern wie *nämlich, und zwar, vor allem, das heißt (d. h.), zum Beispiel (z. B.)* eingeleitet: „Das römische Schulrelief wurde in der Eifel ausgegraben, *und zwar* im Jahre 1884."
- **Anreden:** *„Heiko,* gib mir bitte das Buch bald zurück."

Wörtliche Rede
Die wörtliche Rede in einer Geschichte steht in **Anführungszeichen.** Die Satzzeichen ändern sich, je nachdem ob der Redebegleitsatz vor, inmitten oder nach der wörtlichen Rede steht:
- Zwischen einem einleitenden Redebegleitsatz und der wörtlichen Rede steht ein **Doppelpunkt:** *Oskar fragte den Motorradfahrer: „Warum sind Sie so schnell gefahren?"*
- Der eingeschobene Redebegleitsatz wird durch **Kommas** abgetrennt:
  „Ich gehe", sagt Oskar, „in das Musikgeschäft auf der anderen Straßenseite."
- Der nachgestellte Begleitsatz wird durch ein **Komma** von der wörtlichen Rede abgetrennt:
  „Ich schreibe dir bald", sagte sie.
  „Warum kommst du so spät?", fragte die Lehrerin.
  „Halt! Stehen bleiben!", riefen die Polizisten.

2.7 Rechtschreibung

Tipps zum Rechtschreiben
Das **Wörterbuch** – dein starker Helfer: Man kann nicht alles wissen, man muss nur wissen, wo es steht. Das gilt auch bei der Rechtschreibung. Jeder kann Fehler vermeiden, wenn er bei Zweifeln über die richtige Schreibweise im Rechtschreib-Wörterbuch nachsieht.

Schreibweisen ausprobieren: Um zu durchschauen, wie Wörter geschrieben werden, kannst du verschiedene Proben anwenden:
- das **Wort verlängern,** z. B.:
  „Glas – Gläser – des Glases – glasig",
  „heiß – heißer";
- ein **verwandtes Wort** suchen:
  „willst – wollen", „Baum – Bäume";
- ein zusammengesetztes Wort in seine **Bestandteile** zerlegen:
  „Sperrmüllplatz – Sperr + müll + platz".

Richtiges **Abschreiben** von schwierigen Wörtern:
1. Lies dir das ganze Wort genau durch.
2. Überlege, was dir daran schwierig erscheint.
3. Gliedere das Wort in Teile, die du schon kennst; präge dir besonders die Teile ein, die neu für dich sind.
4. Schreibe das Wort jetzt auswendig hin.
5. Kontrolliere deine Schreibung.

Beim **Abschreiben fremder Texte** sollte man die Vorlage erst vollständig durchlesen und schwierige Wörter markieren, damit man beim Abschreiben dieser Wörter besonders sorgfältig vorgeht. Oft handelt es sich dabei um Fremdwörter.
Beim **Mitschreiben** eines unbekanntes Textes ergibt sich oft erst aus dem Sinnzusammenhang, welches Wort an einer bestimmten Stelle gemeint ist. Erst dann kann man entscheiden, wie das Wort zu schreiben ist. Oft hilft die Verlängerungs- oder die Verwandtschaftsprobe weiter.

Die **Silbentrennung:** Mehrsilbige Wörter trennt man nach Sprechsilben, die man bei langsamem, betontem Sprechen hören kann, z. B.: „o-ben", „Dumm-heit", „dum-mer-wei-se", „lis-tig". Faustregel für Zweifelsfälle: Von mehreren Konsonanten kommt nur der letzte auf die neue Zeile.

Groß- und Kleinschreibung
▶ S. 141–14
Nominalisierungen: Nominalisierungen sind Wörter, die im Satz **als Nomen** gebraucht werden, obwohl sie eigentlich anderen Wortarten angehören. Man erkennt sie an den **Nomen-**

Signalen, das sind z. B. der Artikel: „der Letzte"; (Artikel +) Adjektiv: „das einzig Richtige"; (Artikel +) Präposition: „im Nachhinein"; Pronomen: „jede/r Dritte".

▶ S. 143–144 **Tageszeiten und Wochentage:** Bezeichnungen für Tageszeiten werden **großgeschrieben,** wenn sie **Nomen** sind. Man erkennt das oft an den üblichen Nomen-Signalen (Artikel – zum Teil mit einer Präposition verschmolzen – oder Adjektivattribut): „am Sonntag", „zum nächsten Morgen". Bezeichnungen für Tageszeiten werden **kleingeschrieben,** wenn sie **Adverbien** sind: „sonntags". Tageszeitangaben kombinieren oft beide Wortarten – z. B. „gestern Abend".

▶ S. 144–146 **Geografische Namen und Herkunftsbezeichnungen:**
- Bei **Zusammensetzungen mit Eigennamen** wird der Bindestrich gesetzt, z. B. „Rhein-Main-Gebiet", „Mädler-Passage". Dabei werden die Eigennamen wie alle Nomen großgeschrieben.
- In **mehrteiligen Eigennamen** mit Bestandteilen, die **keine Nomen** sind, schreibt man alle Wörter groß, mit Ausnahme von Artikeln und Präpositionen, z. B.: „Vereinigte Staaten von Amerika", „Freie und Hansestadt Hamburg", „Unter den Linden", „Kahler Asten".
- Herkunftsbezeichnungen mit **Ableitungen auf -er** schreibt man groß, z. B.: „Kölner Dom", „Berliner Bär", „Meißener Porzellan", „Heidelberger Schloss".
- Herkunftsbezeichnungen mit **Ableitungen auf -isch** gehören zur Wortart der Adjektive, deswegen schreibt man sie klein, z. B. „hessisches Fulda", „italienische Stadt", „indischer Tee".

Getrennt- und Zusammenschreibung ▶ S. 146–148, 159–160
Wenn mehrere Wörter zu einem sprachlichen Ausdruck verbunden sind, schreibt man sie normalerweise **getrennt.** Das gilt für
- Wortgruppen mit dem Verb **„sein":** „froh sein";
- Wortgruppen aus **mehreren Verben:** „stehen lassen", „sitzen bleiben";
- die meisten Wortgruppen aus **Nomen und Verb:** „Klavier spielen",
  Adjektiv und Verb: „laut singen",
  Adverb und Verb: „vorwärts gehen".

Zusammen schreibt man
- **untrennbare Verbzusammensetzungen,** bei denen die Reihenfolge der Bestandteile immer die gleiche ist:
  „durchschauen" → „Ich durchschaue es."
  „wetteifern" → „Sie wetteiferten um den Pokal."
- Verbindungen von **Adjektiv und Verb,** in denen man das Adjektiv **nicht steigern** kann, z. B. „freisprechen", „festsetzen".

Fremdwörter sind aus fremden Sprachen übernommene Wörter. Meist erkennt man sie bereits an der Aussprache und an der Schreibung, denn sie gehorchen dabei den Regeln ihrer Herkunftssprache. ▶ S. 158

Tipps zur Überarbeitung eigener Texte: ▶ S. 154–156
Um beim Schreiben Fehler zu vermeiden oder sie bei der Textüberarbeitung zu korrigieren, muss man die eigenen Rechtschreibschwächen erkennen und durch gezielte Übungen abbauen.
Dabei hilft die Checkliste von S. 155.

3 Umgang mit Texten

3.1 Reportage

▶ S. 30–38, 235–242 Bei einer Reportage unterscheiden wir drei Bereiche:
- die Darstellung eines **Erlebnisses** (z. B. der Besuch einer Veranstaltung),
- **Hintergrundinformationen** (hier stellt der Reporter sein gesammeltes Wissen leserfreundlich dar) und
- einen **Kommentar** (das heißt, der Reporter äußert seine Einschätzung der Veranstaltung).

Diese drei Teile sind bei längeren Reportagen häufig vermischt. Wichtig ist dabei, dass der Leser sich in das berichtete Geschehen hineinversetzen kann, dass er verständliche Informationen erhält, dass deutlich wird, wo der Reporter kommentiert, damit sich der Leser seine eigene Meinung bilden kann.

Die Abwechslung dient auch dem leichteren Erfassen: Seitenlange Hintergrundberichte ermüden einen Leser schneller als Abwechslung zwischen Miterleben, Information und Bewertung (Kommentar).

3.2 Reisetexte

Über Reisen in ferne Länder wird auf ganz unterschiedliche Weise berichtet. Die „ursprünglichste“ Form ist der nach Abschluss der Reise ▶ S. 219–221 angefertigte **Reisebericht,** wie wir ihn im Falle der Aufzeichnungen des Marco Polo vorgefunden haben. Der Reisebericht soll über Fremdes genau und anschaulich informieren, manchmal soll er aber auch die Handlungen der Reisenden nachträglich rechtfertigen. Das gilt besonders für Berichte über Forschungsreisen und Eroberungszüge, auf denen bestimmte Personen eigens für die Berichterstattung verantwortlich sind, wie der junge Georg Forster bei der Weltreise des Kapitäns Cook oder Francisco de Xeres beim Kriegszug des Pizarro.

Macht der Forscher oder der Berichterstatter der Expedition laufend Aufzeichnungen, so entsteht ▶ S. 232–233 ein **Reisetagebuch** (wie bei Scotts Südpolexpedition), das manchmal die Erfahrungen und Ereignisse genauer und unmittelbarer enthält als der zusammenfassende nachträgliche Bericht.

Sehr persönliche Reiseberichte oder **Reisebilder** stammen von Personen, die um der Reise-Erlebnisse willen reisen und über ihre Erfahrungen schreiben. Sie berichten oft ebenso viel über sich selbst wie über das fremde Land, in dem sie sich befinden. Manchmal nähern sich solche Reise- ▶ S. 233–235 bilder der **Abenteuererzählung,** dann nämlich, wenn von den besonderen Gefahren oder Herausforderungen der Expedition die Rede ist, wie bei Reinhold Messner.

▶ S. 229–231 Die **Reportage** unterscheidet sich von Reiseberichten oder Reisebildern dadurch, dass die Reporter/Reporterinnen in fremde Länder aufbrechen, um darüber informieren zu können. Sie benutzen, um ihre Reportage spannend zu machen, verschiedene Schreibtechniken. Eine wichtige ist, den Leser/innen das Gefühl zu vermitteln, „dabei gewesen“ zu sein. Das ist zum Beispiel dadurch möglich, dass die Reporter/Reporterinnen über ihre Eindrücke, Gedanken und Gefühle sprechen, aber auch dadurch, dass sie die berichteten Ereignisse durch laufende Zeitangaben gliedern.

Ist der Schreiber zugleich Fotograf und setzt er seine Fotos dazu ein, seinen Lesern das Beschriebene zu veranschaulichen, so entsteht eine **Bildreportage.** ▶ S. 235–24 Auch hier gibt es unterschiedliche Formen. Manchmal sind die Texte in die Bilder hineinmontiert, sodass die „Reportage“ zu einer Erklärung der Bilder wird. Solche Bildfolgen werden in Zeitschriften oft „Dokumentation“ genannt.

Die **Dokumentation** ist auch eine im Fernsehen ▶ S. 238–24 beliebte Form der Sendung. Die Reporterinnen/Reporter kommentieren ihre Filmaufnahmen, indem sie den Zuschauern erklären, was auf dem Bildschirm zu sehen ist. Manchmal blenden sie in die Folge der Filmaufnahmen auch Interviews mit Einwohnern der besuchten Länder ein. Immer aber geht es ihnen darum, den Zuschauer „miterleben“ zu lassen, was sie ihm zeigen.

Um die Wirkung einer beliebten Sendung zu verstärken, wird oftmals auch ein Buch zum Film angeboten, in dem man die Sendungen nachlesen kann. Zumeist sind Bilder (Standfotos) aus der Sendung in das Buch aufgenommen, sodass sich Fernsehsendung und Bildreportage entsprechen.

3.3 Erzählende Literatur

Grundbegriffe des Erzählens

Der Erzähler/Die Erzählerin: Bei allen Erzähltexten ist darauf zu achten, wer erzählt: eine/r der an der Handlung Beteiligten oder ein außen stehender Berichterstatter/eine außen stehende Berichterstatterin. In jedem Fall ist der Erzähler nicht gleichzusetzen mit dem Autor. Ein erwachsener Autor kann zum Beispiel eine Geschichte von einem Kind erzählen lassen, ein männlicher Autor kann in die Rolle einer Erzählerin schlüpfen oder umgekehrt. Immer ist der Erzähler/die Erzählerin eine vom Autor geschaffene Figur und gehört zur Welt der Geschichte. Als Leser erfahren wir etwas über diese Figur, wenn sie nicht einfach nur das Geschehen berichtet, sondern in so genannten **Erzählerkommentaren** ihre Meinung kundtut. Dabei wendet sich der Erzähler/die Erzählerin häufig direkt an den Leser.

Zu unterscheiden sind **Ich-Erzählung** und **Er-/Sie-Erzählung**. In einer Ich-Erzählung ist der Erzähler/die Erzählerin selbst in das Geschehen verwickelt. Er/Sie schildert die Ereignisse aus seiner/ihrer Sicht **(Perspektive).** Was andere Figuren in der Geschichte denken oder fühlen, kann er/sie nur vermuten. In der Er-/Sie-Erzählung haben wir es mit einem über dem Geschehen schwebenden Erzähler zu tun, der alles zu wissen scheint (allwissender Erzähler), der sich aber auch unwissend stellen kann, um den Leser zum Beispiel Zusammenhänge ahnen zu lassen. Er beobachtet die Figuren von außen **(Außensicht),** kann sich aber auch jederzeit in ihr Inneres versetzen und ihre Gedanken bzw. Gefühle schildern **(Innensicht).** Er führt den Leser durch das Geschehen, wechselt beliebig Ort und Zeit, kann sogar gleichzeitig an verschiedenen Orten sein und von dem Geschehen da und dort erzählen.

▶ S. 184–187
Tempusgebrauch beim Erzählen: Mit **Tempus** bezeichnet man die grammatische Zeitform des Verbs. Ein Verb kann im Präsens, im Präteritum, im Perfekt, im Plusquamperfekt, im Futur I oder II stehen. Eine feste Zuordnung der Tempora zu realen Zeitstufen gibt es im Deutschen nicht. So kann Vergangenes im Präsens oder Zukünftiges im Präteritum dargestellt werden (z. B. in Sciencefiction-Geschichten). Wichtig ist nur, welche **Perspektive** der Sprecher zum Dargestellten einnehmen will und welche **Textsorte** er verwendet. So ist zum Beispiel das Präteritum die für das schriftliche Erzählen kennzeichnende Zeitform, während für das mündliche Erzählen überwiegend das Perfekt verwendet wird. Will der Erzähler, um die Spannung zu steigern, etwas vergegenwärtigen, etwas unmittelbar miterleben lassen, kann er ins Präsens überwechseln. Das Futur verwendet er bei Voraussagen, Ankündigungen und Vermutungen.

Textarten

▶ S. 175–180
Kalendergeschichten: Wie der Name schon sagt, wurden diese Geschichten ursprünglich für die Kalender geschrieben, die in bürgerlichen und bäuerlichen Haushalten neben der Bibel häufig das wichtigste Druckerzeugnis waren. Es handelte sich um kurze, überschaubare Erzählungen, die unterhalten und belehren sollten. Meist ging es in ihnen um merkwürdige, witzige oder auch nachdenklich stimmende Begebenheiten, die der Autor irgendwo aufgeschnappt oder in einer Zeitschrift, einem Magazin, einem Geschichtsbuch gelesen hatte und die er für seinen Kalender ausgestaltete. Der bekannteste Kalendergeschichtenschreiber war Johann Peter Hebel (1760–1826). In neuerer Zeit hat Bertolt Brecht (1898–1956) die Tradition der Kalendergeschichte wieder aufgegriffen; allerdings wurden seine Geschichten nicht mehr wirklich für einen Kalender geschrieben, sondern für eine Veröffentlichung in Buchform.

▶ S. 181
Anekdote: kurze, meist witzige Geschichte zur scharfen, blitzlichtartigen Charakterisierung einer bekannten Persönlichkeit. Gegenstand der Anekdote können aber auch gesellschaftliche Gruppen, Charaktertypen oder denkwürdige Ereignisse sein.

▶ S. 181–184
Novelle: von italienisch *novella* = Neuigkeit. Eine relativ kurze, in straffer Form erzählte, unerhörte, dramatische Begebenheit, die im Gegensatz zum Märchen einen deutlichen Wirklichkeitsbezug hat.

▶ S. 161–167
Heldengeschichten: Heldinnen und Helden waren ursprünglich Krieger, die tapfere und ruhmreiche Taten vollbrachten. Sie waren vor schwierige Entscheidungen gestellt und riskierten nicht selten das eigene Leben, um für das Gute zu kämpfen. Helden/Heldinnen nennt man aber auch die Hauptfiguren in dichterischen Texten (Dramen, Romanen). Ursprünglich riefen sie durch ihr vorbildliches Verhalten Bewunderung hervor. Da die Hauptfiguren in neueren Romanen und Dramen jedoch oft Durchschnittsmenschen sind oder gar an ihrem Leben scheitern, spricht man auch von Anti-Helden.

▶ S. 263–264
In der **Fabel** handeln und sprechen zumeist Tiere. Viele dieser Tierfiguren verkörpern feststehende menschliche Charaktereigenschaften: Der Fuchs gilt als schlau, der Esel als dumm, der Löwe als mächtig, der Wolf als gierig. Die Tiere sind häufig Gegner (Fuchs und Rabe, Wolf und Lamm, Löwe und Esel). Sie führen z. B. Streitgespräche, an deren Ende der Stärkere oder der Listigere siegt. Aus den Fabeln soll man Lehren für das eigene Verhalten gegenüber anderen Menschen ziehen. Fabeln können wie Gedichte in Versen oder aber auch in Prosa (als kurze Erzählung) geschrieben sein.

▶ S. 89–93
Witz: ursprüngliche Bedeutung „Verstand, Wissen, Klugheit". Heute ist mit Witz meist „Scherz" gemeint, eine Form des Komischen. Beim Witzeerzählen kommt es auf die genaue Wiedergabe der sprachlichen Form an, die eine Spannung aufbaut und in der **Pointe** gipfelt.
Die Pointe stellt ein wesentliches Merkmal des Witzes dar. Die während des Erzählens bewusst erzeugte Spannung löst sich mit der Pointe durch ein plötzliches Umschlagen in eine unvermutete Richtung.
Zu den Witzen zählen auch Wortspiele, die mit der Mehrdeutigkeit von **Homonymen** komische Wirkungen erzielen. Homonyme sind gleich lautende Wörter, die unterschiedliche Bedeutungen haben, z. B. Tau (= Niederschlag) und Tau (= Seil).

3.4 Gedichte

Sprachliche Mittel

Reim: Zwei Wörter reimen sich, wenn der letzte betonte Vokal und alles, was ihm folgt, gleich klingt, z. B. „Butter – Mutter", „Hase – Nase".
Paarreim: Von Paarreim sprechen wir, wenn sich zwei Verse, die aufeinander folgen, am Ende reimen:
„Auf leichten Schwingen frei und flink
zum Lindenwipfel flog der Fink."
Verse, die sich reimen, kann man mit demselben Kleinbuchstaben bezeichnen, sodass man für ein Gedicht mit Paarreimen das Reimschema *aa bb cc* … erhält.
Umarmender Reim: Ein Paarreim wird von zwei Versen, die sich ebenfalls reimen, umschlossen. Reimschema: *abba cddc* …
Kreuzreim: Beim Kreuzreim reimen sich jeweils der 1. und 3. sowie der 2. und 4. Vers. Die Reime stehen also über Kreuz. Reimschema: *abab cdcd* …
Binnenreim: Von Binnenreim sprechen wir, wenn sich zwei Wörter innerhalb eines Verses reimen: „Wenn vorm *Spiegel Igel* stehn …"
▶ S. 212–213 **Klangmalerei:** Vor allem akustische Eindrücke werden durch die sprachliche Gestaltung (z. B. lautmalerische Verwendung bestimmter Konsonanten in Annette v. Droste-Hülshoffs Gedicht „Der Knabe im Moor") wiedergegeben.
Refrain: Wenn ein oder mehrere Verse eines Gedichts regelmäßig wiederholt werden, sprechen wir von Refrain oder auch von Kehrreim. Der Refrain tritt häufig in Liedern auf.
▶ S. 202 **Metrum,** auch Versmaß genannt: regelmäßige Abfolge von betonten und unbetonten Silben:
„Régĕn régnĕt, régnĕt Régĕn
régnĕt Régĕn íns Gĕsícht."
Trochäus: antiker Versfuß, bei dem auf eine betonte eine unbetonte Silbe folgt:
„Hát dĕr | áltĕ | Héxĕn|méistĕr |
sích dŏch | éinmăl | wégbĕ|gébĕn!"
Jambus: antiker Versfuß, bei dem auf eine unbetonte eine betonte Silbe folgt. Typisch für den Jambus ist der steigende Rhythmus:
„Diĕ Mít|tĕrnácht | zŏg nă|hĕr schón …"
Daktylus (von griechisch *daktylos* = „der Finger"): gemäß der Dreigliedrigkeit des Fingers dreigliedriger antiker Versfuß, bei dem auf eine betonte Silbe zwei unbetonte Silben folgen:
„Ŭnd | léertĕn diĕ | Béchĕr mĭt | fúnkĕlndĕm |
Wéin."
Der **Hexameter,** das bedeutendste Versmaß der griechischen und lateinischen Epik, besteht aus 6 Daktylen.

Gedichtformen

▶ S. 94–97
Konkrete Poesie, auch „Konkrete Dichtung" oder „Visuelle Poesie": Sprachliches Material (z. B. Buchstaben) wird visuell oder akustisch gestaltet.

▶ S. 199–21
Ballade (französisch, von spätlateinisch *ballare* = „tanzen"): Bei der Ballade handelt es sich um eine lange Gedichtform, deren Strophen meistens einem **festen Metrum** folgen. Es ist charakteristisch für die Ballade, dass in ihr **handlungsreiche** Geschichten erzählt werden, und dies häufig in **dramatisch zugespitzter** Form. Deshalb bezeichnete Goethe die Ballade als „Ur-Ei" der Dichtung, in der Episches, Lyrisches und Dramatisches noch ungetrennt zusammen sind.

▶ S. 195–19
Bänkelsang: auf Jahrmärkten oder Marktplätzen vor einem öffentlichen Publikum dargebotener Vortrag aktueller Lieder (Begleitung durch Violine, Drehorgel, Laute) über außergewöhnliche oder auch schauerliche Begebenheiten (→ Moritat), wobei sich der **Bänkelsänger** auf eine kleine Bank („Bänkel") stellte und mit einem Zeigestock auf eine Tafel und die dort bildlich dargestellten Ereignisse hinwies. Typisch für den Bänkelsang sind die Anrede an das Publikum, formelhafte Sprachwendungen, der Hinweis auf die verbürgte Wahrheit des Vorgetragenen und der Appell an das christliche Gewissen der Zuhörerinnen und Zuhörer. Im 20. Jahrhundert nehmen Chanson, Kabarett, Folksong und Protestsong die Form des Bänkelsangs wieder auf.

▶ S. 195–19
Moritat, vielleicht abgeleitet von:
- lat. *moritas* = „erbauliche Geschichte",
- jiddisch *mora* = „Lärm, Schrecken",
- Mordtat (im Sinne einer Verballhornung).

Bei der Moritat handelt es sich um eine Spielart des Bänkelsangs. Typisch für die auf bekannte Melodien gesungene Moritat ist das belehrende Ende mit dem Sieg des Guten über das Böse, wobei ganz im Sinn der Obrigkeit die von Gott gewünschte und verbürgte Ordnung wiederhergestellt wird.

▶ S. 217–21
Song: eine dem Chanson verwandte, politisch-aktuelle, zeitkritische bzw. lehrhafte Liedgattung; im angloamerikanischen Sprachgebrauch gleichbedeutend mit Lied (Folksong, Protestsong etc.). Typisch sind der Aufbau aus Strophe und Refrain sowie die Aufnahme von Elementen aus Bänkelsang, Moritat, Schlager, Jazz etc.

3.5 Theater

(Bühnen-)Rolle: Gestalt oder Figur, die ein Schauspieler auf der Bühne verkörpert. Text und Regieanweisung sind durch den Autor, die Autorin vorgegeben.

▶ S. 265–267 **Erzähler/Erzählerin:** In dramatischen Texten treten meist die beteiligten Figuren unmittelbar als Handelnde und Redende auf. Die Handlung ereignet sich vor den Augen der Zuschauer/Zuschauerinnen. Im modernen Theater kommt aber häufig ein Erzähler hinzu, der wie ein Reiseführer die Zuschauer mit der dramatischen Handlung vertraut macht. Die Theatermacher können den Erzähler/die Erzählerin sowohl dazu nutzen, die Zuschauer für einen Moment von der Handlung abzulenken, als auch dazu, den Zuschauern einen tieferen Einblick in die Hintergründe zu vermitteln.

Monolog nennt man ein Selbstgespräch, das eine Figur auf der Bühne mit sich allein führt. **Dialog** nennt man das Gespräch zwischen den Personen auf der Bühne.

Szene: kurzer abgeschlossener Teil eines Theaterstücks. Eine Szene endet, wenn Schauspieler auf- oder abtreten oder wenn das Licht ausgeht.

▶ S. 274 **Szenen-Collage:** Eigenständige Szenen werden aneinander gereiht. Sie werden durch das gemeinsame Thema geeint, es gibt aber keine durchlaufende Handlung und oft auch keine durchgängige Hauptfigur.

▶ S. 278–280 **Inszenierung:** Einrichtung und Einstudieren eines Bühnentextes während der Probenzeit und die daraus entstandene Spielfassung für eine bestimmte Bühne.

Regie: Die eigenverantwortliche Auswahl, Deutung und Einrichtung eines Dramentextes für die Bühne an einem bestimmten Aufführungsort für ein mehr oder weniger gut bekanntes Publikum. Die Hauptverantwortung dafür trägt der **Regisseur/die Regisseurin.**

Regieanweisung: Vom Autor/von der Autorin im Dramentext zusätzlich zu den Rollentexten bereits mitgelieferte Anregungen, wie die Handlung auf einer Bühne eingerichtet werden sollte und welche Haltungen die Schauspieler einnehmen sollten.

Souffleuse/Souffleur (franz.): Einflüsterer, der den Schauspielern während der Proben den Text zuflüstert und während der Aufführungen im Notfall den Text vorsagt.
Wenn Theatergruppen auf eine Souffleuse verzichten, müssen die Darsteller **improvisieren,** sofern sie einmal den Text vergessen.

Requisit, Requisiten (lat. *requisitum* = erforderliches Ding): Requisiten können die Figuren charakterisieren oder wichtige Bedeutungen für den Ablauf der Handlung haben. So kann die Puppe von Hilletje die Jugend und die innere Haltung von Hilletje andeuten, zum Streitgegenstand werden und symbolisch, z. B. für die verstorbenen Eltern, eingesetzt werden. ▶ S. 268–269

Kulisse: Die Kulisse ist eine flache Wand und besteht in der Regel aus einem Holzrahmen, der mit Leinwand oder Papier bespannt ist. Durch die Bemalung können beim Zuschauer Illusionen erzeugt werden, in eine Landschaft oder ein Zimmer zu blicken.

Pantomine als **Denkmal** oder **Standbild:** ▶ S. 269
Theater ohne Worte. Die Darstellung von Gefühlen, von Situationen und des Verhältnisses der Figuren zueinander geschieht alleine durch die Körpersprache, also durch **Gestik** (Haltungen und Bewegungen des Körpers) und **Mimik** (Gesichtsausdruck) und durch die Stellung im Bühnenraum.
Im Denkmal vereisen die Spieler für einen Augenblick zu einem bewegungslosen Standbild, zu einem Schnappschussfoto.

Schattenspiel: Das Schattentheater ist als Puppentheater hauptsächlich im Fernen und Nahen Osten beheimatet, in Europa seit dem 17. Jh. bekannt. Das räumliche Bühnenspiel wird zu einem bewegten Bildspiel auf der Fläche einer Leinwand, hinter der die Schauspieler angeleuchtet werden. ▶ S. 269–270

3.6 Literatur zur Zeit der Aufklärung und Empfindsamkeit

▶ S. 243–264

Die wichtigsten Ideen der Zeit der **Aufklärung** (etwa von 1720 bis 1800) sind: Der Mensch besitzt von Natur aus Verstand und Gefühl, aber er muss diese Naturanlagen im Laufe seines Lebens ausbilden. Dabei können ihm Eltern und Lehrer helfen. Die Menschen müssen nicht alle Erfahrungen selbst machen, sie können auch aus den Erfahrungen anderer lernen.

Zwei Auffassungen von Lernen und Erziehen bestehen nebeneinander. Die eine geht davon aus, dass Menschen von Natur aus gut sind und ihre Anlage zur Menschlichkeit am besten dadurch entwickeln, dass sie ihrer „Natur" gemäß handeln. Sie wird vor allem von dem Philosophen und Pädagogen Rousseau vertreten. Die andere Auffassung geht hingegen davon aus, dass Menschen erst durch Erziehung (und das heißt vor allem durch Belohnung und Bestrafung) dazu gebracht werden müssen, zu tun, was richtig ist. Daraus folgern viele Lehrer der damaligen Zeit, dass sie ihre Schüler „unter der Rute" halten müssen.

In der Zeit der **Empfindsamkeit** (etwa von 1740 bis 1780) entsteht ein großes Interesse an der Entwicklung des einzelnen Menschen. Viele schreiben über ihr Leben, um ihren Werdegang rückblickend zu bewerten **(Autobiografie).** Andere stellen sich vor, wie ein auf eine einsame Insel verschlagener Mensch sich sein Leben einrichtet **(Robinsonade).** In diesen **Romanen** geht es immer um Fragen des richtigen menschlichen Verhaltens gegenüber anderen (Humanität). Die Absicht, zu belehren, zeigt sich auch in **Theaterstücken** und **Gedichten.** Die **Fabel,** die seit der Antike für belehrende Zwecke verwendet wird, erfreut sich in der Epoche der Aufklärung großer Beliebtheit.

Bei all diesen Bemühungen um Menschlichkeit werden zwischen Jungen und Mädchen deutliche Unterschiede gemacht. Vor allem für Mädchen gibt es zahlreiche Einschränkungen. Sie sollen nicht selbstständig werden, sondern ihr Glück in dem der anderen (des Mannes, der Kinder) sehen.

Einige dieser Auffassungen haben unser Denken geprägt, sie existieren noch heute.

3.7 Medien

Medien (Einzahl: Medium) sind Mittel zur Weitergabe von Informationen. Wichtige Medien sind z. B. Bücher, Zeitungen und Zeitschriften, Hörfunk, Film, Fernsehen und seit neuestem auch der Computer.

Ein **Film** hat (auch bei **Fernsehproduktionen**) als Textgrundlage das **Drehbuch.** Im Drehbuch werden sowohl der gesprochene Text als auch die Bilder und Kameraeinstellungen festgelegt. Den Bildausschnitt, den die Kamera zeigt, nennt man **Einstellungsgröße.** Je kleiner der Bildausschnitt ist, desto näher scheint der Betrachter am Geschehen zu sein. Man unterscheidet (von nah nach weit): *Detail, Großaufnahme, Nahaufnahme, Halbnah, Halbtotale, Totale und Panorama.*

Man spricht von **Erzählperspektive,** wenn man die Sichtweise meint, aus der ein Text geschrieben ist. Als **Kameraperspektive** bezeichnet man den Standpunkt und Blickwinkel der Kamera im Film: „Froschperspektive" (= Kamera von unten), „Vogelperspektive" (= Kamera von oben) oder „Normalsicht" (in Augenhöhe). ▶ S. 172

Unter **Star** (engl.: Stern, der am Himmel aufgeht) versteht man eine berühmte Person aus dem Bereich des Sports, des Films, des Theaters usw., die von Medien wie Fernsehen und Illustrierten populär gemacht wird und die eine große Fan-Gemeinde hat. Oft wird ein Star von der Unterhaltungsindustrie gezielt „aufgebaut". ▶ S. 170–17

ADELUNG, JOHANN CHRISTOPH (1732–1806)
197 Der Bänkelsänger
aus: Grammatisch-kritisches Wörterbuch der hochdeutschen Mundart. Leipzig 1793

BACHER, BARTHOLOMÄUS (1773–1827)
253 Aufmunterung zur Schule
aus: Der Mädchenfreund. Ein Lehr- und Lesebuch für Mädchenschulen. Bearb. v. B. Bacher. München 1807. Zitiert nach: Kinder- und Jugendliteratur. Mädchenliteratur. Vom 18. Jahrhundert bis zum Zweiten Weltkrieg. Hg. v. Gisela Wilkending. Reclam, Stuttgart 1994, S. 78 f.

BIERMANN, WOLF (*1936)
217 Arbeitslos – Schöner Mai in Duisburg
aus: Alle Lieder. Kiepenheuer & Witsch, Köln 1991, S. 353–355. Musik: alle Rechte bei Wolf Biermann

BLASIUS, TOBIAS
143 Alle Verlierer sind glücklich – Randnotizen vom Tennisturnier
aus: WAZ, 23.2.1996

BONT, AD DE / ZIPSON, ALLAN
265 Das besondere Leben der Hilletje Jans (1.–5. und 12.–17. Szene)
aus: Das besondere Leben der Hilletje Jans. Aus dem Niederländischen von Jochen Neuhaus. Abgedruckt in: Marion Victor (Hg.), SPIELPLATZ. Fünf Theaterstücke für Kinder. Band 2. © und Aufführungsrechte beim Verlag der Autoren, Frankfurt/Main 1989, S. 53–103. Alle Rechte für die Musik (S. 273) bei Burkhard Schröders, Mönchengladbach

BRECHT, BERTOLT (1898–1956)
179 Herrn K.s Lieblingstier (1)
180 Der hilflose Knabe (2)
211 Legende von der Entstehung des Buches Taoteking auf dem Weg des Laotse in die Emigration (3)
aus: Gesammelte Werke. Suhrkamp, Frankfurt/Main 1967, Bd. 12, S. 387 f., 381 (1, 2); Bd. 9, S. 660–663. © Malik Verlag London (3)

BRINKMANN, ROLF DIETER (1940–1975)
144 Oh, friedlicher Mittag
aus: Westwärts 1 & 2. Rowohlt, Reinbek 1975, S. 105

BURMANN, GOTTLOB WILHELM (1737–1805)
257 An die Puppen (1)
253 Die Küche (2)
aus: Kleine Lieder für kleine Mädchen und Jünglinge. Berlin 1777. Zitiert nach: Kinder und Jugendliteratur der Aufklärung. Hg. v. Hans-Heino Ewers. Reclam, Stuttgart 1990, S. 219 (1); Kinder- und Jugendliteratur. Mädchenliteratur. Vom 18. Jahrhundert bis zum Zweiten Weltkrieg. Hg. v. Gisela Wilkending. Reclam, Stuttgart 1994, S. 75 (2)

CAMPE, JOACHIM HEINRICH (1746–1818)
249 Robinson der Jüngere
aus: Robinson der Jüngere, zur angenehmen und nützlichen Unterhaltung für Kinder. Nach dem Erstdruck hg. v. Alwin Binder und Heinrich Richartz. Reclam, Stuttgart 1981, S. 198–201 (Orthografie modernisiert)

COURTNEY-CLARKE, MARGARET
229 Im Innern Afrikas
aus: Die Farben Afrikas. Frederking & Thaler, München, 6. Aufl. 1995

DÔMEI
55 Haiku
aus: Haiku. Japanische Dreizeiler. Übers. v. Jan Ulenbrook. Reclam, Stuttgart 1995, S. 21

DROSTE-HÜLSHOFF, ANNETTE VON (1797–1848)
212 Der Knabe im Moor
202 Die Vergeltung
aus: Historisch-kritische Ausgabe. Hg. v. Winfried Woesler. Bd. 1,1. Niemeyer, Tübingen 1985, S. 67, S. 28

EICKE, WOLFRAM (*1955)
170 Blitzlicht (1)
172 Blitzlicht (2) – Der große Durchbruch
aus: Blitzlicht. Ein Kinderstar in der Werbung. Rowohlt TB, Reinbek 1993, S. 69–72, 96–100

ERB, ELKE (*1938)
94 die schwarzen weiss redenden/ die weissen schwarz redenden
aus: Kastanienallee. Residenz, Salzburg/Wien 1987, S. 46–47

FARADAY, MICHAEL (1791–1867)
127 Werdegang einer Kerze
nach: Naturgeschichte einer Kerze. Reihe reprinta historica didactica. Bd. 3. Franzbecker, Salzdetfurth 1979, S. 35 ff.

FONTANE, THEODOR (1819–1898)
209 John Maynard
aus: Sämtliche Werke. Hg. v. Walter Keitel. Bd. 6. Hanser, München 1964

FORSTER, GEORG (1754–1794)
224 Begegnung mit „Wilden“ – Bericht von Kapitän Cooks Reise um die Welt
aus: Reise um die Welt. In: Werke in 4 Bänden. Hg. v. Gerhard Steiner. Bd. 1, Frankfurt/Main 1967 (bearbeitet)

GAPPMAYR, HEINZ (*1925)
95 weiss/weiss
aus: zeichen III. edition UND im jürgen-willig-verlag, 1968. Zit. nach: konkrete poesie. Hg. v. E. Gomringer. Reclam, Stuttgart 1972, S. 50

GELLERT, CHRISTIAN FÜRCHTEGOTT (1715–1769)
255 Die beiden Mädchen (1)
256 Vater und Tochter (2)
aus: Wem ich zu gefallen suche. Fabeln und Lieder der Aufklärung mit Stichen von Daniel Chodowiecki. Hg. v. Ingrid Sommer. Insel, Frankfurt/Main 1976 (1); Die zärtlichen Schwestern. C. F. Gellerts Lustspiele. Leipzig 1747. In: Aufklärung und Empfindsamkeit. Hg. v. Adalbert Elschenbroich. Lizenzausgabe mit Genehmigung des Carl Hanser Verlags, München, für den Buchclub Ex Libris, Zürich, o. J., S. 291 (2)

GOETHE, JOHANN WOLFGANG (1749–1832)
213 Der Zauberlehrling
aus: Werke. Hg. v. Erich Trunz. Beck, München 13. Aufl. 1982, Bd. 1, S. 276–279

GOMRINGER, EUGEN (*1925)
95 schweigen
96 3 variationen zu „kein fehler im system“
aus: konstellationen ideogramme stundenbuch. Reclam, Stuttgart 1983, S. 77, 47 f., © E. Gomringer

GRIMM, LUDWIG EMIL (1790–1863)
261 Mein Schulmeister
aus: Erinnerungen aus meinem Leben. Hg. v. Adolf Stoll. Leipzig 1911. In: Katharina Rutschky: Deutsche Schulchronik. Kiepenheuer & Witsch, Köln 1987, S. 51

HÄRTLING, PETER (*1933)
247 Er straft mich
aus: Nachgetragene Liebe. Luchterhand, Darmstadt/Neuwied 1980

HARTMANN, SUSANNE
65 Jugendgericht
aus: Unsere Jugend 4/1995. Ernst Reinhardt Verlag, S. 178–182

HEBEL, JOHANN PETER (1760–1826)
190 Böser Markt
177 Der geheilte Patient
176 Das Mittagessen im Hof
aus: Schatzkästlein des rheinischen Hausfreundes. Hg. v. Winfried Theiss. Reclam, Stuttgart 1981, S. 197–200, 212–214, 64–65

HEINE, HEINRICH (1797–1856)
199 Belsazar
aus: Historisch-kritische Gesamtausgabe. Hg. v. Manfred Windfuhr. Bd. 1,1. Hoffmann und Campe, Hamburg 1973, S. 93

HEISSENBÜTTEL, HELMUT (1921–1996)
97 Politische Grammatik
aus: Textbuch 2. Klett-Cotta, Stuttgart 1980, S. 87

HINTON, NIGEL
14 Buddy
aus: Buddy. Übers. v. Elisabeth Epple. dtv, München 1992, S. 149–161 (© für die dt. Ausgabe: Herder, Freiburg i. Breisgau 1988)

HOPPE, RALF
32 Die Spaß-Maschine
aus: Kölner Stadt-Anzeiger, 29./30. 6. 1996

HÖSS, DIETER (*1935)
96 Workshop
aus: Kanal voll. Fischer TB, Frankfurt/Main 1982, S. 186

BILDQUELLENVERZEICHNIS

S. 9, 12, 25, 48, 75, 86, 112, 116, 244 Mitte, 252 unten: Thomas Schulz, Hohen Neuendorf
S. 13: Masterfile/Bavaria Bildagentur, München
S. 14 Titelabbildung: Deutscher Taschenbuch Verlag, München
S. 23, 24: Alexa Gelberg, Weinheim
S. 30, 50: Bongarts Sportfotografie, Hamburg
S. 31: Lübbo Roewer, DRK Landesverband Rheinland Pfalz
S. 33, 34: Ralf Kreuels/Bilderberg, Hamburg
S. 39: FJ Domke, Hannover
S. 40: Bildagentur Superbild, Berlin
S. 41, 217: dpa, Frankfurt/Main
S. 42, 56: aus: Japan. Farbholzschnitte. Benedikt Taschen Verlag, Köln
S. 45, 58 oben, 59 links, 127, 150, 153, 175, 176, 181, 199, 202, 210, 221, 225, 227, 232, 244 unten, 249, 255, 257 oben rechts, 259, 260: Bildarchiv Preußischer Kulturbesitz, Berlin
S. 46: aus: Die Kunst des alten Japan. Ausstellungskatalog Schirn Kunsthalle Frankfurt/Main, Foto: Rudolph Nagel
S. 54 Sächsische Landesbibliothek – Staats- und Universitätsbibliothek Dresden. Dezernat Deutsche Fotothek
S. 57: Büro Steiner, Berlin
S. 58 unten: aus: Geschichte lernen. Friedrich Verlag, Heft 38, 1994
S. 59 rechts: aus: Japanische Kultmasken. Der Tanz der Kraniche. Erich Röth, Kassel, 1965
S. 61, 62: Andrea Kaiser, Deutscher Jugendfotopreis 1989
S. 63: Andrea Berhardt/Isabelle Cairies, Deutscher Jugendfotopreis 1985, Kinder- und Jugendfilmzentrum der BRD, Remscheid
S. 64, 65: Süddeutscher Bilderdienst, München
S. 79: 1. Ali Schafler, 2. u. 3. Stephen Power/ Thomas & Thomas, Hamburg
S. 80, 81: VISUM/Michael Wolf, Hamburg
S. 89: Manfred von Papen, Köln
S. 92: F. K. Waechter
S. 93: Hans-Jürgen Press, Hamburg
S. 100: Süddeutscher Bilderdienst, München
S. 108: aus: Knoten, Spleißen, Takeln. Erich Soudheim. Delius Klasing Verlag, Bielefeld
S. 109 links, S. 115 rechts: Veit Mette, Bielefeld
S. 109 rechts, 115 links: Michael Seifert, Hannover
S. 117: Miele & Cie. GmbH Gütersloh
S. 130 Titelabbildungen: Ravensburger Buchverlag Otto Maier, Ravensburg
S. 133: Arena Verlag, Würzburg
S. 134: Verlag Beltz und Gelberg, Weinheim
S. 135: Verlag J. P. Bachem, Köln
S. 145: Jürgen Henkelmann, Berlin
S. 149, 205, 222, 224, 244 oben, 245, 252 links: Archiv für Kunst und Geschichte, Berlin
S. 161: atlas film + av GmbH, Moers
S. 194: Titelabbildung: Dritte-Welt-Kalender '97, Lamuv Verlag, Göttingen; Berühmte Frauen Kalender 1997, Suhrkamp Taschenbuch, Frankfurt/Main; Literaturkalender '97, Lamuv Verlag, Göttingen
S. 195: Stadtarchiv Stuttgart
S. 197: Archiv Gerstenberg, Wietze
S. 198: Stadtarchiv Hannover
S. 200: National Gallery London
S. 219/220: aus: Die großen Entdecker. Hrsg. C. C. Gergius et. al. Präsentverlag Heinz Peter, Gütersloh, o. J.
S. 228: aus: Flora Tristan, Meine Reise nach Peru. Societäts-Verlag, Frankfurt/Main
S. 230/231: Margaret Courtney-Clarke, Ceccano, Italien
S. 233/234: Reinhold Messner, Meran, Italien
S. 236: Helga Lade Fotoagentur, Berlin
S. 237: TV Movie, 3. 2. – 16. 2. 1996
S. 238/239 Fotos: 1 u. 2: Arno Scheffler; 3: Thorsten Joses, aus: Könige in Afrika. Fürsten, Feste, Fetische. Hrsg. Wolfgang Ebert. vgs verlagsgesellschaft, Köln 1996
S. 240–242: Barbara Brändli, Càracas, Venezuela
S. 243: Landesmuseum Oldenburg
S. 252 rechts: Historisches Museum der Stadt Wien
S. 254: Niedersächsisches Landesmuseum Hannover
S. 257 oben links: Hessisches Puppenmuseum, Hanau
S. 257 unten: Mattel GmbH, Dreieich
S. 261 aus: Lehrergeschichte(n). Rudolf Reiser. Ehrenwirth Verlag, München;
S. 265, 268, 271, 273, 275, 278, 280: Hans-Jürgen Kolvenbach, Neuss

SACHREGISTER

Wertvolle Hinweise verdankt das Werk Christian Ernst (Berlin), Gudrun Kaden (Hannover), Harald Kargus (Neustadt/Weinstr.), Sabine Menzel (Fulda) und Ingrid von Tippelskirch (Saarbrücken).

Deutschbuch 7

Zu diesem Buch gibt es ein passendes Arbeitsheft (BN 603075), das Orientierungswissen zum Nachschlagen (BN 603180) und eine begleitende Lernsoftware (BN 600777).

Redaktion: Matthias Grupp
Illustrationen: Thomas Binder, Klaus Ensikat, Wolfgang Mond, Klaus Müller, Barbara Schumann
Lay-out, Handschriften: Katharina Wolff
Umschlaggestaltung: Katharina Wolff (Foto: Thomas Schulz, Illustration: Klaus Müller)
Technische Umsetzung: werkstatt für gebrauchsgrafik, Berlin

Dieses Werk berücksichtigt die Regeln der reformierten Rechtschreibung und Zeichensetzung.
Bei den mit R gekennzeichneten Texten haben die Rechteinhaber einer Anpassung widersprochen.

Cornelsen online http://www.cornelsen.de

1. Auflage € Druck 12 11 10 9 Jahr 07 06 05 04

Alle Drucke dieser Auflage sind inhaltlich unverändert und können im Unterricht nebeneinander verwendet werden.

Druck: CS-Druck CornelsenStürtz, Berlin

ISBN 3-464-60306-7

Bestellnummer 603067

Gedruckt auf säurefreiem Papier, umweltschonend hergestellt aus chlorfrei gebleichten Faserstoffen.

A